爱运动丛书 总主编：郭立亚
AIYUNDONG CONGSHU

健美操

Jianmeicao

黄菁 朱维娜 主编

西南師範大學出版社
国家一级出版社 全国百佳图书出版单位

前言

Qian Yan

健美操是一项深受广大青少年喜爱的、普及性极强的体育项目。它集体操、舞蹈、音乐为一体，以追求人体健康与美为最终目的，具有体育、美育、德育等多种教育功能。练习健美操能达到增强体质、增进健康、陶冶情操、愉悦身心、塑造美的形体等作用。近年来，健美操运动在全国中小学得到了大力的推广与普及。数以千计的学生投入健美操的教学以及中小学健美操比赛中。青少年正处于生长发育的特殊时期，科学合理的健美操锻炼对于对促进青少年德、智、体、美等全面发展有着举足轻重的作用。

青少年是祖国未来的希望，教育和培养好青少年是全党全社会共同的社会责任。本书编写的宗旨是促进青少年的身心健康，充实其课余文化生活，优化其知识结构，提高其审美能力，培养全面发展的新一代人才。本书分为四篇，第一篇健美操基本知识概述，追溯了健美操的起源与发展史，阐述了健美操的概念、分类与特点，介绍了健美操与健康的关系以及有关健美操运动损伤的预防知识。第二篇青少年如何进行健美操练习，针对青少年身心发展特点及兴趣爱好，着重介绍了三种不同形式的健美操训练：健身健美操、啦啦操、竞技健美操，并介绍了青少年在进行健美操练习时应注意的硬件设施和软件条件。第三篇如何科学合理地进行健美操教学，针对中小学体育教师如何组织健美操教学，阐述了健美操学习中常用的教学方法、健美操学习中的易犯错误与纠正方法、健美操学习的注意事项。第四篇怎样组织与欣赏健美操比赛，介绍了健美操比赛的组织、场地与规则，以及健美操音乐的选择，教会学生如何欣赏健美操比赛。

健美操可分健身健美操、竞技健美操和表演健美操三大类。与以往健美操教程不同，本书特别介绍了适合青少年身心发展的啦啦操。啦啦操属于表演健美操，它原名“Cheer Leading”。其中 Cheer 的部分，有振奋精神，提振士气的意思。啦啦操从最初的美式足球呐喊助威的活动，发展到现在成为世界范围内的一项体育运动，深受全世界人民的喜爱。其中托举、人塔、空翻、抛接等众多动作充满青春气息，并集团队协作、奋发向上、自信热情于一身，代表着张扬热烈、朝气蓬勃的精神力量，特别受到广大青少年的青睐，也非常适合青少年练习与表演。

全书结构清晰，图文并茂，语言通俗易懂，融知识性、科学性、系统性、趣味性、实用性于一体，力求拓宽读者视野、提高其综合素质。本书独具特色，选择性强，即可作为中小学体育教师健美操教学及训练的教科书或指导用书，也适合作为大学生非专业的选修课教学用书，是健美操爱好者的必备读物。

本书由黄菁、朱维娜主编，贺晓莉为副主编，参加编写的有李爱国、刘二威、王慧文、赵跃、霍林波。书中难免有不足之处，敬请广大读者及专家批评指正。在本书完成之际，要感谢闫寒、赵跃、霍林波等同学为动作的拍摄，以及霍林波、董智慧、潘仲友同学为照片的处理付出的辛勤劳动。此外，本书在编写的过程中，得到西南大学体育学院有关领导和老师的关心和重视，也得到西南师范大学出版社的大力支持，在此一并表示衷心的感谢！

Mu Lu 目 录

人就是活一种精神，而精神来自旺盛的生命力，旺盛的生命力可以从健美运动中获得。

——姜志强

第一篇　健美操基本知识概述

健美操是一种融合了音乐、体操、舞蹈、美学于一体的新型体育运动项目。它以其自身所具有的价值和魅力，在全世界范围都深受人们的喜爱，尤其是受广大青少年学生的喜爱。目前，健美操已被列入我国学校体育的教学范围，成为学校体育教学的主要内容。本篇主要阐述了健美操的起源与发展，健美操的概念、分类与特点，我国健美操的发展趋势，以及健美操与健康的关系，使学生对健美操这一运动项目有一个大概的了解。

第一节　健美操的起源与发展

一、健美操的起源

健美操这一称谓及其内容与形式都是在现代形成的。但是，它是从体操演变和发展而来的。体操的概念和内容出现于2000多年前的古希腊。古希腊素来对人体美格外地崇尚，这在2000多年以前就已闻名于世。古希腊人信奉在世界万物中，只有人体的健美才是最匀称、最和谐、最有生气和最完美的。他们喜欢通过不同的身体运动和各种健身舞蹈以及不同的运动让身体变得更加完美。他们提出了“体操锻炼身体，音乐陶冶精神”的主张。

大约在公元前4世纪，希腊艺术家波利克里托斯被誉为“黄金分割”学说的祖师爷，他曾经写过一篇著名作品《持矛者》，是第一个“标准”了“美”的艺术家，也是从纯数学理论出发计算男女比例人体模型的专家。同时，伟大的艺术家达·芬奇在他的素描中按数学比例分割描绘人体，进一步验证了波利克里托斯的理论。波利克里托斯用“对称”的美学理论充分阐述了平衡与和谐之美。参照艺术家们的“魔鬼”的概念，结合当时的审美标准，古希腊人认为在理论意义上是可行的，然后，按照这个标准来评价别人的身材，锻炼自己的身体。公元前3世纪，古希腊作家曾用优美的文字勾勒出理想的人应该是一个完美的模型：脸和皮肤被太阳晒成古铜色，精神焕发，充满阳刚之气。锻炼的功效让他们并没有因此变得消瘦如柴，身体比例充满美丽的对称性。他们充满活力、精力充沛。到目前为止，古希腊美学同样也是现代人健康的评价标准。

公元前449年到公元前334年同样也是希腊雕塑艺术的全盛时期，艺术史上被称为“古典时期”，大量优秀的雕塑作品从这一时期产生。“掷铁饼者”是古希腊流传最广的艺术，也是著名的雕塑家米隆的代表作。这个雕塑赞美了人性美和运动的活力，显示了高超的艺术技巧。虽然原意遗失，但我们还是可以感受到活力的复制产生的强烈震撼，这也是我们研究古希腊人体美的一项重要信息。

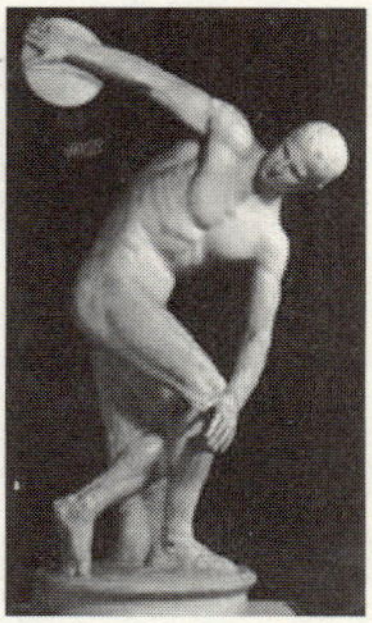

图 1-1-1

“掷铁饼者”雕像，被公认为是体育与健美形体符号，它是一个雕塑家从现实生活观察到的真正的形象，有可能是表彰一个运动员或运动者。雕塑家集中关注在精神和身体强壮的人体上。雕塑家敏锐的观察抓住了这一个典型的时刻。虽然身体运动是激烈的，但是雕像是冷静和平稳的感觉。我们可以感受到运动员是动态的：年轻的运动员与弹性的弯曲，双脚平稳站在地上和手中伸向后方的铁饼，仿佛在那一刻他就要像弹簧一样地把身体打开将手中的铁饼掷向远方。整个人物的组成，既有复杂的矛盾的运动，同时又鲜明地分解成不同的动作、专注的态度、全神贯注的感觉，特别是他出色地记录了这一运动的全过程，呈现出和谐理想的动态美。掷铁饼运动员张开的双臂像拉满的弓，使人产生释放的感觉。打开的肩部和下垂的手臂是对称的，雕塑家用一个固定的姿势表达的空间与时间的艺术形象，更加展示了一个强壮的人体美。

在我国的《黄帝内经》中，有“导引养生功”的介绍。东汉时期的华佗，根据鹿、虎、熊、马、猿五种动物的动作，创编出了“五禽戏”，用来展示这五种动物的特征，观看起来既美观、生动，做起来又能活动筋骨，进而使身体得到全面的锻炼，在某种意义上来看，这是我国具有民族特色的体操活动。

图 1-1-2

图 1-1-3

图 1-1-4

图 1-1-5

图 1-1-6

图 1-1-7

图 1-1-8

图 1-1-9

图 1-1-10

图 1-1-11

图 1-1-12

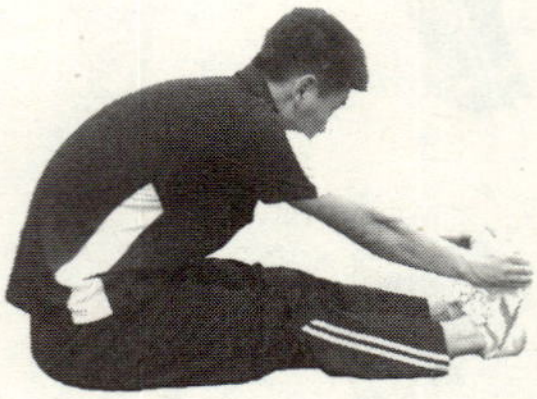
图 1-1-13

在古印度，流行一种瑜伽术，它紧密结合人体姿势、呼吸和意念，通过调身（摆正姿势）、调息（调整呼吸）、调心（意守丹田入静），运用个人意识对肌体进行自我调节、健美身心，从而达到健康长寿的效果。瑜伽健身术包括站立、跪、卧、坐、弓步等基本姿势。目前在全球所流行的也是最为常用的基础姿势，与以上姿势几乎是完全统一的。古人对形体美以及健康的追求都是有据可循的，他们也非常倾向于让体操和古典柔美音乐相互融合以提高人们参与的兴趣，同时将音乐同体操运动结合在一起更是现代健美操运动形成和发展的重要基础。

印度是东方文化的发源地之一，瑜伽起源于印度，流行于世界，是人类智慧的结晶。传说在古印度高达 8000 米的圣母山上，圣贤在最深的沉思和静定的状态下，从直觉了悟生命的认知，他们将实践中的秘密传授给求知者，并传承到今天。瑜伽来自梵语，有结合、接触的意义，同样这也是瑜伽的目的：冥想、专注和实现认识正义。事实上，瑜伽是指人类本能从低到高的“结合”，以同样的方式，也可以认为是高到低的“组合”。这也意味着宇宙的最高的智慧是宇宙万物的同化，使自己从痛苦和灾难中解救出来。起初，只有少数人练习瑜伽，一般来说，都在乡村农舍、喜马拉雅山寺庙、石窟和茂密的森林中心进行练习，通过实践教给那些愿意接受的门徒，之后逐渐传到民间。今天的瑜伽，是印度人民几千年来从实践中总结的科学的训练方法，不只限于少数人学习。现在印度有许多专门研究瑜伽的学校，瑜伽文化也已广泛传播到世界各地。瑜伽是一个身体与精神共同得到实践的方法，它不仅属于哲学和宗教范畴，还有一个更广泛的含义，这也是其之所以能在数千年具有强大的生命力的原因。瑜伽学徒在深度冥想中进入深层，唤醒自己内心的生命以获得个人意识与宇宙意识，唤醒沉睡的能量，获得了最高的启示和最大的乐趣。瑜伽实践首先着眼于健康的身体，然后要求身心整合。练习者在整个练习过程中不断深化内在精神，从外到内，从感觉到精神，再从理性到自我意识控制，最后融合为一，达到最终的和谐。因为人们在日常生活中的无知，导致身体和心理承受焦虑和痛苦，通过瑜伽练习，可以把人变得智慧，使人的身体和精神更加健康；通过瑜伽练习让人们从无知和幻觉变得更加精神灵气，最终成为主导自己的主人。瑜伽理论提出不仅可以帮助病人康复，还能使人们更健康。瑜伽学说反对把自己的意志强加于其他人，它主张未经考验的东西不能轻信，包括瑜伽本身。人们必须通过自己的亲身体验才能真正体会到人体瑜伽造就身体美的感觉。

当欧洲步入文艺复兴时期，几大文明古国的古典文化也如获重生，更为引人注目的是文艺复兴时期人们对形体美的追求尤为突出。目前有很多著名的教育学者都坚持认为在塑造人体健美方面最为完整科学的系统应形成于文艺复兴时期的古希腊。古希腊早在文艺复兴时期就已经提倡开展体操运动了。早在 17 世纪中期，意大利的著名医生墨库里奥斯就在其所著的六卷《体操艺术》等作品中，对所存在并且广泛出现的各式各样的体操动作进行了全方位的描述。随之在 18 世纪的德国出现了培训体育师资的课程，同时还创设了哑铃和跳马等运动。这正是德国著名的体育活动家艾泽伦所提出的，此种锻炼方式的出现为现代体操打下了坚实的基础，同时也可以说是现代健美操形成的一个起源。

以“体操运动之父”闻名的约翰·古茨·穆尔（1759—1839），对体操的发展作出了很大的奉献，许多国家都把他的体操专著进行了翻译和运用。他在著作中指出：“体操运动应能使人感到愉快，体操练习应能使人得到全面发展。”欧洲最著名的体操倡导者维特（1763—1816）采用游戏和娱乐相结合的形式推广体操，从而增加了体操的趣味性。

19世纪的欧洲，先后在德国、法国、丹麦、瑞典、捷克等国出现了各种体操学派。德国人斯皮斯（1760—1858）富有音乐天赋，他把体操从社会引进学校，为体操动作配曲。他的体操教学和练习是在音乐伴奏下进行的。丹麦体操家布克创造了“基本体操”，体操动作被他分为若干类，并分别编成了适合不同性别、不同年龄的各种体操动作组合。在对健美操的研究中，有人提出：健美操是在“基本体操”的基础上发展起来的，确实有一定的道理。

瑞典体操学派创始人佩尔·亨里克·林（1776—1836）把生理学、解剖学的知识运用到体操，强调身体各部位及身心应协调发展，培养健美体态。根据体操练习的功能将其分为教育、医疗、军事和美学四大类，他的理论为现代健美操的理论和实践奠定了坚实的基础。

弗朗索瓦·德尔沙特（1811—1871）为了帮助演员在表演中显得姿态自然，举止仪表富有表现力，在法国建立了德尔沙特体系。他赋予体操动作两个新的特征：美感和富有表情。由于他的体系重视优美和均衡，对发展健美形体作用较大，所以在19世纪末，他的体系在女子体操中非常流行。美国的热纳维芙·斯特宾斯女士，综合了德尔沙特体系和瑞典学派亨里克·林的体系，创造了一套自己的体操体系，目的是使身体训练成为一种可以表达优美艺术的有效工具。她的观点和方法，对欧洲现代健美操的发展起了很大的影响。

瑞士教育家埃米尔·雅克·达尔克罗伊茨，1865 年 7 月 6 日在维也纳出生，1950 年 7 月 1 日在日内瓦逝世。他首先在日内瓦音乐学院学习，后来到巴黎和维也纳从福斯和布鲁克纳处学习音乐。1892 年在日内瓦音乐学院任教授。在这个时期，为了让音乐训练不仅限于对节奏的解释，并体现在人体运动上，他开创了“体操”，即以身体的运动表现音乐的节奏。1905 年，他的教学方法在瑞士作曲家协会会议上通过，这种系统称为“良好的节奏”。他在德累斯顿（1910 年）、日内瓦（1915 年）就是运用此教学系统成立了研究所，后来在欧洲其他地方和北美成立分公司。这套教学系统对欧洲、美国的音乐和舞蹈教育产生了重大影响，它为音乐的节奏感和舞蹈动作之间的协调提供了依据。他培养了很多优秀的学生，而且在他理论影响下的舞蹈人才也很多，如后来成为现代舞代表人物的威格曼·尤斯顿和河圣·丹尼斯。作为一个作曲家，他的主要作品包括“小提琴协奏曲”两首、“节奏、音乐和教育”和“节奏、艺术和教育”，为“优秀的节奏”提供了大量钢琴教学改编曲。

图 1-1-14

埃丽·布若尔克斯登女士（1870－1947）是赫尔辛基大学的一位体操教师，她的体操理念是：体操不应局限于提供身体练习，而应该把人的思想、躯体和精神从紧张和抑制状态中解放出来，从而培养出和谐的个性。

欣里希·梅道（1890－?）也是克尔克罗兹体系的学者，他创编了一套适用于少女和成年女子的体操体系，认为该体系可以促进练习者姿态优美、身体健康和举止高雅。他还认为音乐是提高动作节奏性和表现力的一个极为重要的因素。因此他在训练和正式演出中都使用音乐来伴奏。在教学活动中，他强调自然的全身动作，强调领略动作中的快感和美感。

从以上所述的各种体操流派的教育思想、教学方法和动作技术上看，它们都与现代健美操有着紧密的联系，即注重人体健康和优美，注重动作节奏流畅性，注重自然的全身动作。这正是现代健美操发展的初级阶段。

20 世纪 60 年代初，真正意义上的现代健美操的萌芽开始出现，最初是美国太空总署医生库帕博士根据宇航员身体功能的特殊要求设计的有氧练习(Aerobic Exercise)项目。这种有氧操出现后不久便因其对身体功能，尤其对心血管功能和塑造形体功能的增强作用而引起人们的关注。1969 年杰姬·索伦森综合了爵士舞和民间舞，创编了结合操、舞特点的健身舞，将娱乐性和健身性融为一体，把大幅度的动作与节奏感的音乐引入健身舞，这种舞带有娱乐性，简单易学，深受人们的欢迎，对现代健身操的形成产生了深远的影响。20 世纪 70 年代在美国迅速兴起，掀起热潮。

美国健美操代表人物——简·方达，为健美操在世界的推广作出了杰出的贡献。

简·方达 1937 年出生于纽约，是 70 年代崛起的好莱坞电影明星，两次获得奥斯卡金像奖和金球奖，获得第 30 届戛纳国际电影节最佳女主角。简·方达从小并没有天赋的好身材，长到十二三岁时又矮又胖。为了苗条，她采用“节食”“呕吐”等方法进行减肥，后来她发现可卡因能减轻体重，便使用可卡因减肥，但大量的可卡因损伤了她的胃口。医生告诉她利尿剂可以减肥，从此她整整服用了二十年的利尿剂。

为了苗条的体形，她坚持服用利尿剂，排除体内水分，以达到减肥目的，但她发现，体重虽然减轻了，但体力也跟着下降了。而随着服用时间的增长，利尿剂所体现的作用越来越小，为了达到减肥的目的，她不得不增大剂量。1976 年英国伦敦的一位医生告诉她,长期服用利尿剂会造成身体缺钾而引起严重的肌肉和肾脏功能衰竭,但这位医生并没有向她提供有效的方法帮她减肥。当时简·方达苦闷极了,在痛苦的失败中吸取教训,认识到"健康的美才是真正的美,持久的美"。从此,简·方达走上了体育锻炼的道路,当时的健美操正在兴起阶段,简·方达就通过健美操来保持身体的健康和体态的苗条。简·方达成功了,为了向人们介绍健康减肥的方法,她根据自己从事健美操锻炼获得了健美形体的成功体验,撰写了《简·方达健身术》一书,以自己的名声和亲身经验提倡健美操运动。该书自 1981 年首次在美国出版以来,销量极佳,并被译成 20 多种文字,在世界 30 多个国家地区发行。这位好莱坞著名影星和现代健美操专家已成为 80 年代健美操杰出的代表。在她的感召和影响下,健美操在世界各地迅速兴起,健身俱乐部、健美操中心如雨后春笋般地出现[①]。

据有关资料,早在 1956 年,美国就建立了健美操协会,美国创办了数千个健美操俱乐部、健身房,为人们提供了从事健美操锻炼的场所。1984 年美国约有 7 万人参加各种类型的健美操练习,用于体操、舞蹈和健美操的活动经费每年就约有两亿四千万美元。

1985 年,美国首次举行阿洛别克(Aerobic)全美健美操比赛。来自全美各地、体形优美的男女健美操运动员,在 5 平方米的场地上,以极大的热情和充沛的体力,用一分半到两分钟的时间表演造型美观、力度明显、变化多样、流畅舒展的男女单人、混合双人、女子三人的成套健美操动作,受到参观者的热烈欢迎。当时的比赛内容每套操包括俯卧撑 4 次,仰卧起坐 4 次,高踢腿 4 次,5 秒钟连续原地跳四类规定动作,另外还有大量的徒手操动作、现代舞和民间舞蹈动作以及简单的技巧性动作如前滚翻、

① 王洪.健美操教程[M].北京:人民体育出版社,2001.

前软翻、劈叉等。动作设计绝大多数是对称性的，设计巧妙、造型美观，运动员在每 10 秒 144～156 拍的快节奏音乐伴奏下边舞边操，令人兴奋，充分显示了青春活力。正是通过这次比赛，健美操得到了迅速推广和发展，现已成为全球性的健身运动。

近几十年来，随着健身热和娱乐体育在全球范围发展，健美操已成为一项风靡全球的体育运动。特别是 20 世纪 80 年代以来，这项运动依靠着其巨大的吸引力和魅力，在世界范围内迅猛地发展起来。其中以美国为代表的，以健身、健美以及竞技为主的比赛在全世界的健美操行业中一直都是遥遥领先，更是为全世界的健美操运动的全面发展贡献出了极大的力量。

欧洲健美操运动也很普及，在法国参与健美操运动的人数已经达到几百万，仅巴黎就有几千个健美操中心。每个周末，都有几百万人通过各种途径参加健美操运动。学校体育发展方面，早在前苏联时期健美操就被列入了大中小学教学大纲中，并定期举办全国性的健美操教练员培训班。

不同的时代对美的追求是不一样的，古老的希腊就是代表。公元前 6 世纪，氏族社会解体以来古希腊形成数百城邦，他们把战争作为获取财富的重要方式。要战胜敌人，就需要一个强壮的、坚固耐用的身体。强壮的身体、矫健的身姿，成为人们崇拜的对象，这也就形成了他们独特的健身理念。古希腊人认为：健美的人体有着宽阔的胸膛、灵活而强壮的脖子、沉重的身体。古希腊著名的哲学家苏格拉底（公元前 469－公元前 399）认为，人类的一切活动都离不开身体，身体必须保持高效率的工作，力量和肌肉美只有通过身体运动才可获得。他说："弱点是一种耻辱，生命在于运动。"另一个希腊哲学家苏格拉底的学生柏拉图（公元前 427－公元前 347）也提出，维护城邦和后天体格健壮的战士，为创造完美而牺牲。柏拉图的学生、哲学家亚里士多德（公元前 384－公元前 322）提出：发展的是身体运动，而不是野兽字符。国家出资建立健身场，年轻人在那里练习拳击、跑步、跳跃、铁饼、标枪以锻炼身体。古希腊人也流行裸体艺术，在赛场上的裸体运动，体现健康、活泼的运动形式；在艺术上的绘画和雕塑，是强壮、健康、美丽三者的组合。著名的“掷铁饼者”雕塑，是这个时期的健美的杰作，灵活跳动的肌肉，充满了生命的活力。公元130～200年，罗马有一个著名的医生盖伦写了一本书，提倡健身运动。他提到手臂、躯干和腿的运动，如举重、攀绳和镐挖掘。18世纪，德国著名体育活动家艾泽伦（1792—1846），组织体育师资培养课程，创建了哑铃等其他运动。这些形式的运动，都是现代竞技举重的起源，也是现代健美和举重的起源。从事训练的人，追求的主要是力量，对规模的增长并没有特殊的要求。如大力神有非常大的力量，肩腰厚，肌肉非常发达，从19世纪开始，赫拉克勒斯的形状逐渐改变。生于1868年的参是一个健美工作者，他认识健康、力量、美是生命的本质。他生于体育世家，是一个演员、艺术家。参是病态的，是古代摔跤运动员强健的身体雕像吸引了他每天运动，并从实践中摸索出一套锻炼肌肉的方法，最后总结出一套特殊的训练理论。到22岁时，他的肌肉很发达，此后，他去了英国、澳大利亚、新西兰和美国等地进行各种健身技巧和表演技巧学习，并充分锻炼身体每块肌肉，并创造各种姿势的人体形象，受到广泛的赞誉。他还在山上创办了一个体育学校，促进健美健身，成立函授课程，以向世界健身爱好者传授健身训练方法为主要宗旨。参于1901年首次举办世界健美大力士比赛，后来成立了世界健美操运动学校，为建立和发展现代健美作出了杰出贡献。在20世纪初，健美操运动在英国和其他国家已广泛开展，《肌肉》《秘密法的力量》等书籍，《运动》《力》《大力士》《健康》《超人》等健身杂志相继发表，英国《体育》健身杂志总编麦克法登是50本书的作者，为健美健身、体育运动的发展作出了巨大的贡献。1946年，加拿大的本·魏特和他的兄弟健身大师裘·魏特等发起创立了国际协会，为健身健美比赛制订国际规则，并开始举行正式的国际业余健美锦标赛。组织举办了43届健美锦标赛，有133个成员。因为本·魏特的杰出贡献，他被推为组织的终身主席。

二、健美操的发展

美国是对健美操运动发展有着较大影响的国家，拥有上万健美操俱乐部和健身房。美国也是竞技健美操的创始国。法国练习健美操的人数已达到500多万人；德国每年用于健美操训练的经费高达18亿马克；意大利的罗马就有50多个健美操场所，每天做操的人络绎不绝。亚洲健美操的发展也是风起云涌。早在1982年10月3日，日本“国民体育大会”上就有420名50岁以上老人表演了“健身体操”。1984年首届远东健美操大赛在日本举行。1987年日本成立了健美操协会。日本的竞赛制度将竞技性健美操与健身性健美操有机结合起来，调动了广大群众的积极性，吸引了更多的健美操爱好者。同时健美操在新加坡、韩国、中国香港以及东南亚国家和地区也迅速发展兴盛起来。

目前，世界上有三大国际健身健美操组织。一是国际健美操与健身联合会(FISAF)，成立于20世纪80年代中期，总部设在澳大利亚，有会员国40多个。FISAF在亚洲和太平洋地区较有影响力，不仅每年都要筹办健美操相关的专业比赛，还定期举办具有权威性的国际性的健美操技能培训班，并且在培训考试合格后还颁发特定的国际健身指导员资格证，在全球范围内通用。二是国际健身协会(IDEA)，总部设在美国，于1982年正式成立，是目前为止全球范围内规模最大的国际性的体育健身团体组织，有来自80多个国家的23000多名会员。国际健身协会宗旨是：“为世界各地的健身专家提供最新的健身信息和继续教育的机

图 1-1-15

会。”该组织不但有着非常大的规模而且还有自己编著的多种出版刊物，并且每年还举办非常具有特色的大型健美健身活动，其中最为大家所熟知的就有“国际健身协会健身大会”等比赛。三是亚洲健身协会（ASIAFIT），成立于1991年，是目前亚洲地区范围内最具有影响力的健身团体组织，其总部设在香港。亚洲健身协会通过它的全球网络，致力于健康和健身教育在亚洲地区的发展，并组织各种健身的宣传和教育活动，如一年一度的“亚洲健身协会健身大会”等。我国与上述三个国际组织都有着密切的交往和联系。

图 1-1-16

1983年举办的第一届国际健美操比赛是竞技性健美操的第一次国际级别大赛。1990年，由美国主办的健美操世界冠军赛和由日本主办的健美操世界杯赛，意味着竞技健美操作为一个新兴竞赛项目已经正式登上国际舞台。1995年12月，国际体操联合会（FIG）在法国举办了首届健美操锦标赛，之后每年都举办国际体联健美操世界锦标赛，迄今为止已成功举办了16届。国际体操联合会健美操委员会是国际奥委会正式承认的正规国际体育组织，具有悠久的历史，它具有把握项目发展方向的能力，其提出的“健美操进入奥运会”的目标得到了世界各国健美操组织的大力支持。

目前，国际竞技健美操组织有三个：一是国际健美操冠军联合会（ANAC），成立于1990年，总部设在美国。二是国际健美操联合会（IAF），成立于1983年，总部设在日本，目前有会员国30多个，每年举办健美操冠军赛。三是国际体操联合会（FIG），成立于1881年，总部设在瑞士，原有体操、艺术体操等项目，于1994年接受健美操为其所属

图 1-1-17

委员会，从 1995 年开始每年举办健美操世界锦标赛。随着规则的修订，从 2000 年起，每隔一年举办一次健美操世界锦标赛，我国也是会员国之一。

图 1-1-18

三、我国健美操的兴起与发展

虽说体操不是发源于我国，但是在我国也并非说是无本之木。健美操早在 2000 多年前就已经在我国出现了。在出土的中国古代引导图上就发现有各式各样的不同形态的人物姿势图像，他们以站立、蹲坐等各种不同的姿势展现在世人的眼前。其中的人物形态惟妙惟肖、栩栩如生，从图像中渗透出一种健康活力向上的气氛，他们以转体、跳跃的动作呈现，这一表象和现代健美操动作有着很多相同之处。

鸦片战争对于我国来说是一个磨难，但是鸦片战争之后很多的西方文化都传入了我国。在西方文化相继传入的同时体操也被带入了我国，如 1905 年大通师范学堂增设了“体操专修科”，随后在 1908 年我国第一所体操学校在上海成立，也是当时最有影响力的一所学校。学校不仅设有必修的文化学习科目，而且以教授体操为特色，有器械兵操、音乐体操和徒手体操等主要内容。我国著名学者马济翰先生在 1937 年出版了一部名为《女子健美体操》的书籍，该书主要分为五部分，从“女子健康柔软操”“貌美与健美”“妇女健康的运动”“增进肌体美的五分钟美容操”“中年妇女的美容操”五个方面进行阐述，内容深刻、通俗易懂，从多方面详细阐述了对人体美的定义、美的价值，以及练习方法和练习要求。介绍了采用站立、坐卧姿势练习的各种健美操，并附有 30 多幅照片，其动作与现代女子健美操有许多相似之处。该书在摘要中介绍说：“本书所选欧美各国最新发明的体操数种，有适于少数妇女者，有适于中年妇女者，皆为驻颜之秘诀，增美之奇效。”后又相继出版《男子健美体操集》，增加了哑铃等轻器械的练习内容，许多动作与现代健美操十分相近。这两本书充分说明我国早在20世纪30年代就已引入欧美各国的健美操，并开展这项运动。

1949年新中国成立后，从我国首次推广的第一套广播体操至今天的第九套韵律体操，都是把肢体活动与音乐节奏融为一体的健身体操。

现代健美操在我国的兴起应该是20世纪70年代末80年代初。自1979年以来，在各地相继举办了各种形式不同内容的健美操培训班，受到广大群众，特别是青少年的欢迎。在中小学及幼儿园，一些新编的中小学生幼儿系列广播体操已代替了原来的广播操。这些新编的广播体操以其新颖的动作、优美的音乐，深受大家的欢迎。各省市、自治区、各行各业也相继组织了多种多样的健美操活动和比赛。

1981年1月4日在《中国青年报》(星期刊)上发表了陆保钟、牛乾元的特约稿——《人体美的追求》。1982年由中国青年出版社出版的《美·怎样才算美》中将著名体育家陈德星编制的"女青年健美操"和牛乾元编制的"男青年哑铃操"载入其中，由此人们也对健美操一词开始了解，健美操一词也逐渐成为我国广大体育工作者的常用词。在各种媒体的广泛传播下，越来越多的世界性健美操运动逐渐在我国传播开来。1982年底由娄琢玉参与录制的一系列的形体健美操在上海电视台放映。1983年《健与美》也正式由人民体育出版社出版发行。从1984年起，中央电视台相继播放了孙玉昆创编的"女子健美操"、马华创编的"健美五分钟""美国健身术""动感组合"等，为健美操在我国的宣传与普及起到了积极的引导作用。

为推动健美操在我国的发展，1984年北京体育学院(现北京体育大学)首先创立了健美操教研室，其编排推出的"青年韵律操"迅速传遍全国各大专院校，使健美操迅速在我国各大专院校开展起来。同年上海体院最早在学校课程中设置健美操的选修课和必修课，并且成立了健美操教研室，为学校课程服务。随着时代的发展，健美操活动的开展也越来越红火，其从一个个体娱乐性的健身活动慢慢演变为在全国推广使用的健身手段。健美操也成了学校所开设的一门主要课程，更是应国家教委要求成为了所有学校体育教学大纲中不可缺少的一门课程。同时健美操能取得如此快速的发展还取决于其不仅具有很好的锻炼价值和时代性，而且还得到了社会和在校师生的广泛认可。

四、健美操的锻炼价值

健美操是顺应时代的产物，也是一项基本的艺术体操，是一种健身趋势反映，更是一项具有实用价值的体育训练。长期进行有氧运动，可以改善健康，增强体质，改善人们的身体形态，调节人们的心理活动，促使人们培养良好的性格，同时还可以提高人们的中枢神经系统的功能，促进人们养成顽强的意志品质。

（一）增强体质

长期从事健美操训练，对于改善心血管系统的功能有显著效果。它能使心肌纤维增厚，心肌收缩力增加，心输出量增加，改善人体的血液携带氧气的能力。健美操运动对人体的呼吸功能也有很好的作用。它能使呼吸肌肉变得更加强壮，使人体在安静的时候呼吸加深，频率降低，同时运动耗氧量的增加，也大大提高人体的有氧代谢能力。有氧运动也能改善消化系统的功能。因为健美操运动中髋关节的使用频率比较高，所以，它可以有效地刺激肠胃蠕动，增强消化功能，进一步提高人体对疾病的抵抗力。

（二）改善体型

健美操训练使人们运用各种不同的技巧熟练地完成各种不同的动作，需要全身各个部位的参与，全身各部位的参与可以对身体各部位的协调发展产生积极的影响，特别是提高胸肌和背肌的力量，以及消除腰腹部多余的脂肪沉积，同时还可以使得身体各部位变得更加饱满，线条更加优美。此外，通过长期正确的身体运动训练，还可以纠正不正确的姿势，培养正确的、端庄的体态习惯。

（三）调节心理活动，培养良好的性格

健美操运动是在音乐伴奏下进行的体育锻炼。在欢乐的气氛中锻炼，使得人们不仅有一个好心情，更促使人们忘记工作学习中的烦恼，身心得到全面的调整，个人的精神气质得到整体的改善。尤其是健美操是一种可以在公共场合进行的体育运动，可以使每位参与者学会更加融洽地处理个人与集体的关系。通过集体运动，也有助于增进个体之间的友谊，结交更多的朋友，更进一步提高人们的集体意识。

（四）提高身体的神经系统机能

经常参加健美操，可以使肌肉力量增强，肌腱、韧带等人体机能的灵活性得到改善，更可以有效开发人的力量素质和柔韧素质。此外，健美操运动使人体在运动方向、身体参与部位、关节运动速度等方面产生不同的强度变化，其不仅可以增强参与者的记忆和重现能力，还可以提高机体的神经系统的灵活性，从而协调人的全面发展。

（五）医疗保健功能

健美操是一种有氧运动，其特点是低强度、高密度，运动量可大可小，非常容易控制。因此，在可控制的范围内进行有氧运动，不仅可以促进人们的机体健康，还可以对某些病人和老年人的不良身体状况起到一个非常好的改善作用，是一些伤残病人身体恢复的一项非常理想的手段。如：下肢瘫痪的病人，可用健美操中的上肢动作练习等，保持上半身的功能，促进恢复下肢功能。

健身性健美操在我国如火如荼地举行着，竞技健美操也悄悄地进入了公众的视野。从 1986 年起，首届“全国女子健美操邀请赛”在广州市顺利举办，届时有来自八个省市的九支代表队参加了不同项目的比赛。此次比赛的成功举办为我国大范围地举行竞技健美操比赛提供了一个示范，也是我国健美操事业发展的一个大胆探索，同时也展示了我国健美操的发展成果。1987 年 5 月，由康华健美康复研究所、中央电视台等多家单位首次联合举办了我国的第一届正规的竞技健美操比赛——长城杯健美操邀请赛。这次比赛吸收了西方国家的健美操的比赛形式，同时结合了我国健美操运动的发展特点，分别进行了男、女、混合等 5 个不同项目的比赛，比赛要求也借鉴西方国家的比赛模式，有特定的动作要求和时间要求。这次比赛共有全国 30 多个省市的代表队参加，超过 200 名选手，规模巨大，可谓史无前例。1989 年的贵州贵阳举行了第三届“青松杯”全国健美操邀请赛，进一步完善了比赛的赛制，不仅借鉴了国内外多项比赛的实践经验，而且还运用了我国体育总局审核通过的健美操竞赛规则，规模更加宏大，比赛更加正规，为以后的比赛积累了宝贵的实践经验，这又使我国的健美操事业离迈向世界的舞台更近了一步。1990 年 5 月在昆明举行第四届；1991 年 6 月在北京举行了第五届；1992 年 6 月，在佛山举行了第六届健美操比赛[①]；一直到 2011 年分五站进行的全国健美操联赛，到目前共进行了二十五届。

为了把我国健美操推向世界，1988 年 6 月由康华健美康复研究所和中央电视台联合举办了首届长城杯国际健美操大赛，有来自中日美等 6 个国家的数十名健美操队员参与其中。与此同时中国健美操协会也在我国首都筹划进行中，此举措为促进世界健美操事业的发展提供了极大的推动力。

中国健美操协会于 1992 年在北京成立，同时也成为全国体育总会的团体会员。国家体育总局推出健美操运动员等级制

---

① 文岩. 健美操教程[M]. 上海：复旦大学出版社，2005(6)

度，制定了《健美操等级运动员规定动作》，全国各行各业系统也先后成立了有关的组织并举办健美操比赛。同年 2 月，中国大学生体育协会健美操艺术体操分会(CSARA)成立，协会每年举办一届大学生健美操艺术体操锦标赛，并将健美操作为中华人民共和国大学生运动会正式比赛项目，这标志着我国高校健美操运动已进入一个崭新的发展阶段。

1996 年，我国在全国范围内统一竞赛规则，每年举办健美操指导员、裁判员培训班和全国健美操锦标赛，并多次派队参加国际竞技健美操比赛。1999 年，我国正式使用国际健美操评分规则，这标志着我国竞技健美操竞赛与国际接轨。

体操运动管理中心于 1997 年正式由国家体育总局宣布成立，其中健美操一项被列为体操运动中心管理项目，各省市体育总局也明确了健美操管理的项目机制。1998 年，国家体育总局颁布了《健美操活动管理办法》，使我国健美操管理更加规范化。体育总局于同年专门制定了《健美操指导员专业技术等级制度》和《全国健美操大众锻炼标准实施办法》两项规定。同年 9 月我国颁布了首套《健美操大众锻炼标准》，并在全国范围内推广施行。随后在 2004 年、2008 年，体育总局陆续颁布了第二套和第三套《健美操大众锻炼标准》。多项制度的陆续推出极大地推进了我国健身性健美操运动的大范围内的推广。

2002 年 8 月，我国派出代表队参加第七届健美操世界锦标赛。在这次大赛中，中国选手取得了三人操的第七名。2004 年 5 月，在保加利亚举行的第八届世界锦标赛上，我国选手取得了六人操第三名的好成绩。2005 年 7 月，在德国杜伊斯堡的世界运动会竞技健美操比赛场上，中国队在六人操项目中凭借新颖出色的动作套路编排和近乎完美的艺术表现战胜了罗马尼亚队，第一次历史性地站在了冠军的领奖台上，终于实现了升国旗、奏国歌的梦想。在 2006 年 5 月法国世界杯中，中国健美操队的 7 名小伙子和 1 名姑娘经顽强拼搏，一举拿下六人操冠军，并首次在国际大赛中获得男单、混双、三人操均第三的空前佳绩。2006 年 6 月，在中国南京举办的第九届世界健美操锦标赛中，中国队获得了男子单人操和六人操第一，女子单人操第二、三人操第二，混合双人操第五的成绩。在这次世锦赛上，中国队在所有项目上都实现了前所未有的突破。2008 年 4 月，在德国斯图加特举行的第十届世界健美操锦标赛上，中国队男子六人操成功卫冕，三人操获得亚军，团体赛荣获亚军，男子单人操获第三名。中国竞技健美操正以势不可挡的力量快速向前迈进。

国家体操队成立于 2002 年，同年在立陶宛举行了第七届世界健美操锦标赛，我国体操队经过一段时间的集训后，在开赛之初就一路过关斩将，但是在比赛过程中由于客观原因，如我们在服装上因为一个不起眼的小细节被扣除了 2 分，最终无缘决赛。在 2004 年保加利亚举行的第八届世界健美操锦标赛之前，我们做了精心的准备，为备战第八届世界健美操锦标赛，我国的体操团队在深圳进行了一个半月的封闭式训练，最终在第八届世界健美操锦标赛中取得了前所未有的突破——站上领奖台，获得铜牌，这也是我国首次在世界大赛中实现奖牌零的突破。在 2005 年第七届世界运动会之前，我国的体操队伍在北京体育大学进行了为期一年半的训练，最终以出色的发挥取得全场最好的成绩，以 20.350 分夺得冠军，这也是我国竞技健美操队在世界大赛中夺得的第一枚金牌，更是中国竞技健美操发展历程中的历史性突破。在 2006 年第九届世界健美操锦标赛前，我国体操队在北京体育大学进行了一年半的训练，通过参加这项比赛，体操队的整体水平取得了极大的提高。我国在 2005 年取得第一个联赛冠军，随后又赢得了 2006 年世界锦标赛，这次又在世界杯决赛中再次夺魁，成为世界上第一个在国际比赛中获得三个大满贯的发展中国家。混双取得了第一个国际大赛的奖章，华中师范大学青年教师锦屏在世界锦标赛和世界杯决赛项目中赢得男单金牌。在 2007 年法国举行的第三届世界杯总决赛，中国竞技健美操代表队以总成绩第一的身份取得了参赛资格,同时也是亚洲唯一进入世界杯决赛的国家。在比赛的 5 个项目中,所有参加决赛的选手都是在 2006 年的世界锦标赛夺得男单、女单、混双等项目冠军和亚军的选手。

五、健美操的发展趋势

(一)竞技健美操的发展趋势

新颖的音乐、新类型的难度动作与新的动作连接巧妙地有机统一,是当前竞技健美操发展的主要特征和趋势。

1.音乐新

(1)富于时代感

现代健美操不仅是体操的一个表现形式,同时音乐也为其发展改变起着重要的作用。音乐作为健美操的一个评价标准,其优劣直接决定着健美操的质量,同时也是健美操比赛中至关重要的取胜因素。一首完美的健美操伴奏音乐不仅是动感的音乐、有韵律的音乐,更是与健美操完美融合的音乐。音乐让健美操变得魅力无穷,音乐让健美操表现得淋漓尽致。一首无与伦比的健美操音乐不仅需要音乐大师的倾情付出,更需要其对健美操的那种运动真谛了如指掌。现代的健美操音乐已经不局限于依据不同的健美操动作搭配不同韵律的音乐,更需要的是两者之间内在的一种融合。音乐大师与运动员相通,动作与音乐韵律相融合,一切都要紧紧围绕健美操竞赛规则变化,这一原则已经慢慢演变成了健美操音乐的一个发展趋势。同时制作音乐更能充分发挥教练员的想象力、创造力及运动员的表现力,使健美操的动作、风格、音乐浑然一体,突出健美操的特点,从而取得优异的比赛成绩。

(2)注重使用原创音乐

随着竞赛规则对健美操音乐要求的不断变化,竞技健美操音乐的发展呈现出新的特点:弱化节拍中重音的应用,使乐曲变得更优美动听,注重音乐的原汁原味,表达音乐主题思想,提高动作的艺术魅力。

2.难度动作类型新

规则是技术发展的杠杆,新的难度动作的出现是规则要求的产物,是健美操发展到一定时期的必然结果,是取胜的基础。难度动作运用是运动员综合素质的体现,只有在素质能力达到一定水平的情况下,才能选择与其相适应的动作,起到画龙点睛的作用。难度动作的发展,一定要考虑一个"新"字,要与众不同,花色品种要多样化、出人意料。难度动作的选择应是全方位的,既有上肢力量动作,又有下肢和腰腹力量动作;既有静力性力量、柔韧性动作,又有动力性力量、柔韧性动作,只有这样,才能符合当今健美操的发展要求。

3.连接动作新

动作连接巧妙、流畅也是动作创新的途径,特别是当难度动作发展到一定高度和水平时,新的连接方法尤为重要。在创编健美操时,虽然主要动作都是一样的,但由于连接的不同,却能取得不同的效果,同时又能提高该动作的难度价值。

4.配合动作新

通过二人、三人、六人的巧妙配合,使健美操动作达到高潮,给观众和裁判留下深刻的印象,是健美操发展的一大特点。配合动作的设计要符合运动员的特点,扬长避短,动作的配合要默契,好似一个有机的整体,而不能看做是单个动作的叠加完成,配合动作要干净利落,连接流畅,过渡自然。

(二)高校健美操的发展趋势

目前高校健美操教学如火如荼地开展,丰富了体育教学内容,增强了校园文化氛围。健美操以其对促进学生身心健康、塑造形体美、陶冶情操的良好作用,以及具有的时代感、节奏感,已经走在时代的前端,深受大学生的喜爱。高校健美操未来将朝以下几方面发展:

1. 健美操教学向普及化与规范化方向发展

健美操运动不同于其他运动项目,没有严格的场地器材要求,适合各类健身人群。目前,全国各大高校陆续开设了健美操课程,已成为深受广大师生欢迎的教学内容和锻炼方式。健美操以其独特的魅力和健身功效深受大学生们的喜欢。为了使高校健美操教学更加规范、统一,国家体育总局分别在 1998 年、2004 年和 2009 年颁布了三套《全国健美操大众锻炼标准》,现已成为全国各大院校健美操教学的重要内容,也为健美操的普及奠定了一定的基础,使高校健美操教学朝着普及化和规范化方向发展。

2. 健美操教学内容向多样化和新颖化方向发展

为不断满足大学生健身爱好的各种需求,高校健美操的种类和练习形式呈现多样化的趋势,如以健美操为基础发展起来的拉丁健美操、搏击健美操、爵士健美操、跆拳道健美操等运动项目。同时很多运动项目以健美操动作为支撑,吸收融合现代社会发展的新兴元素,衍生了一系列的新兴运动项目,如街舞、水上芭蕾等。

3. 训练的长期性、科学性

对于每一个运动项目来说,其训练过程都是一个长期的过程。对于健美操而言,其训练内容更是多样全面的,这不仅使运动员的身体的各项素质都得到了锻炼,而且也培养了运动员良好的舞蹈感觉和韵律感,同时也使运动员在参与中提高了自己的欣赏能力和表现力。就健美操的训练而言,更是一个系统、完整、科学、循序渐进的体系,从基础到提高,从简单到复杂等都需要一个比较长久的时间去熟悉掌握最终形成一个固定的模式,只有经过长久不懈的坚持努力和付出，在训练中稳定，在训练中探索和改进训练方法，才能让训练更加有效果，更加科学合理，只有这样，才能达到预期目的。更应该根据健美操运动的特殊性，根据项目的要求科学、合理、系统地安排各时期的训练，掌握各时期的训练特点，以达到事半功倍的训练效果[①]。

（三）中学健美操发展趋势

随着基础教育改革、发展和《中学生体育与健康新课程标准》的颁布实施，健美操已经逐渐成为中学体育教学内容之一。健美操是在音乐伴奏下进行的身体综合练习，不仅能锻炼身体、陶冶情操，还能缓解学生的学习压力，且较好迎合了中学生普遍追求新颖时尚的心理和审美健美的价值观，因此，深受中学生的喜爱。中学健美操未来将朝以下几方面发展：

1. 健美操向多样化发展

随着健美操运动的迅猛发展，中学健美操教学内容呈现多样化发展的趋势，出现了许多风格迥异的时尚健美操，如热情奔放的拉丁健身操、自由随意的街舞健美操、刚劲有力的搏击健美操和平静身心的瑜伽健美操等等。这些不同类型的健美操将满足不同中学生的身体和心理需求，且符合中学生多样化的心理特点。为此，中学健美操教学越来越朝多样化的趋势发展。

2. 健美操向普及化方向发展

青少年时期的学生正是处于生长发育的关键时期，拥有一个健康强壮的体魄也正是无数家长对孩子的殷切期望。而健美操这一运动项目既有鲜明的时代性和节奏感又积极向上、活力十足，是青少年时代锻炼身心不可或缺的运动项目。尤其是不同风格的健美操教学内容，可以调动学生的积极性，激发学生自主学习的动机，变枯燥无味的学习为乐趣无穷的学习。健美操

---

① 陈瑞琴．健美操理论与实践创新[M]．北京：北京体育大学出版社，2011(1).

在中学体育教学中将不断推广普及，不仅吸引着广大女生，而且也开始吸引男生参与。健美操所推崇的“健、美、力”不断发挥出强大的吸引力，迎合着广大学生的心理，激励着学生积极投入健美操运动之中并获得新的体验。因此，中学体育健美操将向普及性方向发展。

3. 健美操向表演化方向发展

健美操是一项新型时尚的体育运动项目，在中学校园文化中逐渐盛行起来，具有很强的群众性、艺术性、娱乐性和创造性。健美操不仅局限于中学体育课中，而且成为中学生喜闻乐见的一种文化艺术活动，是重要表演内容之一，如学校校庆、田径运动会的开幕式、篮球赛中间的间歇等，都适宜有健美操表演的出现。健美操表演者随着音乐翩翩起舞，那优美、协调的舞姿，灵活的动作和灵敏的反应以及喜悦的表演，给观众以“美”的享受，起到了振奋精神的作用，不仅丰富了学生业余文化生活，增添校园休闲生活的色彩，增强校园文化的氛围，而且有利于提高学生的文化修养。可见，中学健美操有朝着表演方向发展的趋势。

4. 健美操向创新化方向发展

创新是健美操运动发展的生命力。健美操通过体育教师动作编排的创新、教学方法的创新、组织的创新，以不断迎合学生求新的心理特点，并潜移默化地培养学生的创新意识及其能力等。同时，健美操总是在不断创新中求生存、求发展，由此不断地推陈出新，促进健美操运动向纵深发展。一套新颖的健美操能迎合中学生的求新心理，大大提高学生的学习兴趣；体育教师独特、多样的教学形式和灵活生动、多变的教学方法，能激发学生练习的激情；教师可以通过健美操教学过程鼓励学生主动地参与、探索、培养创新精神和创造力。为此，健美操的核心在于不断创新，创新也就成为健美操的生存力与发展的生命力。中学健美操不断向创新方向发展将是必然趋势。

思考拓展练习

1. 简述健美操的发展史。
2. 你是如何看待健美操发展趋势的?

第二节 健美操的概念、分类与特点

一、健美操的概念

作为一项新兴体育运动项目,健美操发展迅速,并且日益趋向于大众化、普及化。可是对于健美操理论的研究还有待深入,人们对健美操还没有相对统一、规范的认识和理解,对健美操的概念也众说纷纭。

著名的瑞典现代体操家 Meekman 被称为韵律体操的创始人,对于韵律体操的动作的创编有独到的见解,她认为"应将人体的运动规律融贯进动作中去",并且主张"运动员的喜悦体验、韵律体操动作的创造性和现代音乐与身心的完美结合",将韵律体操作为节律形体操的新式动作。

日本的佐藤正子是 Meekman 的推崇者,她将健美操定义为:"将具体效果的爵士技巧中之独立性和多中心性,应用于身体运动上,并根据体操的原理,融于运动之中,使之成为体操之体系化上的一环。"

原苏联学者认为:"力量、耐力、柔软加上美就是健美操的公式。"

美国健美操代表人物简·方达认为健美操是一种"改变形体和心理感觉的体操"。

随着健美操在我国的发展,我国有关学者对于健美操的理论研究也不断深入,对健美操的定义也出现了不同的说法。比较有代表性的如下:

"健美操主要是以舞蹈和体操相结合，配以流行的节奏音乐，达到有氧训练目的的体操。"

"健美操是操化了的，为了人体健康而进行的动态选美比赛。"

"健美操是以人体自身为对象，以健美为目标，以身体练习为内容，以艺术创造为手段，融体操、舞蹈、音乐于一体的一项新兴体育项目。"

"健美操是根据人体的生理特点，为了追求人体美，在音乐伴奏下所进行的体操与舞蹈动作结合的边沿性综合运动项目。"

纵观健美操的特点与发展，结合专家的观点，可以认为：健美操是融体操、音乐、舞蹈、美于一体，通过徒手、手持轻器械或用专门器械进行练习，以达到健身、健美和健心目的的一种新兴娱乐、观赏型体育项目。

健美操作为一项新型的体育运动项目，主要特点是健身、美体。另外，健美操动作多样、简单易学、韵律感强、男女老少皆宜，且不受场地、气候的限制。通过在轻松愉快的环境中充分活动全身各类关节，均衡发展各部位的肌肉等组织，锻炼者不但可以达到增强体质、增进健康的目的，还可以在保持良好心态、塑造完美体形以及提高机体的协调性等方面收到较好的效果。

二、健美操的分类

目前世界健美操和我国健美操种类繁多，分类方法也各不相同，如果根据健美操活动的目的和所要解决的主要任务为标准来划分，归纳起来可分为健身健美操、竞技健美操、校园啦啦操三大类。

（一）健身健美操

健身健美操也称大众健美操，是集健身、娱乐、预防疾病等功能为一体的群众性普及性健身运动，不同年龄，不同性别都可以参加学习和锻炼。健身健美操的主要目的在于健身，它的动作简洁、流畅，节奏适中，一般10秒20拍左右，符合机体健身规律，配合欢快、富有节奏的音乐，在有氧的情况下有规律地进行锻炼，能够很好地锻炼身体，增强体质，促进身体全面发展，提高机体工作能力。另外，在欢快娱乐的操舞中，锻炼者也能达到调节身心、振奋精神、陶冶情操的目的。健身健美操可进行以下分类：

图 1-2-1

（1）按年龄结构：可以分为老年健美操、中年健美操、青年健美操、少年健美操、儿童健美操、幼儿健美操等。这主要是依据不同年龄阶段，机体在生理、心理、体能等方面的不同表现进行分类的。

（2）按活动部位：分为头颈健美操、肩部健美操、胸部健美操、臂部健美操、腹部健美操、髋部健美操、腿部健美操等。这类健美操是为锻炼机体某个部位而创编的，具有很强的针对性。

（3）按练习的目的和任务：分为热身健美操、姿态健美操、形体健美操、减肥健美操、节奏健美操、活力健美操、跑跳健美操等。这类健美操主要是为突出锻炼的某种目的性，如为比赛前的热身活动、塑造优美体型、去脂减肥等等而创编的。

（4）按练习形式：分为徒手健美操、持轻器械（哑铃、彩球、花环、绳、手鼓等）健美操、专门器械健美操（垫上健美操、踏板健美操、健骑机健美操）等。

（5）按人数：分为单人、双人、三人、六人、八人和集体健美操。

（6）按性别：分为女子健美操和男子健美操。

（7）按人名、音乐、舞蹈命名：如简·方达健美操、瑜伽健美操、斗牛士健美操等。

(二)竞技健美操

图 1-2-2

竞技健美操是根据竞赛规则与规程的要求组编的一套具有较高艺术性、以比赛取得优异成绩为主要目的的健美操,它在音乐的伴奏下,通过难度动作的完美完成,展示运动员连续表演复杂和高强度动作的能力。竞技健美操的比赛只是针对自编动作,并且自编动作必须要符合竞技健美操的规则要求。竞技健美操动作的评比主要依据基本规定动作、特色难度动作、完成情况、现场表现、体型、成套动作时间等因素。当前,竞技健美操可分为单人、混双、三人、混合六人健美操。我国大型竞技性健美操比赛有全国健美操锦标赛、全国大学生健美操锦标赛、冠军赛、精英赛等。

(三)校园啦啦操

图 1-2-3

啦啦操的英文名为"Cheer Leading",其中"Cheer"有振奋精神,提升士气的意思。啦啦操的起源可以追溯到早期部落社会时期,各个部落为了激励、振奋外出打猎或者打仗的战士们,通常会举行一种仪式,在仪式中族人们会大声欢呼并且手足舞蹈,以这种热情、热烈的方式来鼓励即将外出的勇士们,期盼他们能早日凯旋,这种热烈、欢快的活动可以看作是啦啦操的最早来源。到了近代,作为一个新兴的体育运动项目,啦啦操起源于美国。如今,啦啦操已经遍布美国的各大联赛中,如 NBA 等,并迅速向全世界发展,深受世界人民的喜爱。

校园啦啦操主要是以学生为参与主体，以团体形式出现，它很好地结合了口号、跳跃、舞伴特技（难度动作）、技巧、轿子抛、叠罗汉等动作技术，配合音乐、服装、队形变化及标示物品（如彩球、口号板、喇叭与旗帜）等要素。校园啦啦操主要在学校的重大活动时表演，比如运动会、各种体育比赛，一般作为暖场活动或是与现场观众互动的部分在比赛开始前、中场休息及赛后进行。如今，啦啦操也得到了快速的发展，出现了各种级别和性质的比赛，我国的啦啦操选手在世界大赛的舞台上也不断取得优异的成绩。

三、健美操的特点

（一）本能性

体育的本质作用在于生物改造性，人体通过自身的体育锻炼，能够实现对自我身心的塑造。体育对人的塑造都是建立在遵循机体可塑性的基础之上，而影响身体形态改变的因素如肌肉的发育程度、脂肪的积累程度、关节的灵活性、胸廓的形状等等都是决定机体塑造的重要因素。

健美操是在科学理论指导下创编出来的体育运动项目，相比其他体育运动项目，它更讲究美感。首先是追求动作的美感：健美操是表现美的人体运动，无论进行健美操练习或者是观看健美操表演都会给人们一种美的享受，健美操要求动作路线、幅度等能够较好地配合练习者身体的姿势，使之美观大方。另外是追求形体美与心灵美：人体是身心辩证的统一体，肢体运动是受意识支配的一种外在的表现。运动时所表现出的力与美也是外在美与内在美的统一，健美操练习能够有效地训练机体各个部位的正确姿势，促进机体匀称协调发展，塑造完美体型，同时又能够培养练习者的气质与风度，培养道德意识与积极心态，提升内在美，充分体现健美操健身、健美、健心的作用。

（二）力度性

自然界的万事万物都是运动着的，对于人来说生命的特性也是动，动是人类生命最基本的表现形式。人体动的基本规律是建立在人体动力学基础之上，按照人体解剖学规律以及人体运动的自然规律进行。健美操动作的基本规律是身体与空间、身体与时间的学问。身体与各部位之间的运动关系都是建立在不同方位、不同时空所组成的立体圆范围内的。健美操的运动方式所表现出的力与众不同，这是健美操的一个显著特点[①]。

健美操以力量性为主的徒手动作作为基础，它所表现的力是力量、力度、弹力、活力的综合。健美操的动作对力量和力度要求较高，对于短促的力量、延续力量还有瞬间的控制力量都要求表现出较强的力度感，这是健美操区别于其他体育运动项目的重要特征之一。与舞蹈动作的力量性相比较，健美操少了些柔软、温和与抒情的成分，而更趋向于欢快、活跃与有力；而与体操动作的力度性相比较，健美操则少些机械与呆板的感觉，更加趋于自然与自由。健美操动作中具有的独特力量风格，伴随着快速变化的动作及富有弹性、连续不断的跑跳，能够充分表现出人体的神韵、美感及充满活力的青春气息，更能充分发挥人的个性。健美操的力量性表现出来的强烈的表现力、感染力和吸引力，是它的生命力所在。

（三）节奏性

节奏是宇宙自然现象的一个基本原则，人们的一举一动无一不受节奏的制约，作为体育项目之一的健美操运动同样具有节奏。健美操节奏性的特征主要表现在以下几个方面：(1)生理节奏（呼吸节奏、心率节奏，反映出一定负荷运动量）；(2)运动节奏（动作技术节奏中的速度快慢、力度强弱、幅度大小、强度的增

---

① 杨晓龙．健美操专修课程内容的优化研究[D]．辽宁师范大学，2007．

减等)；(3)色彩节奏(服装与灯光的色彩、明暗节奏)；(4)时空节奏(空间节奏、时间节奏)；(5)音乐节奏(最重要的节奏)[①]。

音乐是人们创造的一种抒发感情、表现感情、寄托感情的艺术表现形式，它往往能在较短的时间激发出人类巨大的能量。健美操运动需要在音乐的伴奏下进行，适合健美操的音乐一般具有鲜明的节奏与奔放的旋律。练习者会被独特的音乐节奏所营造的氛围吸引，从而不自觉地激发出运动的热情。另外，健美操的动作也是在一定的节奏下进行的，动作的创编与音乐的节奏相适应，人体动作经过有节奏的组织和规范，能够摆脱自然状态而节奏化，能够伴随着欢快的音乐，在精神饱满的状态下一气呵成，充分表现出人体运动的艺术美，这是其他体育运动项目无法比拟的。

(四)创新性

人体是一个复杂的结构，由骨、骨连结和骨骼肌组成的运动系统在神经系统的支配下能够完成各种复杂多变的动作。另外，由于人类具有丰富的情绪与意识，并且性格迥异，因此，体育运动项目要想被大众所接受，动作要具有多样性、科学性。健美操作为深受人们喜爱的体育运动项目，在发展过程中不断吸收符合人类健身理念的各种动作，并且在此基础上经过加工、提炼，创编出更加科学的身体动作，从而充分调动身体的各个部分，达到强身健体、娱乐身心的目的。丰富多彩与不断创新的动作使健美操成为具有独特风格的体育运动项目，越来越受到人们的青睐。

随着健美操运动的发展和变化，不断创编出独特新颖的具有显著特征的健美操动作，是健美操长盛不衰的显著特点。

---

① 陈宗弟，李诚喜，王敏武，等.对如何发展健美操表现力的多因素分析[J].湖北体育科技，2004(3)：356.

思考拓展练习

1. 你有没有对健美操定义的个人见解？是什么？

2. 健美操都有哪些分类？除了书中介绍的你还知道哪些分类？

3. 除了上面介绍的，你认为健美操还有哪些特点？

4. 你认为以后的健美操还会朝着什么方向发展？

第三节　健美操与健康

一、健美操与健康的关系

人生最大的财富是什么？有人会说是地位，有人会说是快乐，也有人可能会说是亲情，每个人都会有自己的答案，但很多人都会忽视健康。倘若做人生的减法，逐渐减去自己人生中相对不太重要的东西，最后只剩下一项或者是两项，相信很多人对健康的重视程度就会大大提高。美国学者爱默生认为，健康是人生第一财富。是的，健康是人们在这个世界上得以生存和发展的基础，每个人都有权利去追求和享有健康。尤其在生活质量大大提高的今天，花钱买健康的观念也深入人心。当前，世界上大多数人处于亚健康状态，并且这一趋势还在加重，如不及时改善，极易引起身体疾病。对青少年来说，拥有健康的体魄是为祖国和人民服务的基本前提，是国家旺盛生命力的体现。

很多人认为没有疾病就是健康，随着社会的发展和生活水平的提高，人们逐渐意识到健康不仅仅是没有疾病。当前普遍认可的观点是世界卫生组织（WHO）对健康的定义："健康乃是一种在身体上、心理上和社会上的完满状态，而不仅仅是没有疾病和虚弱的状态。"健康因此由生物学领域拓展到了精神和社会领域。健康问题常常是通过睡眠、疲劳、情绪等方面反映出来，表现为以下特征：精力缺乏、心情不良、性情失稳、淡漠一切、人格脆化、行为怪异、体质下降、亚健康与疾病患病率明显增加等[①]。那么,怎样才能保持或者提高健康水平呢?相关研究表明,维系健康有四大基石:平衡饮食、适量运动、戒烟限酒、心理健康。由此可以看出适量运动和保持良好的心理状态对保持健康水平至关重要。而健美操运动在这两方面有着独特的功效,是保持或增进健康的一个不错选择。

起源于传统的有氧健身运动的健美操,在音乐的伴奏下,融体操、舞蹈为一体,以身体练习为基本的手段,以健、力、美为主要特征,通过适量运动,对机体产生良好的刺激,不仅能够提高运动系统功能,提高心肺功能,提高机体协调性、灵活性和韵律感,还能够陶冶情操、使人心情舒畅。另外,因独特的减肥与塑造完美形体的功能,对于爱美的人士来说,健美操运动不失为一项明智的选择。时尚的运动与独特的功能使得健美操运动已成为人们现代文明生活不可缺少的组成部分。

健美操具有促进身体健康的效果,但如果不注意,则有可能有损身心健康。健美操的动作的编排首先都具备科学性,符合人体的生理结构和生物力学特征,如果练习者没有掌握正确的技术动作,或者是盲目做一些有难度的练习,则极易引起运动损伤。另外,如果在一些有安全隐患的环境下锻炼,还可能给身体造成一些不必要的损伤。所以,通过健美操运动达到增进身心健康的效果,必须是在掌握科学的锻炼方法和规律的前提下,否则容易适得其反。健美操能够促进身心健康,反过来,健康的身心又是进行健美操运动的基础。健美操以身体练习为基本的手段,每一个动作都需要肢体的配合完成,对患有某些生理或者心理疾病的人来说,不适合进行节奏比较快、难度比较大的健美操运动,否则容易发生意外的情况,这是健美操锻炼者需要注意的。

---

① 赵之心.运动成就健康:赵之心.运动健康处方[M].北京:农村读物出版社.2007(6).

二、健美操是如何促进健康的

健美操是如何促进人体健康的呢？主要体现在三个方面：第一是对个体生理机能的促进作用；第二是对个体心理健康的积极作用；第三是对提高个体社会交往能力的积极意义。

（一）提高生理机能

1. 运动系统

活动能力是个体生存的基本能力，由骨、骨连结和骨骼肌三部分构成的运动系统是保证个体活动的重要动力。长期从事健美操运动，可以有效地改善血液循环，加强新陈代谢，使骨外层的密质增厚，骨径增粗，骨质的排列规律、整齐，增强骨的抗折、抗弯、抗压、抗扭转等方面的能力。与此同时，肌纤维变得粗壮有力，肌肉横断面增大，血管变得丰富，肌肉力量增加，肌肉弹性增强，从而加强关节的韧性，提高关节弹性和灵活性，使其生理机能进一步增强。对青少年来说，坚持长期正确的健美操练习，还有助于身体长高和长壮。

2. 心血管系统

经常进行健美操运动，可以使心肌纤维增粗，心肌收缩力量增强，心脏增大，心室壁增厚，心室的容量增加，心脏的每搏输出量提高，心脏的泵血功能增强。另外，血管壁的弹性增强，个体的窦性心动减慢，使得心脏有更长的休息期，减少心肌疲劳，提高心脏的工作能力，以便承受更大的负担量。在进行有氧健美操练习时，参加工作的肌肉节律性舒缩和呼吸的加快、加深，加强了“肌肉泵”和“呼吸泵”的作用，具有促进静脉回流的作用[①]。有关研究还证实，合理的健美操锻炼可以使人的红细胞数量有所提高，还可以提高机体白细胞，特别是淋巴细胞的数量，进而能够提高机体的免疫能力。

---

① 沈芝萍. 健美操运动与现代健康理念[J]. 体育文化导刊. 2003(5).

3. 神经系统

从事健美操运动离不开神经系统的支配和调节，反过来，经常进行健美操锻炼也会对神经系统产生积极的影响，神经系统功能会逐渐得到提高。健美操运动一般都是在欢快的、节奏感强的音乐环境下进行，动作方向、速度、路线等不断变化，对平衡能力、协调性要求较高。中枢神经必须将机体的各器官、系统迅速地动员起来以适应肌肉活动的需要，从而对神经系统产生积极的刺激，提高神经系统的兴奋性和灵敏性，使机体对外界错综复杂刺激的反应更加迅速、准确。另外，长时间脑力工作之余，进行适量的健美操运动，可以使大脑皮层的兴奋中心得到转移，同时也补充了氧气和营养物质，提高脑组织的工作效率。尤其是少儿时期，更需要加强锻炼，可以促进神经系统的发育，提高环境适应能力和抗病能力。

4. 呼吸及消化系统

体育锻炼能够调整和改善呼吸系统的功能，特别是在健美操运动中，有许多伸展扩胸的动作，长期练习，能够刺激更多的肺泡张开，使吸氧量增加，机体对氧气的利用能力提高，呼吸深度增加，从而有利于呼吸肌的休息，有效地增强了肺的通气能力。少年儿童经常练习健美操，可以有效地增强呼吸肌的力量，促进胸廓扩大，有利于肺组织的生长发育，提高肺活量，减少呼吸系统疾病。另外，健美操运动对胸部、腰腹部的活动较多，可以有效地刺激胃肠蠕动及分泌消化液，增强营养物质的消化吸收能力，改善消化系统的功能。

(二)陶冶心灵

健美操锻炼不仅对身体机能有很好的促进作用，还能有效地调节个体的心理活动。健美操是一项美感很强的时尚运动，优美的音乐烘托出来的欢快、热烈氛围，能够刺激锻炼者的听觉感官，提高脑细胞的兴奋性，配合节奏感强的身体动作，能够缓解工作、学习环境中产生的紧张疲劳感，产生积极的情绪体验，使人心情舒畅，对焦虑、抑郁等负面心理活动有很好的调节作用。与此同时，优美的声波传入大脑，通过神经一体液调节系统，加速人体新陈代谢，改善器官活动，使人精力充沛，生命活力得到增强。

(三)促进社会交往

马克思认为，人在本质上是一切社会关系的总和，人的价值在社会中体现，人与人之间的交往是生存的必要条件。可是随着社会的发展，人们的情感交流却越来越少，相互之间变得陌生起来，这不利于个体的健康成长和发展，更不利于和谐社会的建设。有关研究表明：人类的很多疾病，尤其是心理方面的病态，主要是由于人际关系的失调引起的。健美操运动更多的情况下是一项群体活动，互动性强，不同地域、不同职业的人在一起相互学习，共同锻炼，闲暇之余交流生活经验，探讨共同感兴趣的话题，无形之中结交了朋友，加深了相互之间的友谊，群体意识增强，也提高了社会交往能力。另外，在公开场合进行健美操锻炼，也同样是在进行个人展示，自信心会增强，性格也会变得乐观、开朗。

三、健美操运动损伤的预防

虽然健美操是一项时尚的体育运动项目，集健身、健美、娱乐为一体，可是如果不注意锻炼方法，很容易造成运动损伤，不仅对锻炼者的身心造成负面的影响，还有可能对生活、学习带来诸多不便，就得不偿失了。所以，锻炼者一定要了解常见的健美操运动损伤，重视对运动损伤的预防，避免意外情况的发生，真正享受健美操带来的乐趣。

(一)常见健美操运动损伤

1. **肌肉拉伤**

肌肉拉伤是指肌肉主动强烈的收缩或被动过度的拉长所造成的肌肉微细损伤、肌肉部分撕裂或完全断裂。在健美操锻炼中多有压腿、踢腿、纵劈叉等动作，如不注意容易引起大腿后群肌被过度拉长而损伤，而一些横劈动作则会容易造成大腿内侧群肌损伤。尤其是在准备活动不充分，神经系统及身体各器官的生理机能还未达到运动所需的适宜水平时，突然用力，会增加损伤的风险。另外，过度疲劳时，肌肉的机能会下降、力量减弱、协调性降低，若不集中注意力或者是发力方式不对，也有可能导致运动损伤的发生。在健美操运动中，腰背肌、腹直肌、小腿三头肌等也都是易拉伤的肌肉。肌肉拉伤的症状表现为：受伤部位疼痛、有压痛感，肿胀、肌肉紧张、发硬、痉挛，功能障碍。当受伤肌肉主动收缩或被动拉长时表现疼痛加重；肌肉收缩抗阻力试验阳性，即疼痛加剧或有断裂的凹陷出现。如果出现伤时有撕裂样感，肿胀明显及出现严重的皮下淤血，触摸局部有凹陷或见一端异常隆起，可考虑为肌肉断裂。

2. 疲劳性骨膜炎

疲劳性骨膜炎是一种应力性损伤，健美操运动中由于有很多跑跳动作，在练习中如果不注意，动作不规范或者场地过硬，落地缓冲不够等很容易使肌肉不断牵拉骨膜，造成骨膜与骨质的正常结构遭到破坏，肌群过度疲劳，小腿受到较大的反作用力使胫骨、腓骨或趾骨发生疲劳性骨膜炎。症状表现为：局部疼痛、压痛、肿胀（局部软组织有轻度凹陷水肿）、肌肉痉挛、局部烧热感、硬度增加，功能障碍，肌肉收缩或被动拉长时疼痛加重，有时伴有大片瘀斑。

3. 膝、踝、腕关节韧带损伤

在健美操运动中，膝、踝、腕关节损伤较为常见，其中，膝关节由股、胫、髌、腓骨构成，是人体最大、最复杂的关节，为复关节，容易发生运动损伤。健美操锻炼时，当动作不协调、难度动作掌控不好时，容易发生膝关节屈伸，扭转用力过猛、过大，身体重心失去平衡，若是落地动作不正确，容易引起半月板或者是内外侧韧带损伤。

踝关节韧带主要由外侧副韧带、内侧副韧带和胫腓韧带三组韧带组成，其中最容易受伤的是外侧副韧带。健美操运动一般是在频率较快的节奏下完成跳跃、转体等技术动作，动作幅度大，容易发生踝关节的损伤，踝关节损伤主要包括踝关节骨折和脱位、踝关节扭挫伤，其中最常见的是扭挫伤，伤后易形成慢性疼痛，不易愈合。

腕关节的结构也比较复杂，竞技健美操中有些难度动作对腕关节的使用率也较高，所以损伤的几率也较大。比如跳起做各种难度动作，屈肘缓冲，手腕着地成俯撑姿势，有些动作需要手掌手腕持久用力以维持平衡。由于技术动作错误手背着地迫使腕部过度扭屈，或者手掌着地时过度拉伸和前臂过度扭转，容易引起肌腱或韧带损伤。

关节韧带损伤后一般伴有小血管破裂出血的现象，受伤部位出现疼痛、肿胀，组织内出血、血肿、关节肿胀、活动障碍、压痛。牵拉韧带出现明显疼痛，如果完全断裂，则会出现关节稳定性下降的情况。

以上就是常见的健美操运动损伤，大多数损伤发病急、病程短，临床症状都较明显，如出现局部红、肿、痛及功能障碍等一系列急性症状。造成损伤的直接原因大都是因为技术动作错误，发力不当，所以应该加强对健美操运动损伤的预防，一旦发生损伤，应该高度重视，积极治疗，防止由于治疗或恢复不彻底，久而久之转变为慢性损伤，给日后学习、生活带来诸多不便。

（二）健美操运动损伤的预防

1. 加强宣传教育

积极开展有关健美操运动损伤的宣传教育，树立“健康第一”的意识，增加锻炼者对健美操运动损伤的认识，提高对其重视程度。避免在锻炼中因为大意、疏忽造成运动损伤，在过度疲劳的情况下尽量避免练习有危险的难度动作。健美操老师或者教练要积极开展预防健美操运动损伤的宣传教育工作，使学生了解损伤发生的机理，提高思想认识，提高预防损伤的能力。

2. 充分做好准备活动

对体育运动来说，准备活动有着重要的意义，许多运动损伤的发生都与准备活动不充分有关。进行健美操锻炼前，做一些伸展、踏步、走步等低强度的练习动作，充分活动容易损伤的部位，使神经系统及其他器官的功能达到适宜的水平，提高机体对运动的适应能力。另外，要加强对身体素质的锻炼，良好的身体素质是进行一切体育运动的基础，有些健美操动作对身体素质有较高的要求，在进行这些动作的学习时应该加强专项素质的锻炼以适应健美操学习的需要。

3. 掌握正确的技术动作

科学性是健美操编排的重要原则，科学的健美操技术动作符合人体的解剖结构特点和生物力学原理。进行健美操学习之前，应该进行系统的理论学习，认真领会健美操技术动作的特点与规律，明确动作原理，建立正确的运动表象，掌握科学的锻炼方法，这不但能够提高动作质量，发挥其促进身心健康之功效，而且可以减少损伤情况的发生。

4. 注意场地的选择

健美操锻炼所需地面应为木质材料的地板，地面要平坦、有弹性并防滑。如果不能达到此要求，至少应保证地面平坦、防滑，面积足够大，地面上没有石子等硬物，以防止意外情况的发生。另外要尽量避免因长期在过硬的地面上进行锻炼而对下肢各关节、软组织等造成强度较大的冲击，减少损伤情况的发生。

5. 加强医务监督

对参加健美操运动的人员，要定期进行体格检查，以随时观察锻炼后身体功能的变化。根据身体反应情况，采取必要的保健措施，严格控制运动量和动作难度，避免运动损伤的发生。另外，还要做好自我监督，当身体发生不良反应或者是有损伤时，及时检查治疗。

6. 其他

经常进行健美操的锻炼者还应该注意疲劳的消除，这不但可以预防损伤，而且也为日后的锻炼提供保障。消除疲劳的方法有很多：做好放松活动、改善膳食、加强营养，注意能量以及维生素的补充，也可以有针对性地进行按摩，有条件还可以进行温水浴，并且要注意休息，保证充足的睡眠。

思考拓展练习

1. 健美操运动是怎样促进健康的？
2. 常见的健美操运动损伤有哪些？应该怎样预防呢？

本篇小结

生命在于运动，而健美操就是一项很好的促进身心健康的运动方式。本篇追溯了健美操的起源与发展史，阐述了健美操的概念、分类与特点，介绍了健美操与健康的关系及有关健美操运动损伤的预防知识。通过本篇的学习，大家对健美操运动一定有了一个大概的了解。

一个民族，老当益壮的人多，那个民族一定强；一个民族，未老先衰的人多，那个民族一定弱。

——皮埃尔·德·顾拜旦

第二篇 青少年如何进行健美操练习

第一节 科学的教与学

一、注意场地、装备的完善

“工欲善其事，必先利其器。”为了健美操练习的顺利进行，必然要求一定的物质准备。

(1)练习健美操最好在木质地板或地毯上进行，尽量不要直接在水泥地上进行，容易造成青少年的运动损伤，而影响其健康成长。

(2)练习健美操应选择光线明亮的场地，并具有良好的通风和采暖条件。保持场地的湿度在50%，温度在18℃～25℃之间。保持室内环境的清洁卫生。防止青少年在练习时，由于这些原因而造成损伤。

(3)镜子是练习健美操的基本设施。一般来讲，镜子的高度在2米以上，宽度最好能贴满一面墙。便于学生练习健美操时，观察自己的动作是否正确。

(4)练习健美操时可配备垫子、哑铃、橡皮筋、实心球、踏板等设备，但要注意检查设备是否完好，数量是否充足。

(5)练习健美操时，要求学生选择有弹性、柔软、舒适得体的运动服。每次练习后，要及时清洗服装，保持干爽、柔软。鞋子不仅要大小合适，而且鞋底要具备一定的弹性和弯曲性，同时穿舒适的运动袜。切忌穿高跟鞋和厚底鞋。

二、注意学生的安全保障

(1)学生练习前的身体健康检查。主要了解学生是否适合健美操练习,适宜的负荷量与强度,参与健美操练习的最佳动作形式与难度等。

(2)学生练习健美操时,应充分做好准备活动,让神经系统和其他器官的功能达到适宜的运动状态,防止运动损伤。整理运动应占整个练习时间的10%～20%,但可根据气候、季节变化适当做一些调整,如夏天就可以把准备活动的时间压缩一些,冬天把准备活动的时间延长一些。另外,需要注意的是青少年的锻炼水平较低,练习前的准备活动的运动量不要过大,要根据体力状况合理安排。

(3)学生练习健美操后,都应充分做好整理运动。整理运动应占整个练习时间的10%～15%,包括三个组成部分,即调整、伸拉和放松。通过这三个部分的练习有助于防止受伤,使身体得到恢复,并通过伸展进一步增强灵活性。同时,整理练习也是加速代谢产物消除,加快体力恢复的重要手段。做整理运动时量要小,尽量缓和、放松,使身体逐步恢复到安静状态。

(4)学生在练习健美操时,注意避免运动量过大,持续时间过长,超过身体的负荷能力;避免做身体素质跟不上动作技术要求的动作;避免做重复次数过多的动作,以保证身体不受损伤。

三、注意教师的合理教学

(1)教师在教学中必须根据学生的具体情况(年龄、性别、素质、技术等),恰当地选择教材和教法,因人施教。教材内容一般应由易到难,由简到繁;动作速度由慢到快,先学单个动作,再学组合动作;较复杂动作先分解教学,再完整练习;运动量和强度应由小到大，再由大逐渐减小。

(2)教师在教学中应严格训练学生身体各部位的正确姿态。正确的身体姿态是表现健美操“健、力、美”的关键，通过持之以恒地运用正确的意念控制动作的训练，使之形成正确的动作定型。此外，注意动作速度、肌肉、力度和动作幅度，使肌肉得以充分拉长与收缩，只有这样才能达到动作的整体效果。

(3)教师在教学中应重视学生身体素质的全面训练。良好的身体素质是完成健美操各类技术动作的基础。因此，在全面提高学生身体素质的同时，也要注意健美操专项素质的训练，尤其是上下肢和躯干的力量，肩、躯干、腿的柔韧性，弹跳力及动作的灵敏性等。

(4)教师在教学中应重视学生节奏感的训练。学生要想表现出较好的动作节奏感，必须具有一定的肌肉控制力、音乐节奏感及动作的完成能力。因此，在开始练习时，要重视开发、训练学生的动作节奏感，让他们在听懂音乐节奏的基础上，掌握动作的节奏感，保证动作协调、省力、效果好。

思考拓展练习

1. 试叙述场地对于健美操练习的重要性。
2. 学生练习健美操时应注意哪些问题？

第二节　健身健美操训练

为了规范健美操繁杂的动作形式，体现其独有的特点，使之健康地发展，基本动作内容包括：基本步伐、上肢基本动作、下肢基本动作、躯干动作。

一、基本步伐

健美操基本步伐是体现健美操练习者下肢动作基本姿态的主要手段。健美操的基本步伐可根据动作的特点及运动强度差异，分为 12 大类。下面对 12 类基本步伐的技术要点、种类、形式、方向进行详细的描述。

(1)踏步类

踏步类动作运动强度较低，要求在运动过程中至少有一只脚与地面保持接触。常见的步伐如下：

①踏步(图 2-2-1～2-2-2)

图 2-2-1

图 2-2-2

[要点]落地时，由脚尖过渡到脚跟着地，屈膝时，胯微收，两臂自然前后摆动。

踏步形式：有原位踏步、移动踏步及转体的踏步，有低冲击的高抬腿的大幅度踏度。

踏步方向：有向前、后、左、右走的踏步。

②走步(图 2-2-3～2-2-4)

图 2-2-3

图 2-2-4

［要点］基本上同踏步。

走步方向：有前走、后走、斜向走、弧形走。

③"V"字步（图 2-2-5～2-2-8）

图 2-2-5

图 2-2-6

图 2-2-7

图 2-2-8

[要点]一脚迈出,另一脚随之迈出成一条平线,两脚距离略比肩宽,两膝自然弯曲,然后依次收回。

"V"字步种类:有正"V"字步、倒"V"字步。

"V"字步形式:有平移的、转体的、小幅度跳的正"V"字步和倒"V"字步。

"V"字步方向:有左右腿的正"V"字步和倒"V"字步。

④恰恰步(图 2-2-9~2-2-11)

图 2-2-9

图 2-2-10

图 2-2-11

[要点]在 2 拍节奏中,快速踏步 3 次。

恰恰步形式:有平移的和转体的恰恰步。

恰恰步方向:有向前、向后、向侧的恰恰步。

(2)并步类

①点地(图 2-2-12～2-2-15)

图 2-2-12

图 2-2-13

图 2-2-14

图 2-2-15

[要点]点地时,有弹性地点地,脚自然伸直。

点地种类:有脚尖点地、脚跟点地。

点地形式:有原位点地、移动点地及转体点地。

点地方向:有脚尖向前、侧、后、斜方向的点地,脚跟向前、侧、斜的点地。

②移重心(图 2-2-16～2-2-19)

图 2-2-16

图 2-2-17

图 2-2-18

图 2-2-19

[要点]身体重心从一端移向另一端时,必须经两腿之间。

移重心种类:有双腿、单腿的移重心。

移重心形式:有原位的移重心、移动的移重心、转体的移重心、跳的移重心。

移重心方向：有向前、后、左、右的移重心。

③并步（图 2-2-20～2-2-23）

图 2-2-20

图 2-2-21

图 2-2-22

图 2-2-23

［要点］一脚并于另一脚，重心要随之移动，两脚自然屈伸。

并步种类：有两腿同时屈的、一直一屈的。

并步形式：原位的并步、移动的并步（“之”字形）、转体的并步。

并步方向：有向前、后、左、右的并步。

④交叉步(图 2-2-24～2-2-27)

图 2-2-24

图 2-2-25

图 2-2-26

图 2-2-27

[要点]一脚迈出，另一脚在前或在后交叉，重心随之移动。

交叉步形式：有平移的交叉步、转方向的交叉步、小幅度跳的交叉步。

交叉步方向：有向前、向后、向侧的交叉步。

(3)弓步类(图 2-2-28～2-2-29)

图 2-2-28

图 2-2-29

[要点]一腿屈膝，脚尖与膝垂直，另一腿伸直，重心落于两腿之间。由于弓步的形式很多，因此在做法上有所不同。

弓步类种类：有静力性的弓步、动力性的弓步。

弓步类形式：有左右弓步、移重心的弓步、移动的弓步、转体的弓步、跳的弓步。

弓步类方向：有前弓步、向侧弓步、后弓步。

(4)半蹲类(图 2-2-30)

图 2-2-30

[要点]半蹲时，立腰。

半蹲类种类：小分腿半蹲、大分腿半蹲。

半蹲类形式：向侧一次、向侧两次、转体。

半蹲类方向：向侧(左右)。

(5)吸腿类(图 2-2-31～2-2-32)

图 2-2-31

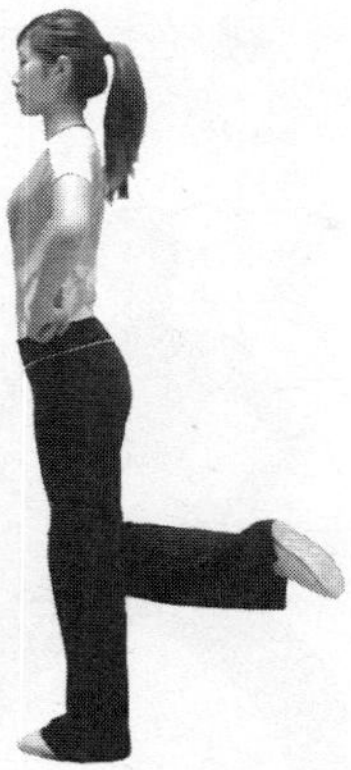

图 2-2-32

[要点]大腿用力上提,小腿自然下垂。

吸腿类形式:有原位的吸腿及跳、移动的吸腿及跳和转体的吸腿及跳。

吸腿类方向:有向前、向后、向侧的吸腿及跳。

(6)弹踢类(图 2-2-33～2-2-34)

图 2-2-33

图 2-2-34

[要点]大腿抬起至一定角度后,小腿自然弹直。

弹踢类形式:有原位的弹踢腿及跳、移动的弹踢腿及跳、转体的弹踢腿及跳。

弹踢类方向：有向前的、向侧的、向后的弹踢腿及跳。

(7)开合跳(图 2-2-35～2-2-36)

图 2-2-35

图 2-2-36

[要点]分腿时，两腿自然外开，膝关节沿脚尖方向弯曲。跳起与落地时，注意屈膝缓冲。

开合跳种类：双起双落的开合跳(两次开开合合、连续开合)，单起双落的开合跳。

开合跳形式：有原位的开合跳、移动的开合跳、转体的开合跳。

开合跳方向：向前的开合跳。

(8)踢腿类(图 2-2-37～2-2-38)

图 2-2-37

图 2-2-38

［要点］腿上踢时，须加速用力，立腰，身体尽量保持不动。

踢腿类种类：有弹动踢腿、一般的直踢腿。

踢腿类形式：有原位的（弹）踢腿及跳、移动的（弹）踢腿及跳、转体的（弹）踢腿及跳。

踢腿类方向：有向前的、向侧的、向斜前的（弹）踢腿及跳。

（9）后踢腿跑（图 2-2-39～2-2-40）

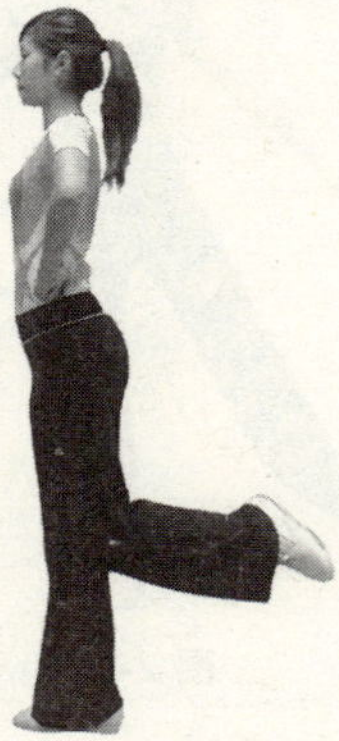

图 2-2-39

图 2-2-40

［要点］后踢时，髋与膝盖在同一条直线上，膝盖不要过度后踢。

后踢腿跑形式：有原位的后踢腿跑、移动的后踢腿跑、转体的后踢腿跑。

后踢腿跑方向：有向前、向后、向侧的后踢腿跑。

（10）点跳（图 2-2-41～2-2-43）

图 2-2-41

图 2-2-42

图 2-2-43

［要点］点跳时身体重心在一条腿上。

点跳形式：有原位的点跳、移动的点跳、转体的点跳。

点跳方向：有向侧、向前、向后的点跳。

(11)摆腿跳(图 2-2-44～2-2-45)

图 2-2-44

图 2-2-45

［要点］摆腿时上体顺势前倾、后倒或侧倾。

摆腿跳形式：有原位的摆腿跳、移动的摆腿跳、转体的摆腿跳。

摆腿跳方向：有向侧、向前、向后的摆腿跳。

(12)并跳(图 2-2-46～2-2-49)

图 2-2-46

图 2-2-47

图 2-2-48

图 2-2-49

[要点]一腿迈出蹬地，另一腿并上，身体重心随着跟上。

并跳形式：移动的并跳、转体的并跳。

并跳方向：有向前、向后的并跳。

[说明]①种类是根据动作的特点划分的；②形式是根据做动作时身体位置发生的变化来划分的；③方向是根据身体轴面来划分的。

二、手型

手型的变化不仅可以使手臂的动作更加丰富多彩，生动活泼，表现出美感，而且有助于加强动作的力度感。常用的手型有以下 10 种。

(1)并掌：拇指指关节内扣，五指并拢伸直（图 2-2-50）。

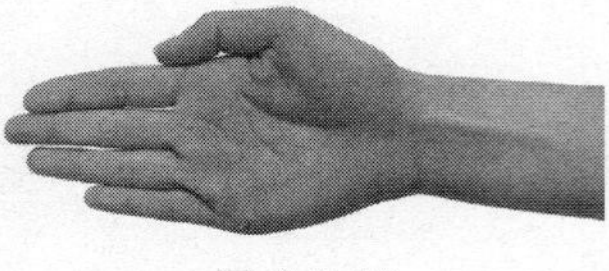

图 2-2-50

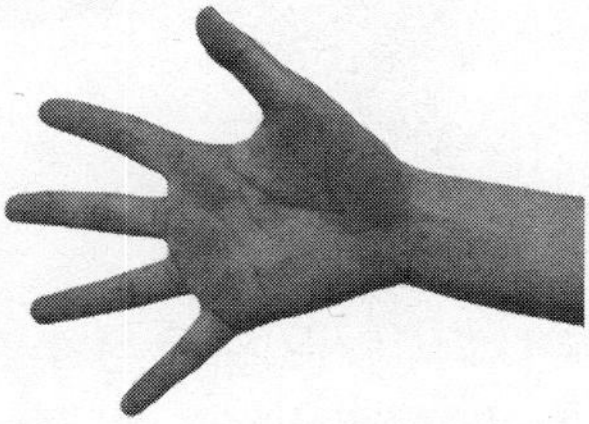

图 2-2-51

(2)开掌:五指用力分开伸直(图 2-2-51)。

(3)花掌:又称西班牙舞手型。五指用力分开,从小指开始依次内旋,形成一个扇面(图 2-2-52)。

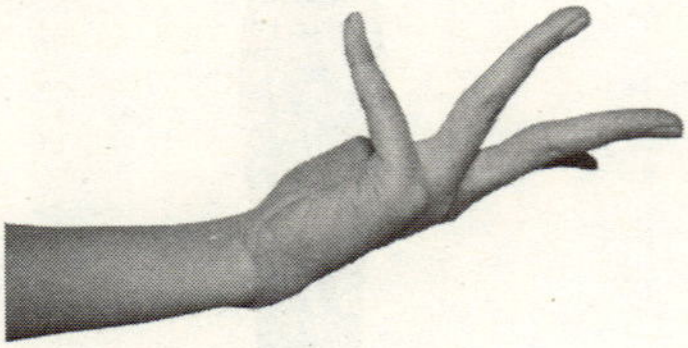

图 2-2-52

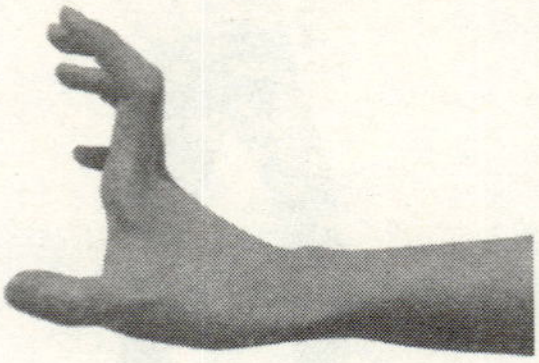

图 2-2-53

(4)立掌:五指自然弯曲张开,手掌用力上翘(图 2-2-53)。

(5)拳:握拳,大拇指在外,拇指关节扣在食指与中指的第二关节处(图 2-2-54)。

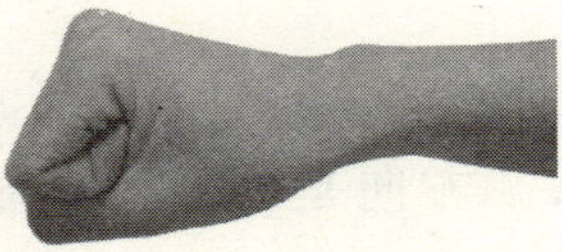

图 2-2-54

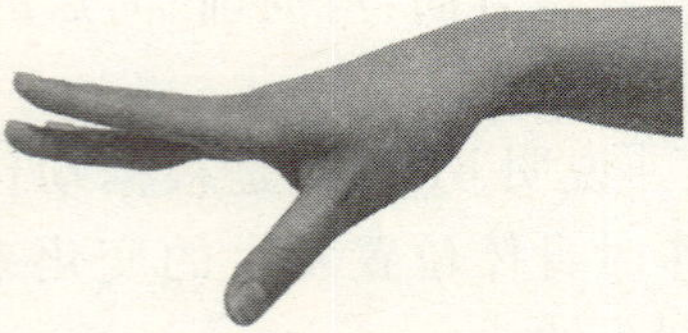

图 2-2-55

(6)芭蕾舞手型:手指并拢,拇指与食指相对,并稍向里扣,手指自然放松、伸展(图 2-2-55)。

(7)一指:拇指与中指、无名指、小指相叠,食指伸直(图 2-2-56)。

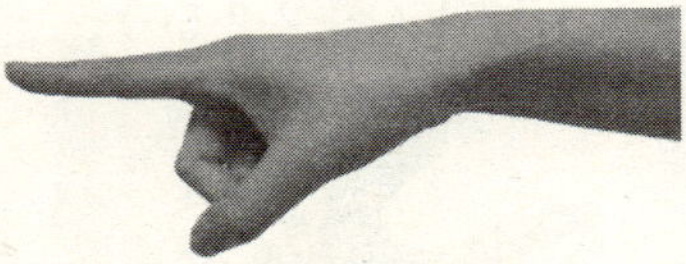

图 2-2-56

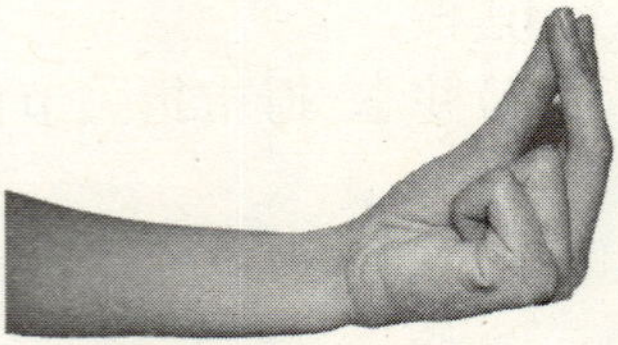

图 2-2-57

(8)响指:无名指与小指屈握,拇指与中指、食指摩擦后,中指击打大鱼际处产生响声(图 2-2-57)。

(9)剑指:拇指与无名指、小手指相叠,中指、食指并拢伸直

(图 2-2-58)。

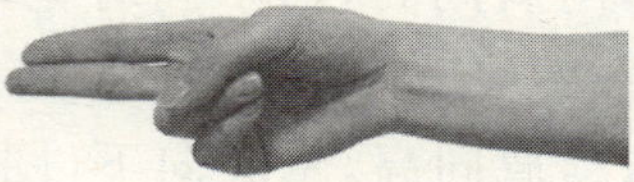

图 2-2-58

图 2-2-59

(10)"V"指:拇指与小指、无名指相叠,食指与中指伸直并尽力分开(图 2-2-59)。

三、手臂动作

手臂动作是健美操的重要组成部分,它与健美操的基本步伐组合,共同构成了丰富多彩的健美操动作内容。

(1)举

以肩关节为轴,臂伸直向某方向抬起。臂的活动范围不超过 180°并停止在某一部位。

[要点]动作到位、线路清晰、有力度感。

动作变化形式:直臂不同方向举。

①两臂上举:两臂伸直经前向上举起,两手同肩宽,彼此平行,掌心向前(图 2-2-60)。

图 2-2-60

图 2-2-61

②两臂下举：两臂置于身体两侧，向下伸直（图 2-2-61）。

③两臂前举：两臂伸直经前举起，与肩同高，两手同肩宽，彼此平行，掌心向下（图 2-2-62）。

④两臂侧举：两臂伸直向侧举起，与肩同高，掌心向下（图 2-2-63）。

图 2-2-62

图 2-2-63

⑤两臂前下举：两臂伸直经前至前下方举起，与前举成 45°夹角，两手同肩宽，掌心向下（图 2-2-64）。

⑥两臂前上举：两臂伸直经前至前上方举起，位于上举与前举之间 45°的方向，两手同肩宽，掌心向下（图 2-2-65）。

图 2-2-64

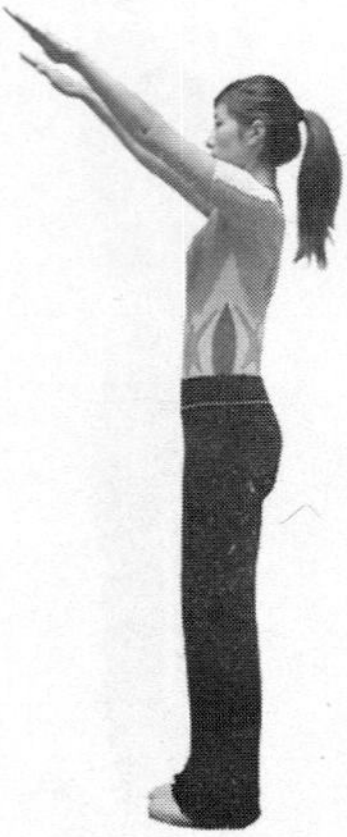

图 2-2-65

⑦两臂侧下举：两臂伸直经侧至侧下方举起，与侧举成 45°夹角，掌心向前(图 2-2-66)。

⑧两臂侧上举：两臂伸直经前至侧上方举起，位于上举与侧举之间 45°的方向，掌心向前(图 2-2-67)。

图 2-2-66

图 2-2-67

⑨一臂前举，一臂侧举(图 2-2-68)。

⑩一臂上举，一臂侧举(图 2-2-69)。

⑪一臂上举，一臂下举(图 2-2-70)。

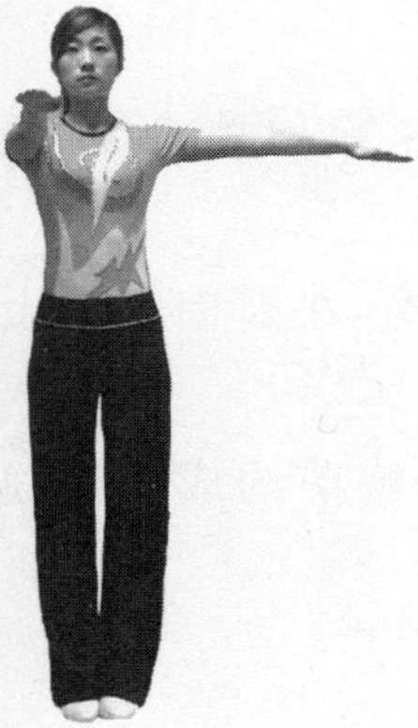

图 2-2-68

图 2-2-69

图 2-2-70

⑫一臂侧上举，一臂侧下举（图 2-2-71）。

⑬一臂前下举，一臂后举（图 2-2-72）。

⑭一臂前上举，一臂后举（图 2-2-73）。

图 2-2-71

图 2-2-72

图 2-2-73

（2）屈、伸

上臂固定，以肘关节为轴，肘关节由弯曲到伸直或由伸直到弯曲的动作。

[要点]肩关节自然下沉，肘关节有弹性地伸直。

动作变化形式：胸前屈、胸前上屈、胸前平屈、肩侧屈、肩侧上屈、肩侧下屈。

①胸前屈：两臂前屈，与肩同宽，小臂向内与上臂成 45°角（图 2-2-74）。

②胸前上屈：两臂前屈，肘与肩平，与肩同宽，小臂向上与上臂成 90°角（图 2-2-75）。

③胸前平屈：两臂屈肘，肘与肩平，两小臂胸前约成一横线（图 2-2-76）。

图 2-2-74

图 2-2-75

图 2-2-76

④肩侧屈：两臂侧屈，肘与肩平，小臂向内与上臂成 45°角，手指触肩（图 2-2-77）。

⑤肩侧上屈：两臂侧屈，肘与肩平，小臂向上与上臂成 90°角（图 2-2-78）。

⑥肩侧下屈：两臂侧屈，肘与肩平，小臂向下与上臂成 90°角（图 2-2-79）。

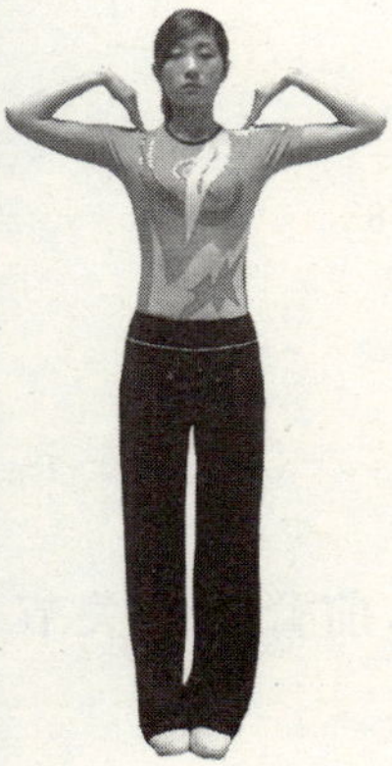

图 2-2-77

图 2-2-78

图 2-2-79

（3）摆动

两手握拳，屈肘前后摆动（图 2-2-80～2-2-83）。

图 2-2-80

图 2-2-81

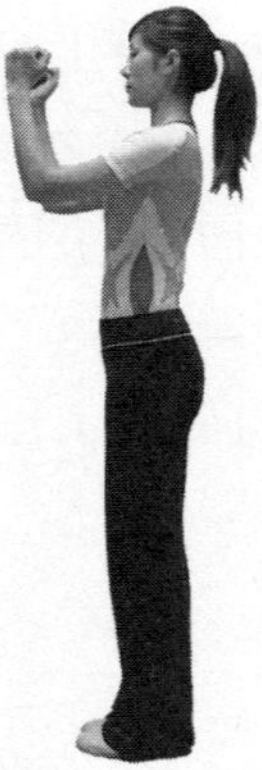

图 2-2-82

图 2-2-83

[要点]屈肘角度不宜过大或过小，大约 60°。

动作变化形式：可同时摆动，也可依次摆动。

(4)绕、绕环

两臂或单臂以肩为轴做弧线运动；上臂固定，前臂以肘关节为轴做弧线运动(图 2-2-84～2-2-87)。

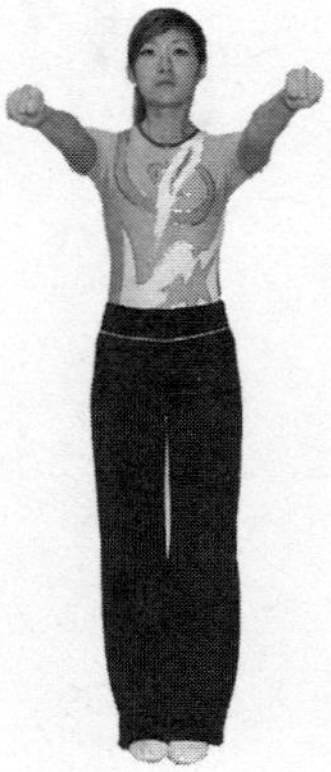

图 2-2-84

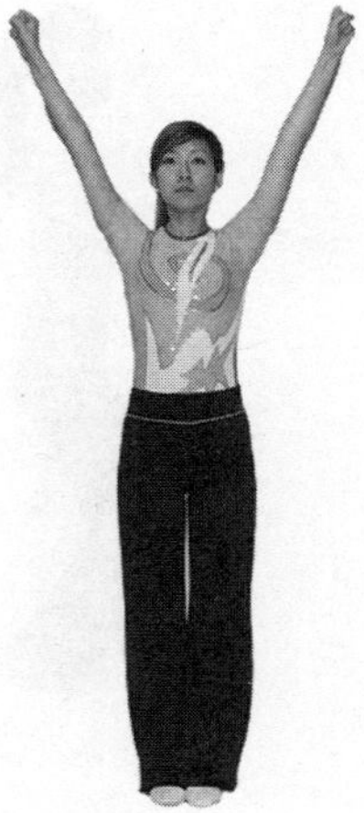

图 2-2-85

图 2-2-86

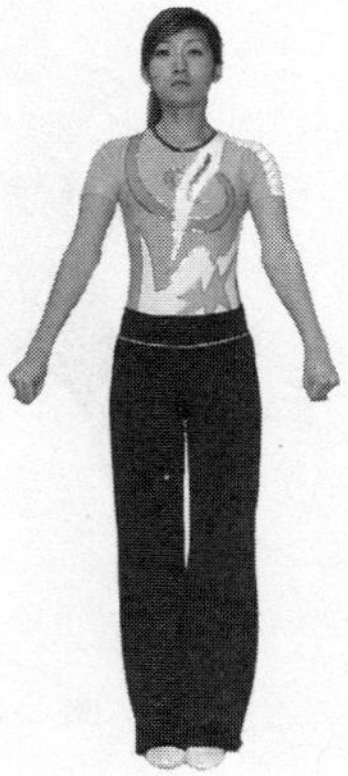

图 2-2-87

[要点]线路清晰，开始和结束动作位置明确。

动作变化形式：两臂或单臂向内、外、前、后绕或绕环。

四、下肢动作

(1)弹动

两腿并拢，膝关节有弹性地屈伸(图 2-2-88～2-2-91)。

图 2-2-88

图 2-2-89

图 2-2-90

图 2-2-91

［要点］两膝与踝关节自然屈伸。膝关节由弯曲到还原时，应处于微屈状态。

(2)半蹲

两腿有控制地屈(图 2-2-92)。

［要点］分腿半蹲时，两腿左右分开稍大于肩，脚尖稍外开，膝关节角度不能小于 90°，方向与脚尖方向一致，臂部向后转 45°，下蹲时上体保持直立。

图 2-2-92

五、躯干动作

在健美操运动中躯干主要起连接、保护和固定作用。躯干部位的练习通常是为了发展和平衡躯干前后肌肉而设计的。在躯干中部，脊柱和腰腹部周围的肌肉、软组织连接并支撑身体的上下部分，有些人由于前后肌肉发展不平衡、力量不足形成不良姿态。因此，在健美操练习中发展和平衡腰腹部肌肉力量非常重要。健美操躯干动作主要包括：头颈部、肩部、胸部、腰部的动作。

(1)头颈部

头向前、后、左、右屈、转头或绕环。

[要点]自然大方、线路清晰、动作明确。

动作变化形式如下：

①前屈：头向前下运动（低头）（图 2-2-93）。

②后屈：头向后运动（仰头）（图 2-2-94）。

图 2-2-93

图 2-2-94

③侧屈：头向左侧或向右侧倾斜（倒头）（图 2-2-95）。

④转头：以颈部为轴，头向左或向右运动（图 2-2-96）。

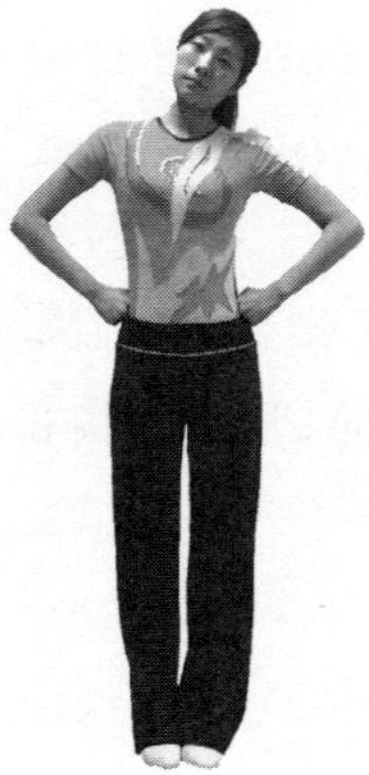

图 2-2-95

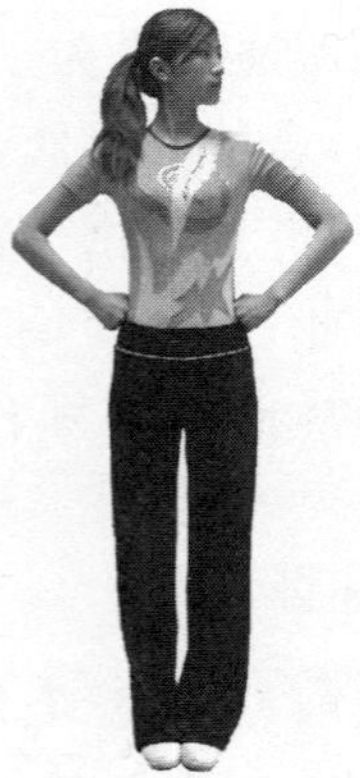

图 2-2-96

⑤头绕环：头由前屈向左（右），经后屈向右（左）绕动。

（2）肩部

背部肌肉主要包括背阔肌、斜方肌、菱形肌和圆肌等，当背部肌肉收缩时，可使肩关节做提升、下沉、外展、内收的动作。

动作变化形式如下：

①提肩：双肩向上运动(图 2-2-97～2-2-98)。

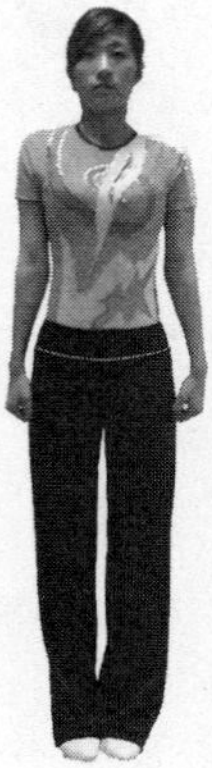

图 2-2-97

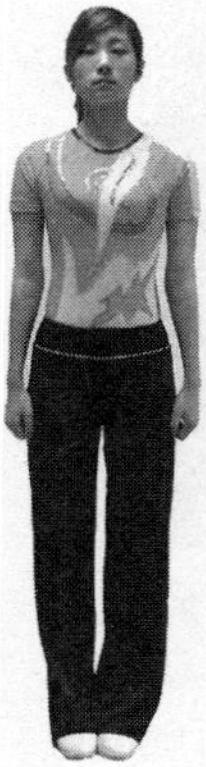

图 2-2-98

②收肩(含肩)：双肩向前旋动。

③展肩(开肩)：双肩向后旋动。

④提肩绕。前提绕：肩由后向上、向前、向下运动。后提绕：肩由前向上、向后、向下运动。

⑤顶肩：单肩平行向前或向后用力。

⑥肩绕环：连续做前提绕或连续做后提绕。

(3)胸部

当胸大肌收缩时，肩关节内收，臂屈并水平内收。

动作变化形式如下：

①含胸：收肩(合肩)低头(图 2-2-99)。

②挺胸：展肩(开肩)抬头(图 2-2-100)。

图 2-2-99

图 2-2-100

③扩胸：两臂向后运动(图 2-2-101～2-2-102)。

图 2-2-101

图 2-2-102

④胸绕环：挺胸向左(右)移，经含胸向右(左)移动绕环。

(4)腰腹部

腰腹部肌肉主要有腹直肌、腹内外斜肌、腹横肌和竖脊肌。腰腹肌肉收缩可使脊柱前屈、侧屈或扭转，使骨盆前倾或后倾，使胸廓向对角线方向屈。

动作变化形式如下：

①屈、伸腰：

左屈、右伸：上体向左侧倾斜（图 2-2-103）。

右屈、左伸：上体向右侧倾斜与图 2-2-103 动作相同，方向相反。

前屈、后伸：上体向前或向前下运动（图 2-2-104）。

图 2-2-103

图 2-2-104

后屈、前伸：上体向后运动。

②转腰：下肢正对前方，上体向左或向右后方运动。

③腰绕环：以髋为轴，上体向前、向左、向后、向右倾，换方向做。

六、核心力量训练

所谓“核心”是指人体的中间环节，就是肩关节以下、髋关节以上包括骨盆在内的区域，是由腰、骨盆、髋关节形成的一个整体，包含 29 块肌肉。核心肌肉群担负着稳定重心、传导力量等作用，是整体发力的主要部分，对上下肢的活动、用力起着承上启下的枢纽作用。强有力的核心肌肉群，对健美操中的身体姿势、运动技能和专项技术动作起着稳定和支持作用。所以，凡是姿态优美挺拔、身体控制力和平衡力强的人，核心肌肉群肯定受过很好的训练。

核心力量训练的主要作用：

(1)稳定脊柱、骨盆；

(2)提高身体的控制力和平衡力；

(3)提高运动时由核心向四肢及其他肌群的能量输出；

(4)提高上下肢和动作间的协调工作效率；

(5)预防运动中的损伤；

(6)降低能量消耗；

(7)提高身体的变向和位移速度。

1. 腰部力量训练

目的：减少腰部脂肪，使腰背部肌肉强壮、健美。

(1)侧拉

目的：锻炼肋间肌、腹斜肌。

预备姿势：两脚开立略大于一腿长，两手臂放于体侧（图 2-2-105）。

①两手臂侧平举，同时身体向左侧屈（图 2-2-106～2-2-107）。

②左臂尽量垂直向下伸展，右臂由前向上伸展（图 2-2-108）。

③右臂由上向前振臂一次为 1 拍。

④做 8 拍后，慢慢起身还原为预备姿势。然后反方向做。

[要点]背部同身体，包括两腿在同一平面上，特别是上体不要前倾，保证身体的真正侧拉。

(2)腰扭动

目的：锻炼肋间肌、腹斜肌。

预备姿势：两脚开立略大于肩宽，两臂侧平举（图 2-2-109）。

图 2-2-105

图 2-2-106

图 2-2-107

图 2-2-108

图 2-2-109

①右臂胸前屈臂，向左转振动身体一次为1拍，目视左手（图2-2-110）。

②反方向做（图2-2-111）。

图 2-2-110

图 2-2-111

（3）腰拉伸和股内拉伸

目的：锻炼肋间肌、腹斜肌。

预备姿势：分腿坐在地板上，在不至于绷紧股内腱的情况下尽力劈开两腿，脚尖绷直。

①向右侧屈体，尽量使耳朵靠近大腿，左臂在头上向右伸，右臂自然放在体前弯曲，振体一次为1拍（图2-2-112）。

图 2-2-112

②做8拍后反方向做（图2-2-113）。

图 2-2-113

［要点］注意向一侧屈体时，尽量使另一侧臀部不离地，确保真正侧屈体，上体不要前俯。

(4)胸向膝拉伸

目的：锻炼肋间肌、腹斜肌。

预备姿势：分腿坐在地板上，在不至于绷紧股内腱的情况下尽力劈开两腿，脚尖绷直。

①将两手臂放于右腿两侧，上体前俯，尽力使胸靠近右膝(图 2-2-114)。

图 2-2-114

②振动身体一次为 1 拍，做 8 拍。

③将两手臂放于左腿两侧，上体前俯，尽力使胸靠近左膝。

④振动身体一次为 1 拍，做 8 拍。

⑤上体移至中间，双手在体前撑地，上体尽力俯向地板(图 2-2-115)。

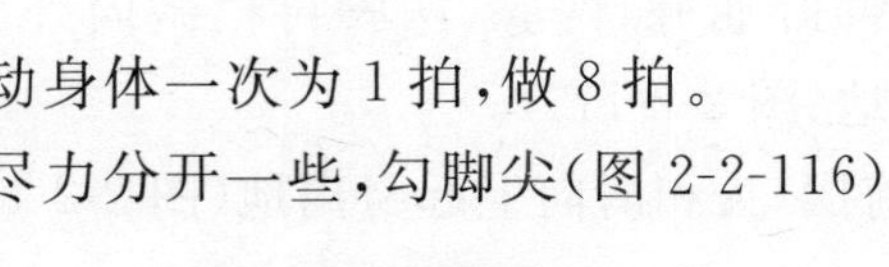

图 2-2-115

⑥向前振动身体一次为 1 拍，做 8 拍。

⑦将两腿尽力分开一些，勾脚尖(图 2-2-116)。

图 2-2-116

⑧向前振动身体一次为 1 拍，做 8 拍。

2. 腹部力量训练

目的：清除腹部多余脂肪，强壮上下腹肌，使体型变得更苗条。

(1)仰卧起坐

目的：锻炼下腹肌。

预备姿势：仰卧屈膝，两脚平放在地板上，两膝两脚平行分开与髋同宽，双手放于头上，两肘向外展开(图 2-2-117)。

①双手带起头部和上体向上起身，保持两肘关节位置不变(图 2-2-118)。

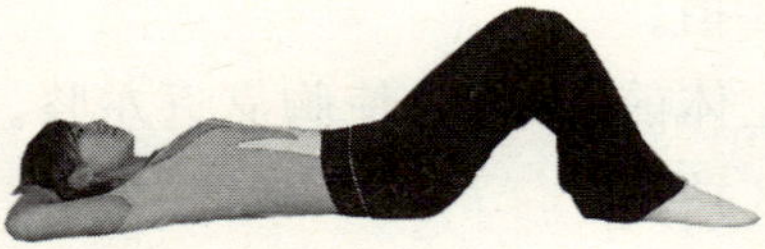

图 2-2-117

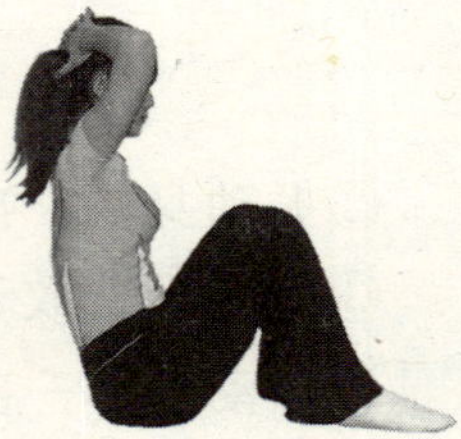

图 2-2-118

②放低头和上背，但上体不触地。

③重复动作 30 次。

[要点]上体起身时，用腹肌力量，而不是用两臂力量拉起。

(2)过膝拉伸

目的：锻炼上下腹肌。

预备姿势：仰卧屈膝，两膝、两脚再稍微向外分开，两臂向头上伸出，手背贴地(图 2-2-119)。

①两臂向前摆，头和肩向上起身离地(图 2-2-120)。

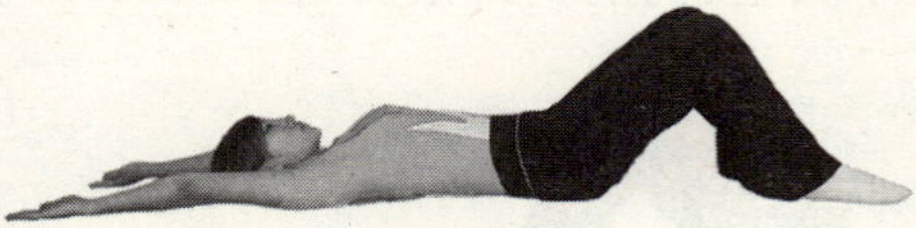

图 2-2-119

图 2-2-120

②放低头和肩，但不触地，两臂摆至头上举，注意两臂不应比两耳低。

③重复动作 30 次。

(3)爬绳

目的：锻炼上下腹肌。

预备姿势：屈膝坐(图 2-2-121)。

①两脚和膝盖平行，上体离地，与地面呈 45°角，两手臂放于体侧(图 2-2-122)。

图 2-2-121

图 2-2-122

②两臂同时由上往下振臂，重复动作 30 次(图 2-2-123～2-2-124)。

图 2-2-123

图 2-2-124

[要点]保持上体充分后仰,使腹肌用力。

(4)蹬自行车

目的:锻炼腹斜肌、下腹肌。

预备姿势:仰卧,双手放于头上,两肘向外展开(图 2-2-125)。

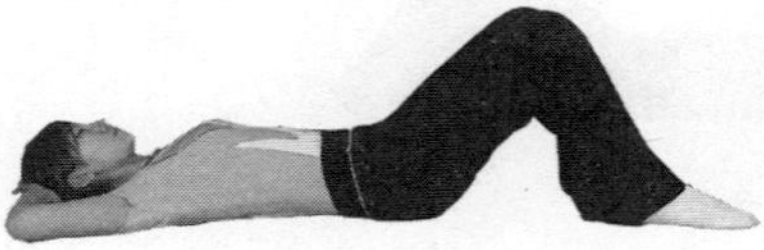

图 2-2-125

①左腿平伸,绷脚尖,离地,并与地面呈 30°角屈右腿,使右膝靠近前胸,抬左肘触右膝(图 2-2-126)。

②换另一侧做。绷直脚尖做 20 次(图 2-2-127)。

图 2-2-126

图 2-2-127

③勾脚尖做 20 次。

[要点]一腿始终保持伸直、离地。

(5)举腿仰卧起坐

目的:锻炼上下腹肌。

预备姿势:仰卧,两腿伸直,绷脚尖。双手放于头上,两肘向外展开(图 2-2-128)。

①双手带起头和上背,然后向下,但不要触地(图 2-2-129)。

图 2-2-128

图 2-2-129

②重复动作 30 次。

③拉起幅度更大，伸直两臂过腿，然后向下（图 2-2-130～2-2-131）。

图 2-2-130

图 2-2-131

④重复动作 30 次。

［要点］腿始终保持伸直，上体起身时，用腹肌力量，而不是用两臂力量拉起。

（6）剪式举腿

目的：锻炼上下腹肌、股内肌、股四头肌。

预备姿势：两腿伸直上举，脚尖绷直，两肘在身后撑地，掌心贴地。

①两腿交叉，左腿在上，然后交换，依次放低两腿（图 2-2-132）。

图 2-2-132

②两腿离地 30°，勾脚尖，依次向上做剪刀动作。

③重复动作 15 次。

(7)收腹屈膝

目的:放松腹肌。

预备姿势:仰卧(图 2-2-133)。

①屈膝收腿,两手环抱,让膝盖紧贴于胸前,停留 30 秒(图 2-2-134)。

图 2-2-133

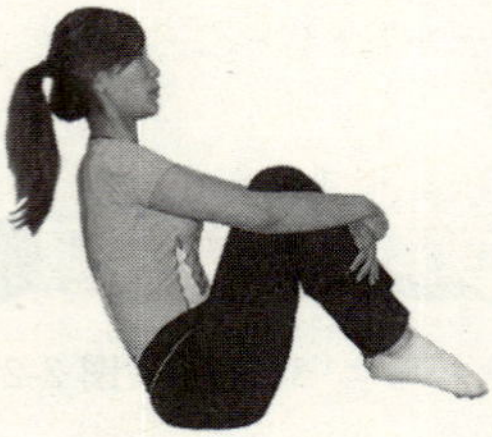

图 2-2-134

3. 髋部、臀部力量训练

目的:消除臀部脂肪,强健肌肉,使臀部外侧、臀后部线条优美。

(1)侧举腿

目的:锻炼臀肌、阔筋膜张肌。

预备姿势:左侧卧,以左肘支撑,两手贴地,两腿伸直与上体成一条直线。

①脚尖绷直,举右腿(图 2-2-135)。

②放低右腿,但不触地(图 2-2-136)。

图 2-2-135

图 2-2-136

③脚尖绷直做 15 次。

④脚尖勾起做 15 次。

(2)屈膝举腿

目的:锻炼臀肌、阔筋膜张肌。

预备姿势:左侧卧,以左肘支撑,两手贴地,两腿伸直与上体成一条直线。

①屈右腿靠近上体(图 2-2-137)。

②右腿伸直,与左腿平行(图 2-2-138)。

图 2-2-137

图 2-2-138

③右腿直膝上举(图 2-2-139)。

图 2-2-139

④重复三个动作为 1 次,共做 20 次。

(3)侧举腿

目的:锻炼臀肌、阔筋膜张肌、缝匠肌。

预备姿势:两手撑地跪立,体重均匀分布在两手、膝盖上,背平,收腹(图 2-2-140)。

①向外侧抬起右膝与髋平,大腿与地板平行(图 2-2-141)。

图 2-2-140

图 2-2-141

②放下右腿，但不触地（图 2-2-142）。

图 2-2-142

③重复动作 15 次，再换相反方向做。

［要点］抬膝盖时尽量不要移动髋部。

（4）后举腿

目的：锻炼臀后肌、背肌。

预备姿势：两手撑地跪立，体重均匀分布在两手、膝盖上，背平，收腹（图 2-2-143）。

①右腿向后伸直，脚尖绷直，腿举得越高越好，然后稍微放松，再上举（图 2-2-144）。

图 2-2-143

图 2-2-144

②重复动作 15 次。

③脚尖勾起做 15 次(图 2-2-145)。

④弓背,低头,同时将右膝收向胸前(图 2-2-146)。

图 2-2-145

图 2-2-146

⑤右腿向后上伸出,抬头,背成反弓形(图 2-2-147)。

图 2-2-147

⑥重复动作 15 次,再换相反方向做。

[要点]抬膝盖时尽量不要移动髋部。

(5)抬臀

目的:拉伸臀大肌。

预备姿势:仰卧,屈膝,两脚分开稍宽于肩,并平行踏在地板上,两臂放在身体两侧(图 2-2-148)。

①两小腿平行,肩支撑身体,抬起臀部,然后稍微放下臀部,抬起放下(图 2-2-149)。

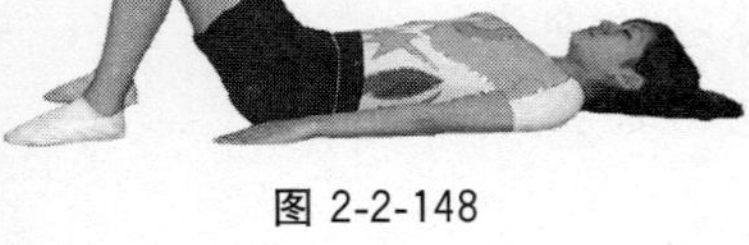

图 2-2-148

图 2-2-149

②重复动作 20 次。

③两脚和膝再向外展(两腿分开更大),做抬臀和放下运动。

④重复动作 20 次。

⑤两膝向内合拢,臀部尽力向上向前推,保持两膝向内合(图 2-2-150)。

⑥重新分开两膝,并稍微放松臀部肌肉。

⑦重复动作⑤和⑥,共 20 次。

⑧两腿紧紧合拢在一起,抬起放下臀部(图 2-2-151)。

图 2-2-150

图 2-2-151

⑨重复动作 20 次。

⑩两手撑腰,抬起右腿伸直后弯曲小腿(图 2-2-152～2-2-153)。

图 2-2-152

图 2-2-153

⑪重复动作 20 次,再换相反方向。

[要点]尽力使大腿内外侧和臀部同样受到锻炼,从大腿内侧到膝盖应全部有酸胀感。

思考拓展练习

1. 试述健身健美操基本步伐练习的重要性。

2. 什么是核心力量训练?它包括哪些方面?

第三节　啦啦操训练

一、基本手型、手位和站位

1. 基本手型

(1)胜利(Victory)(图 2-3-1)
(2)力量(Strength)(图 2-3-2)

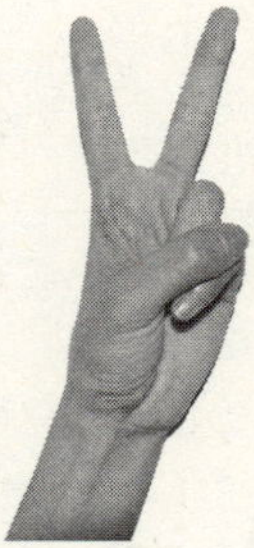
图 2-3-1

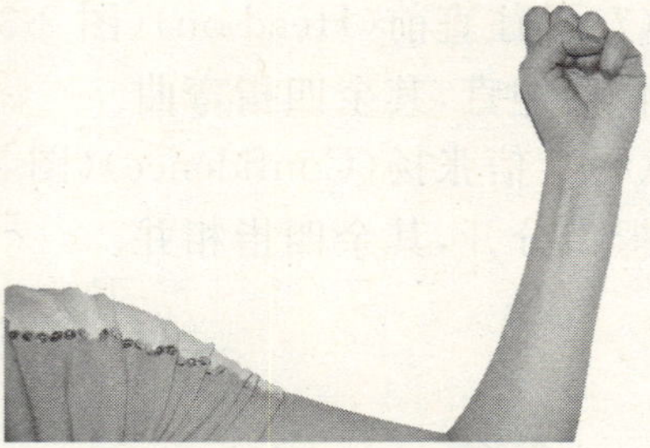
图 2-3-2

(3)喝彩(Cheer)(图 2-3-3)
双手臂上举,开掌,手掌前后摆动。
(4)酷(Cool)(图 2-3-4)
弯曲中指和无名指,其余三指伸直。

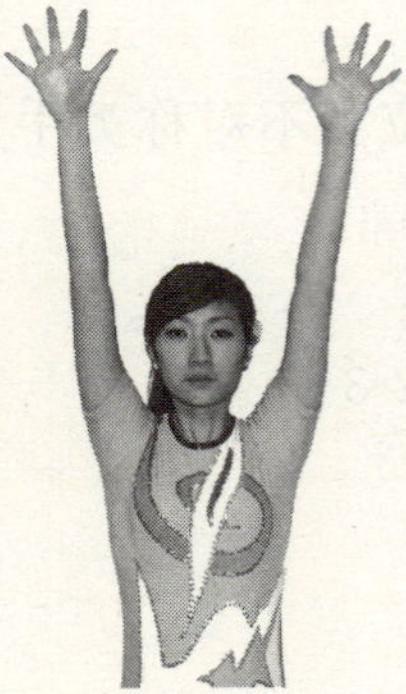
图 2-3-3

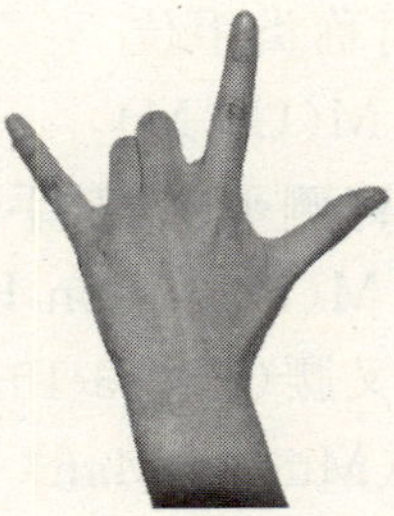
图 2-3-4

(5)团结(Comity)(图 2-3-5)

双手大拇指交叉相握,其余四指并排相握。

(6)真棒(Thumb)(图 2-3-6)

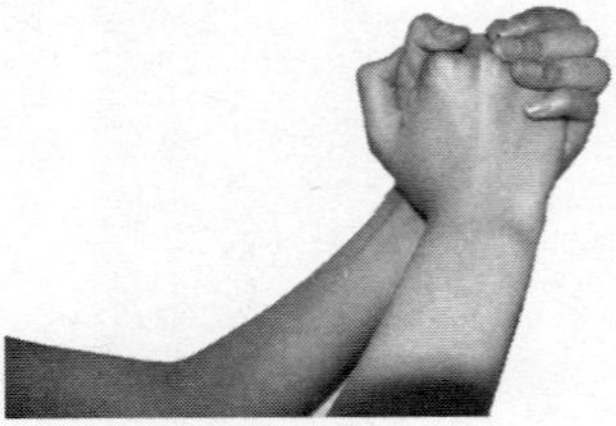

图 2-3-5

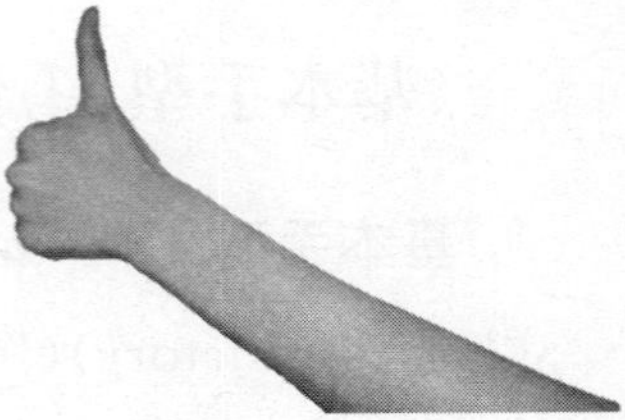

图 2-3-6

(7)勇往直前(Head-on)(图 2-3-7)

食指伸直,其余四指弯曲。

(8)自信张扬(Confidence)(图 2-3-8)

拇指分开,其余四指相并。

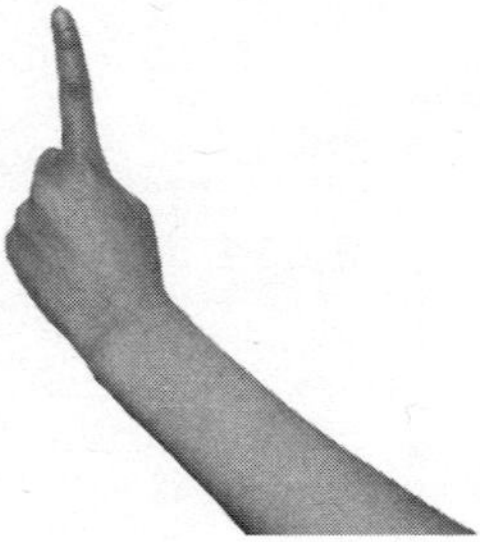

图 2-3-7

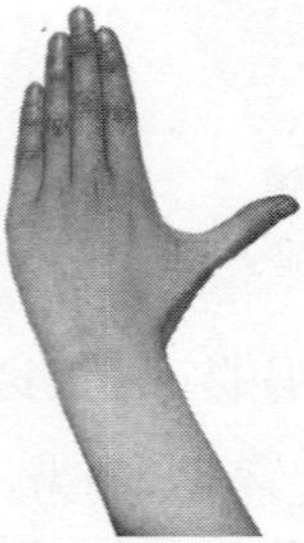

图 2-3-8

2. 基本手位

基本手位共 32 个,分为对称类手位和不对称类手位。

(1)对称类手位

①上 M(Up M)

双手臂侧平举,双手放于肩上(图 2-3-9)。

②下 M(Hands on Hip)

双手叉腰(图 2-3-10)。

③W(Muscle Man)

双手臂侧平举,前臂向上(图 2-3-11)。

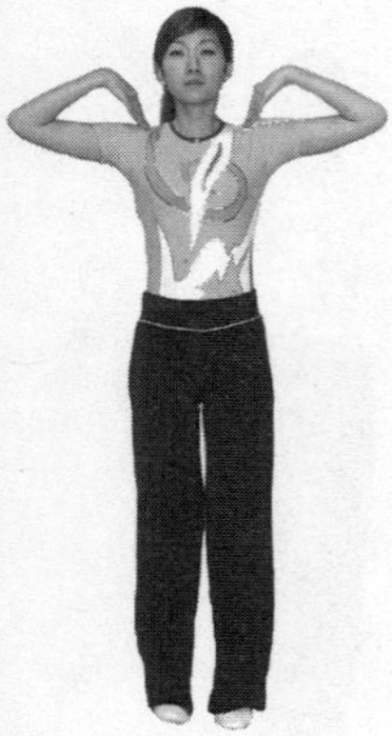

图 2-3-9

图 2-3-10

图 2-3-11

④高 V(High V)

双手臂侧上举(图 2-3-12)。

⑤倒 V(Low V)

双手臂侧下举(图 2-3-13)。

⑥T(T)

双手臂侧平举(图 2-3-14)。

⑦斜线(Diagonal)

一手臂侧上举,一手臂侧下举(图 2-3-15)。

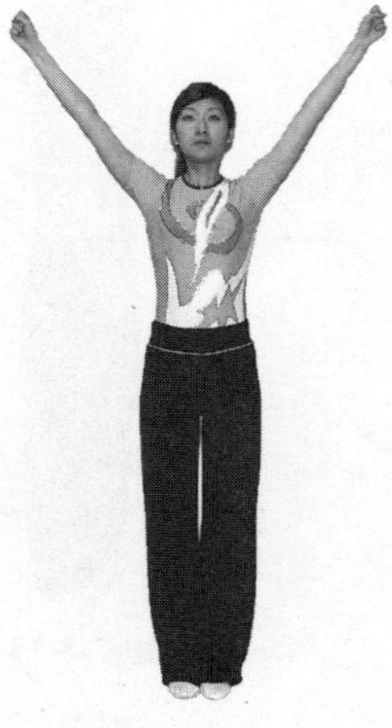

图 2-3-12

图 2-3-13

图 2-3-14

图 2-3-15

⑧短 T(Half T)

双手臂弯曲在胸前(图 2-3-16)。

⑨前 X(Front X)

双手臂伸直,胸前交叉(图 2-3-17)。

⑩高 X(High X)

双手臂上举并交叉(图 2-3-18)。

图 2-3-16

图 2-3-17

图 2-3-18

⑪低 X(Low X)

双手臂前下举并交叉(图 2-3-19)。

⑫屈臂 X(Bend X)

双手臂胸前弯曲,前臂交叉(图 2-3-20)。

图 2-3-19

图 2-3-20

⑬X(X)

双手臂侧举,双手放于头上(图 2-3-21)。

⑭上 A(Up A)

双手臂上举,双手相靠手掌心向前(图 2-3-22)。

图 2-3-21

图 2-3-22

⑮下 A(Down A)

双手臂前下举,双手相靠(图 2-3-23)。

⑯屈臂 A,又称加油(Applauding)

双手臂胸前弯曲,前臂向上双手相靠(图 2-3-24)。

图 2-3-23

图 2-3-24

⑰上 H(Up H)

双手臂上举(图 2-3-25)。

⑱下 H(Down H)

双手臂前下举(图 2-3-26)。

(2)不对称类手位

图 2-3-25

图 2-3-26

①小 H(Little H)

一手臂伸直上举,一手臂体侧弯曲(图 2-3-27)。

②L(L)

一手臂上举,一手臂侧平举(图 2-3-28)。

图 2-3-27

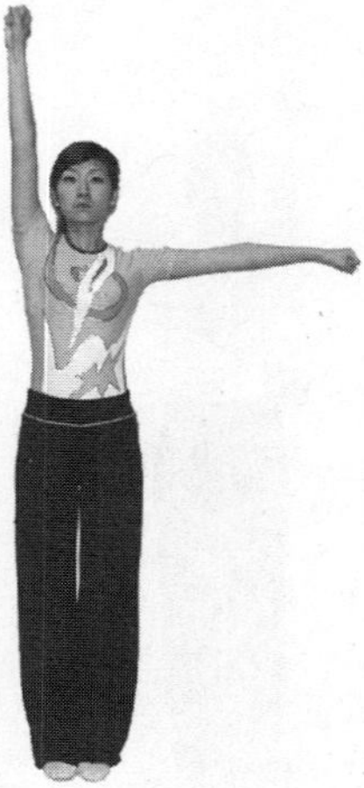

图 2-3-28

③倒 L(Low L)

一手臂前下举,一手臂侧平举(图 2-3-29)。

④K(K)

一手臂前上举,一手臂前下举(图 2-3-30)。

图 2-3-29

图 2-3-30

⑤侧 K(Side K)

右手前上举,左手朝右侧前下举(图 2-3-31)。

⑥R(R)

一手臂前下举,一手臂向侧弯曲,手放于头上(图 2-3-32)。

图 2-3-31

图 2-3-32

⑦弓箭(Bow and Arrow)

一手臂侧平举,一手臂胸前弯曲(图 2-3-33)。

⑧小弓箭(Bow)

一手臂侧平举,一手臂胸前弯曲,前臂向上(图 2-3-34)。

图 2-3-33

图 2-3-34

⑨高冲拳(High Punch)

一手臂上举,另一手叉腰(图 2-3-35)。

⑩侧下冲拳(Low Side Punch)

一手臂侧下举,另一手叉腰(图 2-3-36)。

图 2-3-35

图 2-3-36

⑪斜下冲拳(Low Cross Punch)

一手臂斜下举,另一手叉腰(图 2-3-37)。

⑫斜上冲拳(Up Cross Punch)

一手臂前上举,另一手叉腰(图 2-3-38)。

图 2-3-37

图 2-3-38

⑬短剑(Half Dagger)

一手臂叉腰,一手臂胸前弯曲,前臂向上(图 2-3-39)。

⑭侧上冲拳(High Side Punch)

一手臂侧上举,另一手叉腰(图 2-3-40)。

图 2-3-39

图 2-3-40

3. 基本站位

(1)立正站(Feet Together)

双脚并拢,脚尖向前(图 2-3-41)。

(2)军姿站(Hands on Back)

双脚开立,脚尖向前(图 2-3-42)。

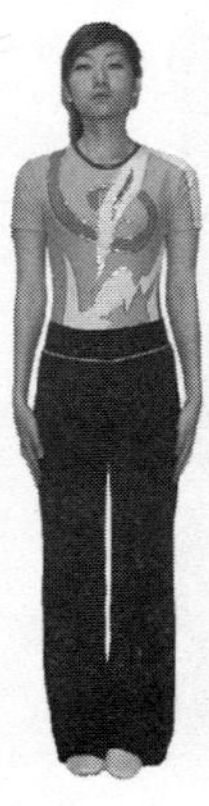

图 2-3-41

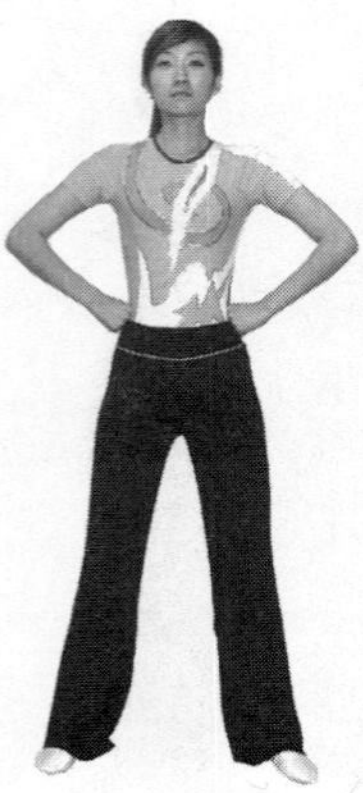

图 2-3-42

(3)弓步站(Lunge)

一腿向前屈膝,另一腿伸直(图 2-3-43)。

(4)侧弓步站(Side Lunge)

一腿向侧屈膝,另一腿伸直(图 2-3-44)。

图 2-3-43

图 2-3-44

(5)锁步(Lock Step)

两腿交叉,双脚开立(图 2-3-45)。

(6)吸腿站(Knee)

一腿站立,另一腿屈膝向上抬起(图 2-3-46)。

图 2-3-45

图 2-3-46

二、一级花球舞蹈啦啦操

预备造型：左手扶臀，右臂侧平举，两脚开立，屈膝向外，右脚点地，面向 1 点（注：健美操的八个站位顺序，时钟 12 点方向为 1 点，顺时针开始每 45°为 1 点）。

1．8 拍（图 2-3-47）

（1）步法

1～4 拍脚上前锁步；5～7 拍锁步；8 拍两腿跳回锁步。

预备　　哒 1　　1～4 拍

哒 2　　5～7 拍　　8 拍

图 2-3-47

(2)手臂

1～4 拍双臂成倒 V；5～7 拍向上成高 V；8 拍加油手位。

(3)面向 1 点

2. 第一个 8 拍(图 2-3-48)

1～3 拍

1～3 拍侧面

4 拍

5～6 拍

7～8 拍

图 2-3-48

(1)步法

1～3 拍右、左、右脚依次向前上步；4 拍并步提踵；5～8 拍上右脚成弓步，左膝微屈，脚跟提起。

(2)手臂

1～3 拍手位为下 H；4 拍成上 H；5～6 拍加油手位；7～8 拍成高 V。

(3)面向 1 点。

3. 第二个 8 拍(图 2-3-49)

(1)步法

1～3 拍右、左、右脚依次向后退步；4 拍并步提踵；5～8 拍退回成右脚在前的锁步。

(2)手臂

1～3 拍手位为下 H；4 拍成上 H；5～6 拍加油手位；7～8 拍成倒 V。

(3)面向 1 点。

1 拍

2～3 拍侧面

4 拍

5～6 拍　　　　7～8 拍

图 2-3-49

4. 第三个 8 拍(图 2-3-50)

(1)步法

1～3 拍左、右、左脚依次踏步，同时向左转体 360°；4 拍并步；5～6 拍左脚向左侧成弓步；7～8 拍收左脚成并步。

(2)手臂

1～3 拍手位为下 H；4 拍加油手位；5～6 拍手位为 K；7～8 拍屈肘于胸前。

(3)面向

1～3 拍转体 360°；4 拍 1 点；5～6 拍 7 点；7～8 拍 1 点。

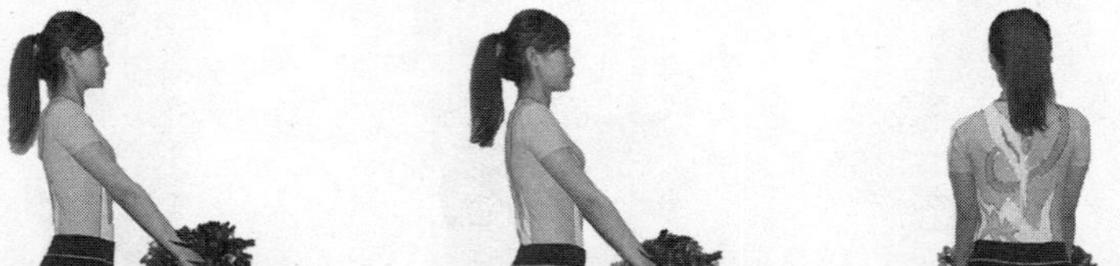

1 拍　　　　2 拍　　　　3 拍

4 拍　　5～6 拍　　7～8 拍

图 2-3-50

5. 第四个 8 拍(图 2-3-51)

(1)步法

1～3 拍右、左、右脚依次踏步,同时向右转体 360°;4 拍并步;5～6 拍右脚向右侧成弓步;7～8 拍收右脚成并步。

(2)手臂

1～3 拍手位为下 H;4 拍加油手位;5～6 拍手位为 K;7～8 拍屈肘于胸前。

(3)面向

1～3 拍转体 360°;4 拍 1 点;5～6 拍 3 点;7～8 拍 1 点。

1 拍　　2 拍　　3 拍

4 拍　　5～6 拍　　7～8 拍

图 2-3-51

6. 第五个 8 拍(图 2-3-52)

(1)步法

1 拍左脚向左侧迈步成半蹲;2 拍收左脚成并步;3～4 拍动作相同,方向相反;5 拍左脚上步成弓步;6 拍并步双脚提踵;7 拍左脚向左侧迈步成半蹲;8 拍双脚成并步。

(2)手臂

1 拍手位为右上 L;2 拍加油手位;3～4 拍动作相同,方向相反;5 拍手位为右臂前 L;6 拍手位为上 H;7 拍手位为左臂前 L;8 拍手位为下 H。

(3)面向 1 点。

1 拍　　2 拍　　3 拍

4 拍

5 拍

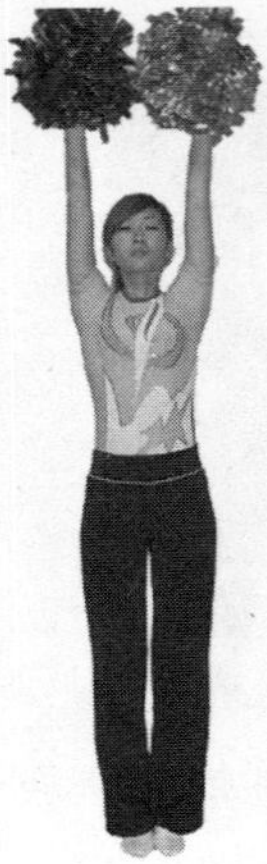

6 拍

7 拍

8 拍

图 2-3-52

7. 第六个 8 拍(图 2-3-53)

(1)步法

1～2 拍右脚向右侧成右弓步;3～4 拍移动重心向左侧成左弓步;5～6 拍并步屈膝;7～8 拍左脚向前成弓步,右脚起踵。

(2)手臂

1～2 拍成右上斜线;3～4 拍成左上斜线;5～6 拍含胸,双手放于胸前,低头;7～8 拍前 X。

(3)面向 1 点。

1～2 拍　　3～4 拍

5～6 拍　　5～6 拍侧面　　7～8 拍侧面

图 2-3-53

8. **第七个 8 拍(图 2-3-54)**

(1)步法

1～4 拍左脚向左后迈出成分腿站立;5～8 拍保持不动。

(2)手臂

1～2 拍成右臂高冲拳;3～4 拍点头一次;5 拍成左臂右斜下冲拳;6 拍成左臂左上方高冲拳,7～8 拍同 5～6 拍,方向相反。

(3)面向 1 点。

图 2-3-54

9. 第八个 8 拍(图 2-3-55)

(1)步法

1～6 拍左、右脚依次踏步;7～8 拍成并步。

(2)手臂

1～6 拍双臂垂直于体侧;7～8 拍加油手位。

(3)面向 1 点。

1～6 拍　　7～8 拍

图 2-3-55

10. 第九个 8 拍(图 2-3-56)

1～2 拍　　3～4 拍　　5 拍

6 拍　　7 拍　　8 拍

图 2-3-56

(1)步法

1～2 拍两脚大开立;3～4 拍半蹲;5 拍重心移到左脚,同时左脚起踵;6 拍重心移到两脚之间;7 拍并步站立;8 拍右脚向前一步,成锁步。

(2)手臂

1～2 拍成上 A;3～4 拍成下 H,同时俯身;5 拍上体右转,双臂斜上冲举;6 拍两手扶膝,俯身低头;7 拍成下 H;8 拍两手于腰上。

(3)面向

5～6 拍 2 点;7 拍 7 点;其余 1 点。

11. 第十个 8 拍(图 2-3-57)

(1)步法

1 拍右腿支撑,左腿向左摆腿;2 拍左腿前锁步;3～7 拍两脚大开立,重心在两脚之间,同时左脚起踵;8 拍两脚并立。

(2)手臂

1 拍成上 H;2 拍成倒 V;3～7 拍扶右膝,俯身,低头;8 拍成下 H。

(3)面向

1、8 拍 1 点;2 拍 2 点;3～7 拍 3 点。

1 拍

2 拍

3～7 拍

8 拍

图 2-3-57

12. 第十一个 8 拍(图 2-3-58)

(1)步法

1～3 拍两脚开立;4 拍半蹲,重心在两脚之间,同时,右脚起踵;5～7 拍同 4 拍;8 拍两脚并立。

(2)手臂

1～3 拍成上 H 分别向右、前、左敲击一次;4～7 拍扶左膝、俯身、低头;8 拍成下 H。

(3)面向

2、8 拍 1 点;1 拍 2 点;3～7 拍 8 点。

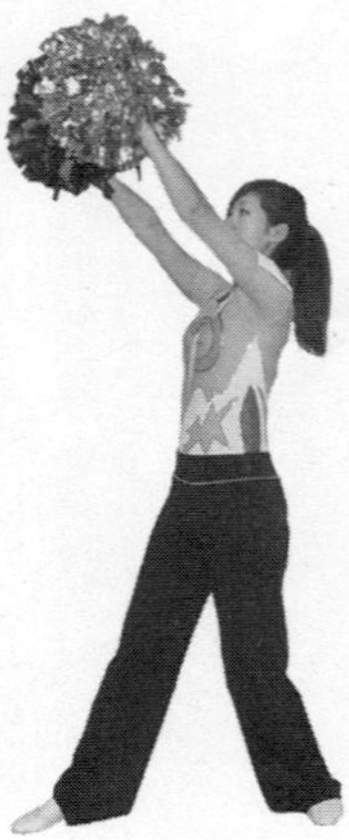

1 拍

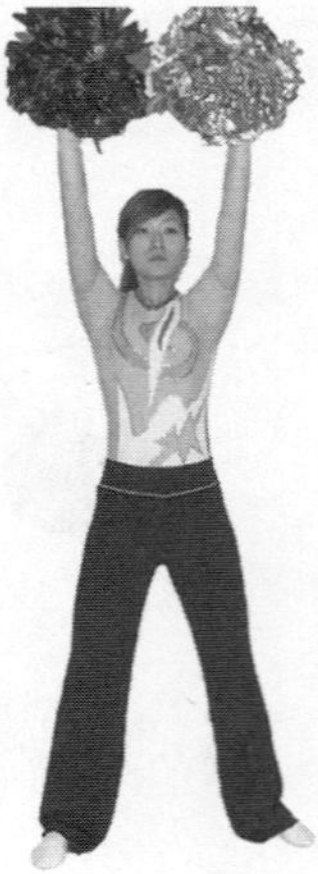

2 拍

3 拍

4～7 拍

8 拍

图 2-3-58

13. 第十二个 8 拍(图 2-3-59)

(1)步法

1～6 拍左、右脚依次踏步;7～8 拍并脚站立。

(2)手臂

1～4 拍成加油手位;5～6 拍成短 T;7～8 拍成下 H。

(3)面向 1 点。

1～4 拍

5 拍

6 拍

7～8 拍

图 2-3-59

14. 第十三个 8 拍(图 2-3-60)

(1)步法

1 拍右腿经前屈膝收腿(两个图);2 拍成两脚开立,半蹲;3～5拍原地小跳三次;6～8 拍半蹲,重心在两脚之间,同时,左脚起踵。

(2)手臂

1 拍由体前屈肘收于胸前;两手臂成前 H;3 拍成短 T;4 拍成右手上冲拳;5 拍成左手上冲拳;6 拍成倒 V,俯身,低头;7～8 拍保持倒 V,起身,振胸两次。

(3)面向

1～5 拍 1 点;6～8 拍 2 点。

1 拍

哒 1

2 拍

3 拍

4 拍

5 拍

6 拍

7 拍

哒 2　　8 拍

图 2-3-60

15. 第十四个 8 拍(图 2-3-61)

(1)步法

1 拍两脚开立,半蹲,左脚尖点地;2 拍同 1 拍,方向相反;3 拍同 1 拍;4 拍同 2 拍;5～6 拍同 1 拍;7～8 拍伸直膝盖,两脚开立不变。

(2)手臂

1 拍成侧冲拳;2 拍成下 M;3 拍成倒 V;4 拍成屈臂 X;5 拍成倒 V,6 拍成前 H,身体左转,俯身;8 拍成短 T,身体直背由左转到右后起身,同时,两臂放置胸前。

(3)面向

1～4 拍 1 点;5～6 拍 8 点;7～8 拍经 8 点至 1 点,最后到 2 点。

1 拍　　2 拍

3 拍

4 拍

5 拍

6 拍

7 拍

哒

8 拍

图 2-3-61

16. 第十五个 8 拍(图 2-3-62)

1 拍

哒 1

2 拍

哒 2

3 拍

哒 3

4 拍

哒 4

5 拍

哒 5

6 拍

7 拍

8 拍

图 2-3-62

(1)步法

1 拍两脚开立,重心移到右脚;2 拍重心在两脚之间;3 拍重心移到左脚;4～6 拍重心在两脚之间;7 拍屈膝;8 拍两脚并立。

(2)手臂

1 拍右臂下举,左臂屈肘,哒拍方向相反;2 拍成加油手位,哒拍下 H;3 拍同 1 拍,方向相反;4 拍同 2 拍;5～6 拍两手臂上举内绕环经右向左;7 拍成加油手位,低头俯身;8 拍成上 A。

(3)面向

1、5 拍 2 点；2、4、7、8 拍 1 点；3、6 拍 8 点。

17. 第十六个 8 拍(图 2-3-63)

1 拍

2 拍

3 拍

哒

4 拍

5～7 拍

8 拍

图 2-3-63

(1)步法

1～4 拍左、右脚依次向前走锁步;5～7 拍右、左脚依次向前踏步;8 拍两脚并立。

(2)手臂

1、3、4 拍右手扶腰,左臂屈肘于体侧;2 拍、哒拍方向相反。

(3)面向 1 点。

18. 第十七个 8 拍(图 2-3-64)

1～2 拍　　3～4 拍

5～6 拍　　7～8 拍

图 2-3-64

(1)步法

1～8 拍站立不动。

(2)手臂

1～2 拍倒 V;3～4 拍加油手位;5～8 拍同 1～4 拍。

(3)面向 1 点。

19. 第十八个 8 拍(图 2-3-65)

1 拍

2 拍

3 拍

4 拍

5 拍　　6～7 拍　　8 拍

图 2-3-65

(1)步法

1～8 拍屈膝弹动。

(2)手臂

1 拍左臂上举，右臂下举；2 拍成左上斜线；3 拍成 T 手位；4 拍成右上斜线；5 拍同 1 拍，方向相反；6～8 拍两手臂屈肘在胸前重叠。

(3)面向 1 点。

20. 第十九个 8 拍(图 2-3-66)

1 拍　　2 拍　　3 拍

4 拍

5 拍

6 拍

7～8 拍

7～8 拍侧面

图 2-3-66

(1)步法

1～6 拍左、右脚依次踏步向左转体 360°;7～8 拍两脚并立。

(2)手臂

1～6 拍成下 H;7～8 拍成 T 手位。

(3)面向

1～6 拍向左转 360°;7～8 拍 1 点。

21. 第二十个 8 拍(图 2-3-67)

1 拍

2 拍

3 拍

4 拍

5 拍

6 拍

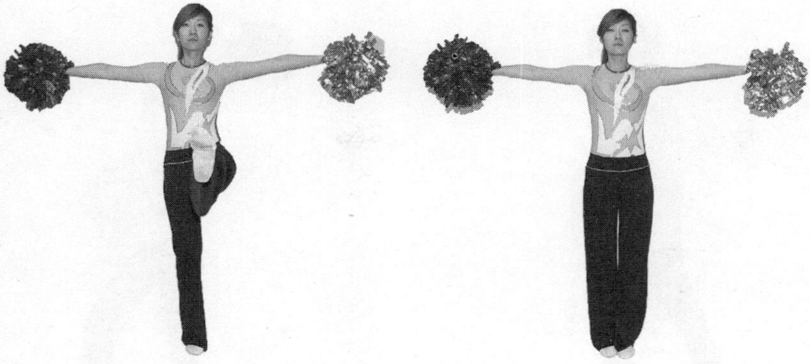

7 拍　　8 拍

图 2-3-67

(1)步法

1 拍左脚屈膝跳;2 拍并腿跳;3 拍左踢腿跳;4 拍并腿跳;5 拍右踢腿跳;6 拍并腿跳;7 拍左踢腿跳;8 拍两脚并立。

(2)手臂

1～8 拍成 T 手位。

(3)面向 1 点。

22. 第二十一个 8 拍(图 2-3-68)

1～4 拍　　5 拍　　6 拍

7 拍　　8 拍

图 2-3-68

(1)步法

1～4 拍左、右脚依次上步；5 拍左脚向左开立，屈膝，右脚点地；6～8 拍重心右、左、右移动。

(2)手臂

1～4 拍右臂高冲拳；5～8 拍右臂左右敲击。

(3)面向 1 点。

23. 第二十二个 8 拍(图 2-3-69)

(1)步法

1～4 拍左脚十字步；5～6 拍左侧身并步向前走；7 拍右脚向后转体 180°；8 拍右脚向前弓步。

(2)手臂

1～2 拍倒 L；3～4 拍上 H；5 拍成 T 手位，哒拍绕环；6 拍成 T 手位；7 拍两手臂下举；8 拍成 X 手位。

(3)面向

1～6 拍 1 点；7、8 拍 6 点。

1 拍

2 拍

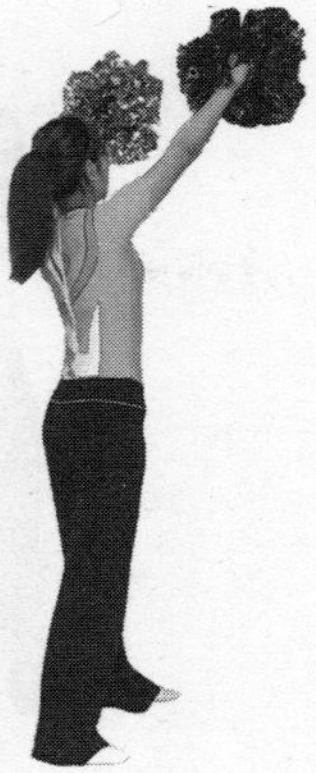

3 拍

4 拍

5 拍

哒

6 拍

7 拍　　8 拍

图 2-3-69

24. 第二十三个 8 拍(图 2-3-70)

(1)步法

1～2 拍右脚向侧并步;3～6 拍向左转体 180°;7 拍并步,半蹲;8 拍两脚起踵。

(2)手臂

1 拍成高 V;哒拍屈臂于胸前;2 拍成 T;3～6 拍成下 H;7 拍成加油手位,低头,俯身;8 拍成上 H。

(3)面向

1～2 拍 1 点;3～8 拍 6 点。

1 拍　　哒

2 拍

3 拍

4 拍

5 拍

6 拍

7 拍

8 拍

图 2-3-70

25. 结束动作(图 2-3-71)

(1)步法

两腿开立并屈膝，左脚尖点地。

(2)手臂

左臂屈肘，左手放于头部，右臂于斜下方。

(3)面向 7 点。

图 2-3-71

思考拓展练习

1. 啦啦操的基本手型和手位有哪些？
2. 啦啦操表演时应注意哪些方面？

第四节　民族健身操

随着健身健美操的发展，更多的元素融入其中，从起初的一般健身操到爵士健身操、踏板健身操、搏击健身操、瑜伽健身操、民族健身操等。一路走来，健身健美操融合了世界上最流行的时尚元素，开启健身健美操的新纪元。

民族健身操融入了中华民族传统的舞蹈艺术，并将其通过健身健美操的音乐元素展现出来，易于在中小学推广和普及，体现了民族的就是世界的，展现了中国古老的艺术奇葩。本节，主要节选深受广大我国人民群众热爱的蒙古舞、西南少数民族原生态舞、秧歌并对其进行简单的介绍。

一、热身

1.第一个 8 拍(图 2-4-1)

(1)1 拍上左脚，右臂胸前平屈，左臂于体侧。

(2)2 拍左脚向左侧打开点地，左臂经胸前打开到侧平，立掌。

(3)3 拍上右脚，左臂胸前平屈，右臂于体侧。

(4)4 拍右脚向右侧打开点地，右臂经胸前打开到侧平，立掌。

(5)5 拍左脚后退，双手握拳屈肘向上。

(6)6 拍左脚向侧点地，双臂落下到体侧。

(7)7 拍右脚后退，双手握拳屈肘向上。

(8)8 拍右脚向侧点地，双臂落下到体侧。

1 拍

2 拍

3 拍

4 拍　5 拍　6 拍

7 拍　8 拍

图 2-4-1

2.第二个 8 拍(图 2-4-2)

(1)1 拍右脚向右侧一步,提左肩。

(2)2 拍左脚并右脚,提右肩。

(3)3 拍同 1 拍。

(4)4 拍同 2 拍。

(5)5 拍右脚向右侧一步,双臂在体侧打开,微屈,立掌翘腕。

(6)6 拍重心移至后脚,双臂收回于腹前,含胸。

(7)7 拍同 5 拍。

(8)8 拍左脚上前并步，右脚点地，提左肩。

1 拍

2 拍

3 拍

4 拍

5 拍

6 拍

7 拍

8 拍

图 2-4-2

3.第三个 8 拍(图 2-4-3)

(1)1 拍上右脚,右臂于胸前上屈,左臂平屈。

(2)2 拍上左脚,右臂胸前平屈,左臂上屈。

(3)3、5、7 拍与 1 拍相同。

(4)4、6、8 拍与 2 拍相同。

1 拍

2 拍

图 2-4-3

4.第四个 8 拍(图 2-4-4)

(1)1 拍分腿站立,双手上举向右侧摆动,推右髋。

(2)2 拍分腿站立,双手上举向左侧摆动,推左髋。

(3)3 拍同 1 拍。

(4)4 拍同 2 拍。

(5)5 拍分腿站立,双手右斜下摆动,推右髋。

(6)6 拍分腿站立,双手左斜下摆动,推左髋。

(7)7 拍同 5 拍。

(8)8 拍同 6 拍。

1 拍

2 拍

3 拍

4 拍

5 拍

6 拍

7拍

8拍

图 2-4-4

二、蒙古族舞

蒙古族自古以来能歌善舞，是一个以歌舞为伴的民族。蒙古族人善于用舞蹈淋漓尽致地展现牧民的生活，表达牧民的美好情感。

蒙古族舞蹈节奏明快，舞步轻捷，在一挥手、一扬鞭、一跳跃之间洋溢着蒙古人的纯朴、热情、爽直、勇敢、粗犷和剽悍，表现了他们开朗豁达的性格和豪迈的气质，具有强烈的民族特色。蒙古族舞蹈不仅具备中国古典舞的形、神、劲、律，还具有浑厚、含蓄、舒展、豪迈的特点。

蒙古族舞蹈最鲜明的特点是节奏明快、语汇新颖、风格独特、热情奔放。舞蹈动作多以抖肩、翻腕来展现蒙古族姑娘欢快优美、热情开朗的性格。男子的舞姿造型挺拔豪迈，步伐轻盈洒脱，表现出蒙古族男性剽悍英勇、刚劲有力之美。蒙古族舞蹈久负盛名，传统的马刀舞、布里亚特婚祀、鄂尔多斯、安代、筷子、小青马、驯马手、盅碗舞等，节奏欢快、舞步轻捷，都表现出了蒙古族人民纯朴、热情、精壮、“天之骄子”的豪迈气质。

(一)组合一

1.第一个 8 拍(图 2-4-5)

(1)1～2 拍双腿左右分开,挺胸向右摆动身体,右手臂上,左手臂下,双臂在身体两侧。找到在草原上行走的感觉。

(2)3～4 拍双腿左右分开,挺胸向左摆动身体,左手臂上,右手臂下,双臂在身体两侧。找到在草原上行走的感觉。

(3)5～8 拍是 1～4 拍动作的重复。

1～2 拍

3～4 拍

5～6 拍

7～8 拍

图 2-4-5

2.第二个8拍(图2-4-6)

(1)1～4拍右脚、左脚依次向前走,手臂上举左右摆动,挺胸抖肩。

(2)5～8拍右脚、左脚依次后退,手臂放下,左右俯身抖肩。找到在草原上行走的感觉。

1拍

2拍

3拍

4拍

5 拍

6 拍

7 拍

8 拍

图 2-4-6

3.第三个 8 拍(图 2-4-7)

(1)1～2 拍侧迈右步收回,手臂贴着身子向内转动一周,上体回正。

(2)3～4 拍同 1～2 拍。

(3)5～6 拍侧迈左步收回,手臂贴着身子向内转动一周,上体回正。

(4)7～8 拍同 5～6 拍。

1 拍

2 拍

3 拍

4 拍

5 拍

6 拍

7 拍

8 拍

图 2-4-7

4.第四个 8 拍(图 2-4-8)

(1)1～4 拍右脚上前做 Mambo,手臂相对绕八字,在头前绕一次经双腋在腹前绕一次,打开。

(2)5～8 拍与 1～4 拍动作相同,方向相反。

1 拍

2 拍

3 拍

4 拍

图 2-4-8

5.第五个 8 拍(图 2-4-9)

(1)1～4 拍十字步,左脚上步,右脚提膝下落向后拖长。手臂经身体向内滑动,仿佛拉住缰绳。

(2)5～8 拍十字步,左脚上步,右脚提膝下落向后拖长。手臂经身体向内滑动,仿佛拉住缰绳。

1 拍

2 拍

2 拍

3 拍

4 拍

5 拍

6 拍

6 拍

7 拍

8 拍

图 2-4-9

6.第六个 8 拍(图 2-4-10)

(1)1 拍右脚前迈步,双手随身带起到前平举,低头含胸弓背。

(2)2 拍右脚后迈步,双手随身带起到侧平举,仰头。

(3)3、5、7 拍同 1 拍。

(4)4、6、8 拍同 2 拍。

1 拍

2 拍

3 拍

4 拍

5 拍

6 拍

7 拍

8 拍

图 2-4-10

(二)组合二

1.第一个 8 拍(图 2-4-11)

注:该组动作,一拍完成两个动作。

(1)1 拍双手叉腰,右脚向左前方交叉,微屈膝,低头。

(2)2 拍右脚向后侧一步,抬头。

(3)3 拍双手叉腰,左脚向右前方交叉,微屈膝,低头。

(4)4 拍左脚向后侧一步,抬头。

(5)5～8 拍同 1～4 拍,动作相同,方向相反。

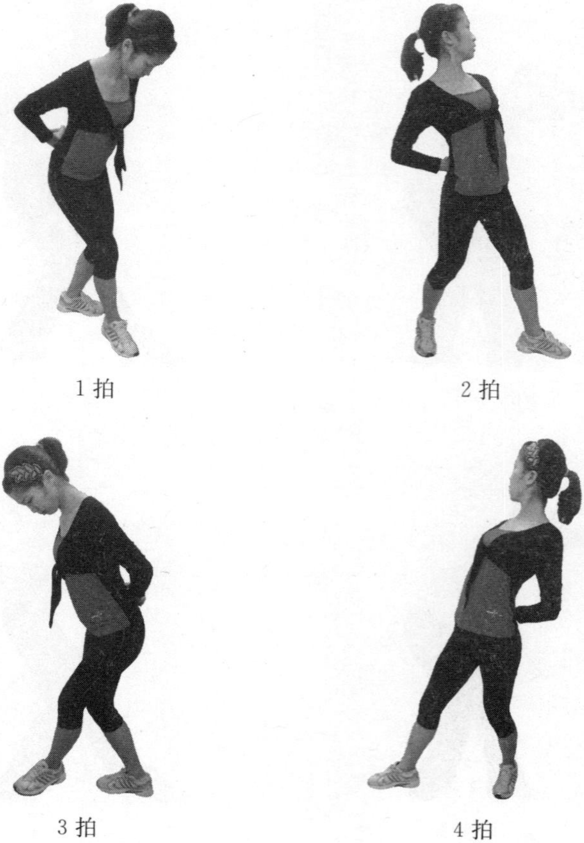

图 2-4-11

2.第二个 8 拍(图 2-4-12)

注:该组动作,一拍完成两个动作。

(1)1 拍右脚向左前方交叉,微屈膝,含胸低头,双手前伸。

(2)2 拍右脚向后侧一步,双臂拉开,左臂上举,右臂侧下方。

(3)3 拍左脚向右前方交叉,微屈膝,含胸低头,双手前伸。

(4)4 拍右脚向后侧一步,双臂拉开,右臂上举,左臂侧下方。

(5)5～8 拍同 1～4 拍,动作相同,方向相反。

1 拍

2 拍

3 拍

4 拍

图 2-4-12

3.第三个 8 拍(图 2-4-13)

(1)1 拍右腿向前,左臂胸前平屈,右臂侧平举。

(2)2 拍吸右腿。

(3)3 拍同 1 拍,方向相反。

(4)4 拍同 2 拍,方向相反。

(5)5 拍分腿屈膝,左臂胸前平屈,右臂侧平举。

(6)6 拍向斜侧抬右大腿,屈膝,手臂自然摆动。

(7)7 拍同 5 拍,方向相反。

(8)8 拍同 6 拍,方向相反。

1 拍

2 拍

3 拍

4 拍

5 拍

6 拍

7 拍

8 拍

图 2-4-13

4.第四个 8 拍(图 2-4-14)

(1)1～8 拍保持快速小踏步小幅度移动,双手一上一下移动,手臂经胸前时击掌。

(2)1、3、5、7 拍相同。

(3)2、4、6、8 拍相同。

1 拍

2 拍

图 2-4-14

三、西南少数民族原生态舞

西南少数民族的原生态舞蹈是人类的艺术瑰宝，如同一本活的历史画卷，向人们讲述着原始先民的生活方式，体现着他们对神灵、对生命的崇敬。他们深信天地可以交合，阴阳可以协调。跳舞是为了示爱，击鼓是为了求偶，打歌是为了庆丰收，这些充满人性的东西处处体现着信仰和崇拜，体现着西南少数民族人民对生活的真诚和感动。他们的舞蹈没有粉饰与浮躁，有的是发自内心地对生命的热爱，不是用技巧，而是用生命本身，他们是在用生命舞蹈！

（一）组合一

1.第一个 8 拍(图 2-4-15)

(1)1 拍右脚向前一步走，同时挺胸摆髋向右，双手手指向上翘，立髋，并随身体有韵律地摇摆，右手微微伸直，左手稍弯。

(2)2 拍左脚上前一步，与第 1 拍动作相同，方向相反。

(3)3、5、7 拍同第 1 拍。

(4)4、6、8 拍同第 2 拍。

1 拍　　2 拍

图 2-4-15

2.第二个 8 拍(图 2-4-16)

1～8 拍双脚以“快、快、慢”的节奏交替后退，双手同时摆动，两肩顺着手臂的摆动前后摆动，仿佛在做泼水的动作。

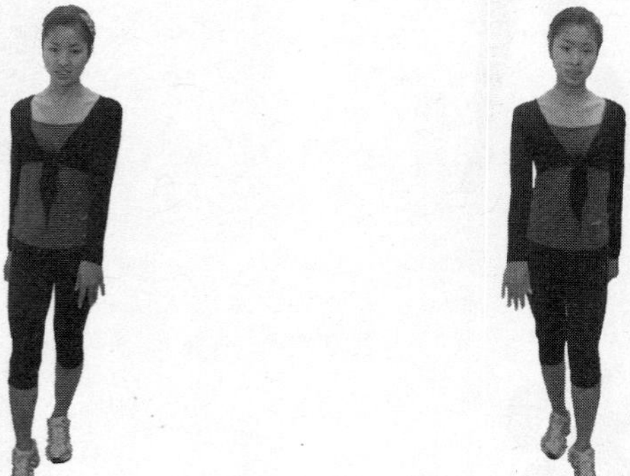

1 拍　　2 拍

图 2-4-16

3.第三个 8 拍(图 2-4-17)

(1)1 拍左脚向左侧迈一大步，同时双臂前后直臂摆动，右臂前，左臂后，立掌，头向左侧望。

(2)2 拍右腿向左侧一步并左腿，同时双臂前后直臂摆动，左臂前，右臂后，立掌，头转向正前方。

(3)3 拍同 1 拍。

(4)4 拍同 2 拍。

(5)5 拍右脚向右侧迈一大步，同时双臂前后直臂摆动，左臂前，右臂后，立掌，头向右侧望，与第 1 拍动作相同，方向相反。

(6)6 拍左腿向右侧一步并右腿，同时双臂前后直臂摆动，右臂前，左臂后，立掌，头转向正前方，与第 2 拍动作相同，方向相反。

(7)7 拍同 5 拍。

(8)8 拍同 6 拍。

1、3 拍

2、4 拍

5、7 拍

6、8 拍

图 2-4-17

4. 第四个 8 拍(图 2-4-18)

1、5 拍

2、4 拍

3 拍

6、8 拍

7 拍

图 2-4-18

(1)1 拍左脚向左侧一步,屈膝,重心在双腿之间,双手分开在体侧,微屈,掌心向上。

(2)2 拍吸右腿,模仿踢毽子的动作,双手肘上提,小臂自然下垂,掌心向下。

(3)3 拍同右腿落下点地,双手分开在体侧,微屈,掌心向上。

(4)4 拍同 2 拍。

(5)5 拍右脚向右侧一步,屈膝,重心在双腿之间,双手分开在体侧,微屈,掌心向上,与第 1 拍动作相同,方向相反。

(6)6 拍吸左腿，模仿踢毽子的动作，双手肘上提，小臂自然下垂，掌心向下，与第 2 拍动作相同，方向相反。

(7)7 拍左腿落下点地，双手分开在体侧，微屈，掌心向上。

(8)8 拍同 6 拍。

(二)组合二

1. 第一个 8 拍(图 2-4-19)

1 拍　2 拍　3～4 拍

5 拍　6 拍　7～8 拍

图 2-4-19

(1)1～2 拍左脚、右脚踏步并向前走，手臂在腹前，想象自己泼水的感觉。

(2)3～4 拍右脚吸腿，上体往左侧转动，双手经身体左侧向上摆动。

(3)5～6 拍和 1～2 拍，方向相反。

(4)7～8 拍同 3～4 拍，方向相反。

2.第二个 8 拍(图 2-4-20)

(1)1 拍左脚后跳，右脚侧点，双手手臂屈肘靠近身体两侧，前臂外展。动作源于苗族的竹竿舞。

(2)2 拍双脚并步小跳，手臂保持 1 拍动作。

(3)3～4 拍右脚一次提膝跳，手型不变。

(4)5～8 拍动作和 1～4 拍动作相同，方向相反。

1 拍

2 拍

3～4 拍

5 拍

6 拍　　7～8 拍

图 2-4-20

3. 第三个 8 拍(图 2-4-21)

1～2 拍　　3～4 拍

5～6 拍　　7～8 拍

图 2-4-21

(1)1～2 拍右腿提膝跳。双手于胸前屈肘重叠。

(2)3～4 拍与 1～2 拍动作相同,方向相反。

(3)5～8 拍是 1～4 拍的重复。

4.第四个八拍(图 2-4-22)

(1)1 拍迈左步向内抬踢右腿,仿佛踢毽子的动作,手臂上举。

(2)2 拍双脚开立步,双手屈肘,手指触肩,上体保持直立。

(3)3～4 拍和 1～2 拍动作相同,方向相反。

(4)5～8 拍是 1～4 拍的重复。

1 拍

2 拍

3 拍

4 拍

5 拍

6 拍

7 拍

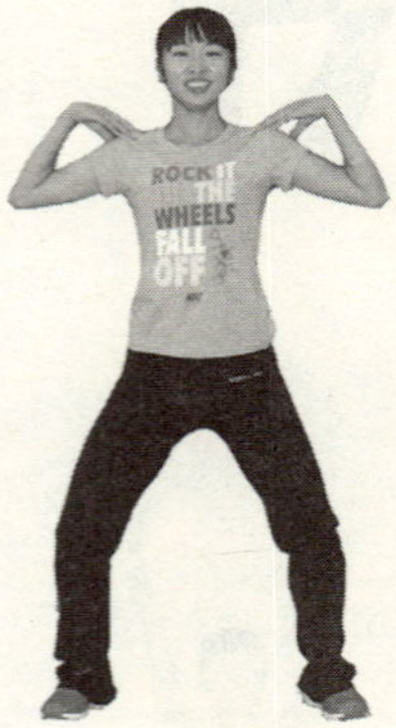

8 拍

图 2-4-21

四、东北秧歌

东北秧歌有着悠久的历史，是北方劳动人民长期创造积累的艺术财富，它起源于插秧耕田的劳动生活，和古代祭祀农神祈福禳灾、祈求丰收时所唱的颂歌、禳歌有关，并在发展过程中不断吸收莲歌、农歌、杂技、民间武术以及戏曲的技艺与形式，从而由一般的演唱秧歌发展到今天广大群众喜闻乐见的一种民间歌舞。

今天的东北秧歌风格独特，形式诙谐，广袤的黑土地赋予它纯朴而豪放的灵性和风情，融幽默、文静、泼辣、稳重于一体，将东北人民热情质朴、刚柔并济的性格特征挥洒得淋漓尽致。东北秧歌的最大特点是稳中浪、浪中梗、梗中翘，踩在板上，扭在腰上。与此同时，花样繁多的"手中花"，节奏明快、富有弹性的鼓点，俏、幽、稳、美的韵律，都是东北秧歌的特色。

（一）组合一

1.第一个8拍（图2-4-22）

（1）1拍右脚向前秧歌小顿步，挺胸抬头，右臂斜上举，左臂侧平举，找到秧歌舞的俏皮与动作的配合。

（2）2拍左脚向前秧歌小顿步，双手胸前平屈，找到秧歌舞的俏皮与动作的配合。

（3）3～4拍、5～6拍、7～8拍是1～2拍的重复。

1拍

2拍

3 拍

4 拍

5 拍

6 拍

7 拍

8 拍

图 2-4-22

2.第二个 8 拍(图 2-4-23)

(1)1 拍左脚小顿步翻花后退,髋向左顶出,右手屈肘往外翻花,左手在身体左侧贴靠身体。

(2)2 拍右脚小顿步翻花后退,髋向右顶出,左手屈肘往外翻花,右手在身体右侧贴靠身体。

(3)3～4 拍、5～6 拍是 1～2 拍的重复。

(4)7 拍向左摆髋,右脚回勾,右手手臂斜上屈肘,左手手臂侧平举,双手手臂顺身体方向屈伸。

(5)8 拍和 7 拍动作相同,方向相反。

1 拍

2 拍

3 拍

4 拍

5 拍

6 拍

7 拍

8 拍

图 2-4-23

3.第三个 8 拍(图 2-4-24)

1 拍

2 拍

3 拍

4 拍

5 拍

6 拍

7 拍

8 拍

图 2-4-24

(1)1～4 拍秧歌十字步，髋外顶，双臂直上绕花，注意手腕与动作的配合。

(2)5～8 拍是 1～4 拍动作的重复。

4.第四个 8 拍(图 2-4-25)

(1)1 拍左脚向左侧迈步，双手手臂直上向左绕花，髋向左侧顶出，眼睛看手。

(2)2 拍右脚向左侧迈步，双手手臂顺身体方向向右摆臂绕花。

(3)3 拍动作是 1 拍动作的重复。

(4)4 拍动作在 3 拍的基础上向后屈膝靠近身体左侧。

(5)5 拍右脚落地右手向右侧直臂摆动，左手回到左侧贴靠身体。

(6)6 拍左脚后侧至右脚后，含胸，双手叉腰。

(7)7～8 拍左手背在背后，右手直臂向右侧绕花，髋向右侧顶出，眼睛看右手。

1 拍

2 拍

3 拍

4 拍

5 拍

6 拍

7～8 拍

图 2-4-25

(二)组合二

1.第一个8拍(图2-4-26)

(1)1～2拍右脚侧上一步与左脚交叉,左臂胸前平屈,右臂侧举。

(2)3～4拍左脚并右脚,身体右转对侧面,双手前推至水平。

(3)5～6拍左脚侧上一步与右脚交叉,右臂胸前平屈,左臂侧举。

(4)7～8拍右脚并左脚,身体左转对侧面,双手向两侧推至水平。

1～2拍　3～4拍

5～6拍　7～8拍

图2-4-26

2.第二个 8 拍(图 2-4-27)

(1)1～2 拍迈右脚,后屈左脚,后踢腿跳,双手直臂侧平举绕花。

(2)3～4 拍同 1～2 拍,方向相反。

(3)5～6 拍同 1～2 拍。

(4)7～8 拍同 3～4 拍。

1～2 拍　　3～4 拍

图 2-4-27

3.第三个 8 拍(图 2-4-28)

1～2 拍　　3～4 拍

5～6 拍

7～8 拍

图 2-4-28

(1)1～2 拍双手上举,左脚向前一小步。

(2)3～4 拍双手由上向后划至左侧,身体转向左后方。

(3)5～6 拍转身对正前方,右脚向前一小步,双手前平举。

(4)7～8 拍并腿,双手侧平打开。

4.第四个 8 拍

1～8 拍重复第二个 8 拍的动作。

五、放松

1.第一个 8 拍(图 2-4-29)

(1)1 拍右脚向右侧一步,右手向上打开至斜上方,掌心向下,转头向右侧。

(2)2 拍脚不动,右手缓缓落下,头回正。

(3)3 拍保持双腿开立,左手向上打开至斜上方,掌心向下,转头向左侧。

(4)4 拍脚不动,左手缓缓落下,头回正。

(5)5～8 拍保持两腿分开站立,上举右手,微屈,手臂在头上划动,缓慢地像波浪一样落下。

1 拍

2 拍

3 拍

4 拍

5～8 拍

图 2-4-29

2.第二个 8 拍

1～8 拍重复第一个 8 拍的动作。

3.第三个 8 拍(图 2-4-30)

1～8 拍右脚开始,向前走八步,双手立腕翘指向上,手肘弯曲在身体两侧自然摆动。

1～8 拍

图 2-4-30

4.第四个 8 拍(图 2-4-31)

(1)1～2 拍右脚向右侧一步,同时右手侧举。

(2)3～4 拍右脚向左侧到左脚前交叉,屈膝,降低重心,右手随右脚一起下落至左侧。

(3)5～8 拍双腿膝盖伸直,立踵,左手上举,右手于体侧,拉伸侧腰。

1～2 拍　　3～4 拍

5～8 拍

图 2-4-31

第五节　竞技健美操基本难度动作

一、A 组难度动作

A 组难度动作为动力性力量动作，包括俯卧撑类、文森俯卧撑类、俯卧撑腾起类、提臀腾起类、分腿支撑类。

1. 标准俯卧撑(分值 0.1)

［要点］

(1)整个身体由双臂和两脚支撑。

(2)两脚并拢。

(3)支撑手臂的肘关节方向不限。

2. 单臂单腿俯卧撑(分值 0.4)

［要点］

(1)整个身体由单臂和单腿支撑，完成一次俯卧撑。

(2)两腿分开，宽度小于肩宽。

(3)自由臂动作不限，支撑臂肘关节方向不限。

3. 单臂单腿后倒俯卧撑(分值 0.5)

[要点]

(1)重心位置的下降后移。

(2)肘关节对准脚尖方向下降后倒，同时与踝关节形成铰链。

(3)身体向前并回到起始位置。

(4)自由臂的动作不限。

(5)整个过程中两腿之间距离不大于肩宽。

4. 双文森俯卧撑(分值 0.4)

[要点]

(1)以俯卧撑姿态开始，两腿同时伸展并搭在双侧的肱三头肌上部。

(2)两腿伸直，展示出良好的髋关节柔韧性。

(3)保持姿态完成一次俯卧撑。

5. 俯卧撑腾起(分值 0.3)

[要点]

(1)两臂支撑，在推起时身体可向任何方向运动。

(2)空中身体姿态可变化。

(3)俯卧撑着地。

6. 自由倒地(分值 0.2)

[要点]

(1)开始位置为两脚并拢站立。

(2)头与脊柱成一条直线收紧。

(3)身体倒地以分腿俯卧撑结束。

(4)手脚以外的其他部位不得触地。

(5)脚的位置保持不变。

7. 跳转 360°成俯卧(分值 0.5)

[要点]

(1)开始位置为两脚并拢站立。

(2)身体向上腾空并转体 360°。

(3)俯卧撑着地。

8. 燕式平衡跳成俯卧(分值 0.5)

[要点]

(1)开始位置为燕式平衡后举腿平行地面。

(2)支撑腿起跳身体向上腾空后两腿并拢。

(3)俯卧撑着地。

二、B 组难度动作

B 组难度动作为静力性力量动作,包括支撑与水平。

1. 分腿支撑(分值 0.2)

[要点]

(1)两手支撑,只有手触及地面。

(2)屈髋分腿,至少 90°。

(3)两腿平行地面。

(4)两手位于体前。

2. 直角支撑(分值 0.3)

[要点]

(1)两手支撑,只有手触及地面。

(2)屈髋收紧。

(3)两腿平行地面。

(4)两手位于体侧。

3. **分腿高直角支撑(分值 0.3)**

[要点]

(1)两手支撑,只有手触及地面。

(2)两手位于体后。

(3)屈髋分腿向上成 V 字,贴近胸。

(4)在髋部举离地时,两手直臂体后支撑,臀部抬起,靠近胸。

4. **后举腿静力文森支撑(分值 0.3)**

[要点]

(1)两手支撑,只有手触及地面。

(2)一腿搭在同侧的肱三头肌上部。

(3)两腿伸直,展示出良好的髋关节柔韧性。

(4)后腿举起离开地面。

三、C 组难度动作

C 组难度动作为跳与跃。

1. **屈体分腿跳(分值 0.3 分)**

[要点]

(1)两腿垂直起跳至屈体分腿位置,手臂和躯干高于两腿并伸展。

(2)身体和两腿夹角不大于 60°。

(3)两脚平行或高于水平位置。

(4)两脚并拢着地。

2. **科萨克跳(分值 0.3 分)**

[要点]

(1)两腿举至空中成屈体位置。

(2)两腿平行或高于水平位置,两腿并拢,一腿伸直一腿弯曲。

(3)身体与屈腿膝关节的夹角不大于 60°。

(4)两脚并拢着地。

3. 转体 180°科萨克跳接纵劈腿落(分值 0.5 分)

[要点]

(1)两腿垂直起跳。

(2)空中转体 180°成科萨克。

(3)纵劈腿落地。

4. 跨跳(分值 0.3 分)

[要点]

(1)一脚向前一步蹬地跳起。

(2)另一腿向上摆。

(3)两腿快速前后大分腿。

(4)空中腰部收紧。

(5)两脚并拢着地。

5. 交换腿跳(分值 0.4 分)

[要点]

(1)单脚起跳前跃。

(2)空中交换腿成纵劈腿姿势。

(3)两脚并拢着地。

6. 纵劈腿跳成俯卧(分值 0.5 分)

[要点]

(1)两脚起跳的纵劈腿跳。

(2)俯卧着地。

四、D 组难度动作

D 组难度动作为平衡与柔韧。

1. **搬腿平衡前倒成纵劈叉(分值0.3分)**

[要点]

(1)开始位置为前搬腿平衡。

(2)身体自由前倒。

(3)纵劈腿结束。

(4)完全劈叉为180°。

(5)两腿伸直。

2. **横劈叉腿前穿(分值0.3分)**

[要点]

(1)横劈叉开始,身体前屈,胸部触地。

(2)两腿继续向前滑动,两腿于髋关节并拢。身体成前趴姿势。

(3)上体保持正直。

(4)完全劈叉为180°。

(5)两腿伸直。

思考拓展练习

1. 竞技健美操基本难度动作分为几类?

2. 举例说明竞技健美操各类基本难度动作的特点?

本篇小结

为保障青少年科学地进行健美操练习，合理的硬件设施和软件条件必不可少。健美操种类繁多，针对青少年身心发展规律及兴趣爱好，本篇着重介绍了三种不同形式的健美操训练：健身健美操、啦啦操、竞技健美操。

健美，要高瞻远瞩，不能急于求成，按部就班，循序渐进才能渐入佳境，否则很难达到健美的巅峰。

——孙志刚

第三篇　如何科学合理地进行健美操教学

第一节　如何组织学习健美操

随着社会的进步，现代学生参加体育锻炼过程中所表现出来的“求新心理”使昔日传统的体育项目已经不能满足他们需求，他们需要学习新型的体育运动项目。而健美操作为一项正在我国蓬勃兴起的体育项目，以健美的造型、动感的舞蹈、高超的技艺、激情的音乐、多变的动作满足了当今学生求新的精神需求和心理特点。

健美操教学组织形式，就是教学活动中师生相互作用的结构形式，或者说，是师生的共同活动在人员、程序、时空关系上的组合形式①。采用合理的教学组织形式，不仅有助于提高学生学习的效率，而且还有助于教学活动的多样化，从而实现教学的个别化。随着我国学校确立了“三位一体”的教学模式，因此，健美操教学的组织形式从课堂教学、大课间活动、课外活动三个方面来进行。

一、课堂教学

课堂教学是指以班级为单位，在一定的时间内，按照教学计划、目标、教材等，进行的教学的活动。

---

①黄宽柔，姜桂萍主编．健美操体育舞蹈[M]．北京：高等教育出版社，2006(9)．

1. 课的结构

课的结构一般是指构成一节课的几个部分和各个部分的内容安排顺序、教法以及时间分配等。健美操课主要是以人体的生理机能活动能力变化规律为依据，受健美操特点所制约，健美操课一般由准备、基本、结束三部分构成。

(1)准备部分：准备部分的内容，按照其目标和性质可分为组织健美操教学所必需的课堂常规、一般性准备活动和专门性准备活动。时间一般是15分钟左右。健美操一般性准备活动，包括身体的一般发展的内容，主要促进学生身体全面活动，使全身各肌肉群、关节、韧带得到充分的活动，应注意较弱的肌肉群的发展，注意动作的准确性。它的组织方法一般采用集体形式进行，可行进间做，也可定位做，可根据具体情况变化队形、节奏，以提高学生的学习兴趣。

(2)基本部分：基本部分是健美操教学过程中的主要环节，也是衡量一节课教学目标完成与否的主要部分。时间大约是30分钟。进行基本部分的组织教学应注意以下几点：

①要合理安排好一节课所要学习内容的顺序。②在基本部分教学中，应根据一节课的目标和健美操的性质与学生的特点安排一些必要的辅助练习强化学生的身体素质，以便学生更好地掌握健美操的基本知识和技能。③要合理安排好间歇时间与运动负荷，注意练习与休息合理地相互交替。间歇的次数少、时间短、强度大，不利于健美操技能的学习。教师还要善于根据课的目标、授课的内容、学生特点和场地、器材、设备等具体条件，采取切实可行的方法组织教学。④基本部分还可根据人数、场地、器材条件以及教材的特点，采用全班的、分组的或个人的形式进行练习。为贯彻区别对待的原则，一般可采用分组练习的方法。

(3)结束部分：结束部分的内容是健美操课非常重要的一个

组成部分，时间大约是 10 分钟。根据结束部分性质，教师应选择一些逐步降低运动负荷的练习，结束部分一般采用全班集体形式进行。在健美操课的教学中，不能忽视结束部分，不能挤掉这部分内容而仓促下课，否则会影响整堂课的效果，也会影响下一节课的进行，甚至会影响学生的身体健康。

在健美操课的结构上，不能把准备部分、基本部分、结束部分作为固定不变的模式加以运用。无论采用何种结构模式，都必须把健美操的教育功能、健身健美功能很好地联系起来，全面实现教学目标。在教师的指导下，充分发挥学生的“主体”作用。教法上也要采用先进的教学方法和教学手段，吸引学生参与，从而发挥学生的主动性、积极性，达到自我发展的目的。

2. **授课形式**

班级授课的形式大致分为三种：第一种是全班学生集体教学；第二种是班内小组教学；第三种是班内个别指导教学。由于健美操教学的对象是不同年龄、体能、性别的人，且技术层次也相差很大，所以应针对不同的学生采用不同的教学形式，充分体现课堂教学的多样性及区别对待原则。

(1)全班学生集体教学：是指由教师按照教学大纲给全班学生集体上课，并提出共同的学习任务。全班学生集体教学的优势是：①面向全体学生集体进行教学，即一位教师能同时教许多学生，而且使全体学生共同前进；②能保证学习活动循序渐进，并使学生获得系统的专业技能，扎扎实实，有条不紊；③能保证教师发挥主导作用，首先是教师系统的讲解，而且在这个基础上直接指导学生学习的全过程；④把教学活动及内容加以有计划的安排，从而赢得良好的教学效果；⑤学生在共同的集体学习，可以互相学习和激励。全班学生集体教学的劣势是：①教学活动一般由教师直接组织，学生的主体地位受到一定的限制；②教学一般是封闭式的，容易与学生的现实世界相脱离；③课堂教学的生成性、开放性及创造性不强；④强调全班同学进度一致，难以照顾学生的个体差异；⑤教学方法单一：以课堂讲授为主要的固定式、单一式的教学方式；⑥由于一节课时间的有限，学生接受能力又不一样，所以有时候教师不能完成每一节课的教学任务；⑦每个学生按教师的要求独自完成学习任务，全班的智慧没有充分发挥，合作精神也没有得到充分发展。

(2)班内小组教学，是指在把一个班暂时分成若干个小组，但在分组的过程中要注意以下几点。①优等生和后进生的数量、能力均衡：各个小组的力量应保持均衡，在学习成绩、课外活动能力和能力水平等方面，各小组都应有一定数量的优等生和后进生。这样均衡配置的优势首先在于由于每个小组的能力相当，所以每个小组的成员都能参与讨论；其次是有利于小组成员之间的相互学习和相互帮助，并据此获得积极的情感体验；再次是有利于各小组在同等条件下开展竞赛活动；另外，需要注意分组的男女生数量均衡，即同一学习小组中男女生的人数应该均衡分布。②学生参加小组的意愿：学生参加哪个小组，应充分考虑和尊重学生自己的意愿，以保证各组“均衡”发展。这里应当注意的是彼此暂时相互排斥的学生不要编在同一小组，以免矛盾激化，影响教学的顺利进行；后进生应编入对他持中间态度或欢迎态度的小组，但后者可能使后进生产生依赖思想。③适时调整：一种学习小组确定后，不是一成不变的，而要适时根据学生的具体情况加以调整，及时从学生能力上为解决实际中产生的矛盾提供条件，适应已经变化的情况，保证小组学习及班级教学的顺利展开。④适宜的小组人数：每小组由 7 人左右组成。小组的人数多，可能汇集起来的知识、经验和其他信息的量也就相对多些。但人数并非越多越好，人数过多，就会使有些学生丧失在组内充分发表自己见解的机会，因而小组人员应当控制在一定的范围内。⑤选择合适的小组长：小组长是一个小组的核心，小组长选择得好与坏，往往与整个小组的好坏有很大的关系。为了选择一个优秀的小组长，因此在选择小组长的过程中应注意小组长的基本条件和产生方式两个问题。学习小组长应具备的基本条件：首先，他们应当是本组的积极分子和学习骨干，在知识和能力方面具有较好的基础；其次，具有较强的组织能力；再次，愿意对后进生提供帮助。

知识窗

“小组合作学习”于20世纪70年代率先在美国兴起，并且已经广泛应用于中小学教学实践。它的产生除了美国独特的社会文化背景之外，主要是出于克服传统教学存在的弊端和改革课堂教学、提高教学效率的需要。它将社会心理学的合作原理纳入教学之中，强调人际交往对于认知发展的促进功能。

(3)班内个别指导教学：教师可以因人而异地给学生布置一定的学习任务，并抽出一定的时间以一对一的形式给学生辅导。其特点是：在全班上课的基础上主要面向班上的后进生或优等生进行辅导。这种形式必须以该生的学习知识水平、课程重难点和性格特点为依据；教师的作用主要在于指导和帮助学生自学和独立学习；学生学习的材料一般是程序教材、自学辅导材料或教学参考书等；学生开始是完成教师规定的任务，之后向完成自己定的任务过渡并逐步带有独立钻研的成分。班内个别教学的教育学意义是深远的：第一，它可使教学适合每个学生的能力水平、学习需要和学习速度，有利于因材施教；第二，它可以调动每个学生的学习积极性，使后进生增强学习的信心，同时为优等生进一步学习创造一定的机会和条件，从而使每个学生都能从教学活动中受益；第三，它有助于训练学生独立思考、学习、钻研的能力和自我教育能力。

3. 教师如何组织健美操课堂教学

(1)鼓励为主，培养自信。通过教师示范，让学生感觉到健美操并不是很难掌握，同时在健美操课堂教学中要善于抓住学生的每一点进步，多用鼓励和表扬的语言，鼓励学生充分表现自己，抓住老师和其他学生给的每一次上台表演机会，从而锻炼自己的技能和胆量。

(2)引导为主，突出重点。每一个组合、每一套操都有特定的风格、特定的主体、特定的节奏等，如果教师在引导的过程中没有突出和体现，就跳不出应有风格。所以，教师在教学中要以引导为主，突出重点，每一个动作的重点、难点都要进行细致的讲解和示范，同时带领学生进行练习，让学生大致掌握基本动作后，再规范其动作，并根据学生的掌握情况进行展示。

(3)示范为主，感染情绪。在健美操的教学中，教师的教学方法应该以示范法为主，同时加上动感的音乐，吸引学生参与的积极性和热情。

(4)合作为主，促进交流。在教学中，教师应指导学生进行分组练习。一方面，分组练习有利于促进同学的交流，即在交流中学习；另一方面也让同学们懂得了合作在健美操学习中的重要性。

二、大课间活动

大课间活动像春天般的阳光，给体育课堂带来了新的生机和活力，也是促进健美操运动发展的广阔舞台。健美操运动凭借自身固有的一些特点和魅力，在课堂教学中迅速地推广开来。若能利用大课间活动进行学校的健美操普及，便会达到事半功倍的效果。

(1)分工合作，各尽其能。体育教师根据学校的实际情况，选配音乐、创编动作，在体育课上进行健美操的分节教学。班主任在大课间活动时，组织全班学生对已学过的健美操动作进行巩固、复习。班长和体育委员在大课节活动时，要发挥“小老师”的作用，带领同学们边喊口令边练习动作，及时地纠正同学的错误动作，提高动作质量。同学之间也要相互指导、交流、督促，尽量做到动作优美、整齐划一。

(2)因地制宜，组织有序。校领导根据学校的实际情况科学地安排各班的练习场地，分年级、分班进行活动。体育教师也应当给学生提供更多练习的空间和时间，使他们通过自主学习、探究学习来体验健美操的内在魅力，从而更好地掌握健美操的动作技能，提高学习健美操动作的能力。

(3)参与其中，受益匪浅。根据健美操固有的一些特点，教师要引导和鼓励学生在练习时与同伴相互合作，培养学生主动配合、积极进取、自尊自律的优秀品德，从而优化学生个性品质。教师在重视学生学习和掌握健美操动作技能的同时，也要教会学生处理好师生、同学之间的关系，使得一些在课堂上遇到的棘手问题迎刃而解；对一些“问题学生”也找到了教学的突破口。

在大课间活动推广健美操时，遇到的一些实际性的问题值得思考。比如：如何分配好场地与音乐的播放；班级之间、年级之间如何有效调度等。校领导要高度重视此问题，组织教师分析讨论，并确定由专门教师负责组织调度，由各年级班长参与评价，结合学校各个职能部门，有效利用好大课间活动的 30 分钟。

三、课外活动

课外活动时间完全属于学生自己，教师应根据学生掌握技能的情况，选拔一定的优势人才，组建健美操校队，进行更高一层的健美操技能培训。

(1)培养特长，稳步推广。体育教师在各年级、各班中选拔优秀的健美操“苗子”，让这批学生在原有的基础上，进行更系统、更科学的健美操训练，这样不仅可以促进学生综合能力的提高，同时也能培养学生的兴趣和特长，在实际教学过程中成为体育教师的得力助手。

(2)文艺表演，宣传提高。学校每年都要举行“元旦”“运动会”“体育文化艺术节”等活动，在校园的各个庆祝活动中组织健美操的班级、年级比赛等，让全校师生共同参与，从而为健美操的发展起到宣传和提高作用。

(3)以赛促练，硕果累累。为保证取得良好的学习效果，各年级、各班可进行友谊赛，这样师生们的积极性就能充分地调动起来。学校的健美操队还可以通过参加国家、省市级的大型比赛，积累经验、提高能力，为学校增光添彩。

知识窗

课外活动与课堂教学的联系

课外活动与课堂教学是一个完整的教育系统，课外活动是在课堂教学活动之外，对学生进行多方面教育的有效形式，也是对课堂教学活动局限性的弥补手段，它与课堂教学相互作用，相辅相成，对完成教育任务、实现教育目的具有同样重要的作用，不应有主次之分。它对解决受教育者的全面发展与因材施教、一般发展与特殊发展，间接经验与直接经验等矛盾具有重要的意义。

思考拓展练习

1. 健美操教学有哪几种组织形式？
2. 谈谈你对班内个别指导教学的看法？
3. 课外活动进行健美操学习应注意哪些内容？

第二节　健美操学习中常用的教学方法

健美操教学方法是指在健美操教学过程中，教师和学生为了完成健美操教学目标和任务，提高教学质量，而采取的教与学相互作用的活动方式的总称，是健美操教学过程整体结构中的一个重要组成部分。所以说健美操教学方法应用的合理与否是教师完成教学目标和任务、学生掌握动作技能、学生提高学习效率的重要前提和保证。在健美操学习中常用的教学方法有以下几种。

一、讲解示范法

讲解示范法是健美操教学中常用的教学方法。讲解法是教师通过简明、生动的语气向学生讲解教学目标、教学任务、动作名称、动作要点、动作要求等，以指导学生掌握动作技能的一种方法。示范法是教师以准确、生动、优美的动作给学生们做出示范。对于复杂的动作，则要采用示范和讲解相结合的方法，这样才能达到更好的效果。

讲解的基本要求是：

(1)语言清晰、准确、简练、形象、有条理、通俗易懂；

(2)讲解的声音、语速要适中，注意抑扬顿挫；

(3)讲解要全面且运用语言的艺术启发学生；

(4)讲解还要注意时机的把握。

示范法的基本要求是：

(1)动作要准确、优美，能调动学生的学习热情，提高学生学习的积极性参与性；

(2)示范动作的速度要适中；

(3)选择好示范的面，让每个学生能清楚地看见示范的全过程。

一般来说，对于复杂的动作采用边讲解边示范的方法效果最好，但具体运用时要根据学生的实际情况而定。(1)只示范，不讲解。如果学生有一定的学习基础且动作又比较简单时，可以只示范。但应采用背面示范，让学生能清楚地看见动作的路线、方向等。(2)只讲解，不示范。为了培养学生自己独立思考问题的能力，教师可以采用只讲解不示范的方法，这样可以加深学生对动作的理解。（3）先讲解，后示范。如果动作比较简单，可以先讲解后示范，但讲解时要注意语言简明、形象。（4）先示范，后讲解。如果动作比较复杂，应考虑先示范后讲解，这样能让学生建立正确的表象。（5）一边讲解，一边慢动作示范。如果学生是初学者，可采用教师边示范、边讲解、边让同学们跟着老师的动作模仿的方法，但要注意速度，语速要慢。

二、完整与分解教学法

健美操学习中也可以根据学生掌握动作的实际情况应用完整与分解教学法。完整法是从动作开始到结束，不分部分和段落，完整、连续地进行教学和练习的方法[①]。它适用于难度技术不高的健美操动作，例如：健美操的基本步伐。完整法在健美操学习中的优点是能保持健美操动作结构的完整性，便于学生对动作技术形成完整的概念；完整法在健美操学习中的缺点是不适合应用于难度较高的健美操动作。

分解法是将完整的健美操动作按一定的动作结构分成几个部分，逐步掌握各个部分，最后把各个部分连贯起来的教学方法。它适用于难度技术较高的健美操动作。分解法在健美操教学中的优点是易化了难度较高的健美操动作，增强了学生学习健美操的信心；分解法在健美操学习中的缺点是不利于学生对一个动作形成完整的概念，可能形成对局部的单独掌握。

健美操分解的方法有以下几种：

（1）按健美操动作技术的结构顺序分；

（2）按健美操动作技术的结构反序分；

（3）按身体各部分的动作分，如先下肢，再上肢等；

（4）按学习难度分。

---

①毛振明主编.体育教学论[M].北京：高等教育出版社，2005.

进行分解教学时应注意以下几点：

(1)划分的动作应利于连接，不破坏动作的完整性；

(2)学生应明确所划分的部分在整体中的地位和部分之间的相互联系；

(3)完整法应该与分解法相结合应用。

三、提示法

在健美操教学中教师应用各种提示方法指导学生进行学习。提示法分为语言提示和非语言提示。常用的语言提示法是口令提示法。在健美操教学中教师经常加入一些调动积极性、指导性、警告性的口令。常用的调动积极性的口令有“加油”“很棒”等；指导性的口令有“抬头”“挺胸”“向前看”等；警告性的口令有“踢腿”“曲臂”等。

运用口令提示法时应注意以下几点：

(1)教师喊出的口令应具有鼓励性，能激励学生们学习的信心和勇气，同时活跃课堂的氛围；

(2)在健美操教学中应用口令教学法，要注意教师口令的音量，不能太高也不能太低，太高的口令扰乱音乐旋律的同时也消减了学生的情趣，太低的口令没有达到口令的效果。

非语言提示法在健美操教学中主要指手势提示法。通过手势的提示，学生可以连贯地把整套健美操完成。手势提示法主要应用于一整套操或一节健美操的巩固和复习。其特点是简单、明了、易懂。

运用手势提示法时应注意以下几点：

(1)在健美操教学中，教师手势的提示应有明确的目的性，同时学生们也要能理解手势所表达的意思。

(2)在健美操教学中，教师手势的提示应注意把握时机和效果。

(3)在健美操教学中，教师手势的提示应出现在学生易犯错误的地方，让学生提前引起注意。

四、发现教学法

发现教学法又称探究法、研究法。在健美操教学中是指学生在学习一些健美操的动作时，教师只给出一些问题，让学生们通过观察、思考、讨论等方法去探究学习的一种方法。

发现法以学生为主体，通过积极的思考后，使学生在解决问题的同时，培养他们自主进行学习的一种态度和能力。发现法对于激发学生学习的兴趣、发展学生创造性思维、培养学生独立解决问题能力有较大的优势。

发现法的基本过程是：

(1)教师要创设问题情境，向学生提出要解决的问题；

(2)学生利用以前学过的知识、技能，对提出的问题进行各种假设；

(3)从实践上检验假设；

(4)教师对结论作出总结。

在健美操教学中，运用发现法时，教师应该围绕教材的问题，或者学生在学习中遇到的问题，引导学生正确地思考、解决问题。对于没有思路的学生、教师不能立马给出答案，而是给出一定的指示，让学生试着继续解决问题，让每一个学生都能感受到成功的喜悦。

使用发现教学方法时要注意以下几点：

(1)教师应根据教材特点和学生的实际情况，确定问题的情景和过程；

(2)教师应严密组织教学，引导学生积极地发现问题、解决问题；

(3)教师创设的问题情景需要各种条件的配合，如学生、教学设施、时间等。

五、激情法

激情法是指教师用直观的教学手段，激发学生学习情绪的一种教学方法。在健美操教学中教师常用的激情法有以下几种。

（一）音乐激情法

在健美操教学开始时，教师首先选择优美、动听或者有激情的乐曲让学生听着，同时引导学生去欣赏音乐，了解音乐的一些基础知识，因为健美操的学习还必须培养学生的乐感。

（二）健美激情法

教师在教学前，先在音乐的伴奏下，用优美大方、充满活力的动作把教学的内容或套路完整地示范给学生，给学生以美的享受，激发学生的学习热情①。同时，学生通过观看老师的展示，对本节课的学习内容有一个完整的印象，并再次激发学生们渴望学习动作技能的心理，这时进行教学时效果会更好。

（三）器件激情法

在健美操教学的过程中，要接触到一些器件，因此教师在选择器件时，一定要注意器件的新奇性，这样才能激发学生学习下去的热情。

运用器件激情法教学时，应注意以下几点：

(1)音乐、器件的选配应符合学生年龄的生理、心理特点及时代的主题性，这样才能到达激发学生激情的积极作用；

(2)教师的展示要有吸引力，必须抓住学生的心理需要，同时还要求教师有一定的表演天赋，从而激发学生学习的激情。

---

①王洪编著.健美操教程[M].北京:人民体育出版社,2000.

六、记忆法

记忆法也是健美操教学中常用的一种方法，为了使学生尽快地掌握教学技能，教师常用以下几种记忆法。

（一）表象法

表象练习是指学生有意识地在脑海里重复出现形成的动作表象，从而加深动作记忆的方法。

（二）模仿法

在健美操教学中，学生可以通过以下三种模仿方法学习。一是模仿老师的示范动作；二是分组练习时模仿同伴的动作；三是通过视频的教学进行模仿。模仿练习也有利于加强学生对动作的记忆。

（三）递加循环法

递加循环法是指在健美操教学中，每个动作或组合的学习后，都与前面所学的动作或组合联系起来进行练习的一种方法。递加法既均衡运动负荷，又增大了练习的密度。但是具体练习时不要加入太多的动作，以免前后混淆，一般以 4 到 8 个组合为宜。

（四）简图强化法

教师要布置课后练习，让学生把课上所学的动作名称、动作顺序、动作要领等用简图画下来，这样不仅可以强化学生的记忆，也可以节省学生的体力，提高学生的动手能力，让学生在纸上完成动作组合，提高了学习的效率。

运用记忆法时，应注意以下几点：

（1）记忆法一般应用在学生掌握动作的泛化阶段，这个阶段主要以学生的记忆为主，因此，教师不要对学生提出更多的要求，以保证学生能完整地记忆成套动作。

（2）运用记忆法时，教师应总结出一种捷径的记忆方法，例如“一伸二踢三右转”等简化的记忆方法。

知识窗

我国记忆学研究

我国从1980年左右开始，有关记忆研究的专著、译著相继出版问世，1984年我国第一家记忆研究会——锦州市记忆研究会在辽宁省锦州市成立。1984年末辽宁社会科学院文学研究所举办了最早的快速记忆函授。梦真、王维、曾宪礼、王进收等第一批有影响力的记忆专家们对于中国快速记忆方法的普及推广作出了巨大贡献，其后的倪新威至今在中国快速记忆领域也仍旧很有影响力。近几年，快速记忆培训班在各地如雨后春笋般遍地开花，有越来越多人加入到传播快速记忆方法的阵营中，也使得更多的人从中受益。

七、自主学习法

自主学习是指学生充分发挥个体能动性而进行的创新性学习。学生自主学习的特征是参与性、预期性、创新性。中小学自主学习健美操分为四个步骤。第一，自学生疑。此步骤是学生通过自己学习，发现自己不能解决的问题，这就成为质疑。第二，合作质疑。在小组合作交流的过程中，提出个人的疑难问题，简单的立即解决，较难的经过筛选解决。第三，归纳释疑。创新性学习不仅要对知识进行深入细致地了解，还应对学习方法进行归纳、总结。第四，巩固扩展。巩固对所学知识的尝试记忆，尝试记忆不仅是一种形式，更重要的是在实践中的应用。

在健美操教学中，采用自主学习法主要体现在以下几个方面：

（1）自我学习：包括自己和别人比较、视频学习等，目的是加强对动作的理解，培养学生自己认识问题、观察问题、思考问题的能力。

(2)自我创编：自主学习健美操的主要目的不仅是为了加强动作的理解，更重要的是要学会掌握健美操的基本知识、技能、发展智能，从而进行自我创编。

(3)自我评价：自我评价在自主学习中起着重要的作用，学生在教师的指导下，通过自己在学习中的各种表现，进行自我评价。学生们只要有了正确的自我评价，才能在学习中不断进步、不断提高，并学会反思自己。

八、领做法

健美操的教学方法还包括领做法，主要是由教师或同学在前面带领大家一起练习。领做法一方面统一了学生的运动节奏，另一方面也把握了学生的学习进度、掌握了学生所学教材的水平。教师面对学生的领做法，用于简单动作的学习，可以增加教师和学生的交流，教师背对学生的领做法，用于复杂动作的学习，如专题较多的套路练习。在具体的教学中正面示范和背面示范交替使用，可以让学生了解动作的来龙去脉。领做法灵活性较大，对于较复杂的动作，教师在领做的过程中，可以多练习几次，增加学生的熟练程度。同时领做法还是调动学生积极性的方法之一，鼓励学生到前面领做，可以锻炼学生自己的能力，增强自信心。

九、节奏变化法

节奏变化法是指动作节奏变慢或加快，使动作内容和结构本身发生变化。健美操的教学是在音乐的伴奏下完成，可以把动作变为 2 拍一动、4 拍一动，巩固正确的动作概念，也可以在结束中减缓速度，作为放松练习。在健美操教学活动中也可以用快节奏的音乐练习学生熟练的动作，增强动作的力度，在加快音乐节奏的过程中，训练动作的表现力。对于较复杂的动作用慢音乐进行练习，可以建立正确的动作概念，同时还可以提高学生的学习效果。

十、纠正错误法

纠正错误法是建立在学生学习了一些动作的基础之上。健美操的每一次教学之前，都要对前一节课的内容进行复习，因此，每一次练习都要纠正学生的错误动作。纠正错误法是学生探讨、思考、应用健美操基本知识的能力和态度结合的契机，是学生掌握健美操基本技能的必经阶段，是把学习到的健美操知识和技能变为自己知识的关键阶段。

纠正错误法要注意以下几点：

(1)教师在纠正学生的错误动作时要给学生一个明确的目标；

(2)纠正方法要有利于学生进行一连串的学习活动；

(3)对于一时改不了的动作，教师要给学生设立阶段性的目标，帮助学生真正掌握所学知识和技能。

十一、重复法

重复法是指反复练习同一动作、组合、套路。同一动作、组合、套路的重复目的在于加深熟练程度，进一步了解健美操的特征。一般情况下，单一动作的出现次数不少于 4 次，组合动作的重复练习，要求学生掌握并巩固技能。需要注意的是一旦发现错误动作，教师要及时纠正。套路练习的重复，着重于动作的定型。

运用重复法时，应注意以下几点：

(1)根据学生的实际情况，教师要合理地安排练习的次数和内容；

(2)运用重复法时动作不能过多，这样会使学习单调乏味。

十二、串联法

串联法是指把所要学习的教学内容分成若干部分，每一个部分为 4×8 拍。其方法是，先教第一个八拍，掌握后再教第二个八拍，然后把第一个、第二个八拍串联起来反复进行练习，然后教第三个八拍，掌握后教第四个八拍，第三个八拍和第四个八拍串联起来反复进行练习，最后再把一到四个八拍串联起来反复进行练习，直到掌握为止。

运用串联法教学时，应注意以下几点：

(1)运用串联法时，应保持脚一直在动的状态；

(2)运用串联法时，为了配合练习的连续性，音乐最好是连贯的；

(3)应根据学生的运动水平认真准备好每一节课，选编好组合的每一串动作，尽量使每一串动作的内容类型变化新颖。

思考拓展练习

1. 如果你是一位健美操教师，你会运用哪种教学方法进行教学呢？

2. 你认为完整法与分解法有什么异同？

3. 如果你是一位健美操教师，对于一个难度较低的健美操动作，你会运用哪种方法进行教学呢？

第三节　健美操学习中的易犯错误与纠正方法

(一)踏步类

1. 易犯错误

(1)上体前后、左右晃动；

(2)膝关节缺乏弹性,动作僵硬不协调。

2. 纠正方法

(1)上体保持正直,收腹立腰;

(2)循序渐进,先教慢放踏步动作,再教正常速度踏步动作,体会屈膝弹动技术。

(3)用一字步、V字步、侧并步、踏点步等形式,充分感受步伐的弹动性。

图 3-3-1

(二)后踢腿跑

1. 易犯错误

(1)上体前倾;

(2)勾脚尖;

(3)小腿后屈幅度太小。

2. 纠正方法

(1)上体保持正直;

(2)绷脚面;

(3)后踢腿跑时支撑腿踝关节立起用力下压,另一腿后踢时,小腿尽可能后屈靠臀部。

图 3-3-2

(三)弹踢腿跳

1. 易犯错误

(1)上体前倾,收髋,勾脚尖;

(2)起始动作为向前下方的踢腿;

(3)摆动腿踝关节及弹踢时松弛。

2. 纠正方法

(1)上体保持正直,送髋,绷脚面;

(2)原地练习弹踢腿,体会小腿的制动。

(四)吸腿跳

1. 易犯错误

(1)上体后仰,勾脚尖;

(2)摆动腿小腿没有垂直地面;

(3)躯干与大腿的夹角大于 90°。

2. 纠正方法

(1)上体正直,绷脚尖;

(2)摆动腿屈膝高抬靠胸部;

(3)手扶墙收腹立腰,练习上步吸腿动作。

（五）踢腿跳

1. 易犯错误

（1）上体倾斜，勾脚尖；

（2）腿踢高度不够，没有超过肩部；

（3）支撑腿、摆动腿膝关节弯曲。

2. 纠正方法

（1）做一些正压腿和侧压腿练习；

（2）手扶墙练习踢腿动作，体会绷脚尖的感觉。

（六）开合跳

1. 易犯错误

（1）两脚分开距离小于肩宽；

（2）两脚依次落地；

（3）两脚落地没有缓冲。

2. 纠正方法

原地练习两侧分腿半蹲，两脚间距离要稍宽于肩。

（七）弓步跳

1. 易犯错误

（1）另一条腿膝关节弯曲；

（2）两脚脚尖不在一平行线上。

2. 纠正方法

（1）练习弓步，后腿膝关节伸直，体会腿部肌肉控制力量向下延伸的感觉；

（2）扶把练习吸腿后放成弓步，两腿交换进行。

思考拓展练习

1. 结合自己在锻炼中的实际情况谈谈开合跳的易犯错误及纠正方法。

2. 总结一下哪几种步伐需要绷脚尖练习。

第四节　健美操学习注意事项

1984年以来，健美操运动在全世界范围内全面兴起，参加健美操锻炼的人数越来越多，形成了一种健美操热。这项融音乐、体操、舞蹈为一体，以有氧练习为基础，以健美、健身为特征的体育运动项目不仅吸引了广大群众的参与，更倍受学生的青睐。根据我国学校培养德、智、体、美、劳等全面发展综合性人才的目标和广大青少年学生自身的特点，许多大、中学校已经把健美操归为体育教学范畴，作为体育课的一部分开展起来了。青少年正值生长发育期，进行健美操锻炼能加强新陈代谢能力，改善心血管系统功能等，达到强身健体的作用。但是健美操也是一项较为复杂的运动项目，不适的运动不但达不到健身效果，还可能对青少年身体产生伤害。因此，在学习健美操的过程中要从准备阶段、练习阶段、结束阶段等三部分提高注意。

一、健美操准备阶段的注意事项

（一）对身体的要求

由于健美操运动的激烈性，参加健美操运动前应进行全面的检查，包括体重、身高、体脂百分比，重点检查是否存在心血管系统的疾病。同时体育教师要严格把关，不允许发烧、感冒、高血压、心脏病等患者参加运动。过饱或过饥也不适合，最好在进餐一小时后进行运动。

（二）对服装的要求

学习健美操应注意服装，根据练习的温度和季节的变化注意服装的搭配。为了更多地体现健美操的美感，最好选择能使人显得修长的弹性较好的棉质服装。裤子可选择低腰的，也可以是紧身敞口裤，以便突出胯部动作的曲线美。上衣最好选择宽松透汗的棉质T恤或是紧身背心外套，一件罩衫也是不错的搭配。鞋子的选择则是以鞋底柔软为最佳。总之，舒适最重要。

图 3-4-1

（三）对场地、器材、音乐的要求

健美操在国外被称为“有氧体操”，是有氧运动的一种。运动时所需能量几乎全部由有氧代谢系统供给。因此，选择空间广、地面平整、空气流通好的运动场地对健美操的学习尤为重要。在形式多样的健美操运动中，器械操是不可缺少的练习项目，所需的器械常见的有哑铃、踏板、绳、杠铃、健身球等。选择这些器材时一定要注意重量是否适宜、质量是否合格，以免发生不必要的运动损伤。音乐是健美操的灵魂，健美操之所以深受人们喜爱，除练习本身具有健身、健美等效果外，很重要的因素之一是现代音乐给健美操带来了生机和活力，因此在音乐选择上应选用旋律优美、节奏强劲有力、激发人们情绪的音乐。

图 3-4-2

(四)锻炼前要注意饮水

健美操锻炼过程中要出很多汗,会大量消耗体内液体,所以在锻炼开始前 1～2 小时要饮用一些纯净水,以免在锻炼的过程中,因消耗液体过多而出现危险情况。

图 3-4-3

二、健美操练习阶段的注意事项

(一)适宜的运动负荷

学习健美操的最终目的是为了取得最佳的锻炼效果。这种最佳的锻炼效果的取得是要有科学依据的，即适宜的运动负荷。从生理学角度看，只有适宜的运动负荷刺激才能达到增强体质、增进健康的目的。若负荷太小，则不能引起身体的适应性变化，也起不到强身健体的作用，而运动负荷太大，刺激量超过了身体所承受的范围，不但不能强身健体，反而还会对身体有害。因此，制订适合于自己身体情况的科学、合理的运动负荷，是获得健美操锻炼效果的前提。研究和实践表明，当运动强度达到你最大心率的65%～85%时，锻炼效果则最佳。下面介绍的是如何用锻炼时的心率确定运动负荷的方法。

第一步，计算出你的最大心率。其方式有两种：

(1)假如你是一个有训练基础的人：205次/分－年龄的一半＝最大心率；

(2)假如你是一个没有训练基础的人：220次/分－年龄＝最大心率。

第二步，计算出你锻炼时的心率范围：

(1)美国运动医学院推荐的健身指示区是：最大心率×(65%～90%)；

(2)美国健身研究协会推荐的健身指示区是：最大心率×(65%～80%)；

(3)美国心脏学会推荐的健身指示区是：最大心率×(60%～75%)。

心率在上述指标范围内均属于有氧运动，故称健身指标区。如果百分比的指数越高，锻炼的效果就越明显，对身体的影响就越大。如果百分比指数超出上述范围，则属无氧训练，对一般健身无益。如果百分比指数低于上述范围，对健身又无任何作用，只能是一般的活动而已。因此，只有确定适合于自己的运动负荷，才能达到最佳的锻炼效果。

(二)锻炼时要注意科学性、全面性、系统性

首先,健美操的学习应从基本动作开始练习。动作要循序渐进,由大肌群到小肌群,由单动作到组合动作,由原地到移动并增加方向的变化。动作的运动量不要太大,也应循序渐进地增加,而且每一动作练习的时间以10分钟左右为宜。内容安排上要合理有计划地进行,即步伐练习之前,先做适当的热身运动,特别是下肢的适度伸展非常重要。天较冷时,热身时间要长,并多穿些衣服。动作组合的安排也要科学、合理。基本动作包括了身体的各主要肌群和主要部位,在具体练习的过程中,教师必须耐心细致地指导学生进行每一部位的基本动作练习,使身体全面发展。此外,练习内容要注意逐步扩展,不能急于求成,一定要一个部位、一个动作地进行练习,同时加强对动作规格、肌肉控制的要求,使练习更加有效和完美。

(三)建立自我监督体系

健美操锻炼的自我监督是一种在健美操锻炼时,对自己的身体健康状况和技能状况经常进行自我观察的方法。它不但能科学地保证锻炼者的健康,而且还是自我评价运动负荷大小的一种方法。自我监督的内容包括自我监测和自我感觉两个方面。此外,还可通过对疲劳程度的判断来确定运动强度是否适宜。

1. **自我感觉**

(1)良好的自我感觉

参加完健美操锻炼后,感觉身体轻松,食欲较好,心情愉快,睡眠沉且无梦,精力充沛,记忆力提高,身体充满活力,皮肤光泽有弹性,走路轻松等。锻炼后,身体有轻微的酸痛,清晨起床后症状消失,并有强烈的活动欲望。这些都是良好的锻炼后反应。

(2)不良的自我感觉

在健美操锻炼过程中,若出现下列现象时,则应引起重视,

及时进行调整。

①当锻炼过程中出现恶心、头痛、气喘、头晕、胸痛、心悸或其他部位的疼痛时，可能是没有做好充分的准备运动，也可能突然运动，身体没有及时适应大的运动负荷所造成的。此时，应逐渐减小运动量或用深呼吸放松走动等形式给予调整、缓冲，不要惊慌。若持续时间较长，则应停止运动或到校医院进行检查。

②若锻炼后出现精神萎靡不振、运动欲望较低、四肢软弱无力、倦怠或感情容易激动等，则可能是由运动负荷大、教学方法不正确或疲劳所引起。此时，应停止锻炼，休息1～3天或调整运动负荷、缩短练习时间，当症状完全消失后再循序渐进地锻炼。

③健美操锻炼初学者，若出现失眠、多梦、屡醒、嗜睡、清晨起床后头晕、食欲减退、精神不好等症状，则说明负荷大或者是初学者还没有适应这种运动。此时，对运动量应作适当的调整，但不宜停止锻炼。

④一段时间内锻炼，突然大量排汗。这种情况除了由于运动量过大而引起外，则还是身体功能状况不良、健康状况下降、心态不好的反应。此时，应及时调整运动强度和增加睡眠时间等，并注意观察，必要时应到医院进行检查。

2. 自我监测

在健美操锻炼中，脉搏和体重是检测人体机能状况的两种客观而简捷的指标。

(1)脉搏

脉搏与参加健美操锻炼者的训练水平有关。经常参加健美操锻炼的人，其安静时的脉搏较慢，而间断地或很少参加健美操锻炼的人，其脉搏则较快。当训练水平提高或下降时，脉搏也将会发生相应的变化。在医务监督中，常用清晨卧位的脉搏率来评定训练水平和身体功能状况。一般情况下，清晨卧位脉搏率下降或不变，则说明身体机能反应良好，若清晨卧位脉率上升，则说明机体反应不良，这可能与睡眠不好或身体状况差等因素有关，必须分析其内在原因并及时处理。若在排除其他原因后，清晨卧位脉搏率仍保持较高的水平，则可能与过度训练有关。在测定清晨卧位心率时，一般记录 10 秒内的脉搏次数，但需要以其稳定值为标准，即连续测量两次的数值是一样的，否则就需重测。当然，也可以测量 30 秒钟内的脉搏次数，然后再计算每分钟的心率数。在自我监测中，检查心率变化的规律时，还必须注意性别、年龄、个体差异和体温状况等。

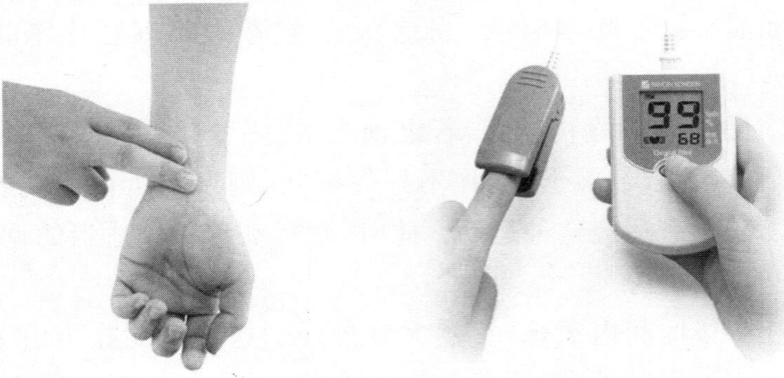

图 3-4-4

(2)体重

全面、系统地参加健美操锻炼后，体重的变化分为三个阶段。

第一阶段：体重有逐渐下降的趋势，这是机体失去太多水分和脂肪的缘故。这个阶段会持续 3～4 周或更长的时间。对于较少锻炼或肥胖的人来说，其体重下降的幅度要更大一些。

第二阶段：体重稳定阶段，运动后减轻的体重完全恢复。这个阶段会持续 5 周或 6 周以上。

第三阶段：由于肌肉等组织逐渐发达，体重会有所增加并保持在一定的水平上。

进行自我监测时，每周可测量体重 1～2 次，最好在早晨的同一时间内进行。此外，还可测定运动前后体重变化的情况，以观察运动对机体的影响。如果出现体重“逐渐下降”，身体有其他异常征兆时，可能是患有慢性消耗性疾病或过度训练所致，此时应查明原因再进行锻炼。

三、结束阶段的注意事项

（一）运动后的保健

健美操是一项强度较大的运动，运动时消耗了很多能量。因此，运动后应多进食一些低脂肪、高能量或含蛋白质多的食物。运动时由于出汗较多，还应及时补充水分。在运动结束后应注意全身各部位的放松。同时注意保护自己的健康，因季节变化的不同进行调整，防止感冒的发生。

图 3-4-5

（二）运动后的自我评价

自我评价是指参加健美操运动的青少年采用自我检查的方法，对自己参加运动后的健康状况做定期记录。自我评价是活动过程中反映自身的最直接资料，因此对于指导教师及时调整训练计划、调整运动量、预防过度训练和运动伤害事故都具有重要意义。自我评价内容包括自我体力情况、食欲、睡眠、排汗量和情绪状况。学生练习完后应是体力充沛、精神饱满、渴望继续学习锻炼，稍有肌肉酸累感和疲劳，经休息后亦能很快恢复。如果练习完后感到精神不振、困倦、头晕及局部关节肌肉酸痛疲软、胸闷、麻木、气短、腹痛甚至恶心呕吐等不良症状则属于异常。另外，睡眠也是一项重要的生理指标，良好的睡眠状态应当是入睡快、醒后感到精力和体力旺盛。如果锻炼后失眠、夜间易醒，或者醒后仍感疲劳，表明睡眠失常或体力没有很好地恢复。这些都可作为判断自我运动量是否过大的指标，以此指导青少年进行科学、合理地锻炼。

（三）运动后的卫生清洁

运动后，要及时更换汗水浸湿的衣服，避免着凉，尤其是在空调健身房内。运动后应做些伸展运动再进行淋浴。经常进行有氧健身操练习者，要留心自己的脚部，常修剪脚趾甲，断的脚趾甲会扎破皮肤，使脚趾发炎。

思考拓展练习

1. 你认为参加健美操锻炼时着装应该注意哪些方面？
2. 谈谈自我监测包括哪几个方面。
3. 谈谈你对运动后自我评价的认识。

知识窗

小链接：全身减肥操9个经典有效的姿势

①仰卧：双手叉腰或置脑后，两腿伸直，脚尖勾住固定物，起坐；

②坐姿：双手拉固定的橡皮条（或持1～2千克的哑铃）置胸部，仰卧；

③仰卧：双手置体侧，两腿直举与上体成直角，再平稳放下，或者举腿抬臂，尽量用脚尖触及头顶上方；

④立姿：双手交叉置脑后，两脚不动，身体尽量左右旋转；

⑤立姿：双手持体操棍置脑后，两腿伸直，上体前倾后仰；

⑥立姿：双手叉腰，两腿伸直，上体略前倾，以腰部为轴左右转动；

⑦俯卧：双手交叉置脑后，头部和上体尽量抬起；

⑧立姿：双手持体操棍置脑后，挺胸下蹲 10～15 次，还可在体操棍两端挂小哑铃等重物，增加负荷；

⑨立姿：双手叉腰，两眼平视前方，反复提踵。

本篇小结

科学实践证明，体育锻炼是促进人体发展的积极手段和重要方法。“我运动、我健康、我快乐”这句名言，深刻地说明了身体锻炼的意义和重要性。本篇主要阐述了如何组织学习健美操、健美操学习中常用的教学方法、健美操学习中的易犯错误与纠正方法、健美操学习的注意事项。

体操和音乐两个方面并重，才能够成为完全的人格。因为体操能锻炼身体，音乐可以陶冶精神。

——柏拉图

第四篇 怎样组织与欣赏健美操比赛

第一节 健美操比赛场地与规则简介

健美操竞赛规则作为健美操比赛的法规性文件，其宗旨是为了在健美操比赛中保证裁判员公正、客观地评分，提高裁判员的专业知识和裁判能力，为运动员和教练员在日常训练和准备比赛的过程中提供指导性作用。健美操竞赛评分规则在比赛中具有高度权威性，是所有竞赛组织者与参与者必须遵守的行为准则；是处理纷争、解决矛盾及裁判员评分的依据。评分规则对健美操技术发展起着指导和促进的作用，同时健美操技术的发展也使评分规则更加科学和完善。

无论是培养一支高水平健美操专业队伍，还是培养一支高水平健美操业余队伍，都要求教练员必须掌握竞技健美操和健身健美操训练的方法，充分理解竞技健美操和健身健美操的比赛规则和评判标准。目前，我国采用的是国际体操联合会(FIG)制定的2009～2012年国际竞技健美操竞赛规则和2011～2012年普及性健美操竞赛评分规则。为帮助教师和学生充分了解规则精神，现将相关比赛规定和评判方法简介如下。

知识窗

国际体操联合会(International Gymnastics Federation, FIG)，简称国际体联，是世界上历史最悠久、规模最大的国际单项体育组织之一，中国体操协会于1978年10月加入国际体联。国际体联成立于1881年，总部设在瑞士的利斯，目前有会员协会77个。国际体联的正式工作语言为法语、德语、英语、俄语和西班牙语。国际体联下设了男子竞技体操技术委员会、女子竞技体操技术委员会、韵律体操技术委员会和群众体操技术委员会，其管辖的正式比赛有奥运会体操比赛、世界杯体操比赛、世界艺术体操锦标赛和世界体操锦标赛。

国际体操联合会会标

图 4-1-1

一、竞技健美操比赛规则简介

（一）比赛性质

性质：国际体联的正式官方比赛。

知识窗

世界健美操锦标赛(Aerobic Gymnastics World Championships)是由国际体操联合会主办的世界最高水平的竞技健美操赛事。健美操竞赛项目包括了男子单人、女子单人、混合双人、三人(男三、女三、混合三人)、混合六人(男三、女三)、啦啦操等。比赛按性质分锦标赛和冠军赛两类。每年国际上举办的活动有：健美操世界锦标赛、世界杯赛、世界冠军赛、世界巡回赛。

（二）比赛项目

我国健美操比赛项目有女子单人、男子单人、混合双人(1名男运动员和1名女运动员)、三人(性别不限)、集体六人(性别不限)。

(注：确认报名后不得更换运动员，因严重的医学问题须在

比赛前 24 小时更换。国际体联医学委员会的官方代表做出医学诊断。更换运动员必须以英文的书面形式提出,并附带详细的医学报告)

(三)比赛时间

男单和女单的完成时间为 1 分 30 秒,有加减 5 秒的宽容度;混双、三人和六人成套动作的完成时间为 1 分 45 秒,有加减 5 秒的宽容度。

(四)比赛场地

(1)赛台:赛台高 80～140 厘米,后面有背景遮挡,赛台不得小于 14 米×14 米。

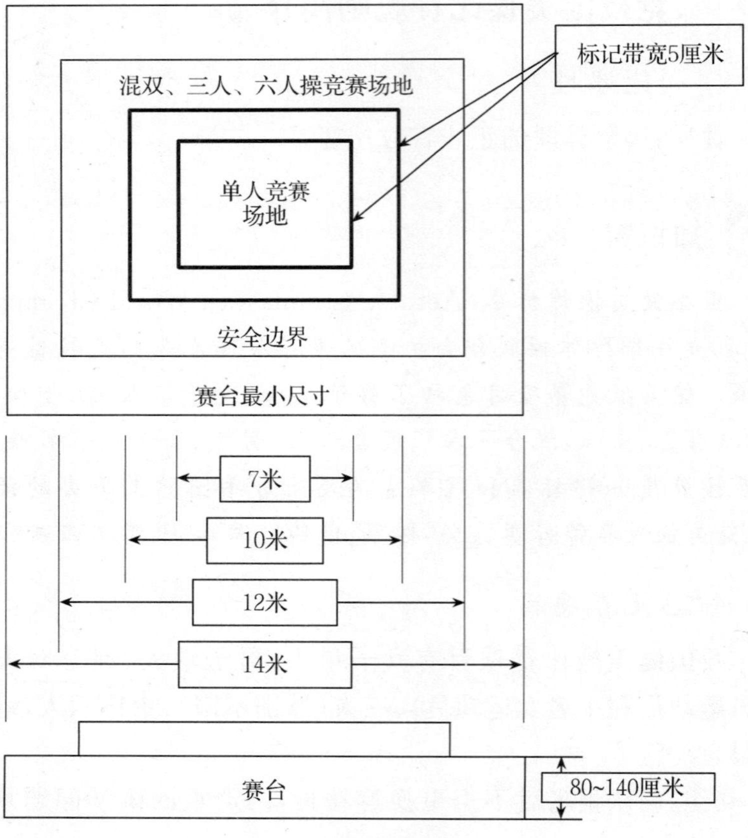

图 4-1-2

(2)竞赛地板和竞赛区:竞赛的地板必须是12米×12米,并清楚地标出7米×7米的单人比赛场地,以及10米×10米的混双、三人和集体六人的场地。标记带必须是5厘米宽的黑色带,标记带是场地的一部分。

所用地板必须符合国际体联的标准,并由国际体联认可。只有经国际体联认可的地板方可用于正式比赛。

(五)参赛资格

参加FIG成人赛事的运动员必须是参赛当年年满18周岁。

(六)音乐伴奏

音响设备应达到专业水准,并拥有常规放音设备:磁带卡座机或CD机。可以使用一首或多首乐曲混合的音乐,原创音乐或加入特殊音响效果的音乐均可使用。音乐要录在磁带或CD的A面开头,禁止磁带与磁带间转录。自备两盘比赛用带,并且清楚地标明运动员姓名、国家和参赛项目。磁带录制必须达到专业化水准。

(七)着装要求

运动员的着装必须符合竞技健美操项目所描述的运动着装的要求。不容许穿着戏剧、歌剧及马戏的服装的要求。

1. 外表

运动员外表给人的总印象应当是整洁和适宜的。头发必须固定在头上;参赛运动员必须穿着能够让所有裁判能清晰辨认的白色健美操鞋和运动袜;运动员身体禁止涂抹油彩,女运动员可以化淡妆;服装上禁止使用松散或附加的饰物;容许使用肉色的绷带;禁止佩戴饰物。

2. 比赛服装

正确的健美操着装不含有任何的透明材料且不得露出内

衣；女装的两袖都可有或无长袖，袖口止于腕处；男装只允许图示的男装样式；禁止穿有描绘战争、暴力、宗教信仰等主题的服装。

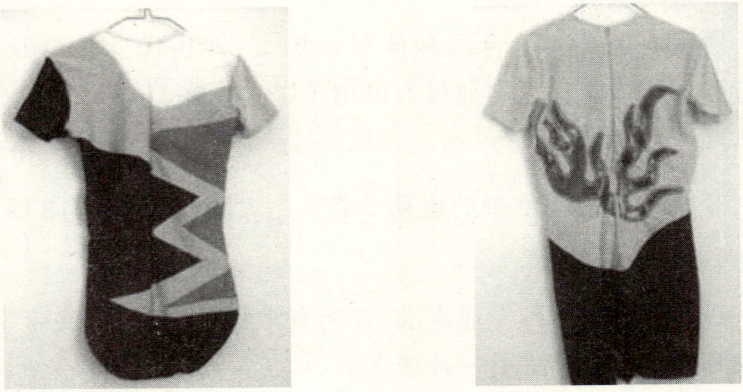

图 4-1-3

3. 出场服

在开幕式和闭幕式上，所有运动员必须穿本国官方出场套服；领奖时必须身着比赛服。

（八）成绩

1. 成绩公布与发放

每个裁判员给每个运动员的分数和最后成绩必须公之于众。在预赛结束后，各参赛协会必须得到完整的成绩复印件，结果中必须标出各裁判员的评分。在整个比赛结束后，各参赛协会还将得到一份完整的成绩册。

2. 最后成绩

预赛成绩不计入决赛。最终比赛名次由决赛成绩决定。若得分相等，名次将依次取决于：最高完成总分、最高艺术总分、最高难度总分、考虑全部完成分（不去除最高分和最低分）、考虑两个最高完成分。

（九）成套创编

1. 艺术性

（1）要达到艺术性要求，成套动作及它的创编必须展示出创造性和竞技性的特殊内容。同时应当展示出动作的多样性与成套音乐、成套内容和运动员的表现力高水准的紧密结合。

（2）为贯彻奥林匹克理念和 FIG 道德标准，成套动作中禁止渲染暴力、种族歧视、宗教信仰以及性爱等。

（3）混双、三人和六人集体的成套动作要求有三个托举动作。开始和结束动作可以包含其中。

2. 完成

所有动作必须完美地完成。

3. 难度

成套动作中所选择的难度动作必须体现出空中、站立和地面三个空间的均衡性。

（1）混双、三人、六人最多采用 12 个难度动作，单人最多能采用 10 个难度动作，使用所选的 12 个（混双、三人、六人）或 10 个（单人）难度动作时，来自相同或不同组别的两难度动作能够相结合，但来自相同类别的两难度动作不能结合。

（2）未达到最低要求的难度动作为 0 分，但仍被视为 12 个难度动作或 10 个难度动作中的一个动作。

（3）运动员在每个难度组别中必须选择一个无连接的难度动作，以获得该组别难度的难度分。

（4）难度动作得分是成套动作中出现的难度动作所有分值加上连接得分。

（5）所有难度动作都必须是来自不同类别。

(6)地面上的难度动作，混双、三人、六人最多不超过6个，单人最多不超过5个(包括成俯撑和劈腿落地)。

(7)俯撑和劈腿落地的动作每类不超过2个。

4. 成套内容

成套动作必须表现出健美操动作类型(高和低动作的组合)和难度动作的均衡性。劈腿动作类型要求动作有力，定位清晰。运动员必须均衡、合理地使用比赛空间，包括地面及空中动作。

5. 音乐

必须配合音乐完整地表演成套动作。任何适合竞技健美操运动的音乐风格，均可被采用。

(十)裁判

1. 裁判员组成

(1)高级裁判组：由FIG技术委员会的主席和成员构成。

(2)裁判组：艺术裁判4人，完成裁判4人，难度裁判2人，实现裁判2人，计时裁判1人，裁判长1人，共计14人。

2. 裁判的职责和评分标准

(1)高级裁判组

监督整个比赛情况，处理影响比赛进程的违纪情况或特殊情况；反复审核裁判员的评分，对在裁判工作中表现不佳或倾向性打分的裁判员提出警告；对于一个或几个裁判在评判工作中较严重的失误，高级裁判组将对其采取相应的处理措施；更换被警告后仍表现不佳的裁判员。

(2)裁判组

①艺术裁判

艺术裁判根据成套编排、操化内容、表现与音乐的标准对成套动作进行评价。下列标准评价运动员的艺术质量：10.0分的艺术分按照要求获得，以0.1分的标准递增。

A. 动作编排(最多 4.0 分)

在成套动作编排中,需评价操化动作、难度动作、过度动作与衔接动作、托举、配合的内容、过程及空间。此外还要考虑成套动作的动感和流畅性、成套动作的复杂与创新性、成套动作选择的多样性、比赛场地的有效利用和在场地内所有成套动作的时间顺序上的安排。

B. 操化动作(最高 3.0 分)

评价成套内容中操化单元。操化动作必须包括配合手臂动作的多种步伐,在呈现高水平身体协调能力的前提下将基本步伐演绎成为复杂的组合形式,而且要被公认为持续的动作形式。从操化单元的多样性、操化动作组合的复杂性和创新性、连续操化动作的数量及均衡性三方面进行评价。

C. 表现与音乐(最高 3.0 分)

运动员通过对成套动作演绎及音乐的使用所呈现出来的表现力应能反映和表现健美操的特征。表现力是指运动员必须通过高质量的动作完成给人留有动作干净、利落的整体印象;运动员必须以自然的方式表现出身体能力和感染力,通过自身的体能、技巧、个人魅力、个性特征、吸引力、表现以及身体语言来接近观众,而非戏剧舞台的表现方式;运动员必须自然地表现出自信与欢乐的面部表情,而非叫喊或歌唱。适合于健美操的音乐结构要能反映和表现竞技健美操的主要特征,成套动作的风格必须要与音乐的理念相吻合,选择的音乐必须要与左右动作完美地配合,在创作过程中,创编者为运动员的动作设计独特的音乐。

②完成裁判

完成情况的评分取决于:技术技巧、一致性(双人、三人和集体)。

A. 技术技巧是指以最高的准确性完成动作的能力。

a. 体能

优秀的成套动作展示完美的姿态和关节的正确位置，主动和被动的柔韧、力量、爆发力以及肌肉耐力。

b. 身体姿态

在完成难度动作、复杂的健美操步伐、动作组合及过渡动作时，保持正确身体姿态的能力。躯干、腰、髋的位置和稳固性，以及腹肌的收缩；上体的位置，颈、肩、头的姿势与脊柱的关系；脚的位置与踝关节、膝关节及髋关节的关系；所有关节的正确位置。

c. 准确性

身体两侧动作幅度和完成情况一致的能力；每个动作都有一个明确的开始与结束；每个动作的完成过程均表现出完美的控制；在难度动作、过渡动作、起跳与落地以及较难的操化动作的完成过程中应保持正确的平衡。

d. 力量、爆发力与肌肉耐力

在整个套路中能够展示出力量、爆发力与持续强度的力量；多样地运用爆发式的跳、跃等不同类型的难度动作；幅度——运用爆发力完成跳、跃及腾空的难度动作。

B. 一致性（混双和三人）

一致性是指在混双、三人和六人项目中，运动员完成动作整齐划一的能力。

对于每一类错误的减分标准如下：

小错误（轻微地偏离正确完成）每次扣 0.1 分；

中错误（明显地偏离正确完成）每次扣 0.2 分；

大错误（严重地偏离正确完成）每次扣 0.3 分；

不可接受完成（没有满足正确完成的任何要求）每次扣 0.5分；

失误（身体的一个或多个部位无法控制地触地）扣 0.5 分。

评分：完成情况以扣分的方式评分，例如：从 10.0 分起评，根据错误程度减分。

③难度裁判

难度裁判使用FIG官方速记符号记录全部成套动作的难度动作，计算出难度动作的数量；

多于12个难度动作，每超过一个予以减分；

对最先出现的12个难度动作的每一个动作给予0.1～1.0的分值，对于难度动作的组合形式，每次予以0.1的加分，并计入12个难度动作中；现场视觉评判新难度动作；

考虑最先出现的12个难度动作，对难度动作的缺组予以减分；

考虑最先出现的12个难度动作，对超过6次的地面难度动作予以减分；

考虑最先出现的12个难度动作，对超过2次成俯撑或劈腿落地的动作予以减分；

考虑最先出现的12个难度动作，对重复的难度动作予以减分；

两名难度裁判考虑全部的裁判职责，进行评分和减分的确认比较，若意见相同，给出分数；若意见不同，则取平均分；

比赛结束时裁判将所有现场视觉评判的新难动作以书面形式呈交裁判长。

难度减分：超过12个或10个难度动作，每超过一个扣1.0分；

超过6次或5次地面动作，每超过一个扣1.0分；

超过2次成俯撑或劈腿落地，每超过一个扣1.0分；

难度动作重复，每次扣1.0分；

难度动作缺组，每缺一组扣1.0分。

评分：难度动作根据难度级别给分；所得的全部难度分和组合加分相加；对男单、女单、混双、三人（男子）及六人（男子）须除以2，三人（女子或混合）及六人（女子或混合）须除以1.9，所得的结果即为难度分，得分保留到小数点后3位；全部难度减分将加在一起予以计算，总减分除以2，结果即为难度裁判减分，得分保留到小数点后2位。

④视线裁判

视线裁判坐在赛台4个角落的两个对角,对出界错误进行评判。每名裁判负责赛场的两条边线。标志带是比赛场地的一部分,因此触线是允许的,但身体任一部位触及线外的地面将被减分。肢体空中出线将不扣分。运动员出界时,举红旗指示。

减分:任何运动员触及标志带以外的场地,每次扣0.1分。

⑤裁判长

裁判长记录下整套动作(同难度裁判),并且根据技术规程负责监控在场的全体裁判的工作。

裁判长必须把所有现场评判的新难度动作报告给健美操委员会,委员会予以审核,并将新难度的动作增加到新附录Ⅲ评分规则的难度动作表及分值中,每年进行一次。裁判长负责如下减分:超过或少于3次托举;三人和集体项目中超过两人站立的高度;表演的中断或停止;时间偏差或错误;20秒内未出场;弃权;竞赛区的表现;着装问题和纪律处罚。

(十一)评分

1. 艺术分

4名艺术裁判:去掉最高分与最低分,所剩分数的平均分为最后艺术分,两个中间分为允许的分差范围。

2. 完成分

4名完成裁判:去掉最高分与最低分,所剩分数的平均分为最后完成分,两个中间分为允许的分差范围。

艺术分与完成分所允许竞赛中中间两个有效分的最大分差不得超过:

最后得分(0.00～8.00)=0.3;

最后得分(7.99～7.00)=0.4;

最后得分(6.99～6.00)=0.5;

最后得分(5.99～5.00)＝0.6。

若有效分的分差多于以上要求，则取全部四个分数的平均分。

3. 难度分

2名裁判：一致同意的分数为最后得分，若意见分歧则取平均分。

4. 总分

艺术分、完成分与难度分相加为总分。

5. 最后得分

从总分中减去难度裁判、视线裁判与裁判长减分为最后得分。若一名裁判未及时评分或者根本未打分，则利用其他评分的平均数来代替未评分数。

6. 最高分与最低分的最大分差

对艺术裁判和完成裁判：分差大于或等于1.0分，竞赛后将分析全体裁判的评分，并予以适当的处罚。对难度裁判，两名裁判评分的分差大于或等于0.3分，竞赛后将分析全体裁判的评分，并予以适当处罚。

7. 分数核准

不允许对裁判的评分提出抗议。

如果公开的难度分不合理，教练和代表团领队有权即向高级仲裁要求合理的申诉。申诉必须在比赛结束公布最终结果之前进行。

二、普及性健美操比赛规则简介

(一)竞赛性质与种类

本规则适用于中国健美操协会组织的正式赛事活动，包括全国健美操锦标赛、全国健美操联赛、全国健美操冠军赛、全国体育大会健美操比赛及各类普及健美操比赛。

（二）参赛资格

参加竞技健美操比赛的运动员不得参加普及性健美操的比赛；不得越级参赛（推广组与大众等级锻炼标准组可以兼组参赛）；参加各组规定套路的运动员不得参加自选动作的比赛；每个运动员兼项不得超过3项。

（三）竞赛项目、分组及参赛要求

1. 竞赛项目

<table>
<tr><th>级别</th><th colspan="2">比赛性质</th><th colspan="2">分类</th><th>项目</th><th>小集体</th><th>大集体</th><th>备战</th></tr>
<tr><td rowspan="4">推广组</td><td rowspan="4">规定动作</td><td rowspan="4">自选动作</td><td rowspan="2">徒手健身操</td><td>健身类</td><td>有氧舞蹈</td><td>√</td><td>√</td><td></td></tr>
<tr><td>表演类</td><td>自由健身舞</td><td>√</td><td>√</td><td></td></tr>
<tr><td rowspan="2">轻器械健身操</td><td>健身类</td><td>健身轻器械健身操</td><td>√</td><td>√</td><td></td></tr>
<tr><td>表演类</td><td>表演轻器械健身操</td><td>√</td><td>√</td><td></td></tr>
<tr><td>大众等级锻炼标准组</td><td colspan="2">规定动作</td><td>徒手健身操</td><td>健身类</td><td>各级别规定套路</td><td>√</td><td>√</td><td></td></tr>
<tr><td rowspan="7">提高组</td><td colspan="2" rowspan="2">规定动作</td><td>徒手健身操</td><td>健身类</td><td>有氧舞蹈</td><td>√</td><td>√</td><td></td></tr>
<tr><td>轻器械健身操</td><td>健身类</td><td>踏板健身操</td><td>√</td><td>√</td><td></td></tr>
<tr><td colspan="2" rowspan="5">自选动作</td><td>徒手健身操</td><td>健身类</td><td>有氧舞蹈</td><td>√</td><td></td><td>FIG规定项目</td></tr>
<tr><td>徒手健身操</td><td>表演类</td><td>自由健身舞</td><td>√</td><td>√</td><td></td></tr>
<tr><td rowspan="3">轻器械健身操</td><td rowspan="2">健身类</td><td>踏板健身操</td><td>√</td><td></td><td>FIG规定项目</td></tr>
<tr><td>其他类健身轻器械健身操</td><td>√</td><td>√</td><td></td></tr>
<tr><td>表演类</td><td>表演轻器械健身操</td><td>√</td><td>√</td><td></td></tr>
</table>

2. 参赛分组

分组	类别		
幼儿组			
小学组			
中学组	初中组	高中组	
大学组	普通高校组	体育院系组	运动训练及高水平运动队组
社会组	青年组	中年组	老年组

3. 参赛要求

性别不限，参赛人数要求：小集体人数为 5～10 人，大集体人数为 11～16 人。

(四)比赛时间

成套动作时间：2 分加减 10 秒。

成套时间计时办法：由第一个可听到的声音开始(不包括提示音)，到最后一个可听到的声音结束。

(五)竞赛程序

比赛进行预决赛，预赛成绩不带入决赛，预赛成绩决定团体名次，决赛成绩决定单项名次；各组各项目参赛队伍不足 8 支，直接进入决赛。

(1)预赛出场顺序：赛前由大会竞赛部门负责抽签决定；

(2)决赛出场顺序：由预赛成绩决定，预赛成绩排名前者后出场，排名后者先出场。

(六)竞赛场地

1. 赛台

比赛可使用赛台，赛台高 80～100 厘米，后面有背景遮挡，赛台不得小于 14 米×14 米；场地大小 12 米×12 米；

2. 比赛场地

推广组比赛场地均为 12 米×12 米，标记带为 5 厘米宽的白色或黑色带，标记带为场地的一部分。

提高组比赛场地为 10 米×10 米，使用的比赛地板必须获得 FIG 和 CAA 的有效认证。

3. 裁判座位区

裁判员坐在赛台正前方，高级裁判组坐在裁判员的后排。

裁判席

裁判组									
艺术 1	艺术 6	艺术 2	艺术 7	艺术 3	艺术 8	艺术 4	艺术 9	艺术 5	艺术 10

裁判组				高级裁判组			仲裁			
记录员	记录长	记录员	计时员	副总裁判长	总裁判长	副总裁判长	仲裁摄像	委员	主席	委员

（七）比赛成绩

1. 单项成绩

（1）规定动作：最后得分高者名次列前，若得分相等，名次排列取决顺序为最高艺术分、最高完成分；若成绩再相等，则名次并列，下一名次为空额。

（2）自选动作：最后得分高者名次列前，若得分相等，名次排列取决顺序为最高完成分、最高艺术分；若成绩再相等，则名次并列，下一名次为空额。

2. 团体成绩

各组各单项预赛为团体赛，团体成绩的记分方法是将各单位参加普及性健美操各组各单项预赛名次的换算积分相加，积分高者名次列前；分数相等，名次并列。

3. 各单项名次积分换算办法

比赛第一名积分为 9 分，第二名为 7 分，第三名为 6 分，以此类推为 5、4、3、2、1 分。

(八)成套动作音乐

1. 成套音乐

可以使用一首或多首乐曲混合的音乐，音乐应流畅、完整，有清晰的开始与结束，若加入音效，应该使音效融入音乐中，与音乐融为一体，与成套动作完美融合；音乐风格、节奏必须符合健美操项目的特点。音乐必须录制在 CD 上(一盘只能录有一首音乐)并填写“CD 登记卡”；自备两盘比赛 CD，一盘比赛用，一盘备用，并且清楚地标明参赛单位、项目及参赛顺序。

2. 音乐音质

音乐质量应达到专业化水准，确保清晰、稳定，放音时达到最好效果。

3. 音乐效果

音乐节奏清晰明快、热情奔放、动感欢快、令人兴奋、富有激情。

(九)着装与仪容

1. 推广组比赛项目

(1)男、女运动员着装应整洁美观，款式不限，适合运动。服装应与成套动作风格相吻合，自由健身舞可根据成套编排以及表演效果的要求佩戴饰物，不得造型怪异；

(2)必须穿符合 FIG 健美操竞赛规则要求的健美操鞋，踏板操、自由健身舞除外；

(3)运动员必须穿合适的内衣，不得过于暴露。服装上禁止描绘战争、暴力、宗教信仰或性爱主题的元素；

(4)领奖时必须穿比赛装。

2. 提高组比赛项目

(1)运动员必须穿紧身运动服装，连体或分体均可；女运动员上装为长袖、短袖或吊带背心等，男运动员为短袖或背心，下装均为紧身合体的长裤；

(2)男、女运动员着装应整洁美观，不得佩戴任何首饰和手表；运动员不得文身，不得造型怪异；

(3)必须穿符合健美操竞赛规则要求的健美操鞋，踏板操除外；

(4)运动员必须穿合适的内衣，不得过于暴露。服装上禁止描绘战争、暴力、宗教信仰或性爱主题的元素；

(5)领奖时必须穿比赛装。

3. 踏板比赛项目

根据FIG规定，同时考虑项目的安全性，参赛服装要求与提高组服装一致，但比赛鞋要求穿着适合运动的运动鞋，颜色不限。

(十)成套动作评分

1. 成套动作的评分因素

成套动作满分20分，其中艺术编排10.0分，完成情况10.0分。

2. 艺术编排(10.0分)

艺术裁判是对成套动作的设计、风格的确立，各段落的布局、队形调度、变化，难度的选择与分布，音乐的选择与运用，团队的表演与包装等方面进行评价。

(1)评分内容

成套创编特定要求2.0分、动感与流畅2.0分、复杂与创新

2.0分、第二风格或轻器械属性的使用1.0分、场地与空间1.0分、音乐与表演1.0分、包装1.0分。

(2)评分办法

①成套创编特定要求

成套动作创编必须符合各自项目的创编特定要求,每缺少一类创编特定要求内容减0.2分。

②动感与流畅

成套动作设计应充分体现健美操的项目特征,轻器械项目最大限度地使用器械,并使所有的动作(操化组合、过渡、连接、配合、第二风格等)与音乐、节奏完美地衔接。成套动作应体现各种基本步伐的强度、节奏及平面的变化,应以高低冲击动作为主。动作组合、动作内容的选择与安排在成套动作中要有很好的均衡性;完成连贯流畅,充满激情和活力。动作设计要体现成套的强度,音乐的制作和编排的设计可以根据成套需要出现短暂的停顿。

③复杂与创新

成套设计应以健美操基本步伐组合、上肢以及身体其他部位的动作形式,或配合轻器械,充分体现动作组合形式的多样性、动作变化的复杂性,充分体现运动员的协调性和使用轻器械的灵活性。

动作的创新可以表现为:成套编排的创意与主题选择的创新性、操化动作的创新、第二风格操舞动作组合的创新、轻器械使用的创新、过渡连接的创新、配合和托举的创新(身体接触、托举、队形的变化等)。

④第二风格或轻器械属性的使用

第二风格的操舞动作设计应舞蹈风格特点突出,特别是4×8拍集中体现的操舞动作更应彰显团队个性。轻器械健美操的配合与托举动作应体现出器械特点,无论器械离开身体与否都应表现出器械是动作语汇的一部分。轻器械自编套路的设计强调器械属性的充分合理运用，成套操中累计脱离器械的徒手动作不得超过 6 个 8 拍。

⑤场地与空间的使用

成套动作的设计应合理、均衡、充分使用比赛场地和空间；利用不同队形的变化、运动员之间位置与距离的变化，充分利用场地的每个角落，最大化地使用比赛场地；利用动作空间的变化、动作面向的改变、身体姿态的变化、运动员与器械的关系，使三维空间的变化得到充分的利用。

⑥音乐与表演

A. 音乐

成套动作的设计与音乐的选择、运动员表现力、技术特点和谐统一；音乐的选配应保持完整性，编辑技巧必须完美，不同音乐的剪接、衔接应完整、连贯，配器使用合理，烘托表演效果；录制与混合必须达到专业水准。

任何风格的音乐都可以使用，但音乐选择的风格特点要突出，要有利于表现团队的个性特点与技术风格。音乐风格与结构能够反映和表现项目的主要特征，突出编排的意念，节奏鲜明、热情奔放、富有激情。

B. 表演

运动员通过各种方式以高质量、高强度、娴熟的动作技巧完成成套动作，动作干净利落，表演热情洋溢，将运动、激情、表演、难度融为一体，表现出运动员的健康自信和青春活力，彰显团队表演的感染力。

⑦包装

参赛队伍从音乐风格、动作特色、表演形式、服饰的设计、道具的运用等方式来打造该团队鲜明的个性和独特的风格，从而达到最佳的表演效果。

3. 艺术评分标准

标准评分因素	差	满意	好	非常好	优秀
成套创编特定要求	1.0～1.2	1.3～1.4	1.5～1.6	1.7～1.8	1.9～2.0
动感与流畅	1.0～1.2	1.3～1.4	1.5～1.6	1.7～1.8	1.9～2.0
复杂与创新	1.0～1.2	1.3～1.4	1.5～1.6	1.7～1.8	1.9～2.0
第二风格或轻器械属性的使用	0.0～0.2	0.3～0.4	0.5～0.6	0.7～0.8	0.9～1.0
场地、空间的使用	0.0～0.2	0.3～0.4	0.5～0.6	0.7～0.8	0.9～1.0
音乐与表演	0.0～0.2	0.3～0.4	0.5～0.6	0.7～0.8	0.9～1.0
包装	0.0～0.2	0.3～0.4	0.5～0.6	0.7～0.8	0.9～1.0

4. 完成情况(10.0 分)

完成情况是由完成裁判对成套动作内容(基本步法、操化组合、操舞组合、托举、过渡与连接、难度等)的完成质量及技术规格进行评判,要求所有动作都必须完美完成。每出现一个动作的错误就会扣掉相应的分数。

(1)完成情况评分因素

评分因素包括:技术技巧(5.0 分)、第二风格或轻器械属性(2.0 分)、一致性(2.0 分)、合拍(1.0 分)。

①技术技巧

技术技巧是指运动员在成套动作中完美完成所有动作的能力。它包括:正确的动作技术,身体姿态的控制和高质量完成成套动作的能力(力量、爆发力、柔韧性、速度、耐力和灵敏性等)。其中,身体姿态的控制是在完成动作时始终保持身体正确姿态,每个动作的过程都要体现出完美的控制。动作的力度是通过动作快速准确到位的延伸制动控制来实现的,动作要松而不懈、力而不僵。动作的准确性指动作技术准确、规范、发力方向清晰,姿态完美控制。动作的开始与结束、运动轨迹要求清晰准确,运动的节奏感与动作的韵律性协调一致,完美体现健美操项目的主要特征动作的弹动与身体核心部位的姿态控制。动作的熟练性指动作技术娴熟，轻松流畅。动作的幅度指身体某部位完成动作时的运动范围，运动过程中要求动作幅度要大，但要避免“过伸”动作和大幅度的反关节运动；成套要体现出力量，爆发力与持续的强度。

②第二风格或轻器械属性

准确表现操舞动作的第二风格特点，使操舞动作组合完美融入成套动作；正确、有效、合理地使用轻器械，充分挖掘轻器械的属性和特点，明确练习部位；强调动作的规范性，完成的熟练性。

③一致性

一致性是指团队完成动作整齐划一的能力。它包括动作完成节奏的一致性，动作幅度、轨迹的一致性；队形移动变化的一致性；表演能力的一致性；动作完成能力的一致性。

④合拍

动作与音乐节奏配合准确。

(2)完成情况评分办法

对成套动作中未完美完成的动作，根据实际完成情况进行减分；

小错误(轻微地偏离正确完成)每次扣 0.1 分；

中错误(明显地偏离正确完成)每次扣 0.2 分；

大错误(严重地偏离正确完成)每次扣 0.3 分；

不可接受完成(没有满足正确完成的任何要求)每次扣 0.5分；

音乐不合拍错误每次扣 0.1 分，最多扣 1.0 分；

一致性错误每次扣 0.1，最多扣 0.2。

5. 裁判长减分

运动员在开赛 60 秒后不出场视为弃权；

运动员的着装仪容不符合规定，扣 0.2 分；

运动员比赛时掉物或装束散落，扣 0.2 分；

运动员比赛时身体或器械触及线外地面，每人 1 次扣 0.1分；

因动作失误器械掉落于地面或界外，运动员不捡起判为失去器械，扣 0.5 分；

超过或不足托举的数量，每次扣 0.5 分；

违例托举，每次扣 1.0 分；

参赛人数不符合规定，扣 1.0 分。

（十一）裁判

1. 裁判组的组成

高级裁判 3 人（推广赛可不设），艺术裁判 3～5 人，完成裁判 3～5 人，裁判长 1 人，记录长 1 人、检录长 1 人、检录员 2 人、计时裁判 1 人、放音员 1 人、播音员 1 人。

2. 裁判员职责

（1）高级裁判组

负责控制整个裁判工作，按照规则对裁判和裁判长的评分进行调控，以保证最后得分的正确性。记录各裁判打分的偏差。若反复出现偏差，高级裁判组将有权警告或更换裁判员。

（2）仲裁委员

监督赛风、赛纪、赛场秩序和临场裁判员执法的公正性；与高级裁判组共同商榷，处理现场出现的问题；处理赛事纠纷、处罚违纪违规行为。

（3）裁判长

赛前组织裁判员学习竞赛规程和竞赛规则，负责裁判员分工、临场抽签工作；

根据评分规则依据相关违规情况进行裁判长减分；

当裁判员不能为分值偏差给予合理的解释时，依据情况的严重性予以警告或上报高级裁判组予以制裁。

(4)裁判员

严格遵守竞赛规程、评分规则和裁判员誓言，违反者将会得到相应的制裁；

穿着正式的裁判服，当服装不符合要求时，取消其裁判员的资格；

在比赛期间，不能通过任何方式同教练或运动员谈论有关比赛结果的话题，否则将取消其相应比赛的裁判工作，并给予正式警告；

接受高级裁判组的领导和指导；

准时到达裁判地点，不能擅自离开，不得在比赛中以任何方式同其他裁判员、教练员和运动员说话或示意，如有违反，将给予警告或制裁；

保留成套动作的评分记录，必要时递交给裁判长或仲裁委员会；

当裁判员的评分与裁判长或仲裁委员会之间出现严重不一致时，要求给予裁判长或仲裁委员会合理的解释，并在比赛后协助分析。

3. 记分方法

(1)比赛采取公开示分的方法：裁判员评分精确到 0.1 分，运动员最后得分精确到 0.01 分。

(2)艺术分

去掉最高分与最低分，所剩分数的平均分为最后艺术分。

(3)完成分

去掉最高分与最低分，所剩分数的平均分为最后完成分。

(4)最后得分

（艺术分＋完成分）－（裁判长减分＋视线减分＋时间减分）后的得分为最后得分。

4. **分数核准(申诉)**

比赛不接受对裁判的评分提出的申诉。

5. **最后名次**

预赛成绩不进入决赛，决赛中得分高者名次列前，若得分相等，规定动作名次排列取决顺序为艺术得分、完成得分，自选动作名次排列取决顺序为完成得分、艺术得分，若再相等，则名次并列，下一名次空缺。

三、健酷街舞(Fitness Hip-Hop)竞赛规则简介

所谓的健酷街舞，就是以各种类型的街舞动作元素为基础创编的适合用来健身或表演的一种舞蹈形式，以身体练习为手段、以有氧运动为基础，遵循健身安全性的原则，达到增进身体素质、塑造形体、改善气质、娱乐休闲目的的一项时尚运动。

（一）参赛人数与内容

按照参赛人数划分为每队 8～12 人，性别不限，或按比赛规程执行，各组别参赛动作内容如下，规定动作内容自选动作内容《2012 年全国健酷街舞规定套路》：

嘻哈舞（Hip-Hop）

霹雳舞（Breaking）

爵士舞（Jazz）

锁舞（Locking）

自由风格（Freestyle）：

可自由选择传统街舞（Old School）和流行街舞（New School）中任意风格的元素按照规则要求进行创编。

知识窗

图 4-1-4　嘻哈舞海报

嘻哈舞(Hip-Hop)是美国黑人由一种发泄情绪的运动演绎成的街边文化。其特点是爆发力强、变化丰富、动作夸张，特别适合青年人练习。它的代表性动作有 UP Down、C-walk、Shake，通过头、颈、肩、上肢、躯干等关节的屈伸、转动、绕环、摆振、波浪形扭动等连贯组合而成的。嘻哈舞是一种中低强度的有氧运动，既注意了上肢与下肢、腹部与背部、头部与躯干动作的协调，又注意了各环节各部分的独立运动。它不仅具有改善心肺功能、减少脂肪、增强肌肉弹性、增强柔韧性的功效，还有塑造优美体态，提高人体协调能力，陶冶美感的功能。

霹雳舞起源于美国，其创始人是美国东海岸黑人歌星詹姆斯·布劳德。他于 1949 年在电视上唱新歌时，创作了一种稀奇古怪的动作，青年人竞相模仿，并在街头进行跳舞比赛，故又称为“街头舞蹈”，深受青年人的欢迎。霹雳舞动感和节奏感非常强烈，跳起来可以尽情尽兴，青年人对跳这种舞简直到了如醉如痴的程度。

爵士舞是一种极富动感的舞蹈，其节奏感强、动作奔放，是一种外放性的舞蹈。爵士舞蹈是非洲舞蹈的延伸，它是由黑奴带到美国，并逐渐演进形成本土化、大众化的舞蹈。爵士舞追求愉快、活泼，其特征形式多样，自由自在，在自由之中仍有一种规律的存在。

锁舞是一种流行街舞，其特点是大部分用手的动作，靠肘关节来“锁”，包括迅速和有力地把头、肩、臂、臀等部位做突出和锁定的动作，动作干净利索，产生眼花缭乱的美感和力道感。

（二）参赛年龄与分组

学生组:6～11 周岁(小学组)、12～17 周岁(中学组)、18～25 周岁(大学组);

社会组:20～35 周岁(青年组)、36 周岁以上(中老年组)。

根据比赛需求,为增强与观众互动的效果,可增设风采赛(男子风采、女子风采、组合风采)。

（三）比赛场地与设备

(1)赛台高 80～100 厘米,比赛场地为 12 米×12 米的地板,不设边界线,有背景遮挡。

(2)有专业的放音设备和舞台灯光。

(3)裁判席设在比赛场地的正前方。

（四）成套动作时间

规定动作的成套时间以原创音乐为准,自选动作的时间为 2 分钟,在此范围内可加减 5 秒(即 1 分 55 秒～2 分 05 秒)。

计时由第一个可听到的声音开始(不包括提示音),到最后一个可听到的声音结束。

（五）音乐伴奏

(1)规定动作音乐由主办单位提供《全国健酷街舞规定套路》规定动作音乐并统一播放。

(2)自选动作音乐由参赛队自备,可以使用一首或多首乐曲混合的音乐,可使用原创音乐或剪辑音乐,可加入特殊音响效果。音乐必须刻录在光盘的开头,备 2 份,其中一份报到后交大会放音组。

(3)自选动作音乐允许有前奏,音乐的风格在匹配街舞风格的前提下速度不限,但比赛音乐必须是高质量的,且唱词不得有反动、暴力、色情等不健康、不文明的内容,若经裁判委员会审定有违反规定者将给予减分或取消参赛资格。

(六)比赛着装

(1)选手应穿街舞风格的服装和鞋(不可穿硬底皮鞋、体操鞋等),服装不得过分暴露。

(2)服装上可有亮片等装饰物,可根据动作风格、情节设计服饰与造型,但服饰与造型(包括发型、文身、道具等)不得有反映暴力、色情、反动的内容,不得有不健康内容的图案、文字、饰物和道具,否则视具体情况扣分或取消参赛资格。

(七)裁判的组成与要求

(1)裁判组由 1 名裁判长、5～7 名裁判员、1 名总记录长、2～3名记录员、1 名计时员(自选动作比赛)、1～2 名放音员、2～3名检录员、1 名宣告员组成,也可根据比赛规模的大小适当增减裁判人员。

(2)全体裁判员必须做到:

①掌握街舞项目特点和技术,理解竞赛规程和评分规则并能公正评分;

②遵守组委会有关规定,出席全部裁判会议;

③按比赛日程安排在指定时间到达赛场,按照组委会要求着装;

④在比赛时不离开指定座位,不与他人接触,不与各参赛队的领队、教练员、选手交谈。

3. 评分办法

(1)采取公开示分的方法,成套动作满分为 10 分制,裁判员的评分精确到 0.1 分,参赛队最后得分精确到 0.01。

(2)裁判员的评分去掉 1～2 个最高分和最低分,中间 3 个或 5 个分数的平均分即为得分,再减去裁判长减分即为最后得分。

(3)若成绩并列,艺术分优先者胜出,若仍然并列,可由裁判组或嘉宾组指定即兴命题予以追加赛,成绩优先者胜出。

(八)成套动作评分

1. 规定套路评分(10 分制)

评分因素与分值:艺术分 4.0 分、完成分 6.0 分。

(1)艺术性

①表现力(1.0 分):动作表现要展示出套路的主题和内心的激情,体现一种健康和向上的情绪。全体队员的自信与激情始终如一地贯穿于成套动作中,全套动作无间断并且可被感知地通过面部表情、目光接触和肢体语言感染观众。全体队员在完成成套动作的过程中应保持一直牵动和唤起观众的情绪与反应。

②队形(1.0 分):队形设计新颖合理,队形变化清晰、流畅,体现集体配合的意识。

③一致性(2.0 分):集体动作整齐,每个人在完成动作的时间、空间、能力和表现力上一致。全体队员必须同步地完成动作,包括动作的幅度、动作速度、合拍与完成,全体队员通过成套动作的完成能够表现出整齐划一。

(2)动作的完成

①动作的正确性(2.0 分)。裁判将会考虑全部成套动作的质量,包括上肢、下肢与躯干动作位置的准确性。身体姿态舒展、动作技术正确、动作范围适当。

②动作的熟练性(1.0 分)。动作熟练,无漏做或错误动作。漏做或做错个别动作扣 0.1～0.2 分;漏做或做错 1×8 拍以上动作扣 0.3～0.4 分;漏做或做错 2×8 拍以上动作扣 0.5 分或更多。

③身体的协调性和控制能力(1.0 分)。全体队员在完成全

套动作过程中必须表现出动作速度、动作方向、身体位置的整体控制能力。全身协调运动，动作轻松，律动有弹性，避免过分松弛或过分紧张。

④动作连接的流畅性(1.0 分)。动作之间的连接自然、流畅，动作的转换及方向的变化要干净、无多余动作。

⑤动作与音乐(1.0 分)。裁判员将对全体队员能够随音乐同步地展示出合理使用音乐的节拍与特色进行动作表演的能力予以乐感评判。在表演过程中对于录制的音乐中没有的，有队员在完成动作过程中制造出的相关声音(如跺脚、击掌和嗓音等)也同样被视为是音乐的部分，并且予以评判。动作要充分表现音乐的情绪，动作和音乐节奏的配合要准确。若干动作不吻合扣 0.1～0.2 分；半套动作不吻合扣 0.3～0.4 分；整套动作不吻合扣 0.5 分或更多。

2. **自选动作评分**

裁判将会对街舞动作设计的不同舞台队形、造型，以及三个空间(地面、站立和腾空)使用变化性、整体性的表现力和动作的完成予以整体评价。

评分因素与分值：艺术分 5.0 分、完成分 5.0 分。

(1)艺术性

①动作内容(1.0 分)

动作内容的选择必须是街舞的风格：其中传统街舞(Old School)包含：Breaking、Locking、Poping 等风格；流行街舞(New School)包含：嘻哈舞(Hip-Hop)、爵士舞(Jazz)、迪厅舞(House Dance)、LA Style 和 New Style、小丑舞(Krumping)、雷鬼舞(Ragga)等风格。全体队员能够表现出广泛的传统街舞和流行街舞风格的动作，防止重复同一动作或过多使用同一种风格与类型的动作，并且尽可能在成套动作中表现出不同的上肢、下肢或躯干的动作。主题应健康、充满活力、富有激情。风格突出，富有创意，动作的转换自然流畅。服饰和道具的选择符合动作和音乐的风格，且美观协调。动作设计适合参赛者的年龄特点。

②乐感(1.0 分)

音乐的选择与动作风格相一致并配合协调。裁判员将对全体队员能够随音乐同步地展示出合理使用音乐的节拍与特色进行动作表演的能力予以乐感评判。

在表演过程中对于录制的音乐中没有的，有队员在完成动作过程中制造出的相关声音(如跺脚、击掌和嗓音等)也同样被视为是音乐的部分，并且予以评判。

成套动作的完成必须符合音乐的结构与风格等特点，着重使用音乐的节奏变换进行动作变换，弱拍、强拍、节奏速度、单音节、双音节、半音节和切分音节的音乐节奏形式。录音质量高、清晰。

③队形与动作造型的设计(1.0 分)：充分利用场地和空间。全体队员必须充分、合理地使用场地与空间，充分利用队员间的流动展示出独一无二并且可被认知的队形变化，复杂多变、具有挑战性的动作造型以及队员相互间的配合与造型。成套动作必须包括在三个水平空间(低、中、高)上合理使用上肢、下肢、躯干和头完成的动作以及动作间的相互转换，表现出独一无二的创造性和不可预见性。

④健身性(0.5 分)：即强度。由于健酷街舞的选编是以有氧健身运动的锻炼原则作为依据的，在选择素材编排套路时，都以是否能够改善健康素质作为目标，特别要求自始至终的成套动作中，除了最低限度地完成几个整体或个体性的停顿与造型动作外(每次不超过 1×8 拍，整套不超过两次)，其他全部动作应该是动感性地完成，所有选手要始终如一地保持一定的强度完成全套动作。

⑤安全性(0.5分):不提倡成套动作中过多地表现体操、技巧、霹雳舞中的高难动作,这将得到较低的成套设计分值。每出现一次高危动作将得到一次减分。

⑥表现力(1.0分):动作表现要展示出套路的主题和内心的激情,体现一种健康向上的情绪。全体队员的自信与激情始终如一地贯穿于成套动作中,全套动作无间断并且可被感知地通过面部表情、目光接触和肢体语言感染观众,牵动和唤起观众的情绪与反应。

(2)动作的完成(总分5.0分,以下五项各占1.0分)

裁判将会对于成套动作的素材风格技术完成质量进行评判。传统风格街舞如机械舞、锁舞和霹雳舞等,现代流行风格街舞如街头舞、方克舞、俱乐部现代舞和音乐电视中的舞蹈等,将依据各个风格的技术要求进行评判。裁判将会考虑全部成套动作的质量,包括上肢、下肢与躯干动作位置的准确性和全体队员的动作一致性。

①基本姿态和技术正确,动作美观,动作完成能体现所选主题的风格和特点。

②动作完成轻松、准确、流畅。全体队员在完成全套动作过程中必须表现出动作速度、动作方向、身体位置的整体控制能力。

③动作与音乐须协调一致,包括风格、结构、动效等方面。成套动作完成的整个过程中保持动作与音乐的吻合、动作与节拍的配合、一组动作与一段音乐的结合等。

④队形与动作造型的完成:队形变化与动作造型完成清晰、流畅,体现集体配合的意识。

⑤一致性:集体动作整齐,每个人在完成动作的时间、空间、能力和表现力上一致。全体队员必须同步地完成动作,包括动作的幅度、动作速度、合拍与完成,全体队员通过成套动作的完

成能够表现出整齐划一。允许在动作过程中脱外衣和做抛接性动作。

(九)裁判长减分

裁判长对比赛的过程进行组织和监控,并对下列情况进行减分,每项均减0.2分。

参赛选手被叫到60秒后未出场视为弃权;

参赛人数不符合规定;

成套时间不足或超时(自选动作);

服饰与造型(包括服装、发型、文身、道具等)不符合规定;

比赛时掉物或装束散落;

比赛时出现不健康、不文明的举止、手势或成套内容,音乐中有不恰当的言语;

无示意出场或过多动作前准备10秒内未开始动作;

失足绊倒;

出现健身性和安全性问题:每出现一个不安全动作或停顿、慢板过度动作超1×8拍。

(十)关于更换选手

确认报名后不得更换参赛选手。如确因伤病或特殊情况需更换,必须在比赛开始前24小时持大会医生证明或相关证明提出申请经组委会同意后方可更换。

(十一)关于原创

(1)动作编排不得有明显抄袭痕迹,否则裁判长将根据裁判组评议酌情扣0.2~0.5分或更多。

(2)裁判组在决赛前或最后公布成绩前接受关于抄袭的举报,举报者在反映情况时必须持有相关证据,如果情况属实,裁判长将根据裁判组评议酌情扣0.2~0.5分或更多,并进行成绩更正。

(十二)关于难度动作

在成套动作中不鼓励出现 Breaking 风格里 Power Move 或 Style Move 中的各种难度动作或造型,以及竞技健美操、体操和技巧运动中各种难度动作,若出现类似动作,如果不属于高危动作中所列举内容,不扣分也不加分,但要对出现的错误动作或失误按照动作完成要求进行减分。

思考拓展练习

1. 竞技健美操难度动作必须包括哪些?
2. 普及性健美操竞赛场地要求有哪些?
3. 竞技健美操难度裁判员在工作中应注意什么?

第二节　健美操音乐的选择与应用

音乐是健美操的灵魂。音乐使健美操更具生命力与艺术性。优美动听的音乐使人心情愉快,情绪高昂,精神振奋,积极向上[①]。由此,健美操的创编者通常认为音乐的选择是成功的一半,如果再加上富有表现力的动作,二者相互融合,可使成套动作大放光彩,充满激情,达到“操中有乐,乐中有操”,浑然一体的境界。

一、健美操音乐的选择

健美操音乐的选择范围非常广,但通常选择 2/4 拍或 4/4 拍等节奏感较强的音乐。

①王洪.健美操教程[M].北京:人民体育出版社.2000(12)

(一)音乐在健美操中的作用

节奏感强、旋律优美的音乐,可以使练习者牢固地记忆动作顺序和掌握动作技术;而热烈、欢快、富有节奏的音乐,能有效地激发练习者的热情和积极性,使练习者情不自禁地爱上健美操。

音乐能够很好地表达思想感情。使音乐烘托健美操的氛围,表现健美操的特点,二者紧密结合,不但能增强健美操的感染力,而且还能使人得到健与美的享受。

优美动听的音乐可以提高练习者的美感、乐感及表现力,丰富练习者的想象力,从而达到增进健康、培养正确姿态、陶冶美的情操的目的。

健美操是在音乐伴奏下进行的身体练习。人们在欢乐的气氛中进行锻炼,不仅心情愉快,而且还可以缓解精神压力,使人既能得到美的享受,又可提高协调性和自我表现的能力。

(二)健美操音乐的要求

健美操音乐的特点	节奏鲜明强劲、清晰有力 旋律悦耳动听、热情奔放 曲调欢快、韵律此起彼伏、有感染力 时代感
健美操音乐的结构	1.有一个前奏 2.有乐器 3.人唱 4.说 5.间歇 6.过门
健美操音乐的组成	1.1 节拍=1 拍 2.1 乐句=8 拍 3.1 乐段=32 拍

（续表）

健美操音乐的速度	1. 初级课 140～145 拍/分 2. 中级课 145～150 拍/分 3. 高级课 150～155 拍/分
动作和音乐的配合	1. 与鼓点吻合 2. 从第一拍开始 3. 从一个乐段开始
选择音乐的原则	1. 有激情的音乐 2. 音乐的速度必须采用该课堂类型层次 3. 选节奏非常清楚的 4. 应保持在建议的每分钟节拍数范围内

（三）健美操音乐选择的范围

健身健美操的速度一般为 2～26 拍/80 秒；竞技健美操的速度 26～30 拍/10 秒。

音乐种类	特点	表现形式
民族音乐	1. 具有浓烈的地方特色和民族风格 2. 具有丰富的调式色彩和音乐色彩 3. 具有强烈的时代气息 4. 音乐形象多样化	节奏鲜明、热情、刚健、明快 旋律亲切、优美抒情
爵士乐	1. 旋律由连续不断的切分节奏组成 2. 即兴演奏 3. 强有力的打击乐器 4. 节奏变化多端 5. 音色鲜明而强烈 6. 和声丰富	表现欢乐喜悦气氛 格言：为了欢乐
迪斯科	1. 在旋律上继承了爵士乐的切分节奏 2. 更强调打击乐 3. 节奏感强	表现出一种旺盛的精力

（续表）

音乐种类	特点	表现形式
摇滚乐	1. 继承了爵士乐演奏的即兴性 2. 有快有慢，以一种节奏模式反复出现 3. 有一种摇摆的感觉	重金属及其相对的柔摇滚；混合型的乡村摇滚、流行摇滚等
轻音乐	轻松愉快 生动活泼 浅显易懂	1. 轻松活泼的舞曲 2. 电影音乐和戏剧配乐 3. 通俗歌曲和流行歌曲 4. 舞蹈音乐和民间曲调 5. 轻歌剧
外文歌曲	1. 节奏感和震撼感强 2. 打击乐明显 3. 音乐速度通常较快	表现出强烈的时代特征和青春气息
世界名曲	1. 曲调经典，能跨越所有时空、种族和语言的界限，能超越人格、思想和阶层的鸿沟 2. 音乐的哲理性超越了音乐本身的意义	旋律优美、形象鲜明、感染力强、表现形式多样

（四）选择音乐时的注意事项

1. 音乐风格与健美操特点的一致性

健美操是健、力、美的统一体，强调美与力的结合，由此健美操音乐旋律要动听，力求新颖，富有变化，节奏鲜明，速度适中，使动作与音乐水乳交融。在音乐选择时应根据不同种类的健美操选择不同的音乐。

2. 音乐与动作风格的融合性

健美操的风格、结构、速度、特点直接关系到音乐的选择，音乐的选择容易激发练习者的锻炼兴趣和编操者的创作灵感。因此，在选择音乐时要更注意健美操风格与音乐风格的一致性。竞技健美操可以选择最有个性的音乐；健身健美操可以选择体现民族风格的民族音乐。

3. 音乐与健美操性质、运动员条件的相符性

在选配音乐时应根据健美操的目的、任务选择不同的音乐，如：为了健身、比赛或表演等选择不同风格的音乐。其次，音乐节奏和速度的确定应符合运动员的条件，如：年龄、运动水平、体能等。这样才有利于人们完成动作，达到好的锻炼效果。

二、健美操音乐的选配

（一）根据音乐选择动作

音乐是健美操教学中的重要组成部分，我们要精心选择乐曲，并分析音乐的结构特点，再根据音乐的风格特点、节奏和旋律来设计创编健美操的成套动作。动作的节奏必须与音乐的风格相一致，与节奏相统一。节奏明显、旋律优美、结构较完整、具有较强感染力且格调健康的迪斯科、爵士乐、摇滚乐或民族音乐通常作为成套动作的首选音乐。

（二）根据动作制作音乐

当选择的音乐在风格、时间、速度等方面与动作不相一致时，需将音乐重新处理或制作。第一是音乐的剪接。剪接的形式有同一首乐曲的剪接和两首或多首乐曲的剪接。无论选用哪一种剪接方法，我们都应注意剪接的部位一般放在有空拍、停顿处或乐曲的结尾处。剪接处前后乐曲的旋律应尽量做到相似或相同，特别是两首及其以上乐曲的剪接，其乐曲的速度和旋律要相同或相似，以防在音乐的节奏和旋律方面出现不自然的现象。第二是音乐速度的调整。乐曲的调速有整首乐曲的调速和在乐曲的部分处进行的调速。实际操作中，在乐曲的部分处进行调速有相当大的困难。在具体操作时，可尝试采用以下方法，效果或许会好一些，即将调速后的音乐放完之后，稍加停顿（停 4 拍），再录制减速的音乐或在调速的乐曲剪接处配上有特殊效果的声音，如海浪声、宇宙间一些自然的声音等，但时间不宜过长，不能超过 8 拍，不然会影响乐曲的完整性。第三是成套音乐的制作。即结合成套动作风格、每节动作的特点及其某个动作的

特殊性，在音乐中适当加一些音乐效果以提高成套动作的完整性，并培养学生的美感意识。

（三）健美操音乐运用步骤

1. 对音乐的聆听

学生通过自身的耳、脑、神经的传导系统来完成对音乐的聆听。初步了解音乐，并掌握音乐的风格、旋律、结构、节奏、音响效果等特性。在聆听的基础上，反复比较不同风格和形式的音乐，感受不同音乐带给我们的美妙之处。

2. 对音乐的理解与分析

了解了众多音乐给我们带来的听觉上的享受与内心的共鸣之后，我们应该主动地理解音乐作品的含义，想想音乐想告诉我们什么。

我们可以通过音乐旋律的起伏、和声的变化、高潮的迭起进行联想，用自身的经历去体验并感受音乐的内在情感变化。然后从音乐的结构、高潮、风格、乐思及音乐的发展与过渡等方面来进行整体构思与分析，通过对这些因素的分析，选择健美操的结构、段落、运动强度和风格。

3. 音乐的编辑

按照自己的意愿和想法把各个部分连接起来，用音乐编辑软件对音乐进行简单的剪辑加工，使乐曲符合健美操对其特定的要求，以达到最佳效果，但不能破坏音乐的完整性。

思考拓展练习

1. 健美操音乐有哪些特点？
2. 在选择健美操音乐时应注意什么？
3. 如何根据动作选配音乐？

第三节　健美操竞赛的组织

健美操竞赛活动的开展不仅能增进运动队之间的交流，促进技术水平的提高，而且还对健美操运动的开展起到宣传与推动作用。然而健美操竞赛组织工作是一项系统化工程，其好坏直接影响到比赛能否顺利进行和获得预期的效果。竞赛的组织工作分为赛前、赛中及赛后，每个环节都至关重要，一环扣一环，缺一不可。

一、召开主办单位筹备联席会议

由主办单位召集有关单位及部门的相关人员筹备会议。会议的主要内容是协商并落实有关健美操竞赛的具体事宜，具体包括比赛日期、地点、规模及所需时间、经费来源、确定承办单位和协办单位等。此外成立竞赛筹备办公室，确定办公室成员名单，将任务分工落实到具体的人。

二、制定竞赛规程

竞赛规程是组织比赛的重要指导性文件，是比赛筹备工作的依据，也是参赛单位、运动员、教练员及裁判员必须执行的准则[①]。竞赛规程一般由主办单位根据竞赛的具体事宜制定，规程应明了、准确，一般应提前半年或至少三个月下发给各个部门，以便参赛单位有充分的时间准备并安排好各项事宜。

竞赛规程一般应包括以下内容。

(1)比赛的名称：包括年度(届)、性质、规模、名称(包括比赛总杯名和分杯名)。如：XXX 年“XXX”杯全国健美操锦标赛。

(2)比赛的目的：简单描写举行本次比赛的目的。如：为了推动普及性健身健美操的进一步开展，在单位间进行广泛交流，不断提高健美操技术水平，将于 XX 时举行 XX 比赛。

---

①肖光来，马鸿涛，张平．健美操[M]．北京：人民体育出版社，2004(1)

(3)比赛的时间和地点：详细、清楚地写明比赛的年、月、日和地点，具体到省、市地点。若具体的比赛地点在下发规程前还不确定，则要在竞赛规程上写清比赛所在的城市。

(4)参加单位的条件：限定健美操参赛者的范围，要具体、明确。如全国中小学比赛，以校为单位均可以参加；运动员必须是在校注册的中学、小学学生。

(5)竞赛的项目：规定本次比赛参加的项目、内容和时间。如：比赛只进行健身健美操的比赛。

(6)参赛的办法：详细说明采取的比赛方式，是一次性还是分预赛和决赛，是否按技术水平及年龄分组，是单项赛还是团体赛或单项、团体赛都有。有特殊规定的一定要注明。如：本次比赛只进行 6 个项目的单项赛和团体赛；单项赛有预赛和决赛；体育院系为甲组，普通院校为乙组，分别进行比赛。

(7)参加人数及年龄：规定每个单位参赛的人数、参赛运动员的年龄。如：参加 FIG 成人赛事的运动员参赛年龄必须是参赛当年年满 18 周岁。

(8)评分办法：说明比赛采用什么评分规则和计分办法，说明团体赛和单项赛的录取办法。如比赛采用《2009～2012 年版 FIG 竞技健美操竞赛规则》，进行团体赛和单项比赛，团体赛以各单项预赛成绩相加只和评定成绩，取各单项前八名进行单项决赛，成绩优者名次列前，成绩相等，名次并列，无下一名次。

(9)录取名次及奖励办法：根据比赛的规模说明评几个奖项，每个奖项设几名，是否有奖品或奖金。如：团体赛和单项赛均取前八名，另设最佳编排奖、最佳表演奖、最佳形体奖、最佳音乐效果奖、优秀教练员、优秀裁判员及体育道德风尚奖等。

(10)报名和报到：说明报名的方式、要求、截止日期。比赛报到的时间、地点、乘车的路线、联系电话等都要清楚、详细。

(11)其他：凡不包括上述内容的所有事宜均可列入该项中。如：有关参赛队的食宿是否自理，大会是否给予补助，是否提前预订返程车票，报到时参赛单位向大会缴纳保证金等。

竞赛规程制定好后应尽快下发，根据比赛规模的大小和发放范围，确定下发时间。全国性的比赛应提前半年，中小型比赛不得少于3个月，否则将会影响比赛筹备工作的顺利开展与比赛结果。

三、建立竞赛组织机构

为了使比赛的各项工作顺利进行，应根据比赛规模的大小成立相应的组织机构。通常全国性比赛由主办单位和承办单位共同协商确定大会组织委员会成员构成。一般包括主办单位负责人、赞助单位负责人、承办单位和当地体委的负责人、上级领导机关的代表、有关知名人士及总裁判长。大会组织委员会一般设主任1名，副主任1名，委员若干人。大会组织委员会是比赛的最高领导机构，在其下属的是各办事机构。

在健美操比赛中应根据比赛规模决定成立几个分部门。大规模的或大型综合性健美操比赛，部门可以细化，责任具体落实到各部门。中小型健美操比赛则可少设几个部门或只安排具体的人分别负责这几方面的事宜。

下面我们以全国性比赛为例，大会组委会可分为以下几个部门。

1. 大会办公室

(1)秘书处；(2)集资处；(3)新闻处：负责广告、宣传报道、标语牌、横幅及新闻发布会；(4)保卫处；(5)接待处：处理接站、送站、订返程车票等问题。

2. 竞赛处

(1)场地及设备；(2)编排秩序册、竞赛日程；(3)组织抽签、排序、分发号码、计算成绩等。

3. 仲裁委员会

4. 裁判委员会

(1)裁判员；(2)检录员；(3)记录员；(4)计时员；(5)视线员；(6)播音员；(7)放音员。

5. 科研处

四、领队和教练员会议

领队和教练员会议是健美操竞赛中一项重要内容，是参赛队与大会裁判员沟通的主要途径之一。一般由组委会主持，各处负责人及裁判长参加。通常在赛前、赛后各安排一次。

赛前领队和教练员会议主要内容包括：

(1)介绍比赛的筹备情况。

(2)介绍大会主要部门的负责人和主要工作人员。

(3)宣布大会竞赛日程及有关规定。

(4)解答和解决参赛队及个人提出的有关问题，如：比赛安排、生活、规程及规则等方面问题。如果在规则和技术方面的问题较多，还应单独召开领队和教练员技术会议，由裁判长详细解答。

(5)抽签排定比赛出场顺序。如果时间允许，采取公开抽签的办法由各队自己抽签较好。如果时间不允许，可提前进行抽签，但必须要有组委会委员或有关负责人在场监督执行，由指定人员代理抽签，并应在领队和教练员会议上专门交代，以免引起误会。

赛后领队和教练员会议的主要是安排参赛队离会事宜和专门召开技术研讨会，就比赛和训练相关问题相互交流看法和意见，介绍健美操最新发展信息，讨论健美操发展方向等。

五、比赛的进行

1. 开幕式

(1)主持人宣布比赛开幕式开始；

(2)参赛者入场式；

(3)介绍领导与嘉宾；

(4)领导讲话，运动员及裁判员代表上前宣誓；

(5)退场。

2. 比赛进行

(1)赛前检录：一般比赛开始前 20 分钟按出场顺序第一次

检录，赛前10分钟第二次检录；

(2)运动员外场准备，由播音员向观众介绍裁判员；

(3)运动员在播音员宣告后上场并向裁判员举右手示意，做好准备姿势，放音员播放音乐；

(4)运动员在音乐伴奏下完成整套动作，退场；

(5)裁判员进行评分并公开示分，播音员宣布得分；

(6)记录员记录每名裁判员的分数和运动员的最后成绩；

(7)赛后，记录单经裁判长确认无误后，上交总记录处存根；

(8)成绩经总记录处统计后得出比赛名次。

3. 闭幕式及发奖

(1)主持人宣布闭幕式开始；

(2)裁判长宣布比赛成绩和获奖名单；

(3)请获奖参赛者入场；

(4)请领导或相关人员为获奖运动员颁奖；

(5)参赛者退场；

(6)条件允许可安排优秀参赛者或专门组织进行表演；

(7)请领导致闭幕词；

(8)宣布比赛圆满结束。

思考拓展练习

1. 赛前应做哪些工作？

2. 一般竞赛组织机构包括哪些部门？

3. 领队和教练员会议的主要内容是哪些？

第四节　如何欣赏健美操比赛

欣赏健美操与欣赏其他运动项目有一些区别，但是究其本质来说体育欣赏是一致的，都属于一种感性体验。相比来说，健美操给人带来多感官刺激。高水平的健美操比赛要求观赏者不仅具有体育运动的基本知识，还需要在艺术上有所修养。在参与健身锻炼的同时，经常观看健美操比赛，注意美的欣赏和积累，不但是轻松愉快的心理体验和体育美的精神享受，而且还有助于自身修养的提高和思维能力的拓展。

健身健美操比赛主要强调动作的准确性、熟练性，良好的精神面貌以及动作整齐一致的团队精神。健身健美操强调的是“健身性”。如果说健身健美操是健美操的“普及”，那么竞技健美操就是健美操的“提高”，观看高水平的竞技健美操比赛是一种对力与美的较量的欣赏。竞技健美操强调的是“竞技性”。

一、健美操比赛欣赏的内容

1. 音乐美

健美操是在音乐的伴奏下完成的，音乐是健美操的灵魂。音乐选择是否合适对全套动作的成败、比赛的成绩都有着至关重要的作用，成套动作必须能够表现音乐，并与音乐完美结合，音乐的风格与动作的风格相互呼应。

因此我们在观看比赛时应该注意以下几个方面。

所选择的音乐能体现动作的特点；动作与音乐的节奏强弱、快慢、轻重缓急、圆滑和顿挫相吻合，动作的高低起伏、大小变化与音乐所蕴含的情绪和意境一致。

运动员身体姿态、动作速度和力度要和音乐的旋律、力度相一致，当完成高难度动作时，音乐是强劲有力或有动效，只有这样才能使成套动作与音乐的配合达到完美的境界，使动作与音乐成为一个整体。

音乐本身是否有主题、有意境、有感染力，能否增强成套动作的表现力，并被运动员充分理解；表现的技术风格和个性与音乐完全一致。

2. 服装美

比赛开始，场上运动员的服装往往给观众眼前一亮的感觉。规则在服装要求上对胸沟、肩胛骨、腹部沟以及透明材料作了规定，款式没有限制，所以，目前我们观看比赛时发现运动员穿的健美操服款式多样、琳琅满目。而相对竞技健美操固定的服装款式要求,主要通过色彩的设计来体现。其多选用鲜艳的、明亮的色彩进行搭配,从而突出青春、爽朗、健康、明亮的感觉。但相对来说服装色系选择应考虑比赛场地和环境,包括场地的色彩、灯光色彩和背景幕布颜色等。同时运动员可以根据自己条件、爱好,选择适合自己的款式,再根据不同肤色选择不同的服装图案、色彩,把自己装扮得更加美丽动人,再配以时尚的淡妆,充分体现这个项目的时代性,让我们在欣赏运动员技术的同时又获得服装带给我们的艺术享受。

知识窗

竞技健美操三人比赛

青少年健美操比赛

青少年健美操比赛

图 4-4-1

3. 动作美

在大多数情况下,健美操比赛以集体项目呈现,集体项目的特点就是每个运动员必须有团队精神且团体成员力量、身材、气质、表现力都尽量相似。如果在身材上队员与队员之间差距太大，就会造成整个队伍的不协调，影响队伍的整体协调性，以致影响最后得分。其次在完成动作的力度、幅度、速度、熟练性、技术规格上力求一致，给人以整齐划一、赏心悦目的视觉感受。

4. 队形美

集体项目人数多、空间利用广、队形变化多等特点和风格，丰富了集体项目的技术内容，提高了集体项目的观赏性。集体项目对队形有要求，混双操至少 3 个、三人操至少 5 个、六人操至少 6 个不同的队形的变化。在空间的利用上，由 2～6 名运动员在一块场地上表演，开始和结束的造型、姿态多采用不同空间层次来完成，或统一一致，或分组组合，布局参差错落，形象生动活泼，使造型构图唯美和谐，构成一幅幅动态美妙的画面。在队形变化过程中，或直接转换、或依次转换、或逐渐转换从而演示出形式斑斓的队形来。如直线、平等线、弧线、三角形、圆形、方形、箭形、菱形、丁字形等等及各种不规则、不对称的队形，这些队形使观众感到强烈的流动感，以及使整个场面始终处于绵绵不断的变化运动之中却又一气呵成，让人回味无穷。

5. 运动员个人魅力

健美操是一项表演性极强的运动项目，运动员的身材、气质、服装及色彩的搭配直接影响着观众、裁判的欣赏和评判。优秀的健美操运动员集表现与音乐完美结合，动作协调，轻松自如，具有丰富的艺术表现力，能充分表现各种优美的造型，有较高的审美价值。运动员通过眼神、真诚自然的面部表情、完成动作的自信表现把观众及裁判带入美的境界。经过长期系统的专项技术训练，每个运动员都具有本专项所需的身体素质和艺术修养，具高超的表演天赋。他们在比赛场上的举手投足、活泼可爱、灵巧敏捷以及自信的表现，把美传递给观众，征服观众，征服裁判。

6. 主题美

目前，在一套健美操中，每套动作会选择一个鲜明的主题，通过短时间的两三个 8 拍，表现几个与主题相关的意境，如表演动物、民族特色、某种职业等，而表现的形式则与主题的音乐、适配动作、音乐动效或相关的服装等相结合。这些主题创作为健美操比赛增添了感染力，给人留下深刻的印象。

二、如何欣赏健美操比赛

在观赏健美操比赛时，应从成套动作的艺术性和完成情况两方面去欣赏。

1. 艺术性欣赏

成套健美操动作的艺术性，主要通过成套动作的设计、表现、音乐、配合以及创造性来体现。运动员在设计动作风格和外在表现时须与音乐的风格相一致，并体现运动员的表现力、感染力和活力。成套动作的艺术性需要充满活力，有创造性，以健美操方式表现动作设计和流畅的过渡动作。成套动作须显示身体双侧的力量和柔韧性而不重复同一动作。它包含以下几方面因素：

音乐的适宜性——动作的风格与类型须完美地适合于所选音乐的特点、风格与节拍；

动作的强度——主要体现在运动员的动作频率、速度、耐力、重力、移动等五个方面；

动作的创造性——成套动作的编排须与音乐的风格相一致，并使运动员的动作与表现力互相交融，令人难忘，具有与众不同的动作独创性，队形和托举的变化多样；

基本步伐和特殊内容——复杂的组合需表现踏步、开合跳、吸腿跳、踢腿跳、弓步跳、后踢腿跑、弹踢腿等七种基本步伐和在一个 8 拍内手臂的变化，以及不同水平动作的连接、节奏变化的利用和协调；

过渡与连接——步伐、动作形式、难度动作、托举动作的流畅和较好连接；

空间——竞赛场地的 4 个角(中央)，5 个方向(向前、向后、向侧、对角、弧形)的移动及空间(地面、站立和腾空)的利用；

表演——表演包括表现力与合拍，主要指运动员通过面部表情、目光接触、身体语言来表现身心的感受；通过体能、魅力、热情、自信征服观众。运动员动作与音乐节奏相吻合、协调一致。

2. 完成性欣赏

技术技巧和一致性是健美操完成性欣赏的要点。我们在欣赏健美操时须看健美操运动员的动作姿态是否保持躯干正直，是否展现强壮的脊柱，臂腿动作是否有幅度和力度，外形是否清晰，每个动作是否在有控制的情况下准确、清楚地完成。操化组合、过渡动作、移动路线、动作节奏、动作方向、身体接触、空中到地面及相互转化是否达到多样性。成套动作应注重整体配合的协调性，动作的准确协调，动作与音乐伴奏的吻合以及所体现出来的动感和力度，如弓步跳时，上体重心必须在两腿之间，脚向前和平行，膝关节在主力腿的脚面上，要体现出动作的规范性、准确性。同时在集体操时，不仅要看以上的内容，而且需要看整体的一致性、整齐性。

三、健美操比赛审美的培养

高尔基说过："照天性来说，人都是艺术家。他无论在什么地方，总是希望把美带到他的生活中去。"如果说，健美操套路的创编是第一次创作，运动员的表演是第二次创作，那么我们每个健美操欣赏者就是力与美的第三次创作者，在欣赏健美操的过程中，得到自身精神境界的升华，在纷繁多变的健美操世界中得到健与美的熏陶。

1. 从非主动欣赏到主动欣赏

(1)健美操欣赏初级阶段——非主动欣赏

艺术离不开欣赏，体育也离不开欣赏，而且是一种综合性欣赏。强烈的音乐节奏、运动员亮丽的服饰、高超的表演技巧、赛场激烈的竞争会带你走进健美操。但是这种欣赏仅出自于刺激性或非主动性，这种欣赏任凭音响和表演对听觉、视觉神经的冲击，从热闹中获得精神快感。

(2)健美操欣赏高级阶段——主动欣赏

不断积累欣赏经验,掌握健美操知识,就会逐渐注入情感的体验和联想,使欣赏者的内心世界与运动员的表演发生共鸣,最后达到对成套动作的理解与认识,至此进入了欣赏的高级阶段——主动欣赏,也达到对健美操项目的鉴赏阶段,从看热闹到看门道。主动欣赏的方式是在理解规则的基础上,从评判的角度有意识地把注意力集中在运动员的编排风格、表演技巧、完成质量、音乐与动作的和谐一致、成套动作的整体效果上。如果说初级阶段的欣赏还带有模糊性的话,那么这个阶段是一种理性的完整的深层次的欣赏。

2. 欣赏的积累与培养

欣赏不仅可以培养对健美操的兴趣,而且还可以培养自己的审美能力。可以从以下几方面入手来培养这种能力。

(1)首先建立对健美操的兴趣与爱好,在参与健美操的锻炼中有意识地倾听音乐,感受音乐的情感与节奏,把自己的动作与音乐密切结合起来。

(2)多观看健美操的表演与比赛,了解健美操的基本常识和规则,并在欣赏运动员的表演中有意识地学会理解、学会联想、学会评判。俗话说:熟读唐诗三百首,不会作诗也会吟。

(3)在欣赏健身健美操的基础上,循序渐进地欣赏一些高水平的竞技健美操比赛或视频,并注意积累欣赏的经验,加强相关知识的学习,拓宽联想的空间。逐渐你就会欣赏各种形式的健美操了。

思考拓展练习

1. 健美操的欣赏内容包括哪些?
2. 如何欣赏健美操比赛?

本篇小结

本篇从健美操比赛场地与规则入手，重点对竞技健美操、普及型健美操、健酷街舞(Fitness Hip-Hop)的竞赛规则进行了详细的介绍，对健美操音乐的选择与应用，以及健美操竞赛的组织进行了概述，并介绍了如何欣赏健美操比赛。

★★★ 参考文献 ★★★

[1]陈瑞琴.健美操理论与实践创新[M].北京:北京体育大学出版社,2011(1).

[2]黄宽柔,姜桂萍.健美操体育舞蹈[M].北京:高等教育出版社,2006(7).

[3]马鸿涛.竞技健美操[M].北京:高等教育出版社,2005(12).

[4]马鸿涛.现代健美操训练方法[M].北京:北京体育大学出版社,2006(3).

[5]沈国琴.现代健美操[M].北京:北京体育大学出版社,2010(6).

[6]沈芝萍.健美操运动与现代健康理念[J].体育文化导刊,2003(5).

[7]田珊,阎爱萍.专家教你做健美操[M].南昌:江西科学技术出版社,2004(2).

[8]王洪.竞技健美操训练方法[M].北京:人民体育出版社,2009(8).

[9]王洪.健美操教程[M].北京:人民体育出版社,2001(6).

[10]文岩.健美操教程[M].上海:复旦大学出版社,2005(6).

[11]吴亚娟.大学健美操教程[M].西安:西北工业大学出版社,2009(8).

[12]肖光来,马鸿涛,张平.健美操[M].北京:人民体育出版社,2004(1).

[13]赵栩博，崔海燕. 健美操套路教与学[M]. 北京：北京体育大学出版社，2006(1).

[14]赵之心. 运动成就健康：赵之心. 运动健康处方[M]. 北京：农村读物出版社，2007(6).

[15]张虹. 健美操[M]. 北京：北京师范大学出版社，2008(8).

[16]2009～2012 健美操评分规则.

[17]2011～2012 年普及性健美操竞赛评分规则.

[18]2012 年健酷街舞评分规则.

图书在版编目(CIP)数据

健美操/黄菁,朱维娜主编.—重庆:西南师范大学出版社,2013.3

(爱运动丛书)

ISBN 978-7-5621-6193-6

Ⅰ.①健… Ⅱ.①黄… ②朱… Ⅲ.①健美操—基本知识 Ⅳ.①G831.3

中国版本图书馆CIP数据核字(2013)第054386号

健美操

主　编　黄　菁　朱维娜

策　　划:刘春卉　杨景罡

责任编辑:曾　文　熊　竹

装帧设计:CASTALY 尚品视觉　周　娟　廖明媛

照　　排:江礼群

出版发行:西南师范大学出版社

重庆·北碚　邮编:400715

网址:www.xscbs.com

经　　销:全国新华书店

印　　刷:重庆美惠彩色印刷公司

开　　本:889mm×1194mm　1/32

印　　张:8.5

字　　数:150千字

版　　次:2013年3月　第1版

印　　次:2013年3月　第1次

书　　号:ISBN 978-7-5621-6193-6

定　　价:18.00元

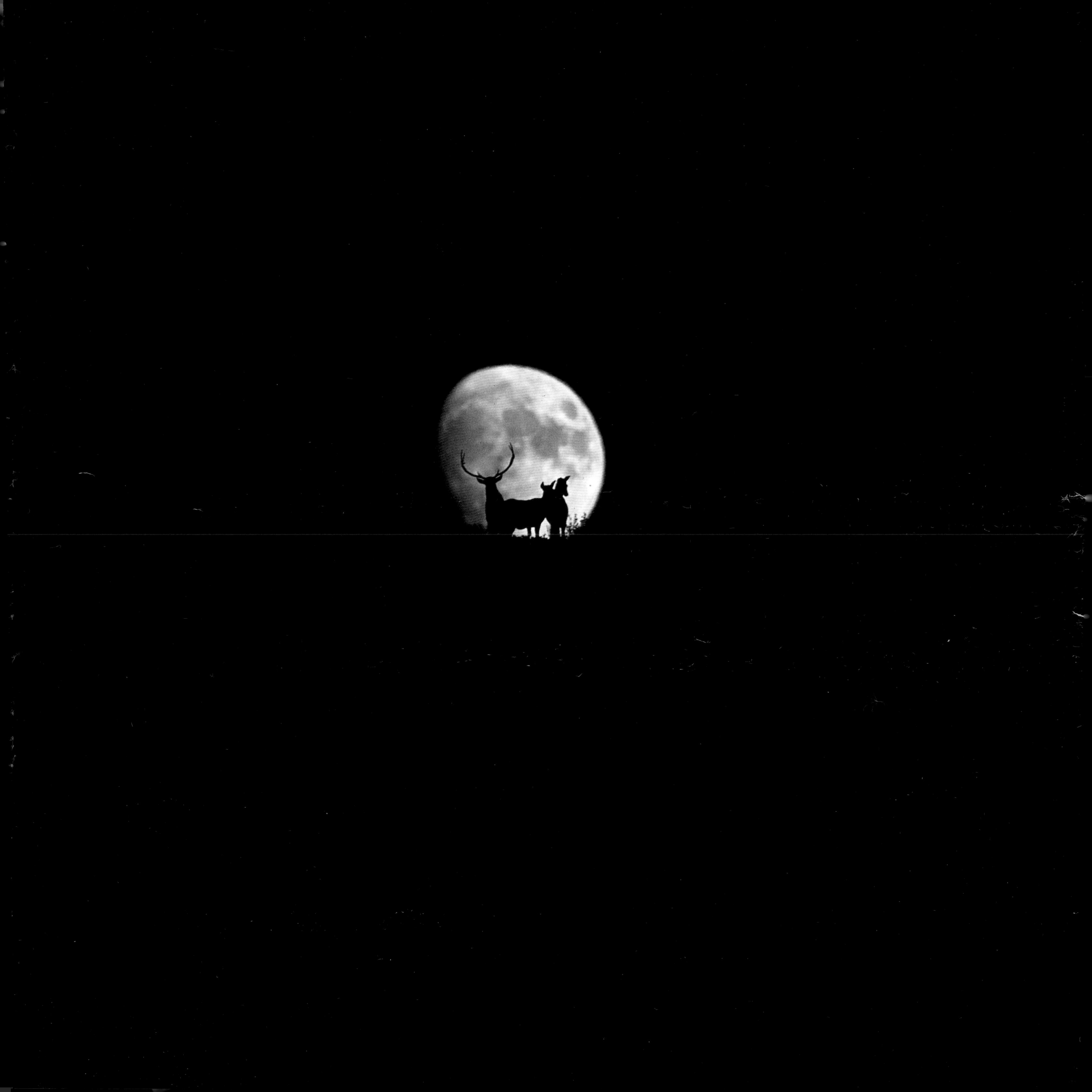

"十一·五"国家重点图书出版规划项目
全国少数民族优秀图书出版资金资助项目

青藏高原珍稀野生动物

Precious and Rare Wildlife in the Qinghai-Tibet Plateau

四川出版集团　四川民族出版社

图书在版编目（CIP）数据

青藏高原珍稀野生动物/四川民族出版社编. －成都：四川民族出版社，2008.5
ISBN 978－7－5409－3905－2

Ⅰ.青... Ⅱ.四... Ⅲ.青藏高原－珍稀野生动物－画册
Ⅳ.Q958.527－64

中国版本图书馆CIP数据核字（2008）第072180号

青藏高原珍稀野生动物

QingZangGaoYuan ZhenXi YeShengDongWu

策　　划　罗　勇　马晓峰
执行主编　彭基泰　钟祥清
撰　　稿　彭基泰　钟祥清
中文审订　何志华
英文翻译　王荣生　钟祥清
英文审订　张江陵　连　益
责任编辑　罗桑道吉　陈　蓉　陆　馗
特约编辑　张江陵　央　金　简堂俊　肖　鹏
美术总监　陆　馗
装帧设计　邹小工　陆　馗
责任印制　谭志敏
地图提供　成都地图出版社
制　　作　经典记忆文化传播有限公司
出版发行　四川出版集团 四川民族出版社
地　　址　成都市三洞桥路12号
邮政编码　610031
电　　话　(028)87734157(编辑部)　87734153(发行部)
印　　刷　深圳雅昌彩色印刷有限公司
成品尺寸　285mm×285mm
印　　张　38.5
版面字数　531.8 千
版　　次　2010年1月第1版
印　　次　2010年1月第1次印刷
书　　号　ISBN 978-7-5409-3905-2
定　　价　1280.00元

（本地图由成都地图出版社提供）

本书野生动物分布区域示意图

The sketch map of the wildlife distribution area in the book

科学顾问

郑光美

中国科学院院士，北京师范大学教授，中国动物学会常务理事，中国鸟类学会名誉理事长，兼任《生物学通报》主编，《动物学报》、《动物学研究》、《动物学杂志》、《野生动物》等杂志的编委，国际鸟类学委员会（IOC）资深委员，世界雉类协会（WPA）会长，国际鹤类基金会（ICF）顾问，英国东方鸟类学会（OBC）荣誉会员。

马建章

中国工程院院士，东北林业大学教授、博士生导师， IUCN物种保存委员会成员，中国动物学会常务理事，中国野生动物管理学奠基人。

胡锦矗

西华师范大学教授，国家有突出贡献专家，四川省动物学科学术带头人，曾任中国兽类学会副理事长；中国动物学会、野生动物保护协会和动物协会理事，四川省动物学会名誉理事长，IUCN熊类专家组成员。1991年起享受国务院政府特殊津贴。

赵尔宓

中国科学院院士，中国科学院成都生物研究所研究员，四川大学教授。现任国际生物多样性计划中国国家委员会科学咨询委员会委员，美国Sigma Xi自然科学荣誉学会会员（终身），美国加州科学院荣誉院士（终身），美国两栖爬行动物学家联盟（HL）荣誉会员（终身），《中国动物志》编辑委员会委员，《四川动物》杂志名誉主编。曾任世界两栖爬行动物学大会执行委员、IUCN/SSC中国两栖爬行动物专家组第一至三届主席。

乔治·B·夏勒（Dr. George B. Schaller）

国际野生生物保护学会(WCS)的科学与探险部副主席，世界杰出的野生动物研究学家。1980年世界自然基金会的金质勋章获得者，1996年国际宇宙奖获得者，1997年美国泰勒环境成就奖获得者，美国《时代周刊》所评“20世纪世界上三位最杰出的野生动物研究学家之一”。第一个受委托在中国为世界自然基金会（WWF）开展工作的西方科学家。从1982年起一直在中国从事野生动物研究，对青藏高原的野生动物研究尤为重视，著有《青藏高原上的生灵》一书。

Scientific Consultants:

Mr. ZHENG Guangmei

Academician of Chinese Academy of Sciences and Professor of Beijing Normal University.

Mr. MA Jianzhang

Academician of Chinese Academy of Engineering and Professor of Northeast China Forestry University.

Mr. HU Jinchu

Professor of Xihua Normal University and Vice Chairman of Chinese Society of Mammals.

Mr. ZHAO Ermi

Academician of Chinese Academy of Sciences , Research Fellow of Chengdu Institute of Biology of Chinese Academy of Sciences and Professor of Sichuan University.

Dr. George B. Schaller

Vice Chairman of Science and Expedition Department of Wildlife Conservation Society.

《青藏高原珍稀野生动物》编委会

The Editorial Board of Precious and Rare Wildlife in the Qinghai-Tibet Plateau

序

青藏高原西起新疆的帕米尔高原，东至四川的大雪山，北起青海的阿尔金山和甘肃的祁连山，南到云南的无量山和哀牢山以北。这片250万km^2的大地，地形地势复杂多样，气候类型各异。广袤的羌塘高原，荒无人迹的可可西里，深邃的横断山峡谷，不同的地貌和山脉，分布着多种类型的森林植被，纵横交错的河川溪流水网，星罗棋布的高原湖泊、沼泽和湿地。青藏高原丰富多样的生态系统，栖息着种类十分丰富、种群数量可观的野生动物，其中很多是我国青藏高原的特有物种。如：羌塘高原和可可西里成群的藏羚羊、野牦牛、藏野驴、藏原羚；喜马拉雅山和横断山脉特有的滇金丝猴、白唇鹿、羚牛、小熊猫、赤斑羚、棕尾虹雉、白尾梢虹雉、白马鸡、藏马鸡；大雪山系特有的大熊猫、川金丝猴、四川梅花鹿、斑尾榛鸡、绿尾虹雉、雉鹑、蓝马鸡、红腹锦鸡。横断山脉还是我国重要的雉类和画眉类的集中分布区，此外还盛产高原特有的裸鲤、高原鳅和湍蛙等珍稀和特产野生动物。尽管在偷猎、天敌、疾病、饥饿和恶劣气候的多重打击下，这些野生动物仍然艰难而顽强地生息着。由于这里地广人稀、交通不便，加之藏族笃信藏传佛教"不杀生"的信条，使这里的生灵得到了较好的保护，至今在野外还能观察到几十或上百只一群的白唇鹿、岩羊、白马鸡。丰富的野生动物资源让人叹为观止，更增加了人们对青藏高原的神秘感和目睹这些珍贵、稀有和濒危野生动物的向往。但是，因各种原因并非所有的向往者都能如愿以偿。

四川民族出版社汇集长期在青藏高原从事野生动物资源调查研究的专家、学者，热爱大自然的摄影家、热爱野生动物保护事业的人员多年的摄影精选资料，出版了图文并茂的《青藏高原珍稀野生动物》大型画册，包括野生哺乳类40种、鸟类165种、爬行类37种、两栖类32种、鱼类44种。该画册还记述了有关物种的形态、分类识别特征、主要生物学生态学特性、食性、繁殖生态、栖息环境、受威胁现状、保护级别和地理分布，被列入《中国物种红色名录》和IUCN"红色名录"的濒危等级，CITES公约附录类别等。画册为中英文对照，因此对到藏区考察和对外交流十分有益。

该《画册》做到了科学性、学术性、科普性和可观赏性兼容并蓄，是一本能增强人们热爱大自然，热爱野生动物，使人与动物和谐共处的好书，是一本生态效益和社会效益双赢的好书。

欣慰之际，乐之为序。

郑光美

中国科学院院士
北京师范大学教授
世界雉类协会理事长
中国鸟类学会名誉理事长

2008年9月15日

Preface

The Qinghai-Tibet Plateau, covering a total area of two million and five hundred thousand square kilometres, stretches from the Pamiers in Xinjiang Uygur Autonomous Region on the west to the Daxue Mountains in Sichuan Province on the east, from the Altun Mountain in Qinghai Province and the Qilian Mountain in Gansu Province on the north to the north of the Wuliang Mountain and the Ailao Mountain in Yunnan Province on the south. This vast land encompasses a great diversity of landscapes and climates. There are the boundless Qiangtang Plateau, the unpopulated wilderness of Hoh Xil, the deep, steep-walled gorges of the Hengduan Mountains, with various types of forests and vegetation distributed on varied landscapes and mountains; there are also mighty networks of crisscross rivers, streams and gullies, and scattered plateau lakes, marshes and wetlands. The rich and diversified ecosystem found in the Qinghai-Tibet Plateau supports plenty of wild animals, many of which are endemic species. For instance, one could see flocks of Tibetan antelopes, wild yaks, kiangs and Tibetan gazelles in the Qiangtang Plateau and Hoh Xil, black snub-nosed monkeys, white-lipped deer, takins, lesser pandas, red gorals, Himalayan monals, Sclater's monals, white eared pheasants and Tibetan eared pheasants only endemic to the Himalayas and the Hengduan Mountains, and giant pandas, golden monkeys, sika deer, Chinese grouse, Chinese monal pheasants, pheasant grouse, blue eared pheasants and golden pheasants only particular to the Daxue Mountain range in Sichuan. Besides, the Hengduan Mountains are one of the main regions in China where pheasants, babblers of various kinds are concentrated, and boast plenty of naked carp, plateau loaches and cascade frogs only peculiar to the plateau. In face of such dangers as poaching, natural enemies, diseases, starvation and harsh weather, these wild animals live on doggedly. Luckily to these creatures, the Qinghai-Tibet Plateau is expansive, sparsely populated and hardly accessible, with the local Tibetans deeply holding a Lamaism belief of " no killing living things", and therefore these animals get a better protection. Today, one could still see in the wilderness hundreds of white-lipped deer, blue sheep or white eared pheasants just in one flock. The wildlife there is amazingly abundant, which adds to the mysterious charm of the Qinghai-Tibet Plateau and stirs up a compelling longing in people to go there and see these rare and endangered animals. For one reason or another, however, not everyone could have his wish fulfilled.

By collecting the highlights of the pictures taken over years by specialists and scholars who devoted many years to studying the wildlife resources in the Qinghai-Tibet Plateau, nature-loving photographers and wildlife protectionists, Sichuan Nationalities Publishing House gets out this large picture album Precious and Rare Wildlife in the Qinghai-Tibet Plateau. The album covers 40 species of mammals, 165 species of birds, 37 species of reptiles, 32 species of amphibians and 44 species of fishes, with a concise description of these animals in terms of physical form, identifying marks, main biological and ecological characteristics, feeding habit, breeding ecology, living habitat, current endangered condition, protection class and geographical distribution. Moreover, the album even provides information on their classes of being endangered as listed in China Species Red List and assessed by IUCN Red List, and also information on which of these animals appear in the Appendix of CITES. All the information in this album is offered in both Chinese and English, with Chinese transliterations for Tibetan names of animals, thus rendering the album easily understandable both at home and abroad.

All the elements of scientific study, academic interest, popular science and artistic pleasure meet in this very album. It is a fascinating album, for it can further inspire people's love of nature and wildlife, and strengthen their awareness of living in harmony with animals. It is a useful album, for it can contribute to both ecological balance and social progress. And therefore, I am very glad to write this preface.

ZHENG Guangmei
Academician of Chinese Academy of Sciences
Professor of Beijing Normal University
President of World Pheasant Association

世界屋脊的精灵

素有世界屋脊和世界第三极之称的青藏高原景观独特。它拥有广袤的高原，峻峭的横断山，巍峨的喜马拉雅山，湍急并流的“三江”（金沙江、澜沧江和怒江），奇险的雅鲁藏布江大峡谷，神奇的九寨沟和大香格里拉，类型各异的森林，宽阔的草原，浓郁的民族文化，珍贵、稀有、特产的飞禽走兽，神山和圣湖。它还是大熊猫的故乡。这片世界上最后的净土是全球生物多样性的热点地区，是地球上物种和生态系统的生存不可替代的关键地区，是长江、黄河下游上亿百姓赖以为生的水源涵养地，是数百万当地百姓及其子孙可持续生计的保障，也是生活在这一地区十几个民族的文化源泉和精神家园，是价值极大的自然和文化遗产，是值得我们给予特别的关爱和呵护的地区。

青藏高原地域辽阔，地处东经75°至105°，北纬27°至40°之间。它西起新疆的帕米尔高原，东达四川的岷山、大雪山、大凉山，北起新疆、青海的昆仑山、阿尔金山和甘肃的祁连山，经横断山脉，南到云南的无量山和哀牢山以北。它包括新疆和甘肃的一部分，西藏和青海的全部，四川和云南的西部和西北部，总面积约250万km^2。这里地形地势各异，气候类型多样，森林植被类型复杂，生态系统基本保持原始状态，是世人瞩目的生物资源基因宝库。据目前调查研究掌握的资料，青藏高原有野生哺乳动物近200种，鸟类500多种，爬行类100多种，两栖类近100种，鱼类150余种，其中不少是珍稀野生动物和其特有种。

我们特别要提及的是世世代代生活在这里的各民族对自己家园卓有成效的保护。长期以来，在这片土地上聚居的各族群众都以自己的传统方式守护着这里的神山圣湖和飞禽走兽。这种深深根植在群众文化生活的自然价值观，不仅为保护这里的丰富生物多样性作出了极大贡献，而且为今天的社会提供了人与自然和谐共处的范例。

我们的保护生物学家、摄影家和环境保护志愿者们不畏艰险，长期多次深入青藏高原进行科学考察，拍摄了大量的青藏高原珍稀野生动物的图片，并配上相应的文字，经多方努力终于出版了本书，让热爱这片净土的人们更加努力地去珍爱野生动物，为社会经济的可持续发展作贡献。

彭基泰　钟祥清

THE SPIRITS OF "THE ROOF OF THE WORLD"

The Qinghai-Tibet Plateau, usually known as "the Roof of the World" and "the Third Pole of the World", is blessed with a unique landscape. Here lie boundless plateaus, tower the Hengduan Mountains and the Himalayas, and roll the three roaring rivers (the Jinsha River, the Langcang River and the Nujiang River). This land is rich in fine scenery: the Yarlung Zangbo River Canyon, Jiuzhaigou (noted as the "fairyland") , Great Xianggelila, diverse types of forests, vast grasslands, sacred mountains and lakes; here live the precious and rare animals and birds not to be found elsewhere. This land is also home to giant pandas. As the world's last clean place, the land embodies the biological diversity of the earth, and therefore plays a vital role in the survival of the species and ecological system on earth. Being the source of both the Yangtze River and the Yellow River, it conserves the water resources essential to the life of a population of many millions living along the lower reaches of the two rivers. The land not only provides sustainable means of livelihood for millions of native inhabitants and their future generations, but it is also the cultural source and spiritual home of a dozen ethnic groups living here. Therefore, as a natural and cultural heritage of immeasurable value, this land commands special efforts of care and protection.

Vast in territory, the Qinghai-Tibet Plateau is situated between 27° and 40° N and between 75° and 105° E. It extends from the Pamiers in Xingjiang on the west to the Minshan Mountain, the Daxue Mountains, and the Daliang Mountain in Sichuan on the east, from the Kunlun Mountains and the Altun Mountain in Qinghai and the Qilian Mountains in Gansu on the north, and through the Hengduan Mountains to the north of Wuliang Mountain and the Ailao Mountain in Yunnan on the south. Roughly, it consists of a part of Xinjiang and Gansu, the whole Tibet and Qinghai, and the west and northwest of Sichuan and Yunnan, and covers a total area of about two million and five hundred thousand square kilometres. Because it has various kinds of topography and varied types of climate, its forest types and vegetation forms are diversified. And its ecological systems basically maintain their primitive condition, and therefore are precious gene pools of biological resources in the eyes of the world. According to the data of investigations and researches, in the Qinghai-Tibet Plateau, there are approximately 200 species of mammals, more than 500 species of birds, more than 100 species of reptiles, about 100 species of amphibians and more than 150 species of fishes. And many of them are precious and rare wild animals, and endemic species.

A special credit should be given to the multi-ethnic native people for their fruitful effort to protect their homeland. Since time immemorial, the local people have conserved and protected the "divine" mountains and "sacred" lakes, the flying birds and running animals of this land in their respective ways. That naturalist value deeply rooted in the local life has not only made tremendous contributions to the preservation of the great varieties of species here, but also set up a model of man-and-nature harmony for human civilization today.

Many environment-conscious Chinese biologists, photographers and volunteers, by braving untold hardships and hazards, made repeated journeys of scientific studies into the innermost depths of the Qinghai-Tibet Plateau, and their journeys yielded, among other things, a host of pictures of rare animals living in the plateau. Now, those pictures are published as the fruit of a joint effort. We hope that the publication of this picture album will make lovers of this clean land treasure those animals more than ever and contribute to the sustainable development of the land both economically and socially.

PENG Jitai ZHONG Xiangqing

>>

兽类

青藏高原的兽类
Mammals in the Qinghai-Tibet Plateau

鸟类 青藏高原的鸟类 Birds in the Qinghai-Tibet Plateau

爬行类

青藏高原的爬行类
Reptiles in the Qinghai-Tibet Plateau

两栖类

青藏高原的两栖类
Amphibians in the Qinghai-Tibet Plateau

鱼类

青藏高原的鱼类
Fishes in the Qinghai-Tibet Plateau

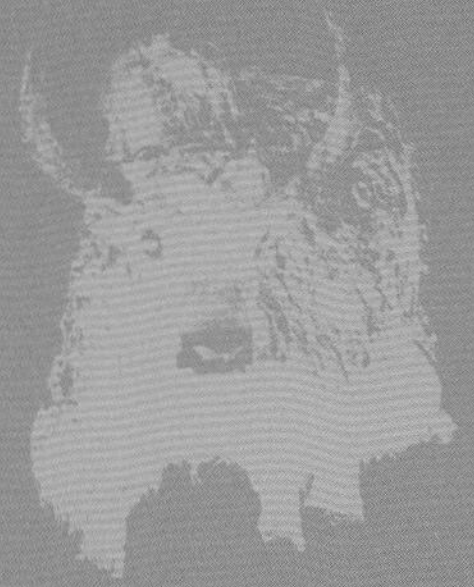

兽类

青藏高原的兽类

野生动物是国家宝贵的自然资源，保护好野生动物资源对维护自然生态平衡、发展国民经济、丰富人民物质文化生活、促进国际交流和各国人民之间的友谊都具有重要意义。哺乳动物是人类的朋友，很多家畜都是由野生兽类驯化饲养而成的。如《尔雅》称之为“犛牛”者即牦牛，是藏族先民驯化野牦牛而成，藏系绵羊由盘羊驯化而成，藏系山羊由野山羊驯化而成。藏族笃信藏传佛教“不杀生”教义而形成了保护野生动物的良好习俗，这对保护野生动物起到了积极有效的作用。

青藏高原这片生物多样性十分丰富的地区，地跨动物地理的古北界和东洋界，不同海拔高度有着不同的生境，栖息着与之相适应的野生动物。据调查研究，这片地区有各种兽类近200种，占全国的35%。特别是青藏高原特殊的地域，有不少是青藏高原的特有种类，如野牦牛、藏羚羊、白唇鹿、藏原羚、滇金丝猴等，而且种群数量也十分丰富，野外可见到上百只一群的藏羚羊、岩羊和几十只一群的白唇鹿、藏原羚。它们都是世界上珍稀濒危野生动物，我们要十分珍爱并保护他们。

Mammals in the Qinghai-Tibet Plateau

Wildlife claims to be a valuable natural resource, and therefore its protection is of great importance to balancing the ecological system, developing a national economy, promoting international exchanges and strengthening the friendship between peoples. Mammals are man’s close friends, from which quite a few kinds of domestic animals have evolved through domestification and breeding. For example, the Tibetan ancestors domesticated the wild yak into the yak, the argali into the Tibetan sheep and the goral into the Tibetan goat. The Tibetan people, who truly believe in “ no killing living things” as one of the essential teachings of Tibetan Buddhism, have long been in the habit of protecting wild animals. This plays a positive role in wildlife protection.

The Qinghai-Tibet Plateau boasts an extraordinary biological diversity. Crossing the Palaearctic realm and the Oriental realm in animal geography, this land provides various habitats of varied altitudes where live varied kinds of wild animals. According to the latest survey, nearly 200 species of mammals have been found living in this land, making up 35 percent of China’s mammals. Thanks to its unique topography, the land is home to wild yaks, Tibetan antelopes, white-lipped deer, Tibetan gazelles and black snub-nosed monkeys not to be found elsewhere on earth. These animals are in such large numbers that you could see in the wilds hundreds of Tibetan antelopes or blue sheep in a flock, dozens of white-lipped deer or Tibetan gazelles in a flock. They are all among the world’s rare and endangered animals, claiming our special care and protection.

牛科

本科动物均为草食性反刍动物。第三、四趾发育成蹄，第二、五趾退化成悬蹄。胃分4室，有胆囊。雌、雄均有不分叉双角，不脱换。全球约有127种，中国有18种。本书介绍10种。

Bovidae

The members of the Bovidae family are herbivorous ruminants. They have a gall bladder and a stomach with four rooms. Their third toe and fourth toe have developed into hoofs, but their second toe and fifth toe have aborted into hanging hoofs. All the males and females of this family have a pair of hollow and unbranched horns. There are about 127 species of Bovidae animals found in the world, including 18 species found in China. A description is given of 10 species of them in this album.

野牦牛 *Bos mutus*

俗名：野牛、犛牛

成兽体重500kg以上。体型粗壮。全身被黑色毛，无杂色，鼻端白色或棕白色。栖息在海拔4000m以上的高山灌丛草甸、流石滩等高寒荒漠地带，多结群活动，雄牛常单只或2～3只活动。多晨昏和夜晚采食禾草、莎草、蓼、菊和高山柳、忍冬的嫩芽、叶和枝。耐寒怕热，性凶悍。国家I级保护动物。《中国物种红色名录》评估为濒危级（EN）；IUCN（国际自然和自然资源保护联盟）“红色名录”评估为易危级（VU）；列入CITES（《濒危野生动植物国际贸易公约》）附录I。青藏高原特产动物。

Wild Yak

The wild yak is called “Zhong” in Tibetan.

An adult wild yak has a body weight of over 500 kg and a robust build. Its whole body is covered with black hair. Wild yaks dwell in alpine thickets and meadows, flowstone shoals and frigid desert zones with an elevation of over 4000 metres. They mostly move about in groups, but male wild yaks generally move alone or in twos or threes. They feed on grasses, galingale, knotweed, dendranthema and the shoots, leaves and buds of alpine willow and honeysuckle mostly at dawn, dusk and night. They are able to endure cold, but afraid of heat, and have a ferocious nature. The wild yak is a national first-class protected animal. It is evaluated as the Endangered (EN) category in China Species Red List and the Vulnerable (VU) category in International Union for Conservation of Nature and Natural Resources (IUCN) Red List, and listed in Appendix I to Convention on International Trade of Endangered Species of Wild Fauna and Flora (CITES). It is an endemic species to the Qinghai-Tibet Plateau of China.

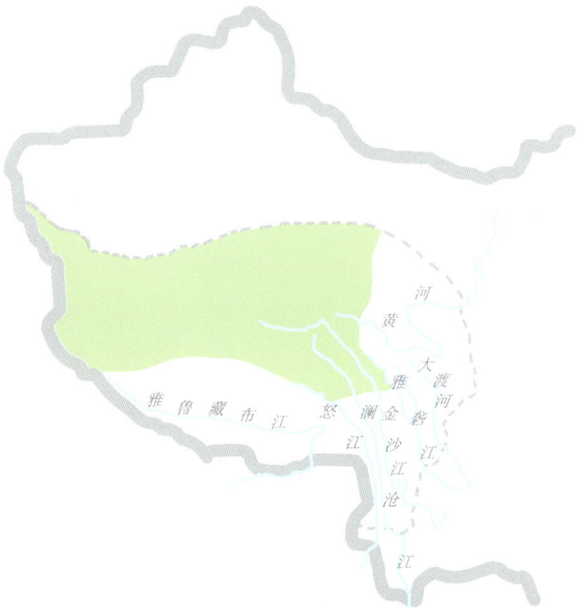

藏羚 *Pantholops hodgsoni*

俗名：打鼓锤、独角兽；别名：藏羚羊、羚羊

成兽体重30kg以上。雄兽具40～60cm的细长角，角干具算盘珠状环棱，远处侧视似独角一枝，额具“U”型暗褐色纹；体被绒毛丰厚，“箭毛”直立，体背毛淡棕色，腹部白色，夏季较深、冬季较淡。多集群栖息于海拔4000m以上的高山灌丛草甸、半荒漠草原草甸，性机警、胆怯。采食禾草、莎草、高山灌丛的幼嫩枝、叶和芽。国家I级保护动物。《中国物种红色名录》和IUCN“红色名录”均评估为濒危级（EN）；列入CITES附录I 。中国青藏高原特有动物。

Chiru, Tibetan Antelope

The chiru is called "Zuo" in Tibetan.

An adult chiru has a body weight of over 30 kg. The male has a pair of tall and slender horns with cyclic ridges. The length of these two horns ranges from 40 to 60 cm. The bodies of chiru are covered with rich and thick fur. Chiru mostly in groups inhabit alpine thickets and meadows and semi-desert grasslands and meadows over 4000 metres above sea level. They are vigilant and timid by nature, feeding on grasses, galingale and the shoots, leaves and buds of alpine thickets. The chiru is a national first-class protected animal. It is evaluated as the (EN) category in China Species Red List and IUCN Red List, and listed in Appendix I to CITES. It is an endemic species to the Qinghai-Tibet Plateau of China.

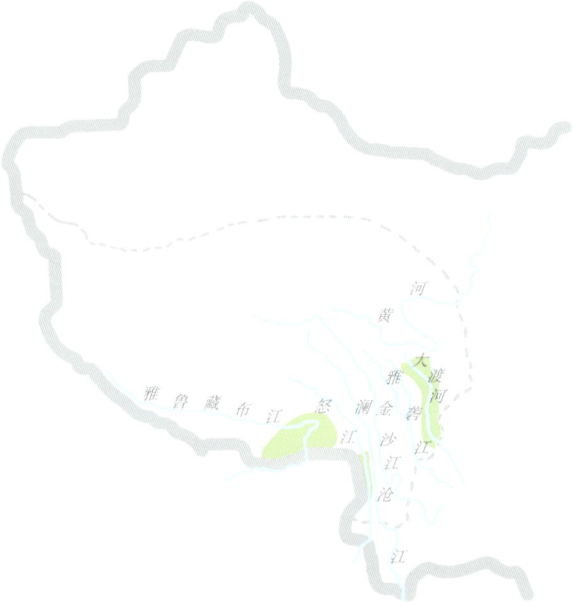

羚牛 *Budorcas taxicolor*

俗名：野牛；别名：牛羚、扭角羚

成兽体重250～600kg，体长170～220cm，肩高140～160cm。体形似牛，鼻部隆起，雌雄均具弯角；体背黄棕色，后半部掺杂沙褐色，前部棕黄往后和腹部夹杂沙褐色。多集群在“头牛”带领下随季节上下迁移活动于森林、疏林和灌木林中，采食禾草、树枝和树皮。老龄雄牛多离群独居。6月～8月发情交配，翌年3月～4月产1仔。羚牛是喜马拉雅山和横断山脉特有动物，见于大渡河流域、岷山山脉、云南高黎贡山和中尼边境的藏南地区。国家I级保护动物。《中国物种红色名录》评估为濒危级（EN）；IUCN“红色名录”评估为易危级（VU）；列入CITES附录II。

Takin

It is called “Longrong” in Tibetan.

The body weight of its adult is between 250 and 600 kg and the body length is between 170 and 200 cm. All its males and females have a pair of crooked horns. With a leader going at the head of them, takins mostly in groups move about in forests, thin stocked forests and shrubberies and migrate from high to low along with the seasonal change, feeding on grasses and tree branches and bark. Old male takins generally live all alone. They are in heat and mate from June to August, and have one young in March or April next year. They are animals particular to the Himalayas and the Hengduan Mountains. They are found in the Dadu River valley and the Minshan Mountain range, the Gaoligong Mountain in Yunnan, and border areas of southern Tibet of China adjoining India and Nepal. The takin is a national first-class protected animal. It is evaluated as the (EN) category in China Species Red List and as the (VU) category in IUCN Red List, and listed in Appendix II to CITES.

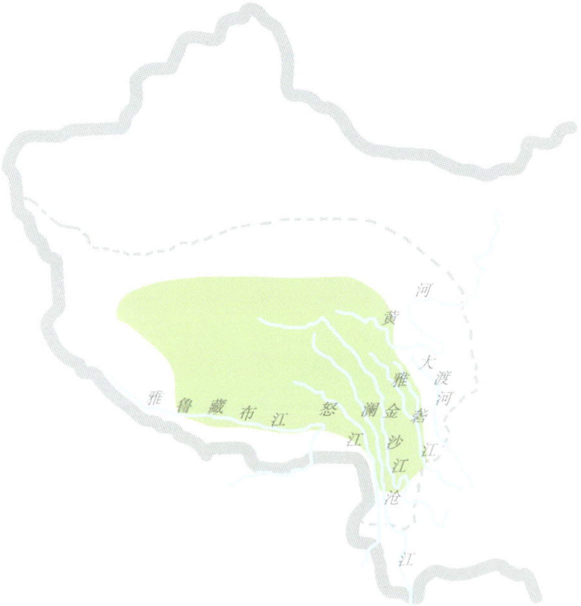

藏原羚 *Procapra picticaudata*

俗名：黄羊；别名：藏黄羊、原羚

成兽体重20kg以上。雄性长角向后微弯20～25cm，呈算盘珠状环棱。体毛棕黄白色，腹部浅棕黄色，臀斑白色。多集群栖息于海拔3800m以上的高山灌丛草甸，性机警，善奔跑。采食禾草、莎草、高山灌丛的嫩枝、叶和芽。高山灌丛草甸均有分布。国家II级保护动物。《中国物种红色名录》评估为易危级（VU）；列入CITES附录I。中国特产动物。

Tibetan Gazelle, Goa

It is called “Guowa” in Tibetan.

Its adult has a body weight of over 20 kg. Its male has a pair of long horns with slightly backward crook. Tibetan gazelles mostly inhabit alpine thickets and meadows with an elevation of over 3 800 metres.They are vigilant by nature and adept in running quickly. They feed on grasses, galingale, and the shoots, leaves and buds of alpine thickets. The Tibetan gazelle is a national second-class protected animal. It is evaluated as the (VU) category in China Species Red List and listed in Appendix I to CITES. It is an endemic animal species to China.

赤斑羚 *Naemorhedus cranbrooki*

别名：红斑羚

成兽体长90～105mm，肩高55～65mm，体重20～30kg。全身体毛红棕色，尾较短，呈黑褐色，有一条棕褐色背脊纹，从颈背纵贯至尾。雌雄均长角，黑色，长12～16cm，角尖光滑，其余部分有棱环。早晚采食松萝、地衣、杂草及柏木嫩枝叶，在悬崖峭壁的岩石上过夜。多单独活动。幼羚则随母羚一起活动。11月～12月发情交配，孕期约6个月，多次年5月～6月产1仔。本种首次由Hayman于1961年在中缅边境获得标本予以发表。1973年，对中国青藏高原综合考察时在藏东南发现新分布。见于藏东南的林芝、察隅、米林和云南省贡山独龙江海拔2000～4000m 的山地森林中。分布范围小，数量稀少。国家I级保护动物，《中国物种红色名录》和IUCN“红色名录”均评估为易危级（VU），列入CITES附录I。

Red Goral

It is called “Rangenmama”in Tibetan.

Its adult has a body length of 90 to 105 mm, a shoulder height of 55 to 65 mm, and a body weight of 20 to 30 kg. Both of its female and male have a pair of black horns with a length of 12 to 16 cm. Red gorals live on trailing plants of pines, lichen, weeds and tender branches and leaves of cypress trees at dawn and dusk, and generally pass the night on the rocks of cliffs and precipices. They mostly move about independently. And yet young red gorals move about with their maternal red gorals. Red gorals are in heat and mate from November to December, and after six months of gestation they mostly bear one young at a birth from May to June next year. In 1961, Hayman first collected the specimen of this species in the frontier between China and Burma and published it. And then, a comprehensive investigation of the Qinghai-Tibet Plateau was conducted in 1973, some new distribution areas of red gorals were discovered in southeastern Tibet. They are found in mountainous forests between 2000 and 4000 metres above sea level in Nyingchi, Zayü and Mainling of Tibet and Drungjiang of Gongshan County of Yunnan Province. The red goral is a national first-class protected animal species, and is evaluated as the (VU) category in China Species Red List and IUCN Red List, and listed in Appendix I to CITES.

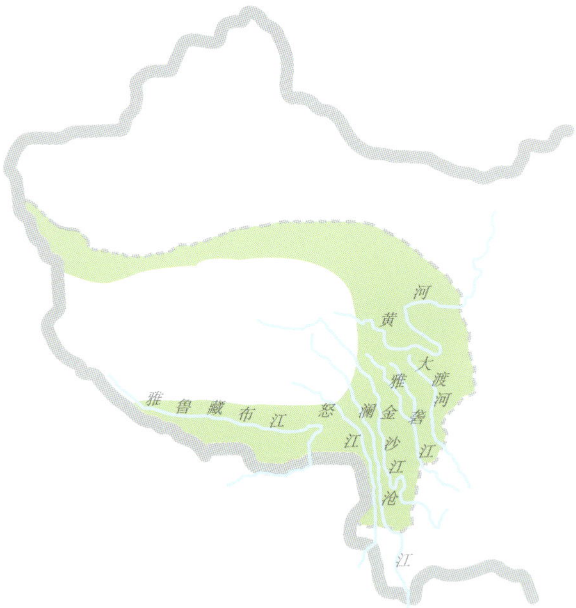

斑羚 *Naemorhedus caudatus*

俗名：青羊、山羊 别名：野羊

成兽体重30kg以上。形似山羊无颏须，无眶下腺。多单只活动于海拔2000～3800m的悬岩峭壁，性机警，善攀悬岩峭壁，白天隐蔽于灌丛中休息反刍，早晚采食禾草、灌木幼嫩枝、叶和芽。国家II级保护动物。《中国物种红色名录》评估为濒危级（EN）；列入CITES附录I。

Chinese Goral, Goral

It is called “Ran’gen” in Tibetan.

Its adult has a body weight of over 30 kg. It resembles the goat in build, but have no whiskers. Chinese gorals mostly move about singly among sheer precipices between 2000 and 3800 metres above sea level. They are vigilant by nature and adept at scaling steep cliffs. They feed on grasses, and the shoots, leaves and buds of shrubs at dawn and dusk, and hide by day in a dense forest to rest and ruminate. The Chinese goral is a national second-class protected animal. It is evaluated as the (EN) category in China Species Red List and listed in Appendix I to CITES.

鬣羚 *Naemorhedus sumatraensis*

俗名：四不象、山驴、山骡子、岩驴；别名：苏门羚

成兽体重50～140kg，体长140～180cm，尾长8～16cm，肩高85～95cm。雌雄均具短而尖的角，除角尖外具狭窄的横棱，耳长似驴，头似羚，颈背有鬣毛，尾短小似羊。栖息于海拔2000m以上的各类森林中，多单只活动，性机警、胆小，行动迅速，可在林中快速奔跑。晨昏活动采食禾草、灌木幼嫩枝、叶，白天卧于大树下干燥处休息反刍。不受干扰的住地可见似骡粪的大堆排泄粪便。秋季发情交配，孕期8个月，翌年春末夏初产1仔。国家II级保护动物。《中国物种红色名录》和IUCN“红色名录”均评估为易危级（VU）；列入CITES附录I。

Serow

It is called “Jia” in Tibetan.

Its adult has a body weight of 50 to 140 kg, a body length of 140 to 180 cm, a tail length of 8 to 16 cm and a shoulder height of 85 to 95 cm. Both of its female and male have a pair of short and sharp horns.

Serows inhabit various types of forests with an elevation of over 2000 metres. They mostly move about singly, and are vigilant and timid by nature, and can run quickly in forest. They move about and feed on grasses, and the shoots and leaves of shrubs in the morning and evening, and lie in dry spots under big trees to rest and ruminate by day . They are on heat and mate in autumn, have a gestation of eight months and bear one young at the end of spring or in early summer next year. The serow is a national second-class protected animal. It is evaluated as the (VU) category in China Species Red List and IUCN Red List, and listed in Appendix I to CITES.

盘羊 *Ovis ammon*

俗名：大角羊、大头羊

成兽体重95～140kg，体长180～200cm，肩高90～105cm。头小角大，角基周长可粗达40cm，角向后伸再反转360°，角尖向前再向后反转。体毛灰棕色，臀斑白色，腹部灰白色。多成小群栖息在海拔3900m以上的高山灌丛与流石滩交汇地带。性机警，视觉、听觉和嗅觉均灵敏。多晨昏采食禾草、莎草、蓼、菊和高山柳等灌木嫩枝、叶和芽，午间选择隐蔽的阴凉处休息反刍。冬季发情交配，次年5月～6月产1仔，偶产2仔。青藏高原高山流石滩地带有分布。国家II级保护动物。《中国物种红色名录》评估为濒危级（EN）；IUCN“红色名录”评估为易危级（VU）；列入CITES附录II。

Argali

It is called “Nian” in Tibetan.

Its adult has a body weight of 95 to 140 kg, a body length of 180 to 200 cm, and a shoulder height of 90 to 105 cm. Argalis mostly in small groups inhabit joint zones of alpine thickets with flowstone shoals over 3900 metres above sea level. They are vigilant by nature and have keen senses of sight, hearing and smell. They generally feed on grasses, galingale, and the shoots, leaves and buds of shrubs such as knotweed, dendranthema and alpine willow at dawn and dusk, and lie in cool and shady spots to rest and ruminate at noon. They are on heat and mate in winter and bear one (sometimes two) young in May or June next year. They are found in alpine flowstone areas of the Qinghai-Tibet Plateau.

The argali is a national second-class protected animal.It is evaluated as the (EN) category in China Species Red List and as the (VU) category in IUCN Red List, and listed in Appendix II to CITES.

矮岩羊 *Pseudois schaeferi*

俗名：矮山盘羊；别名：小岩羊

成兽体重35～55kg，体长105～135cm，尾长12～15cm，肩高45～65cm。体形似岩羊，比岩羊略小1/2～2/5。生活栖息在海拔3800m以下阳坡或半阳坡高山栎灌丛、矮林中，性机警，善在悬岩峭壁间跳跃奔跑，多单只或小群活动。以禾草、莎草、灌木幼嫩枝、叶和芽为食。晨昏采食，中午在阴凉隐蔽处休息反刍。11月发情交配，次年5月产1仔。《中国物种红色名录》评估为极危级（CR）；IUCN"红色名录"评估为濒危级（EN）。该物种于1937年由美国人Schaefer在四川巴塘首次发现。1978年，澳大利亚动物学家Grove据其特征定名为新种矮岩羊。中国特有种。四川省保护动物。仅见于四川省甘孜州巴塘至白玉的金沙江河谷。

Dwarf Bharal, Sichuan Blue Sheep

It is called "Rongna" in Tibetan.

Its adult has a body weight of 35 to 55 kg, a body length of 105 to 135 cm, a tail length of 12 to 15 cm, and a shoulder height of 45 to 65 cm. The bodily form of dwarf bharal is similar to that of the bharal, being about one half to two fifths less than the latter. Dwarf bharals live in thickets and dwarf woods of alpine oaks on sunny or semi-sunny slopes below 3800 metres above sea level. They are vigilant by nature and adept at jumping and running rapidly among cliffs and precipices. They mostly move about alone or in small groups, feed on grasses, galingale,and the shoots, leaves and buds of shrubs at dawn and dusk, and stay in cool and shady spots to rest and ruminate at noon. They are in heat and mate in November and have one young in May next year. The dwarf bharal is evaluated as the Critically Endangered (CR) category in China Species Red List and as the (EN) category in IUCN Red List. In 1937, this species was discovered in Batang County of Sichuan by Schaefer, An American, and in 1978 was named Dwarf Bharal as a new species according to its features by Grove, an Australia zoologist. It is an endemic species to China, and a Sichuan provincial protected animal species. Dwarf bharals are only found in the valleys of the Jinsha River from Batang County to Baiyu County in Garzê Prefecture of Sichuan province.

岩羊 *Pseudois nayaur*

俗名：盘羊；别名：石羊

成兽体重45kg以上。体形似绵羊，雌雄均具角。雄性体大、角粗长，最长达64cm，颏下无须；背毛灰栗色，腹毛灰白色，体侧和腹间具纵黑纹，界限明显。集群栖息于海拔3800m以上的高山灌丛草甸与流石滩交汇地带，多集群活动，最多时可见200只以上的大群。多于晨昏采食禾草、莎草、蓼、菊和高山柳等，中午多在隐蔽处休息反刍。性机警，善奔跑于流石滩上，居无定所。高山灌丛草甸均有分布。国家II级保护动物。《中国物种红色名录》评估为易危级（VU）；IUCN“红色名录”评估为低危级。

Bharal, Blue Sheep

It is called “Gongna” in Tibetan.

Its adult has a body weight of over 45 kg. Both of its male and female have a pair of horns. Bharals generally in groups inhabit joint zones of alpine thickets and meadows with flowstone shoals over 3800 metres above sea level. They feed on grasses, galingale, knotweed, dendranthema and alpine willow in the morning and evening, and mostly hide in shady spots to rest and ruminate at noon. They are vigilant by nature and good at running rapidly on flowstone shoals, and have no fixed residence. They can be seen in alpine thickets and meadows. The bharal is a national second-class protected animal. It is evaluated as the (VU) category in China Species Red List and as the Lower Risk category in IUCN Red List.

马科

大型有蹄类食草动物。第二趾特发育成蹄，其它趾均退化。善奔跑。全球有5种，中国有两种。本书介绍1种。

Equidae

The members of the Equidae family are large-size herbivorous hoofed mammals. Their second toe has specially developed into a hoof, and the other toes are aborted. They are good at running quickly. There are 5 species of Equidae animals found in the world, 2 species of which are found in China.One species of them is described in this album.

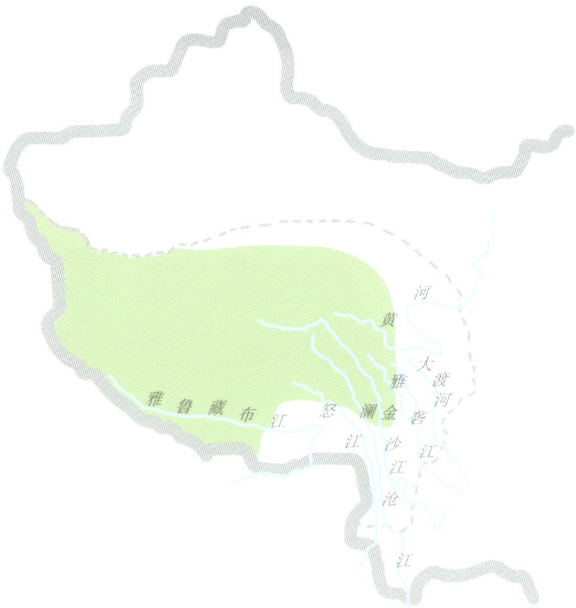

藏野驴 *Equus kiang*

俗名：野马；别名：西藏野驴、亚洲野驴

成兽体重150 kg以上。头似马，尾似驴。背部棕黄色，沿背脊有一条深褐纵纹止于尾基。腹毛乳黄白色，尾端1/3处被褐色长毛，尾基毛甚短。蹄较窄而高。典型高原特产动物。栖息于海拔3800m以上高原灌丛草甸、草原、半荒漠草原。多成小群采食植物幼嫩枝、叶、芽和禾草。听觉、视觉和嗅觉均灵敏，善奔跑，多由雄驴领先、幼驴居中、雌驴垫后鱼贯有序而行。每年5月换毛，7月完毕。国家I级保护动物。《中国物种红色名录》评估为濒危级（EN）；列入CITES附录II。中国青藏高原特有动物。

Kiang, Tibetan Wild Ass

The Asiatic wild ass is called “Jiang” in Tibetan.

Its adult has a body weight of over 150 kg. Its head resembles a horse head, but its tail is similar to a donkey’s tail. It is a typical animal peculiar to the plateau. Kiangs inhabit thickets, meadows, grasslands and semi-desert grasslands on the plateau with an elevation of over 3800 metres, mostly in a small group move about and hunt for shoots, leaves and buds of plants and grasses. They have keen senses of hearing, sight and smell and are adept in running quickly. The kiang is a national first-class protected animal. It is evaluated as the (EN) category in China Species Red List and listed in Appendix II to CITES. It is an endemic species to the Qinghai-Tibet Plateau of China.

鹿科

本科动物均为草食性反刍动物。胃分4室，无胆囊。雄兽长角分叉，每年脱落后长出新角。全球有48种，中国有18种。本书介绍5种，其中3种为我国特有种。

Cervidae

The members of the Cervidae family are herbivorous ruminants. They have a stomach with four rooms, but no gall bladder. The males of this family bear antlers that are shed annually. There are 48 species of Cervidae animals found in the world, and 18 species of them are found in China. In this album, a description is given of 5 species, 3 species of which are peculiar to China.

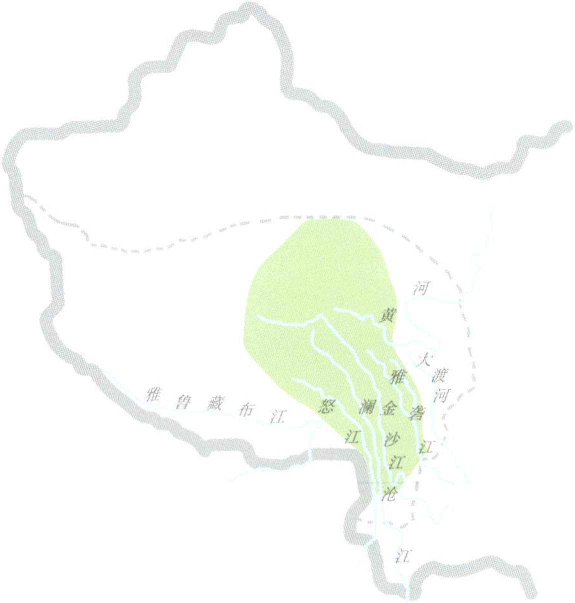

白唇鹿 *Cervus albirostris*

俗名：红鹿子、白鼻鹿；别名：岩鹿

成兽体重200kg以上。雄鹿长角，出生次年长角不分叉，称眉叉，依年次每年增1叉，最多可达7叉，横断面椭圆形，眉叉和第二叉相距远，每年4月老角自然脱落，5月新茸角长出，8月下旬开始骨化，10月完全骨化为争偶打斗的有力武器。唇端、颊后、颏至喉均为纯白；体毛冬季灰褐色沾黄、夏季棕红色，臀斑土黄色。栖息于海拔3500m以上各类森林，尤喜高山圆柏疏林和高山杜鹃林，有随季节上下迁移现象。多集群活动，嗅觉灵，善奔跑，采食植物嫩枝、叶、芽、禾草、珠芽蓼和圆穗蓼等。仅分布于青藏高原的中国特有鹿类。国家Ⅰ级保护动物。《中国物种红色名录》评估为濒危级（EN）；IUCN“红色名录”评估为易危级（VU）；列入CITES附录Ⅰ。

Thorold’s Deer, White-lipped Deer

It is called “Xiama” and “Hama” in Tibetan.

Its adult has a body weight of over 200 kg. Its male has antlers. Thorold’s deer inhabit all kinds of forests with an elevation of over 3500 metres, especially liking to dwell in sparse forests of alpine Chinese juniper and alpine rhododendron woods, and generally move from high to low along with the change of seasons. They mostly flock to move about, and have a keen sense of smell and are adept in running rapidly, feeding on plant shoots, leaves and buds, grasses, viviparous bistort serpentgass and macrophyllous knotweed. They are only found in the Qinghai-Tibet Plateau, and are deer peculiar to China. The Thorold’s deer is a national first-class protected animal. It is evaluated as the (EN) category in China Species Red List and as the (VU) category in IUCN Red List, and listed in Appendix I to CITES.

四川梅花鹿 *Cervus nippon szechuanicus*

成兽体重100～150kg，体长120～170cm，肩高90～110cm，尾长13～18cm。雄鹿长角。夏毛棕黄色有白斑。颈背至臀部有暗褐色脊纹。沿背中线两侧和近腹部从前腿至臀部的白斑明显成行，臀斑白色，尾短，背面黑褐色，腹面白色。栖息于海拔2500～3700m的森林和亚高山灌丛、草甸、林缘，以青草、树叶、幼芽、嫩枝叶和草籽为食。仅分布于青藏高原东缘川西北若尔盖县的巴西、铁布和甘肃南部的迭部县。我国特产兽类。国家I级保护动物。《中国物种红色名录》和IUCN“红色名录”均评估为濒危级（EN）。

Sika Deer

Its adult has a body weight of 100 to 150 kg, a body length of 120 to 170 cm, a shoulder height of 90 to 110 cm and a tail lenghth of 13 to 18 cm. Its male has antlers.

Sika deer inhabit forests, alpine thickets, meadows, and ridges of forests with an elevation ranging from 2500 to 3700 metres, feeding on green grass, the leaves, buds and young shoots of trees and grass seeds. They are only found in Baxi and Têwo of Zoigê County of western Sichuan and in Diebu County of southern Gansu on the eastern edge of the Qinghai-Tibet Plateau. The sika deer is an endemic animal species to China. It is a national first-class protected animal and is evaluated as the (EN) category in China Species Red List and IUCN Red List.

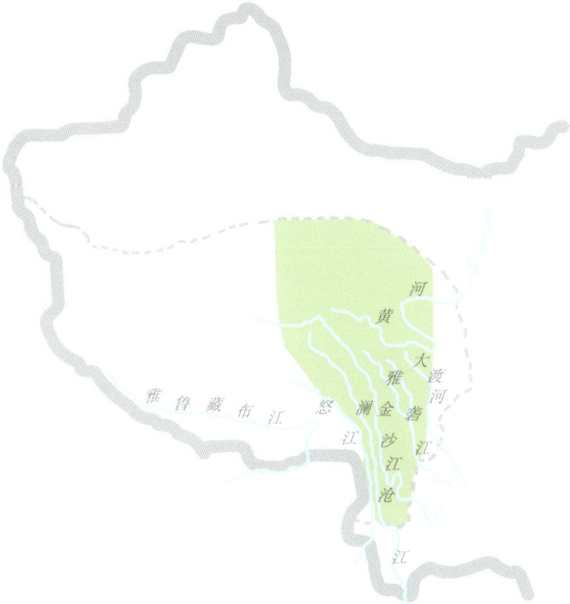

白臀鹿 *Cervus elaphus*

俗名：草鹿、白鹿子

成兽体重250kg以上。雄鹿长角，眉叉和第二叉相距近，与主干交叉角度大，横断面近圆形。体毛灰白色，毛尖褐色，臀斑白色。栖息于海拔3800m以上高山灌丛草甸、半荒漠草原或流石滩地带。嗅觉灵，善奔跑，集群活动，但不如白唇鹿集群大。多晨昏、上午、下午采食禾草、珠芽蓼、圆穗蓼、高山柳等灌丛的嫩枝、叶和芽，中午休息反刍。国家II级保护动物。《中国物种红色名录》评估为易危级（VU）；列入CITES附录II。

此鹿从1909年开始有争论，是否是一个独立的种或亚种。2005年Colin Groves经DNA测定后定为一个独立的种。

Red Deer, Wapiti

It is called "Xiaxia" and "Haxia" in Tibetan.

Its adult has body weight of over 250 kg. Its male has antlers. Red deer inhabit alpine thickets and meadows, semi-desert grasslands or flowstone shoals over 3800 metres above sea level. They have a keen sense of smell and are good at running rapidly, liking to move about in groups. They eat grasses, the shoots, leaves and buds of viviparous bistort serpentgass, macrophyllous knotweed and alpine willow mostly at dawn and dusk and in the morning and in the afternoon, and have a rest to ruminate at noon. The red deer is a national second-class protected animal. It is evaluated as the (VU) category in China Species Red List and listed in Appendix II to CITES.

From the year 1909 on, it was disputed among zoologists whether the red deer was an indepentdent species or a subspecies. In the year 2005, it was identified as an independent species through the DNA check by Colin Groves.

水鹿 *Cervus unicolor*

俗名：黑鹿、春鹿

成兽体重150kg以上。雄鹿长角灰褐色有棱，最多三叉，每年换老角长新角。背毛夏季棕褐色、冬季灰褐色，腹毛浅淡，尾端毛蓬松黑色。栖息于海拔3800m以下各类森林、灌木林内。多单只活动，性机警、嗅觉灵，晨昏觅食禾草、灌木嫩枝、叶和芽，中午卧林中反刍休息。国家II级保护动物。《中国物种红色名录》评估为易危级（VU）。

Sambar, Sambar Deer

It is called “Xialang” and “Halang” in Tibetan.

Its adult has a body weight of over 150 kg. Its male has three-pointed antlers. Sambars inhabit various kinds of forests and brushwoods below 3800 metres above sea level. They mostly move about singly, and have a vigilant nature and a keen sense of smell. They hunt for grasses and shrubby shoots, leaves and buds as food at dawn and dusk, and stay in forest to ruminate and rest at noon. The sambar is a national second-class protected animal. It is evaluated as the (VU) category in China Species Red List.

毛冠鹿 *Elaphodus cephalophus*

俗名：黑麂子、青麂、黑麂

成兽体重20kg以上。体毛黑褐，头顶额部有一簇长毛，雄兽长角隐于簇毛内，不分叉，亦不很明显；犬齿发达，呈“獠牙”露于唇外；无额腺，眼下具泪腺；腹毛色浅、淡；尾短，背毛同体色，腹面灰白色。典型林栖兽类，多单只栖息于海拔3500m以下的针阔混交林、杨桦混交林、灌木林。多晨昏采食植物的嫩枝、叶和芽，中午卧林中反刍休息。四川省保护动物。《中国物种红色名录》评估为易危级（VU）。

Tufted Deer

It is called “Yan” in Tibetan.

Its adult has a body weight of over 20 kg. Tufted deer are typical forest-inhabiting beasts, and mostly dwell singly in needle-leaved and broad-leaved mixed forests, mixed poplar and birch forests and bushes below 3500 metres above sea level. They feed on shoots, leaves and buds of plants at dawn and dusk, and stay in forest to ruminate and take a rest at noon. The tufted deer is a Sichuan Provincial protected animal. It is evaluated as the (VU) category in China Species Red List.

麝科

小型偶蹄类草食性反刍动物。雌、雄均不长角。胃分4室，有胆囊。雄性肚脐有麝香囊，其分泌物干后称为麝香。全球有5种，国内均有分布。本书介绍两种。

Moschidae

The members of the Moschidae family are small and hornless herbivorous ruminants. They have a gall bladder and a stomach with four rooms. At the navel of the male there is a muck bag, whose secretion substance is called musk. In the world there are 5 species of Moschidae animals, and all of them can be found in China. Two species are depicted in this album.

马麝 *Moschus chrysogaster*

俗名：草獐、马獐、草地獐；别名：高山麝

成兽体重10～14 kg，体长90～120 cm。体毛棕黄色，个体比林麝大，不会爬树，别于林麝，其他习性同林麝。栖息于海拔3 800 m以上的高山灌丛草甸。国家I级保护动物。《中国物种红色名录》评估为濒危级（EN）；IUCN“红色名录”评估为低危级；列入CITES附录II。

Alpine Musk Deer

It is called “Gongna” and “Xiana” in Tibetan.

The body weight of its adult is between 10 and 14 kg, and the body length is between 90 to 120 cm. Its body hair is pale brown. It is little bigger than a Chinese forest musk deer in build. Alpine musk deer inhabit alpine thickets and meadows with an elevation of over 3800 metres. Except being unable to climb trees, they have the same habits and characteristics as the Chinese forest musk deer. The alpine musk deer is a national first-class protected animal. It is evaluated as the (EN) category in China Species Red List and as the Lower Risk category in IUCN Red List, and listed in Appendix II to CITES.

林麝 *Moschus berezovskii*

俗名：獐子、香獐、黑獐子

成兽体重5kg以上。体毛棕褐色，腹毛较浅，臀高大于肩高。雌体比雄体大，个体都小于马麝。雄性肚脐具香囊（麝香腺），分泌物为高级香料麝香，獠牙露出唇外，雌兽缺之。栖息于海拔4000m以下各种原始林中，典型林栖兽类。以禾草、植物幼嫩枝、叶和芽为食，尤喜采食松萝。上午和下午取食，中午休息时反刍。性胆怯，独栖，会爬树。国家I级保护动物。《中国物种红色名录》评估为濒危级（EN）；IUCN“红色名录”评估为低危级；列入CITES附录II。

Chinese Forest Musk Deer, Forest Musk Deer

It is called “Lawa” and “Nala” in Tibetan.

Its adult has a body weight of over 5 kg. Chinese forest musk deer inhabit varied virgin forests below 4000 metres above sea level, being typical forest-inhabiting animals. They feed on grasses, and the shoots, leaves and buds of plants, especially liking to eat trailing plants of pine trees. They usually eat in the morning and afternoon, and have a rest to ruminate at noon. They have a timid nature, live alone and are good at climbing trees. The Chinese forest musk deer is a national first-class protected animal. It is evaluated as the (EN) category in China Species Red List and as the Lower Risk category in IUCN Red List, and listed in Appendix II to CITES.

大熊猫科

本科独种。中国特产珍稀野生动物，被喻为“国宝”。仅分布在四川、甘肃和陕西3省。

Ailuropodidae

The Ailuropodidae family has only one species. It is a rare wild animal species peculiar to China, and is called “ a national treasure”. The mammals of this family are only found in the three provinces of Sichuan, Gansu and Shanxi of China.

大熊猫 *Ailuropoda melanoleuca*

俗名：花熊、白熊、黑白花、食铁兽；别名：猫熊

成兽体重60kg以上。鼻端裸露、黑色，眼圈、耳、四肢黑色，其余白色，黑白分明。栖息于海拔1400～3800m有箭竹的森林内，无固定巢穴，常在树上或竹林内卧息。多单独活动，行动迟缓，听觉和视觉差，以竹类嫩枝穴叶为食，食性特化。国家I级保护动物，是具有“国宝”之称的我国特产动物。《中国物种红色名录》和IUCN“红色名录”均评估为濒危级（EN）；列入CITES附录I。

Giant Panda

It is called “Dongcha” and “Duodongga” in Tibetan.

Its adult has a body weight of over 60 kg. Giant pandas inhabit forests grown with fountain bamboo between 1400 and 3800 metres above sea level. Because of no fixed dens, they often crouch on the tree or in bamboo forest, and mostly move about alone. They move slowly with both poor hearing and sight, feeding on shoots and leaves of bamboos. The giant panda is a national first-class protected animal, and is known as a national treasure in China. It is evaluated as the (EN) category in China Species Red List and IUCN Red List, and listed in Appendix I to CITES. It is an endemic species to China.

小熊猫科

本科独种。以竹类为主食的杂食性动物，横断山脉特产动物。

Ailuridae

The Ailuridae family has only one species. It is an omnivorous animal mainly feeding on bamboos. It is also an animal species peculiar to the Hengduan Mountains.

小熊猫 *Ailurus fulgens*

俗名：九节狼、山闷蹾、金狗；别名：小猫熊

成兽体重5kg以上。吻周、眼侧、耳廓白色；躯体背毛红棕色，腹及四肢深褐色；尾粗长、棕色，具九道黑褐色环。喜温湿凉爽环境，多栖息于海拔2000～3800m有箭竹的森林中。为喜马拉雅–横断山脉特产动物。国家II级保护动物。《中国物种红色名录》评估为易危级（VU）；IUCN“红色名录”评估为濒危级（EN）；列入CITES附录I。

Red Panda, Lesser Panda

It is called “Rui” in Tibetan.

Its adult has a body weight of over 5 kg.

Liking temperate and comfortably cool environment, red pandas mostly dwell in forests grown with fountain bamboos between 2000 and 3800 metres above sea level. The red panda is a national second-class protected animal. It is evaluated as the (VU) category in China Species Red List and as the (EN) category in IUCN Red List, and listed in Appendix I to CITES.

猴科

是动物中较为进化的类群。大多数的爪都演化成扁甲。两眼前视，大脑较发达，多数有尾。白天活动，行动敏捷。全球约80种，中国有14种。本书介绍5种。

Cercopithecidae

The members of the Cercopithecidae family are relatively evolved animals. Most of their paws have evolved into flat nails. They have a pair of looking-ahead eyes and a developed cerebrum. And most animals of this family have a tail. They move about in the daytime and are agile in action. There are approximately 80 species of Cercopithecidae animals found in the world, including 14 species in China. 5 species are described in the album.

川金丝猴 *Rhinopithecus roxellana*

俗名：长尾巴猴；别名：仰鼻猴、金丝猴、蓝面猴

成兽体重13kg以上。颈背至尾基部浅灰褐色绒毛中被细密的金黄色长毛，毛色艳丽；鼻孔朝天，脸部蓝色。栖息在海拔2000～3800m的针阔混交林内，集群活动，树栖性。以野果、树木的嫩枝、叶和芽为食。中国特产动物。国家Ⅰ级保护动物。《中国物种红色名录》和IUCN“红色名录”均评估为易危级（VU）；列入CITES附录Ⅰ。分布于岷山山脉，湖北神农架和陕西秦岭也有分布。

Golden Monkey, Golden Snub-nosed Monkey

It is called “Xi” or “Jia” in Tibetan.

Its adult has a body weight of over 13 kg. Golden monkeys live in needle-leaved and broad-leaved mixed forests between 2000 and 3800 metres above sea level. They often flock to move about, being arboreal and feeding on wild fruits, and shoots, leaves and buds of trees. They are distributed over the Minshan Mountain range, and others are found in Shenlongjia of Hubei Province and in the Qinling Mountain range of Shaanxi Province. The golden monkey is a national first-class protected animal. It is evaluated as the (VU) category in China Species Red List and IUCN Red List, and listed in Appendix I to CITES. It is an endemic species to China.

滇金丝猴 *Rhinopithecus bieti*

俗名：黑金丝猴、黑仰鼻猴

成兽体重12～14kg，体长60～80cm，尾长60～80cm。体毛背部深灰黑色，长毛下垂似蓑衣。臀部有白色长毛形成明显臀斑；腹毛灰白色；尾毛长而蓬松。红嘴皮，鼻孔朝天，称为仰鼻猴。滇金丝猴是世界上除人以外海拔最高可达4200m的灵长类动物。春天以较低海拔萌发早的蔷薇、桦树、槭树、忍冬等的芽和嫩叶和竹笋等为食，夏季到高海拔以云杉、冷杉附生物松萝为食，更奇特的是能采食有毒的高山杜鹃的花蕾、花瓣（打马花）。它们是“一夫多妻制”，猴群没有猴王，每个种群由5～16个“家庭”组成。每个“家庭”有7～16只猴，由1只成年公猴、2～3只母猴、2～4只亚成体和多只幼猴组成。猴群中各“家庭”能和睦相处。它们仅分布于我国喜马拉雅山脉横断山南缘的云岭山脉、金沙江、澜沧江之间面积约2万km^2的区域内，即滇西北的迪庆州和藏东芒康县等地区。据目前调查，滇金丝猴仅有13个种群约2000只。国家I级保护动物。《中国物种红色名录》和IUCN“红色名录”均评估为濒危级（EN）；列入CITES附录I。

Black Snub-nosed Monkey

Its adult has a body weight of 12 to 14 kg, a body length of 60 to 80 cm and a tail length of 60 to 80 cm. In spring, black snub-nosed monkeys feed on young buds and leaves of rose family plants, birch, maple and honey suckle trees, and bamboo shoots, and in summer they would go to the higher altitudes to collect trailing plants of dragon spruce and fir as food, even eat poisonous buds or petals of alpine rose.

They only scatter over the Yunling Mountain range on the south edge of the Hengduan Mountains and in the regions between the Jinsha River and the Lancang River, namely, Dêqên Prefecture of northwest Yunnan Province and Markam County of east Tibet. Investigations have shown that only 13 populations of black snub-nosed monkeys are found, and it is estimated that there are about 2000 monkeys. The black snub-nosed monkey is a national first-class protected animal. It is evaluated as the (EN) category in China Species Red List and IUCN Red List, and listed in Appendix I to CITES.

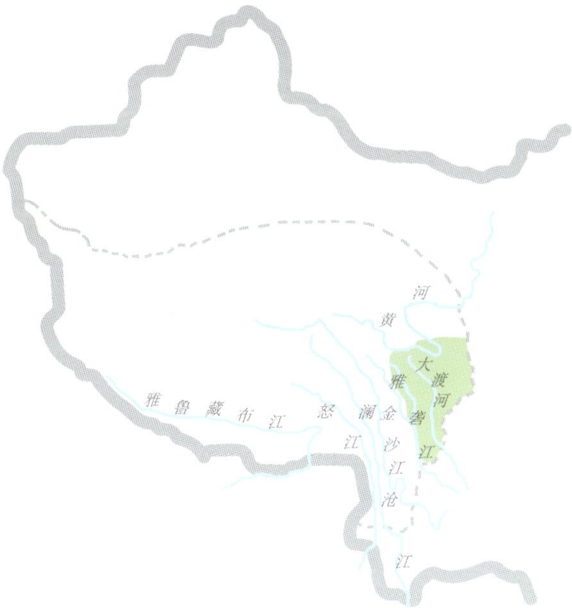

藏酋猴 *Macaca thibetana*

俗名：大青猴；别名：青猴、红面猴、四川短尾猴

成兽体重12～15kg，体长55～70cm，尾长8～9cm。个体比猕猴大，显粗壮；吻较突出，面部肉红色，体毛深褐色，尾短难见。多集群活动于针叶林、针阔混交林，树栖性，杂食性。全年繁殖，孕期6个月，多在夏初产1仔，偶产2仔。国家II级保护动物。《中国物种红色名录》评估为易危级（VU）；IUCN“红色名录”评估为低危级；列入CITES附录II。中国特有种。

Père David's Macaque, Tibetan Macaque

It is called “Age” and “Aha” in Tibetan.

Its adult has a body weight of 12 to 15 kg, a body length of 55 to 70 cm, and a tail length of 8 to 9 cm. Père David's macaques mostly flock to move about in needle-leaved forests and needle-leaved and broad-leaved mixed forests, being arboreal and omnivorous. They can breed all the year and have a gestation period of six months, generally giving birth to one young, sometimes two young in the early summer. The Père David's macaque is a national second-class protected animal. It is evaluated as the (VU) category in China Species Red List and as the Lower Risk category in IUCN Red List, and listed in Appendix II to CITES. And it is an endemic species to China.

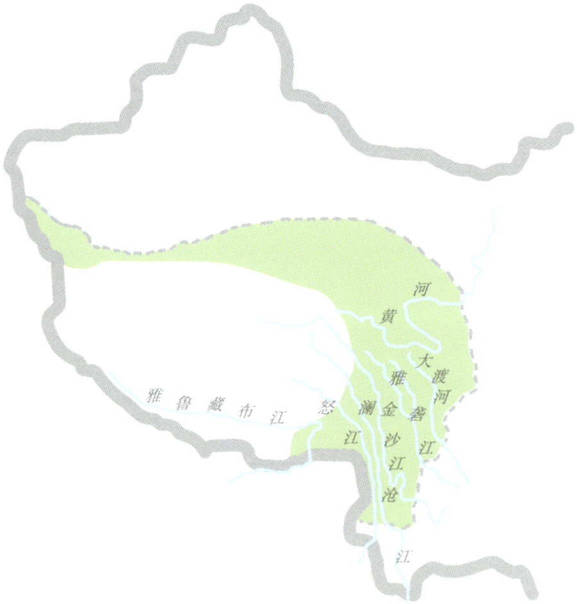

猕猴 *Macaca mulatta*

俗名：猴子；别名：恒河猴、黄猴、广西猴

成兽体重8kg以上。毛从额部往后覆盖，头顶无“旋”。两颊具储存食物的颊囊；通体毛色褐棕或暗灰褐色，后背毛色较深，腹面较淡一些；胼胝为鲜棕红色。多集群在针阔混交林或悬岩峭壁活动，分布广，适应性强，杂食性。猕猴是重要的科研实验动物。国家II级保护动物。《中国物种红色名录》评估为易危级（VU）；IUCN“红色名录” 评估为低危级；列入CITES附录II。

Rhesus Macaque

It is called “Zhe” and “Age” in Tibetan.

Its adult has a body weight of over 8 kg. Rhesus macaques mostly flock to move about in needle-leaved and broad-leaved mixed forests or on steep cliffs. They are widely distributed and have a strong adaptability, being omnivorous. They are important animals for scientific research and experiments. The rhesus macaque is a national second-class protected animal, and is evaluated as the (VU) category in China Species Red List and as the Lower Risk category in IUCN Red List, and also listed in Appendix II to CITES.

长尾叶猴 *Semnopithecus schistaceus*

别名：喜山长尾叶猴

分布范围狭窄，仅见于中印、中尼边境的热带季雨林和西藏墨脱的热带季雨林。数量稀少。国家I级保护动物。IUCN“红色名录”和《中国物种红色名录》均评估为濒危级（EN）；属CITES附录I禁止贸易物种。

Nepal Gray Langur

Nepal gray langurs are narrowly distributed, only found in the tropical seasonal rainforests on the borders of China adjoining India and Nepal, and in tropical rain forests in Mêdog of Tibet. They are scarce in quantity. The Nepal gray langur is a national first-class protected animal. It is evaluated as the (EN) category in China Species Red List and IUCN Red List, and listed in Appendix I to CITES, belonging to one of prohibiting trading species.

猫科

猫科多为肉食性动物。大小差异大，小的仅约2kg，大的可达300kg。大多数种类的趾端具有可伸缩弯曲的利爪。多数在晨、昏或夜间活动。听觉和视觉都灵敏。多数独居。全球有36种，中国有12种。本书介绍6种。

Felidae

The members of the Felidae family are mostly carnivorous, and have a great difference in size. The small animals of this family have a body weight of about two kilograms, but the big ones can have a body weight reaching three hundred kilograms. Most species of the Felidae family have toe ends with flexible sharp claws. They have keen senses of hearing and sight, and move about at dawn and dusk or in the night, mostly living alone. There are 36 species of Felidae animals in the world, and 12 species of them are found in China. 6 species of them are described in the album.

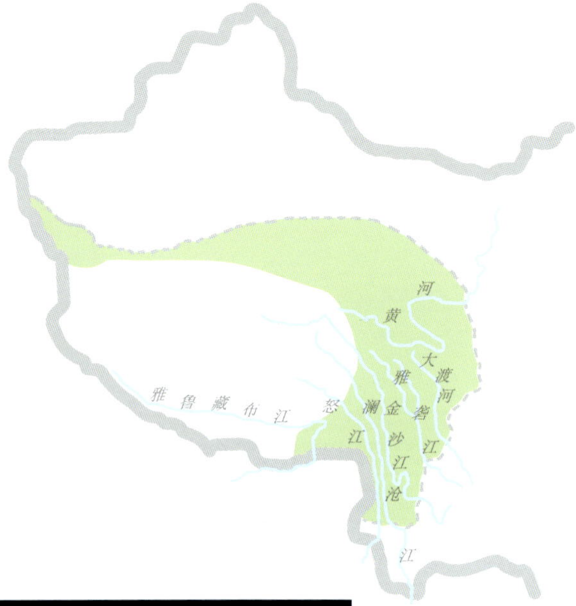

金钱豹 *Panthera pardus*

俗名：豹子、文豹、大猫

成兽体重30kg以上。体形似虎稍小，背毛橙黄色、具大小不等的古钱币黑环斑和黑斑，腹毛色浅淡；尾背毛深黄色、具黑环状斑，尾端黑色、具2~4个白环，尾下面乳白色。林栖猛兽。巢穴多固定，筑在草丛、岩洞或树丛中。性机警，听觉、视觉和嗅觉均灵敏。独栖，静伏袭击猎物。多晨昏捕食啮齿类、有蹄类和雉类动物。国家I级保护动物。《中国物种红色名录》评估为极危级（CR）；IUCN“红色名录”评估为濒危级（EN）；列入CITES附录I。

Leopard

It is called “Re” and “Se” in Tibetan.

Its adult has a body weight of over 30 kg. It looks like a tiger in build, but is slightly small. Leopards are forest-inhabiting beasts of prey. They mostly build their dens in grassy clumps, rock caves and among the trees. They are vigilant by nature and have keen senses of hearing, sight and smell, living alone and capturing their prey in still ambush. They generally prey on rodents, ungulates and pheasants at dawn and dusk. The leopard is a national first-class protected animal. It is evaluated as the Critically Endangered (CR) category in China Species Red List and as the (EN) category in IUCN Red List, and listed in Appendix I to CITES.

云豹 *Neofelis nebulosa*

俗名：狗豹子；别名：龟纹豹、乌云豹、荷叶豹

成兽体重15kg以上。通体草黄色，背部有醒目的云朵状大黑褐色斑纹。四肢短，尾细长超过体长之半，有明显环状黑纹。栖息于中山以下针阔混交林、阔叶林、高灌木林。典型林栖猛兽。性机警，听觉、视觉和嗅觉均灵敏，行动敏捷，独栖。晨昏和夜间捕食啮齿类、有蹄类和雉类动物。国家Ⅰ级保护动物。《中国物种红色名录》评估为濒危级（EN）；IUCN“红色名录”评估为易危级（VU）；列入CITES附录Ⅰ。

Clouded Leopard

It is called “Damare” in Tibetan.

Its adult has a body weight of over 15 kg. Clouded leopards dwell in needle-leaved and broad-leaved mixed forests, broad-leaved forests and shrubs below medium mountains, being typical forest-inhabiting beasts of prey. They have a vigilant nature and keen senses of hearing, sight and smell. And they are agile in action and live alone, preying on rodents, ungulates and pheasants in the morning and evening and at night. The clouded leopard is a national first-class protected animal. It is evaluated as the (EN) category in China Species Red List and as the (VU) category in IUCN Red List, and listed in Appendix I to CITES.

上图左、中两幅雪豹图像是在中国首次用DV拍到的野生雪豹。由更卓喇嘛2007年10月中旬摄于四川省石渠县真达乡普马村然所通。
The above left and middle photos of a wild snow leopard were first taken by DV in Sêrxü County of Sichuan Province in China in October of the year 2007.

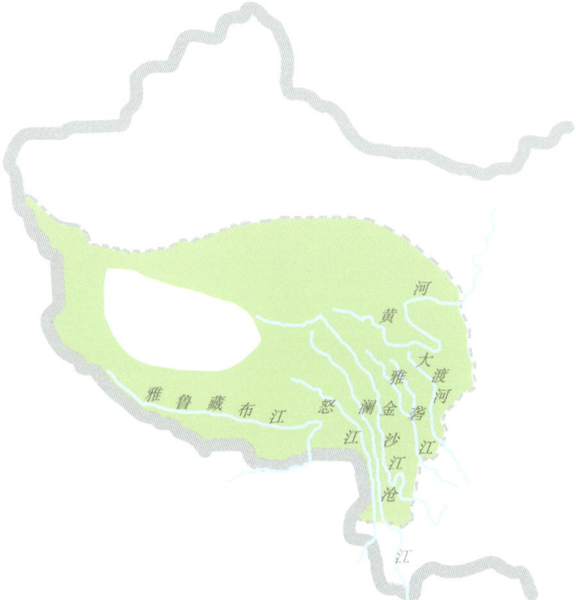

雪豹 *Uncia uncia*

俗名：草豹；别名：艾叶豹

成兽体重31 kg以上。体形似豹，头较小而圆，吻短。躯体全身毛灰白色，具大小不等黑斑。尾粗长具黑斑，尾尖黑色。因终年生活在高山雪线附近，体毛丰厚、柔软、保暖。栖息在海拔4 200 m以上的高山流石滩、裸岩的洞穴中，昼伏夜行。性机警，行动敏捷，善跳跃，以捕食同栖息地的岩羊为主食，也捕食啮齿动物和家畜。国家Ⅰ级保护动物。《中国物种红色名录》评估为极危级（CR）；IUCN"红色名录"评估为濒危级（EN）；列入CITES附录Ⅰ。

Snow Leopard

It is called "Gongre" and "Nasha" in Tibetan.

Its adult has a body weight of over 31 kg. It looks like a leopard in build, and yet its head is relatively small and round. Snow leopards dwell in caves in alpine flowstone shoals and exposed rocks over 4 200 metres above sea level, hiding by day and coming out by night. They are vigilant by nature, quick in movement and good at jumping. They mainly prey on blue sheep in the same habitat, and also on rodents and livestock.

The snow leopard is a national first-class protected animal. It is evaluated as the (CR) category in China Species Red List and as the (EN) category in IUCN Red List, and listed in Appendix I to CITES.

猞猁 *Lynx lynx*

俗名：大山猫；别名：藏猞猁、林拽

成兽体重35kg以上。吻短，耳基宽、直立。背面和边缘黑色，尖端具黑色簇毛，约40mm。眼周污白色，面颊从眼角起有两条平行黑纹。体背毛棕红色，“箭毛”尖灰白色，使体背呈浅灰黄色，腹毛较浅，全身布深色斑点。尾短而钝，端部黑色。栖息于针叶林、高山灌丛草甸、半荒漠草原等多种生态环境。性机警，凶猛，多单只晨昏捕食啮齿类、有蹄类和雉鸡类动物等。耐饥性强，可数日不食。国家II级保护动物。《中国物种红色名录》评估为濒危级（EN）；IUCN“红色名录”评估为近危级（NT）；列入CITES附录I。

Eurasian Lynx

It is called “Yi” and“Zhayi”in Tibetan.

Its adult has a body weight of over 35 kg. Eurasian lynxes live in various kinds of habitats such as needle-leaved forests, alpine thickets and meadows, and semi-desert grasslands. They are vigilant and ferocious by nature, and mostly prey alone on rodents, ungulates and pheasants at dawn and dusk. They have a very strong starvation resistance and can not eat any food for several days. The Eurasian lynx is a national second-class protected animal. It is evaluated as the (EN) category in China Species Red List and as the Near Threatened (NT) category in IUCN Red List, and listed in Appendix I to CITES.

漠猫 *Felis bieti*

俗名：草狳猁；别名：荒漠猫

成兽体重4～8kg，体长61～70cm，尾长31～42cm，耳长6～7cm，后足长15～16cm。体形似家猫，耳尖具短簇毛；体背毛沙褐色或棕黄色后渐变深为棕褐，颏和喉污白色，腹毛较浅；四肢外侧各有4～5条深褐色横纹；尾后具5道黑色半环，尾尖黑色。多独居石穴，栖息于海拔3500m以上疏林、灌丛、流石滩荒漠地带。昼伏夜出，捕食鼠类、小鸟。1月～2月发情交配，5月每胎产仔2～4只。国家II级保护动物。《中国物种红色名录》评估为极危级（CR）；IUCN“红色名录”评估为易危级（VU）；列入CITES附录II。

Chinese Desert Cat

It is called “Zhayi” and “Nayi” in Tibetan.

Its adult has a body weight of 4 to 8 kg, a body length of 61 to 70 cm, a tail length of 31 to 42 cm, an ear length of 6 to 7 cm and a hind leg length of 15 to 16 cm. Chinese desert cats inhabit thin stocked forests, thickets, flowstone shoals and desert zones over 3500 metres above sea level, generally living alone in rock caves. They hide by day and come out by night to prey on rats and small birds. They are in heat and mate in January and February, and have two to four young at a birth in May. The Chinese desert cat is a national second-class protected animal. It is evaluated as the (CR) category in China Species Red List and as the (VU) category in IUCN Red List, and listed in Appendix II to CITES.

兔狲 *Otocolobus manul*

俗名：玛瑙；别名：羊猞猁，草原猫

成兽体重3kg以上。身体大小似家猫。体形粗肥，额宽。耳短圆，并长于头侧，相距较近。脸颊具两道黑色细环纹。尾端圆钝黑色。四肢外侧具不明显的2～3道半环纹。栖息于寒冷干燥的高山草原或荒漠草原。性机警，嗅觉、视觉和听觉均敏锐。多单只晨昏捕食啮齿动物和小鸟。国家II级保护动物。《中国物种红色名录》评估为濒危级（EN）；IUCN“红色名录”评估为近危级（NT）；列入CITES附录II。

Pallas’s Cat, Steppe Cat

It is called “Sedu” in Tibetan.

Its adult has a body weight of over 3 kg. Pallas’s cats dwell in cold and dry places such as alpine grasslands and desert grasslands. They have a vigilant character and keen senses of smell, sight and hearing. They mostly prey singly on rodents and small birds in the morning and evening. The Pallas’s cat is a national second-class protected animal. It is evaluated as the (EN) category in China Species Red List and as the (NT) category in IUCN Red List, and listed in Appendix II to CITES.

熊科

大型杂食性动物。躯体粗壮，四肢短而有力，眼小、耳小。全球有7种，中国有3种。本书介绍两种。

Ursidae

The members of the Ursidae family are big-size omnivorous mammals. They are of sturdy stature, and have short but strong limbs. And their eyes and ears are small. There are 7 species of Ursidae animals in the world and 3 species of them are found in China. 2 species of them are depicted in this album.

黑熊 *Selenarctos thibetanus*

俗名：狗熊；别名：亚洲黑熊、喜马拉雅黑熊、月牙熊

成兽体重90kg以上。体型比棕熊小，体毛黑色，胸部具一月牙白斑。多栖息于海拔4000m以下的阔叶林、针阔混交林，尤喜高山栎林。视觉差，听觉和嗅觉均灵敏。杂食性，春季以植物嫩枝、叶、芽和蘑菇为食，秋夏以高山栎籽、花楸籽、野果等为食，也捕食小型动物和采蜂蜜为食。国家II级保护动物。《中国物种红色名录》和IUCN“红色名录” 均评估为易危级（VU）；列入CITES附录I。

Asiatic Black Bear

It is called “Dong” and “Dang” in Tibetan.

Its adult has a body weight of over 90 kg. It is smaller than a brown bear in build. Its body hair is black, and its breast has a crescent white spot. Asiatic black bears mostly inhabit broad-leaved forests, and needle-leaved and broad-leaved mixed forests below 4000 metres above sea level, especially liking to live in alpine oak forests. They have bad sight but keen senses of hearing and smell. They are omnivorous, feeding on shoots, leaves and buds of plants and mushrooms in spring, and on seeds of alpine oaks and mountain ashes and wild fruits in autumn and summer, and also preying on small-size animals or collecting honey as food. The Asiatic black bear is a national second-class protected animal. It is evaluated as the (VU) category in China Species Red List and IUCN Red List, and also listed in Appendix I to CITES.

棕熊 *Ursus arctos*

俗名：老熊；别名：马熊、青藏棕熊

成兽体重150kg以上。体形较大。吻长，头宽圆，肩部隆起。躯体背毛棕褐色、浓密且长，头部毛黄棕色，腹毛较淡。栖息于海拔3800m以上高山灌丛草甸、高原草甸、林缘。杂食性，捕食啮齿动物，掘食植物块根和采食植物果实、嫩枝、叶。国家II级保护动物。《中国物种红色名录》评估为易危级（VU）；列入CITES附录I。

Brown Bear, Grizzly Bear

It is called "Zemu" and "Zemeng" in Tibetan.

Its adult has a body weight of over 150 kg, and it has a bigger bodily form. Brown bears dwell in alpine shrubberies and meadows, and plateau meadows and on the edges of forests over 3800 metres above sea level. They are omnivorous, preying on rodents and also feeding on root tubers, fruits, shoots and leaves of plants. The brown bear is a national second-class protected animal, and is evaluated as the (VU) category in China Species Red List and listed in Appendix I to CITES.

犬科

肉食性动物。体矫健轻巧，肌肉和细长的四肢发达，善奔跑。爪直而钝不能伸缩。雄性有发达的阴茎骨。嗅觉、听觉和视觉极为灵敏。全球有36种，中国有6种。本书介绍两种。

Canidae

The members of the Canidae family are carnivores. They act with brisk and nimble movements and are adept at running. Their paws are straight, blunt and without flexibility. Their males have a developed baculum. They have sharp senses of hearing, sight and smell. There are 36 species of Canidae animals in the world, and 6 species of them are found in China . 2 species of them are described in the album.

藏沙狐 *Vulpes ferrilata*

俗名：草狐；别名：藏狐、高原狐狸

成兽体重4kg以上。体形较赤狐小。体毛黄褐色，腹毛较背毛浅淡，尾毛蓬松较长。听觉、视觉和嗅觉均灵敏，性机警。栖息于海拔3800m以上的高山灌丛草甸、高原草甸、半荒漠草甸，穴居。多晨昏和夜间觅食各种小型动物：鼠、蛙、蛇、鸟和高原兔等。《中国物种红色名录》评估为濒危级（EN）。四川省重点保护动物。中国特有种。

Tibetan Fox

It is called “Waxia” and “Gongwa” in Tibetan.

Its adult has a body weight of over 4 kg. Tibetan foxes have sharp senses of hearing, sight and smell and are vigilant. They inhabit alpine shrubby meadows, plateau meadows and semi-desert meadows with an elevation of over 3800 metres, and live in caves, mostly at dawn, dusk and night preying on all kinds of small-size animals: rats, frogs, snakes, alpine brown hares and birds. The Tibetan fox is evaluated as the (EN) category in China Species Red List. It is also a key protected animal under Sichuan Province and an endemic species to China.

狼 *Canis lupus*

别名：大灰狼

成兽体重约28 kg。外形似犬而较大。吻部较犬长而尖，尾粗短；躯体背毛灰白色沾棕黄，腹面灰白色。栖息于高山灌丛草甸、高山草甸、高山半荒漠草甸、牧业区，多单只或3～5只活动。性机警，肉食性动物，捕食岩羊、藏原羚、高原兔、旱獭等。常对家畜造成危害，因屡遭捕杀，数量剧减，濒于灭绝。《中国物种红色名录》评估为易危级（VU）；列入CITES附录II。

Gray Wolf

It is called "Xiongkou" or "Jiangke" in Tibetan.

Its adult has a body weight of about 28 kg. It resembles a dog in shape, but is bigger than a dog. Gray wolves inhabit alpine bushy meadows, alpine meadows, alpine semi-desert meadows and agricultural and pastoral areas. They mostly move about alone or in threes and fours. They are carnivorous animals, preying upon blue sheep, Tibetan gazelles, alpine brown hares and alpine marmots. Because they often hunt for livestock, they have been catched and brutally killed, therefore decreasing sharply in quantity and being on the verge of extinction. The gray wolf is evaluated as the (VU) category in China Species Red List and listed in Appendix II to CITES.

鼬科

鼬科动物多为肉食性动物。四肢短，爪不能伸缩。耳短而圆。全球已知有64种，中国有20种。本书介绍两种。

Mustelidae

Most members of the Mustelidae family are carnivorous animals. Their limbs are short and their paws are unable to expand or contract. Their ears are short and round. There are 64 known species of Mustelidae animals in the world and 20 species of them are found in China. 2 species of them are depicted in the album.

水獭 *Lutra lutra*

俗名：水猫子；别名：扁子、獭子、獭猫

成兽体重2～5kg，体长56～80cm。头扁平略宽，身体细长。四肢短，脚圆，趾间有蹼。尾长超过体长之半，尾毛长且密。体背毛色棕褐色，被短密绒毛、具"箭毛"，有丝绢光泽。喉、颈下及胸部毛色较背毛浅淡，略带灰白色，腹毛浅棕色。于溪流湖泊岸边穴居，半水栖兽类。昼伏夜出，黄昏出穴，晚间潜水捕食鱼、蛙、鼠类。春末夏初发情交配，孕期约2个月，每胎产仔1～5只。海拔3 200m以下溪流边均有分布。因被人们过度捕猎，数量稀少。国家II级保护动物。《中国物种红色名录》评估为濒危级（EN）；IUCN"红色名录"评估为易危级（VU）；列入CITES附录I。

European Otter, Common Otter

It is called "Changmu" and "Quchang" in Tibetan.

Its adult has a body weight of 2 to 5 kg and a body length of 56 to 80 cm. European otters inhabit the sides of streams and lakes, living in caves and being semi-aquatic beasts. They hide by day and come out by night to dive for preying upon fishes, frogs and rats. They are on heat and mate at the end of spring and in early summer, and have a gestation period of about two months, then bearing one to five young at a birth. They are usually found at the sides of streams below 3 200 metres above sea level. They are scarce in quantity because they were excessively hunted and killed. The European otter is a national second-class protected animal.It is evaluated as the (EN) category in China Species Red List and as the (VU) category in IUCN Red List, and listed in Appendix I to CITES.

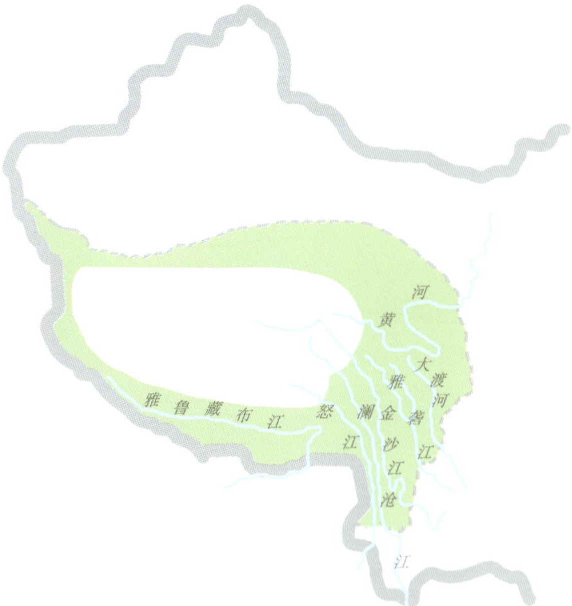

香鼬 *Mustela altaica*

俗名：小黄鼠狼；别名：香鼠

成兽体重120～240g，体长21～24cm，尾长10.5～15.2cm。体形似黄鼬而小。夏季背面暗棕黄，腹浅黄，界限明显；冬季则背、腹棕黄，界限不显。栖息于海拔3000m以上高山灌丛草甸或亚高山针叶林树洞或石穴中。晨昏捕食小型啮齿类动物，亦可潜水捕食鱼、蛙。性机警，遇危险排“特臭气”干扰对方。春季发情交配，孕期约40天，每胎产仔7～8只。《中国物种红色名录》评估为近危级（NT）；列入CITES附录III。

Mountain Weasel

It is called “Semeng” and “Dile” in Tibetan.

Its adult has a body weight of 120 to 240 g, a body length of 21 to 24 cm and a tail length of 10.5 to 15.2 cm. Mountain weasels inhabit alpine thickets and meadows or tree caves or rock caves in subalpine needle-leaved forests over 3000 metres above sea level, at dawn and dusk preying on small rodents and also being able to dive for preying on fishes and frogs. They have a vigilant nature, and will give off a special foul odour to interfere with opponents when they run into danger. They are in heat and mate in spring, and have a gestation period of forty days, bearing seven to eight young at a birth. The mountain weasel is a Sichuan provincial key protected animal.It is evaluated as the Near Threatened (NT) category in China Species Red List and listed in Appendix III to CITES.

松鼠科

松鼠科动物类因栖息环境而有两种类型：地栖型，耳小，后肢增长，尾短小，多白天活动；树栖型，耳大，四肢长，前后肢相差不明显，尾长多毛。国内已知有48种，本书地栖型、树栖型各介绍1种。

Seiuridae

Because of the difference of their habitat, the animals of the Seiuridae family are categorized into the two types: the terrestrial and the arboreal. The terrestrial animals have small ears, a short and small tail, and extended hind limbs, and mostly move about in the daytime. And yet the arboreal animals have big ears, long limbs and a long hairy tail. There are 48 species of the Seiurdae family known in China. One terrestrial species and one arboreal species are depicted in this album.

喜马拉雅旱獭 *Marmota himalayana*

俗名：雪猪子

成兽体重4～9kg，体长40～55cm，尾长12～13cm。体型粗壮，肥胖。背和腹体色一致，呈沙黄褐色，毛尖黑色。典型地栖型鼠类。栖息于海拔3800m以上的高山草甸，穴居。洞穴有3个以上出口，内贮食物“人参果”即委陵菜块根。每年10月下旬至次年3月下旬在洞穴内冬眠。繁殖期4月～9月，每胎产3～5仔。系分布于青藏高原高山草甸的特产动物。

Himalayan Marmot

Himalayan Marmot

It is called “Xuwa” in Tibetan.

Its adult has a body weight of 4 to 9 kg, a body length of 40 to 55 cm, and a tail length of 12 to 13 cm. Himalayan marmots are typical terrestrial squirrels, and inhabit alpine meadows over 3800 metres above sea level, living in caves. Their cave generally has more than three exits, and their food, tubers of silverweed cinquefoil, is in store in the cave. They hibernate in caves from October to the last ten-day period of March next year. Their breeding period is from April to September. And they have three to five young per birth. They are distributed over alpine meadows and endemic aninals to the Qinghai-Tibet Plateau.

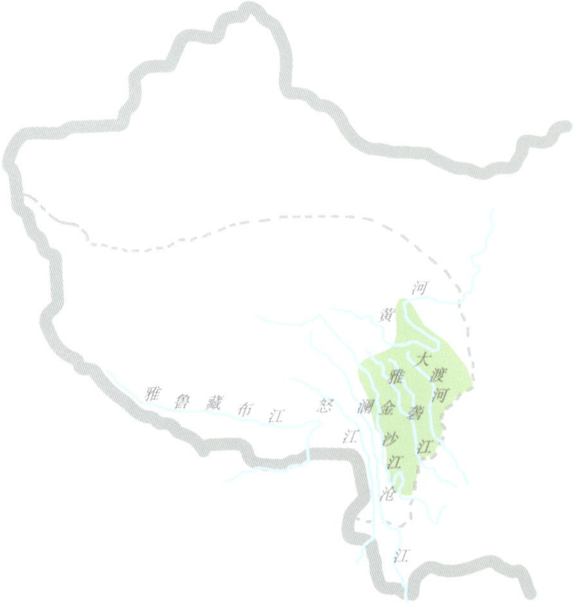

灰头小鼯鼠 *Petaurista caniceps*

俗名：催生子、飞鼠；别名：灰头鼯鼠

成兽体重520～600g，体长32～40cm，尾长40～45cm。吻、鼻、口缘、眼圈及颊部均呈棕红色，耳后具一簇棕色毛丛呈棕色斑块。头顶、颈及肩灰色，毛尖略带棕色，背和体侧渐次浅淡。背和腰深灰色。尾灰色，毛尖带暗棕色，尾端为暗黑色。腹部灰色，毛尖带浅棕色。四肢及飞膜边缘红棕色。栖息于海拔1800m以下各类森林的树洞或石穴内。昼伏夜出。以植物嫩枝、叶、芽、种子和果实为食。

Grey-headed Flying Squirrel

It is called “Xiamaxi” in Tibetan.

Its adult has a body weight of 520 to 600 g, a body length of 32 to 40 cm, and a tail length of 40 to 45 cm. Grey-headed flying squirrels dwell in tree holes in various types of forests or in rock caves below 1800 metres above sea level.They hide by day and come out at night, feeding on the shoots, leaves, buds, seeds and fruits of plants.

鼠兔科

鼠形草食动物。无尾或为小的突起，但不伸出毛被之外，耳短而圆，耳长不超过4cm，别于兔。全球有26种，国内均有分布。本书仅介绍青藏高原的特有种1种。。

Ochotonidae

The members of the Ochotonidae family are rabbitlike herbivores. They have no tail or have only a little protubrance. Their ears are short and round, and their ear length is not more than four centimetres. There are 26 species of Ochotonidae animals in the world, all of which can be found in China. This album only depicts an endemic species to the Qinghai-Tibet Plateau.

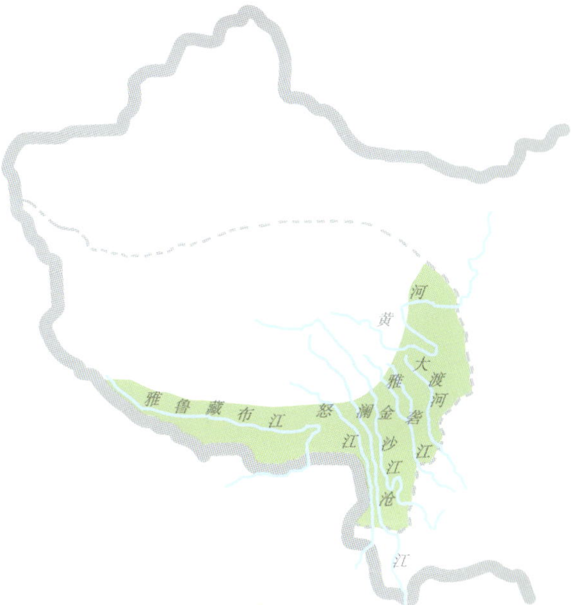

藏鼠兔 *Ochotona thibetana*

俗名：岩兔；别名：西藏鼠兔、西藏啼兔

成兽体重110～130g，体长13～15cm。无尾；吻、鼻周灰棕色；耳椭圆，外侧暗褐，内侧棕褐，边缘白色。耳前基具浅色毛丛；耳后有淡色区。体背暗褐色，后部色泽较深，体侧棕黄。腹面污白色至污灰色，毛尖沾黄色；四足背淡棕黄色。栖息于海拔2500～4000m的高山松、柏、桦混交林、针叶疏林灌丛或草丛的树根岩石缝隙或石堆中。掘洞穴居，一般不进入草原草甸，是森林、林缘灌丛种类。以植物根、茎、叶、芽和种子为食。中国特有种。

Moupin Pika

It is called “Are” and “Afure” in Tibetan.

Its adult has a body weight of 110 to 130 g , and a body length of 13 to 15 cm. Moupin pikas dwell in rock crevices or stone piles in alpine pine forests, mixed cypress and birch forests, sparse needle-leaved forests, thickets or thick growths of grass with an elevation ranging from 2500 to 4000 metres. They dig caves for living, and generally without entering grasslands or meadows, only inhabit forests and shrubby thickets on edges of forests. They feed on the roots, stems, leaves, buds and seeds of plants. The Moupin pika is an endemic species to China.

鸟类

青藏高原的鸟类

鸟类是大自然中最活泼可爱的动物。它们有绚丽多彩的羽毛，有悦耳婉婉的鸣声，有各种独特的营巢、觅食、孵卵哺幼、飞翔方式等。鸟类的活动范围和数量变化与环境质量息息相关。鸟类还大量消灭害虫、害兽（鼠类），传播种子为人类作贡献，是仿生学的重要研究对象。人类逐渐认识到鸟类在自然界和人类社会经济发展中的重要作用和地位，对鸟类的热爱和兴趣也随之加大，世界各地到大自然观鸟活动的兴起就是最好的证明。

青藏高原这片特殊的生态地理区域，地跨动物地理的古北界和东洋界，不同海拔高度的生物资源类型各异，为该地区丰富的鸟类提供了生息繁衍条件。据研究，有500余种鸟类在这片土地上生息，约占全国鸟种的45%，其中不少是青藏高原特有种，如黑颈鹤、四川雉鹑、斑尾榛鸡、绿尾虹雉、白马鸡、藏马鸡、蓝马鸡、西藏毛腿沙鸡等，同时在墨脱热带季雨林中分布有棕颈犀鸟。河流和湖泊、沼泽是多种水禽的栖息地。大型猛禽胡兀鹫、高山兀鹫和各种鹰隼等资源也十分丰富，并得到了很好的保护，青藏高原说得上是鸟类的天堂和乐园。

Birds in the Qinghai-Tibet Plateau

Birds are the most lively and lovely creatures in nature, endowed with colorful feathers and pleasant singing . They also attract a great interest for their individual ways of nesting, feeding, incubating, feeding the young and flying. Changes in the living range of birds and in their number, closely bound up with the natural environment, may serve to reflect changes in environmental quality. In addition, birds feed on pests, spread plant seeds, and serve as an important subject of bionic study. The growing awareness of the significant role which birds play both in nature and human life has been accompanied with an increasing interest in birds, as is best proved by the rise of bird-watching across the world.

Thanks to its unique ecological geography crossing both the Palaearctic realm and the Oriental realm, the Qinghai-Tibet Plateau is abundant in biological resources of vastly different species adaptable to different elevations, providing favorable habitats for plentiful birds. More than 500 species of birds have been found scattering all over this land, accounting for about 45 percent of the total bird species in China. Of more than 500 species many are unique to the Qinghai-Tibet Plateau, such as black-necked cranes, buff-throated partridges, Chinese grouse, Chinese monals, white eared pheasants, Tibetan eared pheasants, blue eared pheasants, Tibetan sandgrouse. In the meantime, rufous-necked hornbills are distributed in tropic rain forests in Mêdog of Tibet. About the rivers, lakes and marshes of the Plateau live waterfowls of various kinds. Moreover, this land is also rich in the resources of large birds of prey including bearded vultures, mountain vultures and varied species of hawks. They live under good protection. To conclude, the Qinghai-Tibet Plateau is appropriately called a paradise for birds.

鹤科

大型涉禽。颈和脚甚长。鸣叫声洪亮。全世界有15种鹤，中国有9种。本书介绍以下两种。

Gruidae (Cranes)

The members of the Gruidae family are large wading birds with very long legs and a long neck and have a loud and clear singing. There are 15 species of cranes in the world, 9 species of which are found in China. An account is given of 2 species in the album.

黑颈鹤 *Grus nigricollis*

涉禽。成鸟体长约1200mm，体重约5000g。头顶鲜红，颈黑色，体羽灰白，尾羽端黑色，脚黑色。野外易识别。是现存15种鹤中唯一栖息于青藏高原海拔最高的鹤类。繁殖期5月～7月。营巢于青藏高原的高山湖泊岸边或沼泽地的草墩上，用巢域附近的枯草筑直径大约1m的巢。每窝产卵2枚，枚重约210g。双亲鸟轮流孵卵30～33天。雏鸟出壳早成性。多数只能育成一只幼鹤。多集小群栖息于少干扰、水草丰茂的高山湖泊、沼泽、宽谷浅滩等水域，采食水草。高地型夏候鸟，迁徙时可见大群。国家I级保护动物。《中国物种红色名录》和IUCN“红色名录”均评估为易危级（VU）；列入CITES附录I。

Black-necked Crane

It is called “Chongchonggabu” in Tibetan.

It is a wader. Its adult has a body length of about 1200 mm and a body weight of about 5000 g. The crown of its head is bright red and its neck is black. Among 15 existent crane species, only the black-necked crane inhabits the Qinghai-Tibet Plateau. Its breeding period is from May to July. It lays two eggs per nest. Its nestlings coming out of the eggshell are precocial. Black-necked cranes mostly in small groups inhabit the waters with little disturbance and lush grass such as alpine lakes, marshes, and wide valleys and shallows of a river, feeding on aquatic plants. They are upland summer residents. A large flock of black-necked cranes can be seen when they migrate. The black-necked crane is a national first-class protected animal, and is evaluated as the (VU) category in China Species Red List and IUCN Red List, and listed in Appendix I to CITES.

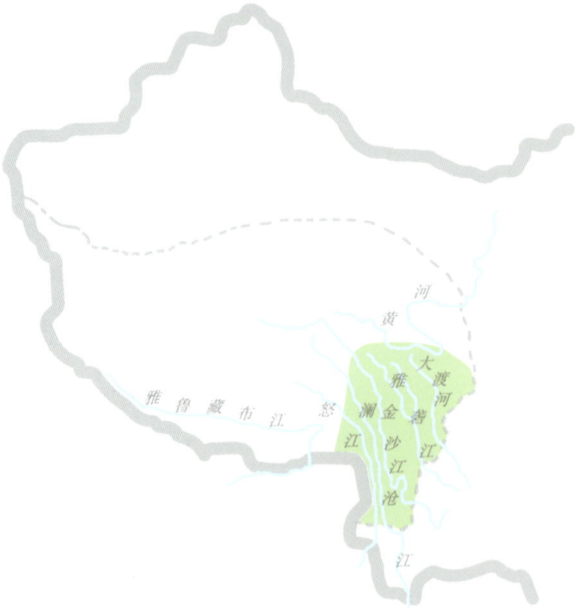

灰鹤 *Grus grus*

涉禽。成鸟体长约1100mm，体重约4000g。颈、脚均长，头顶鲜红，颈灰白，两侧各一条深色带，体羽灰白，尾羽端黑色，脚黑色。雌雄鸟无多大差别，野外易识别。繁殖期4月～7月。在沼泽地干燥处用枯枝、干草筑直径大约1m的巢。每窝产卵2枚，大小100×60mm。雌雄鸟轮流孵卵28～30天，雏鸟出壳早成性。多集小群栖息于流水缓慢的宽谷、沼泽等水域。北方型留鸟。国家II级保护动物。列入CITES附录II。

Common Crane

It is called "Chongchongxiabu" in Tibetan.

It is a wader. Its adult has a body length of about 1100 mm and a body weight of about 4000 g. Its neck and feet are long and its head top is scarlet. Its propagation period is from April to July. It uses withered twigs and hay for nesting at dry spots of marshes and it lays two eggs per nest. Its nestlings coming out of the eggshell are precocial.

Common cranes mostly in small groups inhabit the waters such as slow flowing-water and wide valleys of a river and marshes. They are northern residents. The common crane is a national second-class protected animal, and is listed in Appendix II to CITES.

松鸡科

典型的森林栖息鸟类，不善飞行。全世界有17种，中国有8种。本书介绍仅见于横断山脉的特产松鸡科鸟类1种。

Tetraonidae (Grouse, Ptarmigans)

The members of the Tetraonidae family are typical arboreal birds and are not good at flying. There are 17 species of Tetraonidae birds in the world and 8 species of them are found in China. In this album, a description is given of one species peculiar to the Hengduan Mountains.

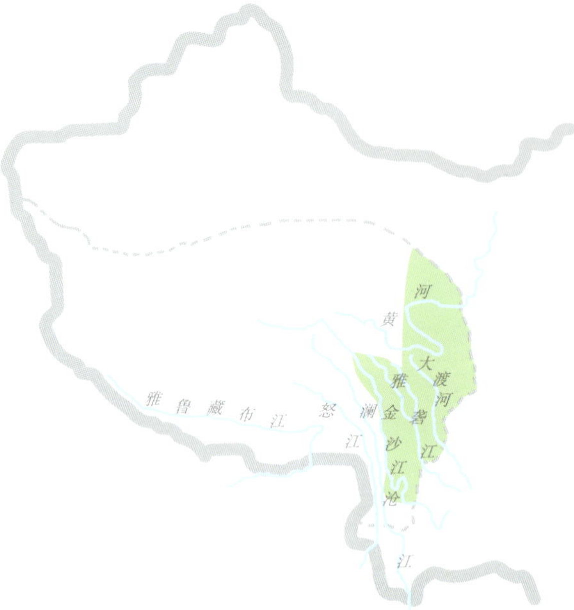

斑尾榛鸡 *Bonasa sewerzowi*

成鸟体长约350 mm，体重约300 g，跗蹠约28 mm，覆羽。嘴黑色，眼圈和脚深栗色，喉斑黑色有白边。上体栗色具黑色横斑，腹部白色具黑色横斑，行走时尾部撒开具五道黑白相间横斑，白色端斑。繁殖期4月～6月。雌鸟选干燥隐蔽的灌木林地，寻干草内垫树叶、松萝、羽绒营巢。每窝产卵5～8枚，大小45×32 mm，由雌鸟孵卵25～28天，雏鸟出壳早成性。除繁殖期成对外，多以家族群活动于圆柏疏林，杨、桦混交疏林或灌木林草坡上。白天在地上觅食植物嫩枝、芽、种子和昆虫。夜晚树栖。冬天下到温暖的低山，夏季上到较高地带。喜马拉雅–横断山区型留鸟。国家I级保护动物。列入《中国物种红色名录》评估为近危级（NT）。中国特产鸟。

Chinese Grouse, Chinese Hazel Grouse

It is called “Saba” in Tibetan.

Its adult has a body length of about 350 mm and a body weight of about 300 g. Its breeding period is from April to June. It lays five to eight eggs per nest. Its nestlings coming out of the eggshell are precocial. Except being in pairs during the breeding, Chinese grouse mostly in a family group move about in thin stocked forests of Chinese juniper and mixed poplar and birch, or on grassy slopes of shrubberies. By day they hunt for shoots, buds and seeds of plants and insects as food, and at night they perch on trees. In winter they come to warm low-mountain areas and in summer they go to higher regions. They are Himalayan-Hengduan Mountains residents. The Chinese grouse is a national first-class protected animal, and is listed in China Species Red List, belonging to the (NT) category. It is a bird species peculiar to China.

雉科

具有重要的科研价值的类群，包括很多常见的经济鸟和狩猎鸟。它们起源古老，是现代家禽的祖先之一。它们飞翔与扩散能力较弱，躲避天敌能力较差，加之人类对野生雉类的狩猎和人类活动造成其栖息地丧失和片段化等原因，目前很多雉类面临濒危灭绝境地。全世界有雉类159种；中国有54种，其中特有种19种。本书介绍15种。青藏高原横断山脉是雉类的集中分布区。

Phasianidae (Partridges, Pheasants, Peafowls)

Birds of family Phasianidae are of important value to the development of economy and scientific researches, and among them there are many common economic birds and game birds. They have an age-old origin and are one of ancestors of present domestic fowls. Their flight and spread ability is weak and their capability in avoiding natural enemies is also poor. In addition, because people hunted for wild Phasianidae birds and human movements resulted in the loss of their habitats, many existing Phasianidae birds are on the verge of extinction. There are 159 species of Phasianidae birds found in the world, and there are 54 species of Phasianidae birds found in China, among them there are 19 endemic species. 15 species are described in the album. The Hengduan Mountain range of the Qinghai-Tibet Plateau is a concentration distribution area of Phasianidae birds.

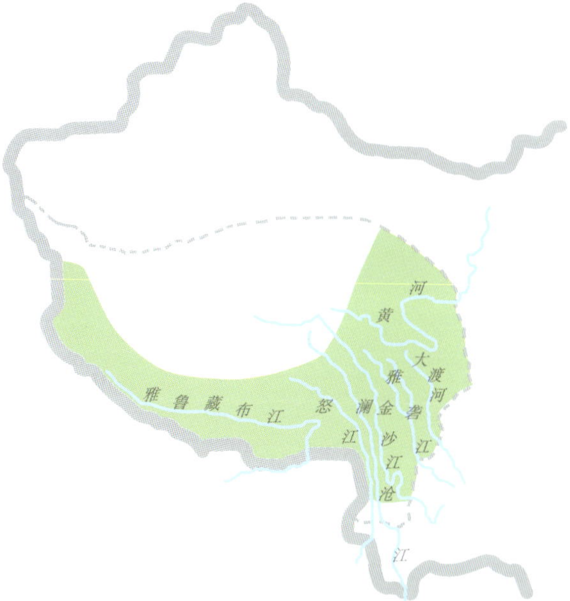

高原山鹑 *Perdix hodgsoniae*

成鸟体长约270mm，体重约300g。嘴和脚黄绿色，眼下有一明显黑斑。颏和喉白色，眉纹白色延至后颈。背、腰和尾上覆羽浅栗色，腹部白色、具深栗色横斑。繁殖期5月～7月。由雌鸟在高山灌丛草丛下刨一小坑，内垫干草、羽毛营巢。每窝产卵8～12枚，大小36×25mm。雌鸟孵卵约20天，雏鸟出壳早成性。除繁殖期成对外，多成小群在高山灌丛草甸间采食植物嫩叶、芽、花、种子和昆虫。见于高山灌丛草甸。

Tibetan Partridge

It is called “Gongxiaqiongqiong” in Tibetan.

Its adult has a body length of about 270 mm and a body weight of about 300 g. Its propagation period is from May to July and it lays eight to twelve eggs per nest. Its nestlings coming out of the eggshell are precocial. Except being in pairs during the breeding, Tibetan partridges chiefly in small groups move about in alpine meadows and shrubberies, hunting for shoots, buds, flowers and seeds of plants and insects. They can be found in alpine shrubberies and meadows.

藏雪鸡 *Tetraogallus tibetanus*

别名：淡腹雪鸡

成鸟体长约600 mm，体重约1 600 g。眼圈桔黄色，嘴和脚深红色，头、颈暗灰色，喉斑和耳羽白色。上体浅栗色、具深色斑，腹部灰白色，两胁白色、具黑色纵纹，翅上有一大白斑。繁殖期5月～7月。筑巢选高山隐蔽的灌丛、草丛下或岩缝，雌鸟用爪刨一浅坑，内垫干草、羊毛、羽绒即成。每窝产卵4～7枚，枚重约52g。雌鸟孵卵约26天，雏鸟出壳早成性。多成群栖息于高山流石滩和灌丛草甸，觅食植物嫩枝、叶、芽、种子和昆虫，多下山滑翔、上山步行。高地型留鸟。见于各地高海拔流石滩地区。国家II级保护动物。列入CITES附录I。

Tibetan Snowcock

It is called “Gemu” in Tibetan.

Its adult has a body length of about 600 mm and a body weight of about 1600 g. Its breeding period is from May to July. It lays four to seven eggs per nest. Its nestlings coming out of the eggshell are precocial. Tibetan snowcocks mainly in groups inhabit the flowstone shoals and shrubberies and grassland in high mountains, feeding on shoots, leaves, buds and seeds of plants and insects. They are upland residents. They can be seen in the flowstone shoals at high altitudes. The Tibetan snowcock is a national second-class protected animal. It is listed in Appendix I to CITES.

四川雉鹑 *Tetraophasis szechenyii*

成鸟体长约450 mm，体重约1 000 g。眼圈桔黄色，嘴黑色，脚红色。喉斑栗色有白边，头和上体深栗色、具黑斑，飞翔时有白色端斑。腹部栗色、具深色斑，胸部深灰色、具深色斑。尾下覆羽栗色，尾羽有黑白相间横斑和白色端斑。繁殖期4月～6月。在树上用枯枝内垫破布、羽毛为巢。每窝产卵3～6枚，枚重约30 g，雌鸟孵卵约28天，雏鸟出壳早成性。除繁殖期成对外，喜集小群在高山圆柏、高山柳、高山栎疏林下，采食植物嫩枝、叶、芽、种子和昆虫。夜栖矮树上。见于高山圆柏林、高山栎林和高山柳林下。不善飞行，多奔跑活动。中国特产鸟。国家I级保护动物。《中国物种红色名录》评估为易危级（VU）；IUCN“红色名录”评估为近危级（NT）。

Buff-throated Partridge

It is called “Kenong” in Tibetan.

Its adult has a body length of about 450 mm and a body weight of about 1 000 g. Its breeding period is from April to June. It lays three to six eggs per nest. Its nestlings coming out of the eggshell are precocial. Except moving in pairs during the breeding, buff-throated partridges like to flock under the sparse forests of alpine oak and willow and Chinese juniper, feeding on shoots, leaves, buds, seeds of plants and insects. They perch on dwarf trees at night. They can be found under the forests of alpine oak and willow and Chinese juniper. They are not good at flying, and mostly run and move about. The buff-throated partridge is a bird species peculiar to China and a national first-class protected animal. It is evaluated as the (VU) category in China Species Red List and as the (NT) category in IUCN Red List.

雉鹑 *Tetraophasis obscurus*

该鸟与四川雉鹑的区别是喉斑栗红色，两边具白色边缘呈白色颈环。其他与四川雉鹑相似。分布于大渡河以东、青海东部和甘肃西北部。留鸟。我国特产鸟。国家I级保护动物。

Pheasant Grouse

The pheasant grouse is similar to the buff-throated partridge in many ways. Only the throat spots of the pheasant grouse are maroon red and the white edge at its both sides is a white neck ring in shape. Pheasant grouse are found in the regions on the east of the Dadu River and in eastern Qinghai Province and northwest Gansu Province. They are resident birds. The pheasant grouse is an endemic bird species to China and a national first-class protected animal.

血雉 *Ithaginis cruentus*

别名：松鸡子

成鸟体长约420mm，体重约510g。嘴黑色，眼圈、蜡膜和脚橘红色。雄鸟羽冠蓝绿色，背和胸部黄绿色，尾羽有鲜红色羽缘；雌鸟深栗色。繁殖期5月～7月。选择林内树根下土洞或根部树洞、岩石下，用树叶、松萝和干草内垫羽毛筑浅碟状巢。每窝产卵6～7枚，枚重约28g。由雌鸟孵卵约25～33天，雏鸟出壳早成性。典型的森林鸟类。多成群栖息于各类森林的林缘，活动于林中空地，夜栖息于树上。采食植物嫩枝、叶、芽、种子和昆虫。喜马拉雅–横断山区型留鸟。国家II级保护动物。列入CITES附录II。

Blood Pheasant

It is called “Zhire” in Tibetan.

Its adult has a body length of about 420 mm and a body weight of about 510 g. Its propagation period is between May and July, and it lays six or seven eggs per nest. Its nestlings coming out of the eggshell are precocial.

Blood pheasants are typical forest birds, mostly in groups dwell on all types of forest edges and move in glades, perching on trees at night. They feed on shoots, leaves, buds and seeds of plants and insects. They are Himalayan-Hengduan Mountains residents. The blood pheasant is a national second-class protected animal, and is listed in Appendix II to CITES.

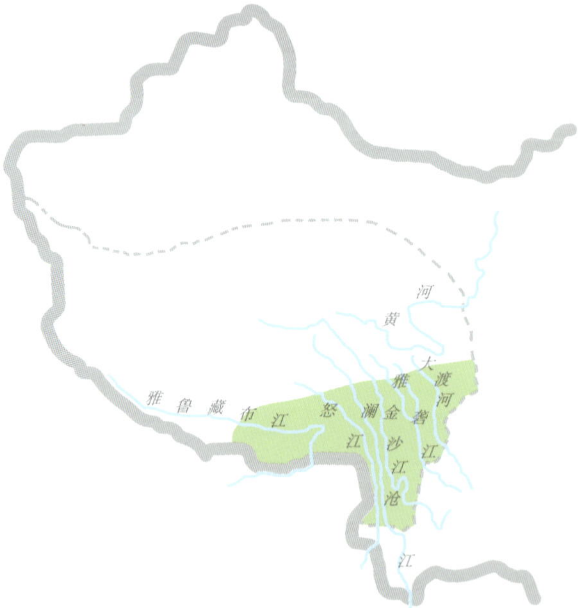

红腹角雉 *Tragopan temminckii*

别名：娃娃鸡、羊角鸡

成鸟体长约650mm，体重约2000g。嘴黄色，眼圈和脚肉红色。雄鸟羽冠黑色，两侧具蓝色肉质角。发情期在眼圈和喉部有一明显的蓝色肉皮，边缘有肉红色斑块，前胸和后颈栗色，上体深栗色、有灰白色斑。雌鸟暗栗色、具灰白色斑。繁殖期4月～6月。在林中树上用枯枝、干草、松萝内垫树叶、羽毛筑碗状巢。每窝产卵3～5枚，枚重约53g。由雌鸟孵卵约26天，雏鸟出壳早成性。多单只在中山的阔叶林、灌木林下活动，夜树栖。采食植物嫩枝、叶、芽、果实、种子和昆虫。喜马拉雅–横断山区型留鸟。国家II级保护动物。《中国物种红色名录》评估为近危级（NT）。

Temminck's Tragopan, Crimson-bellied Tragopan

It is called "Jiaxiapoma" in Tibetan.

Its adult has a body length of about 650 mm and a body weight of about 2000 g. It uses withered hay and trailing plants for building the bowl-like nest on the tree in forest. Its breeding period is between April and June and it lays three to five eggs per nest. Its nestlings coming out of the eggshell are precocial.

Temminck's tragopans chiefly move about singly under broadleaf forests and shrubby woods and perch on trees at night, feeding on shoots, leaves, buds, fruits and seeds of plants and insects. They are Himalayan-Hengduan Mountains resident birds.

The Temminck's tragopan is a national second-class protected animal, and is listed in China Species Red List, belonging to the (NT) category.

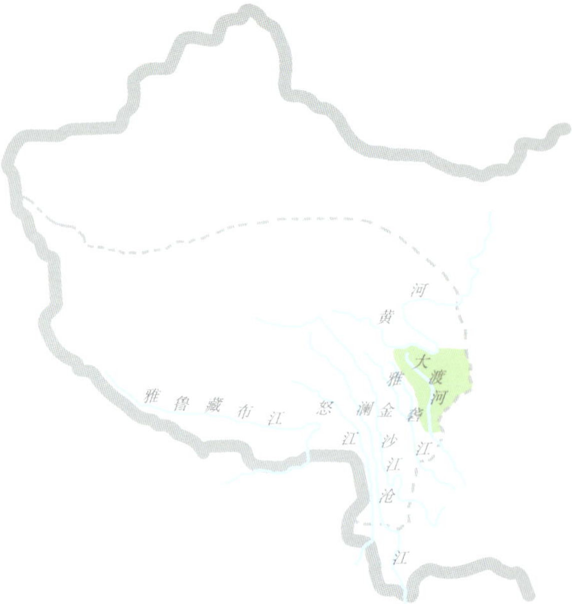

绿尾虹雉 *Lophophorus lhuysii*

别名：贝母鸡、火炭鸡

成鸟体长约800 mm，体重约2 500 g。雄鸟体羽呈金属蓝绿光泽，眼先呈天蓝色，头顶有青铜色羽冠披头后，肩部栗色，下背及腰白色，尾蓝灰色，下体黑色，脚灰黑色。雌鸟深栗色，下背和腰白色，尾羽栗色、具深色斑。繁殖期4月～6月。选择灌丛或岩石下刨一浅坑，内垫干草筑陋巢。每窝产卵3～5枚，枚重约80 g。由雌鸟孵卵约30天，雏鸟出壳早成性。喜刨食贝母，采食植物嫩枝、叶、芽、果实、种子和昆虫。喜马拉雅-横断山区型留鸟。见于横断山、大雪山、邛崃山的高山灌木林，尤喜在火烧迹地觅食。中国特产鸟。国家I级保护动物。《中国物种红色名录》和IUCN“红色名录”均评估为易危级（VU）；并列入CITES附录I。

Chinese Monal, Chinese Monal Pheasant

It is called “Gongmuyouniu” in Tibetan.

Its adult has a body length of about 800 mm and a body weight of about 2 500 g. Its propagation period is from April to June. It lays three to five eggs per nest. Its nestlings coming out of the eggshell are precocial.

Chinese monals like to dig the ground to look for bulbs of the fritillary, and also feed on shoots, leaves, buds, fruits and seeds of plants and insects. They are Himalayan-Hengduan Mountains residents. They are found in alpine shrubberies in the Hengduan Mountains, the Daixue Mountain and the Qionglai Mountain and especially love looking for food in the burn. The Chinese monal is a bird species peculiar to China, and a national first-class protected animal. It is evaluated as the (VU) category in China Species Red List and IUCN Red List, and also listed in Appendix I to CITES.

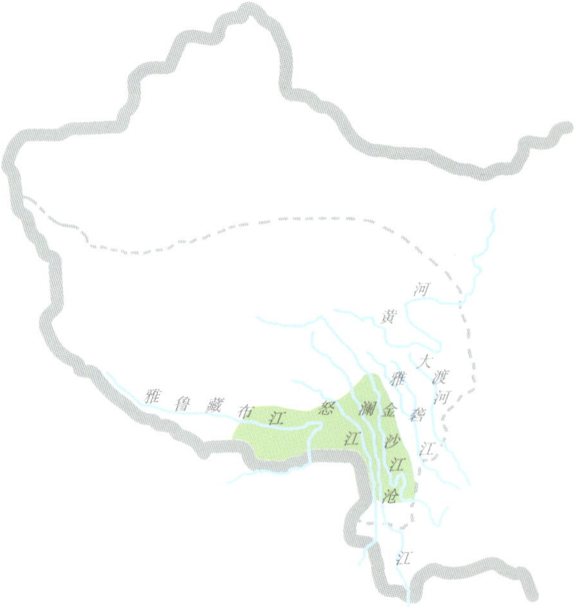

白尾梢虹雉 *Lophophorus sclateri*

别名：贝母鸡

成鸟体长约700mm，体重约2500g。雄鸟头呈金属蓝绿色，无明显羽冠，脸裸无羽，呈蓝色。后颈和颈侧赤铜色，上背蓝绿色，下背到尾上覆羽白色，尾羽棕色、具白端，下体黑色。雌鸟从头到背深栗褐色，下背到尾上覆羽白色，尾羽深栗色具、六条白色横斑和白色宽端斑。繁殖期4月～6月。在林中地下或倒木下或树洞中营巢。每窝产卵2～5枚，大小约63×45mm。多成小群栖息于高山杜鹃灌丛、针叶林、林缘灌丛草地。以植物的嫩枝、叶、芽、种子和果实为食，也偶食昆虫。喜马拉雅–横断山区型留鸟。国家I级保护动物。《中国物种红色名录》均评估为易危级和IUCN“红色名录”均评估为易危级（VU）；列入CITES附录I。

Sclater's Monal

It is called “Gongmuniuga” in Tibetan.

Its adult has a body length of about 700 mm and a body weight of about 2500 g. Its breeding period is from April to June. It builds the nest on the ground, under fallen trees or tree holes in forest and it lays two to five eggs per nest.

Sclater's monals mostly in groups dwell in alpine rhododendron thickets, coniferous forests, and shrubberies and grasslands on the forest edges, feeding on shoots, leaves, buds, seeds and fruits of plants, occasionally eating insects. They are Himalayan-Hengduan Mountains residents. The Sclater's monal is a national first-class protected animal. It is evaluated as the (VU) category in China Species Red List, and IUCN Red List, and listed in Appendix I to CITES.

棕尾虹雉 *Perdix hodgsoniae*

成鸟体重2000～3000g，体长350～750mm。雌雄鸟头顶具羽冠。雄鸟尾羽棕红色，别于绿尾虹雉，其余与绿尾虹雉相似。多栖息于海拔2500～4500m的较开阔山坡的阔叶林、针阔混交林及其林缘地带。白天活动、晚上栖息于陡峭岩石上，其他习性同于绿尾虹雉。仅分布于西藏南部的亚东、定日、定结、吉隆、樟木和藏东南的波密、林芝和墨脱等雅鲁藏布江中、下游地区。国家I级保护动物。IUCN“红色名录”评估为濒危级（EN）；列入CITES附录I 。(下面右图系拍于西藏墨脱，为受伤的雄鸟，国内外照片极为稀少）

Himalayan Monal

It is called “Zuqinggongmuyoukang” in Tibetan.

An adult Himalayan monal has a body weight of 2000 to 3 000 g and a body length of 350 to 750 mm. The Himalayan monal is very similar to the Chinese monal. Only the uropygial of the male Himalayan monal is reddish brown.Himalayan monals mostly inhabit broad-leaved forests and needle-leaved and brood-leaved mixed forests and edges of these forests on the mountain slopes at altitudes ranging from 2500 to 4500 metres.They move about by day and perch on steep rocks by night. They are only found in the regions of Yadong, Tingri, Dinggyê, Gyirong and Zham in southern Tibet and in the regions of Bomi, Nyingchi and Mêdog in southeastern Tibet in the middle and lower reaches of the Yarlung Zangbo River. The Himalayan monal is a national first-class protected animal. It is evaluated as the (EN) category in IUCN Red List and listed in Appendix I to CITES. (Notes: The smaller picture was photographed in Mêdog of Tibet. This bird was a wounded male Himalayan monal, whose reddish brown uropygial had been cut off.)

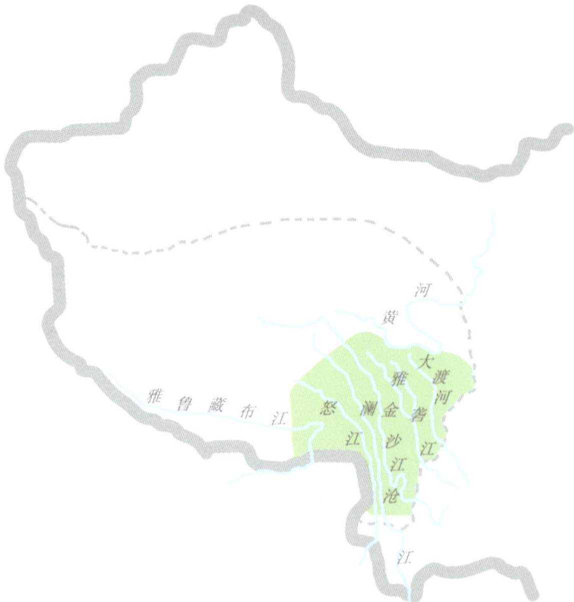

白马鸡 *Crossoptilon crossoptilon*

别名：藏马鸡、马鸡

成鸟体长约850mm，体重约2600g。嘴和脚橘红色，雌雄鸟全身白色，尾羽黑色下垂。雄鸟脚上有“距”区别之，头顶绒状羽黑色，眼周围肉红色。繁殖期4月～6月。选择林中大树下干燥隐蔽处用枯枝、干草和松萝筑盘状巢，内垫羽毛。每窝产卵6～12枚，枚重约59g。雌鸟孵卵约30天，雏鸟出壳早成性。典型的森林鸟类。喜集群在林缘和林中空地活动，采食植物嫩枝、叶、芽、果实和种子，刨食地下块茎和昆虫幼虫。夜树栖。中国特产鸟。国家II级保护动物。《中国物种红色名录》评估为近危级（NT）；IUCN“红色名录”评估为易危级（VU）；列入CITES附录I。

White Eared Pheasant

It is called “Xiaweng” in Tibetan.

Its adult has a body length of about 850 mm and a body weight of about 2600g. Its propagation period is from April to June and it lays six to twelve eggs per nest. Its nestlings coming out of the eggshell are precocial. It is a typical forest bird species.

White eared pheasants like to flock on forest edges and in glades, and perch on trees by night, feeding on shoots, leaves, buds, fruits and seeds of plants, and also digging underground tubers and larvae of insects as food. They are Himalayan-Hengduan Mountains resident birds. The white eared pheasant is a bird species peculiar to China, and a national second-class protected animal. It is evaluated as the (NT) in China Species Red List and as the (VU) category in IUCN Red List, and listed in Appendix I to CITES.

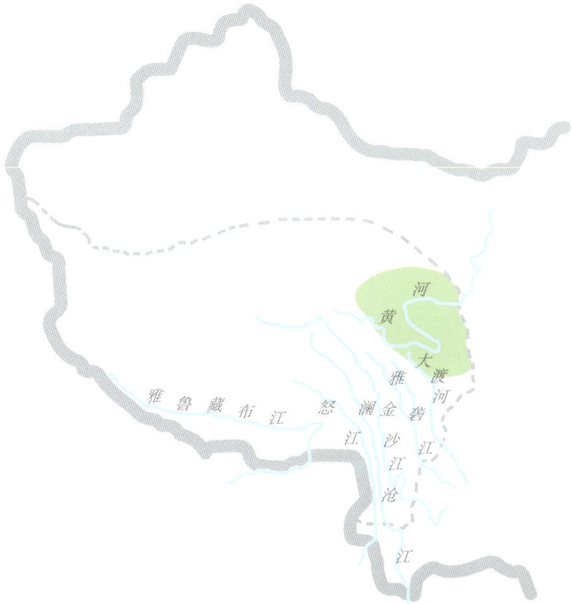

蓝马鸡 *Crossoptilon auritum*

成鸟体长约950mm，体重约2000g。嘴和脚肉红色，雄鸟脚上有“距”，雌雄鸟通体蓝灰色，眼周肉红色，耳羽簇白色。繁殖期4月～6月。每窝产卵5～12枚，枚重约44g。由雌鸟孵卵约26天，雏鸟出壳早成性。多集群在林缘、林中空地活动，夜树栖。觅食植物嫩枝、叶、芽、果实、种子及昆虫。高地型留鸟。中国特产鸟。国家II级保护动物。

Blue Eared Pheasant

It is called “Xiana” in Tibetan.

Its adult has a body length of about 950 mm and a body weight of about 2000 g. Its propagation period is from April to June, and it lays five to twelve eggs per nest. Its nestlings coming out of the eggshell are precocial.

Blue eared pheasants mostly flock to move about on forest edges and in glades, and perch on trees at night, feeding on shoots, leaves, buds, fruits and seeds of plants and insects. They are upland resident birds. The blue eared pheasant is an endemic species to China and a national second-class protected animal.

藏马鸡 *Crosssoptilon harmani*

别名：哈曼马鸡

成鸟体重2000～3000g，体长800～900mm。体羽蓝灰色，胸暗灰蓝色，不同于白马鸡的淡灰色或纯白色。分布于海拔2800～3800m的森林林缘和林间空地，习性与白马鸡相同。以前定为白马鸡的藏南亚种，现已独立为一新种。留鸟。仅分布于西藏南部和昌都地区、林芝地区。中国特产鸟。国家II级保护动物。《中国物种红色名录》评估为近危级（NT）；IUCN“红色名录”评做为易危级（VU）。

Tibetan Eared Pheasant，Harman's Eared Pheasant

It is called “Xiaweng” in Tibetan.

Its adult has a body weight of 2000 to 3000 g and a body length of 800 to 900 mm. Its plumage is bluish grey and its breast is greyish blue. Tibetan eared pheasants scatter on forest edges and in glades of forests with an elevation ranging from 2800 to 3800 metres. They are resident birds, and are only found in the south of Tibet and Qamdo Prefecture and Nyingchi Prefecture of Tibet. The Tibetan eared pheasant is a bird species peculiar to China, and a national second-class protected animal. It is evaluated as the (NT) category in China Species Red List and as the (VU) category in IUCN Red List.

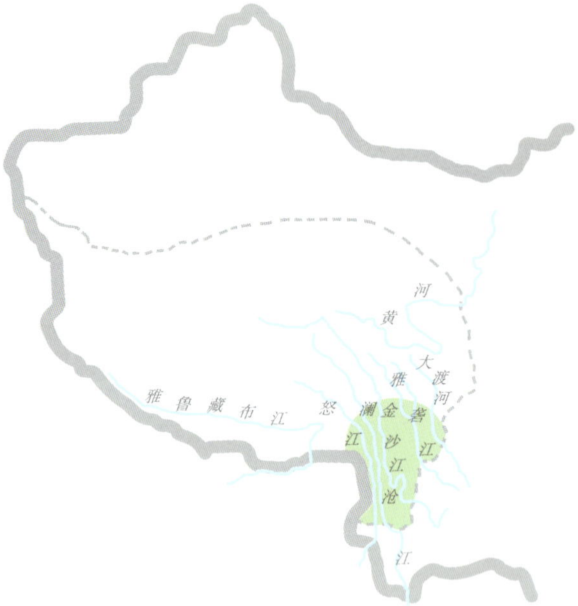

白腹锦鸡 *Chrysolophus amherstiae*

别名：铜鸡、宽宽鸡

成鸟体长约1 500 mm，体重约850 g。雄鸟尾特长，具黑白相间横斑和黑色纵纹，头、背和胸具翠绿色金属光泽，枕冠赤红色，具带黑边的白色披肩，下背浅栗色、具黑斑，后部白色再转朱红色，腹部白色。雌鸟尾较短，通体深栗色带黑斑，腹白色。繁殖期4月～6月。一雄多雌制。选择灌木林或草丛地下刨一浅坑，垫以树叶、羽毛即成巢。每窝产卵6～9枚，枚重约28 g。由雌鸟孵卵约23天，雏鸟出壳早成性。繁殖期多单只或一雄多雌活动外，其余集群活动于低山疏林、林缘、灌木林和林中空地。夜树栖。杂食性，以植物嫩枝、叶、芽、果实和种子及昆虫为食。国家II级保护动物。

Lady Amherst's Pheasant, Chinese Copper Pheasant

It is called "Jiaxiapoganiuren" in Tibetan.

Its adult has a body length of about 1 500 mm and a body weight of about 850 g. Its propagation period is between April and June, and it lays six to nine eggs per nest. Its nestlings coming out of the eggshell are precocial. Excepting moving singly or a male with a few females during the breeding, Lady Amherst's pheasants flock to live in thin stocked forests, shrubberies and glades and on forest edges in low mountain regions, and perch on trees at night. They are omnivorous, feeding on shoots, leaves, buds, fruits and seeds of plants and insects. The Lady Amherst's pheasant is a national second-class protected animal.

红腹锦鸡 *Chrysolophus pictus*

别名：金鸡

成鸟体长700～1000mm，体重600～700g。雄鸟羽色华丽，后颈被披肩状橙红长羽覆盖，有黑色横斑，背亮绿，额至羽冠和上体金黄，腹红色，尾特长。雌鸟棕褐色，胸棕红色，尾羽较短。一雄多雌制。繁殖期4月～6月。每窝产卵5～8枚，雌鸟孵卵22～23天。雏鸟出壳早成性。栖息于海拔2000m以下阔叶林、针阔混交林林缘和疏林、灌丛地带，多集群地面觅食草籽、种子和小昆虫。晚上树栖过夜。因羽色艳丽，有极高的观赏价值。中国特产鸟。国家II级保护动物。

Golden Pheasant

It is called "Jiaxiase" in Tibetan.

Its adult has a body length of 700 to 1 000 mm and a body weight of 600 to 700 g. Its breeding period is between April and June. It lays five to eight eggs per nest. Its nestlings coming out of the eggshell are precocial. Golden pheasants inhabit broad-leaved forests, edges of needle-leaved and broad-leaved mixed forests and thin stocked land and thickets below 2 000 metres above sea level. They mostly flock to look for grass seeds, plant seeds and small insects on the ground, and perch on trees by night. They have bright-coloured and beautiful feathers, and therefore are of a very high visual value. The golden pheasant is an endemic bird species to China, and a national second-class protected animal.

雉鸡 *Phasianus colchicus*

成鸟体长约850mm，体重约1100g。嘴黄白色，脚黄绿色。雄鸟羽色华丽，眼周鲜红，头颈亮黑色，尾长而尖，具黑棕相间横斑，胸栗色、具网眼状黑斑，腹部黑色。雌鸟喉灰白色，通体灰白具深栗色斑。繁殖期4月～7月。每窝产卵6～12枚，枚重约27g。由雌鸟孵卵，雏鸟出壳早成性。多单只或小群在疏林、灌木林和林中空地活动。夜树栖。杂食性，啄食植物嫩枝、叶、芽、果实和种子及昆虫。广布型留鸟。

Ring-necked Pheasant

It is called “Jiaxianiuren” in Tibetan.

Its adult has a body length of about 850 mm and a body weight of about 1100 g. Its breeding period is from April to July. It lays six to twelve eggs per nest. Its nestlings coming out of the eggshell are precocial. Ring-necked pheasants mostly move about singly or in small groups in thin stocked forests, thickets and glades and perch on trees at night. They are omnivorous, living on shoots, leaves, buds, fruits and seeds of plants and insects. They are common resident birds.

猛禽

猛禽包括鹰科、隼科和鸱鸮科的掠食性鸟类。包括昼行性的鹰、雕、鵟、鹫、隼、鹞及夜行性的雕鸮、林鸮、角鸮和鸺鹠等多种猫头鹰。它们的共同特点是：具有强健钩曲、边缘锋利和适于撕裂肉食的嘴；强壮有力的足；锐利钩曲的爪利于捕获食物，还有一对善于飞行或滑翔的翅膀。据调查研究，青藏高原有各类猛禽60余种。本书介绍16种。

Raptors

Raptors include the birds of Accipitridae (hawks eagles), Falconidae (falcons) and Strigidae (typical owls). They are predatory birds, and encompass diurnal goshawks, eagles, buzzards, griffons, falcons and sparrow hawks, and many species of nocturnal owls including the northern eagle owl, the wood owl, the scops owl and the pygmy owl. Their common characteristics are as follows: all of them have a strong and sharp beak suited to tear meat, powerful legs and sharp hooked talons, thus being advantageous to capturing a prey. In addition, they have a pair of wings good at flying and gliding. According to the investigations, more than sixty species of raptors are found in the Qinghai-Tibet Plateau. A description is given of sixteen species in this album.

金雕 *Aquila chrysaetos*

猛禽。成鸟体长约850mm，体重约3500g。蜡膜、脚黄色。头部后颈羽毛呈披针形，羽基深栗色，羽端金黄色，体羽深栗色，尾羽深灰色，具4～5条黑色横斑和端斑。飞翔时飞羽基部形成一条白斑，尾下覆羽栗色。繁殖期3月～5月。在大树顶部枝叉上或悬崖处用枯枝筑巢，内垫干草、树叶和羽毛。巢可多年修复重复使用而逐年增大。每窝产卵2枚，大小75×58mm。双亲鸟轮流孵卵约45天，雏鸟出壳晚成性。多单只栖息于高山草原、林缘，静立于悬崖上、大树上、通讯电杆上等候猎物，一旦发现即突然俯冲用利爪抓捕，甚至飞行追捕啮齿类、爬行类、鸟类和小型哺乳类动物。北方型留鸟。国家I级保护动物。列入CITES附录II。

Golden Eagle

It is called “Wuleisebu” in Tibetan.

It is a raptor. Its adult has a body length of about 850 mm and a body weight of about 3500g. Its propagation period is from March to May. It lays two eggs per nest. Its nestlings coming out of the eggshell are altricial.

Golden eagles mostly dwell singly in alpine grassland and on the forest edge, standing still on a precipice, in a big tree and on a wire pole to wait for their game. Once finding rodents, reptiles, birds and small-size mammals, they will suddenly dive downwards to catch these animals with their sharp talons, even fly to prey upon these animals. They are northen residents. The golden eagle is a national first-class protected animal and is listed in Appendix II to CITES.

草原雕 *Aquila nipalensis*

猛禽。成鸟体长约800mm，体重约2100g。蜡膜、脚黄色，通体土褐色，尾上覆羽棕白色。飞翔时腹和翅下棕色，具白色横斑，尾下覆羽具半月形白斑，尾羽具多条深色横斑和端斑。繁殖期4月～6月。在悬崖或山原顶部石堆或地上，用枯枝筑盘状巢，内垫干草、羊毛、羽绒。每窝产卵1～3枚，多为2枚，大小70×55mm。雌雄鸟轮流孵卵约45天，雏鸟出壳晚成性。多单只栖息于高山牧场、荒原草地、孤立木、电杆上或鼠洞旁，一旦啮齿类和爬行类动物或小鸟出现，即猛扑捕获为食。中亚型留鸟。在高山牧场均有分布。国家II级保护动物。列入CITES附录II。

Steppe Eagle

It is called "Nacha" in Tibetan.

It is a raptor. Its adult has a body length of about 800 mm and a body weight of about 2 100 g. Its propagation period is from April to June. It lays one to three eggs per nest. Its nestlings coming out of the eggshell are altricial.

Steppe eagles generally dwell singly in alpine pastures and grasslands in the wilderness, or perch on an isolated tree and a wire pole or at the side of a rat cave, preying on rodents, reptiles and small birds. They are central Asian residents. The steppe eagle is a national second-class protected animal, and is listed in Appendix II to CITES.

白尾海雕 *Haliaeetus albicilla*

大型猛禽。成鸟体长约850mm，体重约3500g。眼圈、嘴、蜡膜和脚均为黄色。因巨大黄色的嘴、白色的尾、淡色的头而极易辨认。繁殖期4月～6月。在水域附近的大树顶部粗枝叉处或悬崖凹处用枯枝垫干草、树叶、羽毛筑大巢，其巢可连续多年使用、逐年修复增大，直径可达2m，高1.5m。每窝产卵2枚，大小68×60mm。以雌鸟孵卵为主，35～45天雏鸟出壳晚成性。多单只在水面上空飞行，用利爪伸入水中捕鱼为食，也捕食其他小型动物如鸟、鼠、兔等。北方型夏候鸟。国家I级保护动物。《中国物种红色名录》评估为近危级（NT）；IUCN“红色名录”评估为低危级；CITES附录I。

White-tailed Sea Eagle

It is called “Weilaniuga” in Tibetan.

It is a large-sized raptor. Its adult has a body length of about 850 mm and a body weight of about 3500 g. Its breeding period is between April and June. It lays two eggs per nest. Its nestlings coming out of the eggshell are altricial. White-tailed sea eagles mostly fly singly in the air over the water surface, preying upon fishes in the water with their sharp talons, and also hunting for other small-size animals such as birds, rats, rabbits and so on. They are northern summer migrants. The white-tailed sea eagle is a national first-class protected animal. It is evaluated as the (NT) category in China Species Red List and as the Lower Risk category in IUCN Red List, and listed in Appendix I to CITES.

黑鸢 *Milvus migrans*

别名：黑老鹰、鸢

猛禽。成鸟体长约550 mm，体重约1 150 g，跗蹠约65 mm。嘴、爪黑色，眼圈和蜡膜、脚和趾均为黄绿色。上体和耳羽黑色，尾羽呈“V”形。飞翔时外侧飞羽之羽缘白色，成基部大型白斑，醒目易识别。繁殖期4月～6月。每窝产卵2～3枚，枚重约52 g。多单只栖息于各类生态环境，飞翔觅食，视觉敏锐，发现啮齿类动物、蛙、野兔和爬行类动物等猎物，俯冲直下，用利爪捕获，再飞至树上或岩石上啄食。北方型留鸟。国家II级保护动物。列入CITES附录II。

Black Kite

It is called “La” in Tibetan.

It is a raptor. Its adult has a body length of about 550 mm and a body weight of about 1 150 g. Its propagation period is from April to June. And it lays two or three eggs per nest. Black kites mostly dwell singly in various kinds of habitats. They have a keen eyesight, and can dive downwards to catch rodents, frogs, wild rabbits and reptiles with their talons, then fly to trees or on rocks to peck them. They are northern residents. The black kite is a national second-class protected animal. It is listed in Appendix II to CITES.

苍鹰 *Accipiter gentilis*

猛禽。成鸟体长约560mm，体重约850g，跗蹠约70mm。眼圈、蜡膜和脚均为黄色。眉纹灰白色，上体深灰色、有深色斑块，腹白色，密布深褐色横斑。尾下覆羽白色，尾羽上有4条黑色横纹。飞翔时翼下白色，密布深栗色横带。繁殖期4月～7月。每窝产卵2～4枚，枚重约41g。雌鸟孵卵35～38天，雏鸟出壳晚成性。单只栖息于林内，很少在空中飞翔，多藏于林中窥视啮齿类动物、小鸟和野兔等猎物，捕获后飞回栖息地撕裂食之。北方型留鸟。国家II级保护动物。列入CITES附录II。

Northern Goshawk

It is called "Nacha" in Tibetan.

It is a bird of prey. Its adult has a body length of about 560 mm and a body weight of about 850 g. Its propagation period is from April to July, and it lays two to four eggs per nest. Its nestlings coming out of the eggshell are altricial. Northern goshawks singly dwell in forests and rarely fly in the air. They mostly hide in forests to prey upon rodents, small birds, rabbits and so on. They are northern residents. The northern goshawk is a national second-class protected animal. It is listed in Appendix II to CITES.

普通鵟 *Buteo buteo*

猛禽。成鸟体长约550mm，体重约800g。蜡膜和脚均为黄色。上体深褐色；腹部羽色较浅，具深色横斑。尾羽深灰色，具多条深色横斑，尾和翅下覆羽白色。翼尖、翼角和飞羽外缘黑色，尾散开呈扇形。繁殖期5月～7月。在林缘高大树冠上部近主干的枝叉或悬崖上或通讯线杆横担上用枯枝筑巢，内垫干草、树叶、羽毛。每窝产卵2～4枚，大小55×45mm。以雌鸟为主双亲共同孵卵约28天，雏鸟出壳晚成性。多单只白天在高原草地、林缘和林中空地上空盘旋，寻觅捕食啮齿类、爬行类和两栖类动物，一旦发现即俯冲而下用利爪抓捕，然后飞回树上或岩石上啄食。国家II级保护动物。列入CITES附录II。

Common Buzzard

It is called “Cha” in Tibetan.

It is a bird of prey. Its adult has a body length of about 550 mm and a body weight of about 800 g. Its propagation period is from May to July, and it lays two to four eggs per nest. Its nestlings coming out of the eggshell are altricial. By day common buzzards mostly hover singly in the air over the upland grassland, and the forest edges and glades, and seek for rodents, reptiles and amphibians. Once finding them, they will dive downwards to catch them with their sharp talons, and then fly back to a tree or a rock to peck them. The common buzzard is a national second-class protected animal, and is listed in Appendix II to CITES.

大鵟 *Buteo hemilasius*

猛禽。成鸟体长约700mm，体重约2000g。眼圈、蜡膜和脚均为黄色。背上体羽暗褐色，腹部白色、具深色斑，颈棕色、具深色斑，尾羽具5～7条深色横斑。繁殖期5月～7月。在隐蔽的悬崖或大树上用枯枝筑巢，内垫干草、破布和羽毛。每窝产卵2～4枚，大小65×50mm。雌鸟为主孵卵约30天，雏鸟出壳晚成性。常单独或小群栖息于高山草场、林缘和林中空地。多中午在空中作圈形飞翔，觅食地上的啮齿动物、爬行动物和小鸟等。中亚型留鸟。在高山牧区和林区均有分布。国家II级保护动物。列入CITES附录II。

Upland Buzzard

It is called “Cha” in Tibetan.

It is a raptor. Its adult has a body length of about 700 mm and a body weight of about 2000 g. Its propagation period is from May to July, and it lays two to four eggs per nest. Its nestlings coming out of the eggshell are altricial. Upland buzzards often dwell singly or in groups in alpine pasture, on the forest edges or in glades. They circularly fly in the air mostly at noonday, and prey on rodents, reptiles and small birds on the ground. They are central Asian resident birds. They are found in alpine pastoral areas and forest areas. The upland buzzard is a national second-class protected animal and is also listed in Appendix II to CITES.

秃鹫 *Aegypius monachus*

大型猛禽。成鸟体长约1 110mm，体重约7 500g，跗蹠约135mm，覆羽。眼圈深栗色，蜡膜蓝色，嘴和脚均为灰色，体羽深栗色，头和颈裸露无羽，易识别。飞翔或远观察时几为黑色，也易识别。每窝产卵1枚，大小90×72mm。雌雄鸟轮流孵卵52～55天，雏鸟出壳晚成性。平常多单只或成对活动，一旦发现大型动物尸体或食物则集群抢啄。广布型留鸟。国家II级保护动物。列入CITES附录II。

Cinereous Vulture

It is called “Xiaguo” in Tibetan.

It is a large-sized bird of prey. Its adult has a body length of about 1 110 mm and a body weight of about 7500 g. Its tarsomentatarsus is approximately 135 mm long. It lays one egg per nest. Its nestling coming out of the eggshell is altricial. Cinereous vultures generally move about singly or in pairs. Once they find large-sized dead animal bodies or food, they will gather in groups to snatch and peck them. They are common residents. The cinereous vulture is a national second-class protected animal, and is listed in Appendix II to CITES.

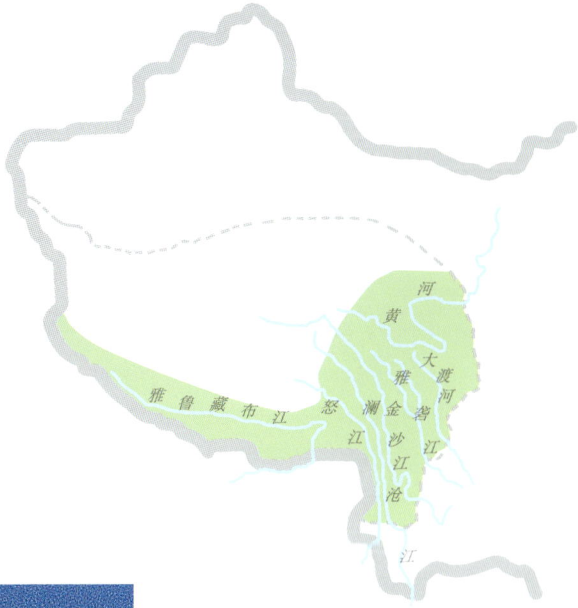

高山兀鹫 *Gyps himalayensis*

别名：喜马拉雅兀鹫

最大型猛禽。成鸟体长约1300mm，体重约10000g。跗蹠约120mm。眼圈黄色，嘴和脚灰色，头和颈被灰色绒羽，体羽灰色。飞翔时翼展2m以上，翅下覆羽白色，胸腹灰色，飞羽黑色，易识别。繁殖期2月～5月。常成对在高山悬崖凹处用枯枝内垫干草筑盘状大巢，巢经每年修补后多次使用而显特大。每窝产卵1枚，大小95×70mm。双亲轮流孵卵。成小群栖息于高山林缘或高山牧场、“天葬场”附近，以腐肉和尸体为食，一旦发现食物，集大群抢食。北方型留鸟。高山牧场均有分布。国家II级保护动物。列入CITES附录II。

Himalayan Griffon

It is called “Getongcha”or “Getongka” in Tibetan.

It is the largest bird species of raptors. Its adult has a body length of about 1300 mm and a body weight of about 10,000 g. Its tarsomentatarsus is approximately 120 mm long. Its propagation period is from February to May. It lays one egg per nest. Himalayan griffons generally in small groups dwell on alpine forest edges or in alpine pastures and around celestial burial sites, feeding on carrion and corpses. Once they find food, they will snatch and eat it in big groups. They are northern resident birds. The Himalayan griffon is a national second-class protected animal, and is listed in Appendix II to CITES.

胡兀鹫 *Gypaetus barbatus*

大型猛禽。成鸟体长约1100mm，体重约5200g，跗蹠约100mm，覆羽。眼圈黄色，嘴和脚均为灰色。头被灰白色绒羽，以贯眼纹黑色与颏下黑色“胡须”相连为明显特征。胸部羽棕栗色，腹部浅栗色，上体黑褐色。飞翔时翅展2m以上、黑翅、棕腹和尾楔形，易识别。繁殖期2月～5月。在高山悬崖峭壁的裂缝处或岩洞中，用枯枝、干草、树叶、破布片等筑巢。每窝产卵2枚，大小92×76mm。常单只在牧场草地、电杆、孤立木上寻觅啮齿类小动物，一旦发现即追捕，抓到栖息处撕而食之，最喜抓捕较大型动物。一般不去和其他猛禽争抢食物，而是等在一旁，待它们吃完后才去吃剩下的残肉、内脏、骨头，将尸骨抓到空中抛下碰碎后吞食，有高原“清道夫”之称。广布型留鸟。见于高山牧场、高山林缘和林中空地。国家I级保护动物。列入CITES附录II。

Bearded Vulture

It is called "Guowu" in Tibetan.

It is a large-sized raptor. Its adult has a body length of about 1100 mm and a body weight of about 5200 g. Its propagation period is from February to May. It lays two eggs per nest. Bearded vultures often dwell singly in grassland or stand on a wire pole or an isolated tree, preying on small animals such as rodents, and also liking to snatch relatively large-sized animals. They generally do not vie with other raptors for food. They will go to eat remnant meat, innards and bones only when other raptors fly away. Thus they are known as scavengers on the highland. They are common residents. They are found in alpine pastures, on forest edges and in glades. The bearded vulture is a national first-class protected animal, and is listed in Appendix II to CITES.

红隼 *Falco tinnunculus*

猛禽。成鸟体长约330mm，体重约180g。嘴蓝灰色、先端黑色，眼圈、蜡膜和脚均为黄色。眉纹浅栗色，髭纹灰黑色，头蓝灰色。背和翅上覆羽暗红色，具似三角形黑斑，腰后灰色。腹部棕色，具深色纵斑，尾下覆羽和腿覆羽均为浅栗色，具深色横斑和白色端斑。繁殖期5月～7月。在悬崖石缝或土洞和树洞中用枯枝和干草营巢。每窝产卵4～5枚，枚重约20g。由雌鸟孵卵约29天，偶见雄鸟孵化，雏鸟出壳晚成性。喜活动于疏林、农区旷野，低空飞行时捕食小鸟和昆虫，也追捕地上啮齿类和爬行类小动物为食。东洋型留鸟。低山农区易见。国家II级保护动物。列入CITES附录II。

Common Kestrel

It is called “Chama” in Tibetan.

It is a raptor. Its adult has a body length of about 330 mm and a body weight of about 180 g. Its propagation period is from May to July. It lays four or five eggs per nest. And its nestlings coming out of the eggshell are altricial.

Common kestrels like to move about in thin stocked forests and open fields in farming regions. When they fly low, they prey upon small birds and insects, and also hunt and eat rodents, small reptiles on the ground. They are Oriental residents. The common kestrel is a national second-class protected animal, and is listed in Appendix II to CITES.

雕鸮 *Bubo bubo*

别名：猫头鹰、鬼冬瓜

大型“有耳”鸮。成鸟体长约650mm，体重约2 100g。我国鸮类中最大个体之一。耳羽长60～70mm，特别明显。通体羽毛大都呈栗色。嘴、爪黑色，脚和趾覆羽。面盘栗色，具黑色斑点和纵纹，喉白色；胸和两胁具黑色纵纹，腹部具细小黑色横斑。多单只栖林中、疏林内或悬岩上。夜行性。北方型留鸟。国家II级保护动物。列入CITES附录II。

Northern Eagle Owl

It is called “Wubaqiebolaren” in Tibetan.

Its adult has a body length of about 650 mm and a body weight of about 2 100 g. Its individual is one of the biggest among owls in China. Northern eagle owls chiefly dwell singly in forests and sparse forests or stand on precipices, being nocturnal. They are northern resident birds. The northern eagle owl is a national second-class protected animal, and is listed in Appendix II to CITES.

灰林鸮 *Strix aluco*

成鸟体长约410mm，体重约700g。头圆，面盘呈明显灰褐色，无耳簇羽。眼圈金黄色，嘴黄色，爪深栗色。趾覆羽，眉纹白色，背深栗色、具深色斑，喉具白色横斑，腹部栗色、具黑白纵纹斑，尾羽栗色、具6道深色横斑。繁殖期5月～6月。以树洞为巢。每窝产卵2～4枚，大小48×40mm。雌鸟孵卵约29天，雏鸟出壳晚成性。多单只栖息于混交林、疏林、林缘和灌木林地区，白天深藏于密林中闭目休息，夜晚捕食啮齿类、两栖类和爬行类动物。东洋型留鸟。国家II级保护动物。列入CITES附录II。

Tawny Owl

It is called “Wubalixia” in Tibetan.

Its adult has a body length of about 410 mm and a body weight of about 700 g. Its propagation period is from May to June. It takes a tree hole as its nest and lays two to four eggs per nest. And its nestlings coming out of the eggshell are altricial. Tawny owls mostly perch singly on mixed forests, and sparse forests, on the edges of forests and in shrubby regions. They hide in a dense forest to have a rest by day and prey on rodents, amphibians, reptiles and insects by night. They are Oriental resident birds. The tawny owl is a national second-class protected animal, and is listed in Appendix II to CITES.

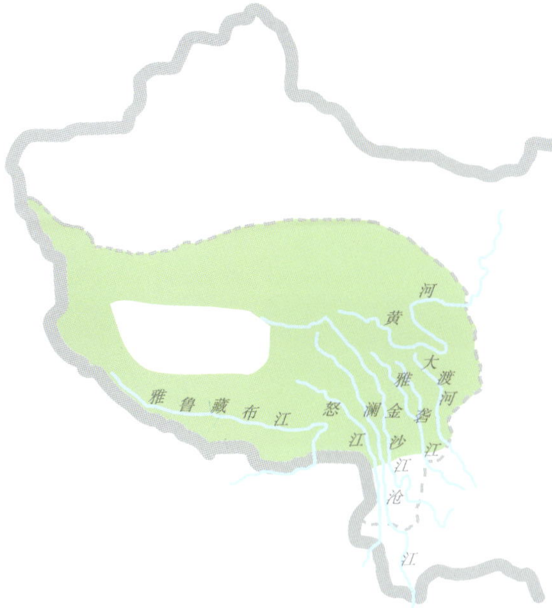

纵纹腹小鸮 *Athene noctua*

成鸟体长约240mm，体重约150g。面盘呈不明显灰白色、无耳簇羽。背灰栗色、具深色斑，眼圈金黄色，眉纹白色，眼周白色，喉具白色横斑，腹部浅灰栗色、具深色斑，翅下覆羽和尾下覆羽白色。繁殖期5月～6月。在悬岩的缝穴和岩洞中刨一小坑，内垫羽毛为巢。每窝产卵3～5枚，大小36×29mm。由雌鸟孵卵约29天，雏鸟出壳晚成性。多单只白天站立于小土丘上、废围垟上、孤立岩石高处寻觅鼠类、昆虫为食。北方型留鸟。各地均有分布。国家II级保护动物。列入CITES附录II。

Little Owl

It is called "Seyawuba" in Tibetan.

Its adult has a body length of about 240 mm and a body weight of about 150 g. Its propagation period is from May to June. It lays three to five eggs per nest. Its nestlings coming out of the eggshell are altricial. Little owls mainly stand singly on small mounds, waste enclosures and isolated rocks by day, hunting for rats and insects. They are northern resident birds. The little owl is a national second-class protected bird, and is listed in Appendix II to CITES.

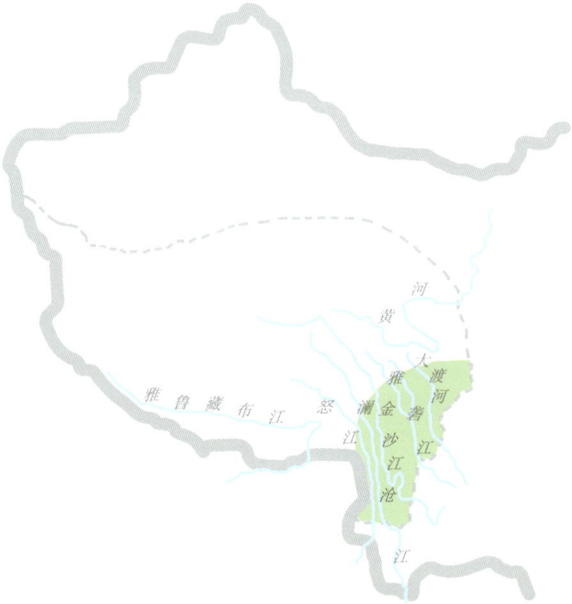

领鸺鹠 *Glaucidium brodiei*

我国最小的鸮类。成鸟体长约150 mm，体重约50 g。嘴黄色，爪黑色，趾黄色，无覆羽，眼圈金黄色，白色的眼圈和喉使面盘特显。无耳簇羽，背部栗色、具深色横斑，后颈有显著的浅黄色领斑，腹白色、具深色纵纹斑，尾下覆羽白色。繁殖期5月～6月。每窝产卵3～5枚，大小30×24 mm。多单只栖息于疏林、林缘和灌木林，白天飞翔于林间和林中空地，捕食鼠类和其他小型动物，夜晚常整夜鸣叫，声音单调甚觉悲凉“PooP–PooP……”。东洋型留鸟。国家II级保护动物。列入CITES附录II。

Collared Pygmy Owl

It is called “Wubaqiongqiong” in Tibetan.

It is the smallest of all the owls in China. Its adult has a body length of about 150 mm and a body weight of about 50 g. Its reproduction period is from May to June. It lays three to five eggs per nest. Collared pygmy owls mostly dwell singly in scattered woodland and shrubberies and on the edges of forests, fly in forests and glades and prey on rats and other small-sized animals by day, and often cry in the whole night. Their monotonous crying voice makes people feel sad and dreary. They are Oriental resident birds. The collared pygmy owl is a national second-class protected animal, and is listed in Appendix II to CITES.

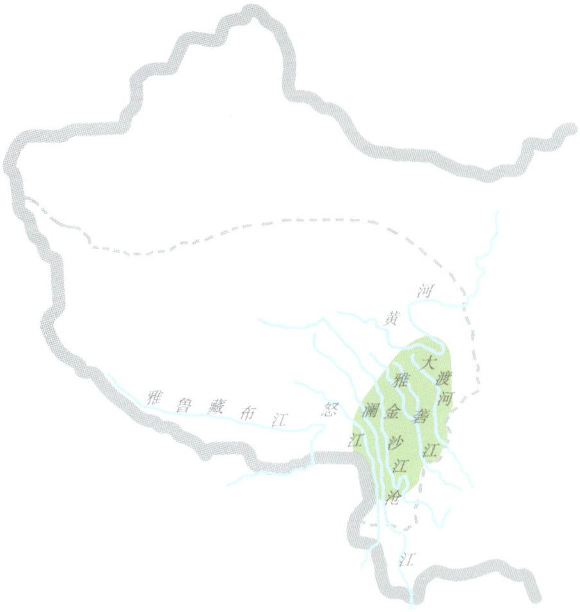

四川林鸮 *Strix davidi*

别名：四川长尾林鸮

成鸟体长约540mm，体重约550g。头圆，面盘灰白色明显，无耳簇羽。眼深栗色，嘴黄色，爪深栗色，趾覆羽。头顶具深色纵纹，背深栗色，具网眼状灰白色斑，腹灰白色，具深栗色纵纹斑，尾羽灰栗色，具深色横斑。繁殖期5月～6月。以树洞为巢，每窝产卵2～5枚，大小45×40mm。雌鸟孵卵约28天，雏鸟出壳晚成性。典型林栖鸟。白天藏于树林中休息，夜晚捕食鼠类，也吃昆虫和其他小型动物。东洋型留鸟。国家II级保护动物。《中国物种红色名录》评估为易危级（VU）。列入CITES附录II。中国特产鸟。

Sichuan Wood Owl

It is called "Wubaniuren" in Tibetan.

Its adult has a body length of about 540 mm and a body weight of about 550 g. Its breeding period is from May to June. It takes a tree hole as its nest, and lays two to five eggs per nest. Its nestlings coming out of the eggshell are altricial. It is a forest-inhabiting bird species. Sichuan wood owls generally hide in forests to take a rest by day, and prey on rats, insects and other small-size animals by night. They are Oriental resident birds. The Sichuan wood owl is a national second-class protected animal. It is listed in China Species Red List, belonging to the (VU) category, and also in Appendix II to CITES. It is an endemic bird species to China.

䴙䴘科

游禽。善水中游泳和潜水，陆地行走困难。全世界有22种，中国有5种。本书介绍两种。

Podicipedidae (Grebes)

The members of the Podicipididae family are natatorial birds. They are adept in swimming and diving, but it is difficult for them to walk on the ground. There are 22 species of grebes in the world, and 5 species of them are found in China. 2 species of them are depicted in the album.

凤头䴙䴘 *Podiceps cristatus*

成鸟体长约500mm，体重500~1000g。嘴长而尖，从嘴角至眼有一黑线。颈细长且垂直向上伸，头顶具两束黑色冠羽。后颈和上体均暗褐色，下体灰白色，翅具白斑。多成小群栖息于开阔的高原湖泊、河流和沼泽地。善游泳，潜入水中捕食小鱼、软体动物和昆虫。繁殖期5月~6月。以露出水面的水草为巢基，其上用干水草筑巢，每窝产卵4~5枚，枚重约32g。双亲鸟轮流孵卵，雏鸟出壳早成性。幼鸟孵出后不久，即能随亲鸟下水游泳。夏季在青藏高原繁殖的夏候鸟。四川省重点保护鸟类。

Great crested grebe

It is called “Zuqingquyaqiongqiong” in Tibetan.

Its adult has a body length of about 500 mm and a body weight of 500 to 1000 g. The great crested grebe is a summer bird species which reproduces in the Qinghai-Tibet Plateau in summer. Great cresred grebes mostly in small groups inhabit open highland lakes, rivers and marches, and are adept in swimming and diving into water for preying small fishes, molluscs and insects. Their reproduction period is from May to June. They use dry waterweeds for nesting, and lay four to five eggs per nest. Their nestlings coming out of the eggshell are They are summer visitors which reproauce in summer in the Qinghai-Tiber plateau. precocial. The great crested grebe is a Sichuan provincial key protected bird species.

小䴙䴘 *Tachybaptus ruficollis*

游禽。成鸟体长约260mm，体重约220g。眼圈黄色，嘴黑色，脚蓝灰色，身体短胖，眼和嘴裂均为乳黄色，易辨认。夏羽头和上体黑褐色，颊、颈侧和前颈红栗色。绒毛状尾羽短小，极不明显，看似无尾。臀部灰白色，上胸灰褐色，下体白色，两胁灰褐色，后侧沾有红棕色。冬羽上体灰褐色，下体白色。善游泳和潜水。陆地行走迟缓笨拙。只能在水面涉水助跑后才能起飞，不善飞行。繁殖期6月～7月。浮巢用硬质水草支撑，置于浅水处草丛间，飘于水面，露出约60～100mm。每窝产卵4～7枚，枚重约12g。雌雄鸟轮流孵卵22～26天，雏鸟出壳早成性。以小鱼、蝌蚪、甲壳类和软体类小动物为食。东洋型留鸟。四川省级保护鸟。

Little Grebe

It is called "Quyaqiongqiong" in Tibetan.

It is a natatorial bird. Its adult has a body length of about 260 mm and a body weight of about 220 g. Its breeding period is from June to July. It lays four to seven eggs per nest. Its nestlings coming out of the eggshell are precocial. Little grebes are adept in swimming and diving. They walk slowly and clumsily on the ground. And they are not good at flying. They live on small fishes, tadpoles, small crustaceans and mollusks, being Oriental resident birds. The little grebe is a bird species under Sichuan Province protection.

鸬鹚科

游禽。体羽均黑色。多成群生活于河流、湖泊等水域，潜水捕鱼为食。全世界有39种，中国有5种。本书介绍1种。

Phalacrocoracidae (Cormorants)

The members of the Phalacrocoracidae family are swimming birds with a black plumage. They mostly live in groups in waters such as rivers and lakes and dive for preying on fish. There are 39 species of cormorants in the world, 5 species of which are found in China. One species of them is described in the album.

鸬鹚 *Phalacrocorax carbo*

别名：鱼老鸹、鱼猫子

成鸟体长约900mm，体重约2000g。眼圈蓝色，嘴和脚黑色，蜡膜黄色。通体羽毛黑色、具金属闪光，嘴厚重，脸颊及喉白色。两胁具白斑，冬季消失。休息时垂直站立岸边石上或树上，不时扇动两翅。繁殖期5月～7月。通常成群结对在河湖岸边树上用枯枝和干草营巢，也喜用旧巢。每窝产卵3～5枚，枚重约46g。雌雄鸟轮流孵卵28～30天，雏鸟出壳晚成性，两周后才长满绒羽。幼鸟在双亲的咽部取食半消化食物，60天后幼鸟飞离巢，3年后性成熟。四川省重点保护鸟。

Great Cormorant

It is called “Quyanagong” in Tibetan.

The body length of its adult is about 900 mm and the body weight of its adult is about 2000 g. Its propagation period is from May to July. Groups of great cormorants generally employ withered branches and hay in building their nests on trees along the banks of rivers or lakes, and also like to make use of the former nests. They lay three to five eggs per nest. Their nestlings coming out of the eggshell are altricial. The great cormorant is adept in going under water to prey on fishes, and is also a bird species under Sichuan Province priority protection.

鹭科

涉禽。嘴较长。全世界有62种，中国有23种。本书介绍3种。

Ardeidae (Herons, Egrets, Bitterns)

The members of the Ardeidae family are wading birds with a relatively long bill. There are 62 species of Ardeidae birds in the world, 23 species of which are found in China. 3 species of them are depicted in the album.

苍鹭 *Ardea cinerea*

涉禽。成鸟体长约1 000 mm，体重约1 500 g。眼圈黄色，嘴和脚黄绿色，爪黑色。头、颈、嘴和脚均显瘦长。上体灰色，下体白色，前颈有2～3条纵列黑斑，体侧有大型黑斑。雄鸟头顶有4根黑色羽毛分为两条状若辫子的冠羽。飞行或远看为白色。飞翔时飞羽扇动较慢，颈向后缩成“Z”型，脚远伸尾后。繁殖期5月～6月。雄鸟寻枯枝、干草等巢材供雌鸟两周内在水域附近筑圆柱状巢，筑成后隔天产卵1枚，每窝产卵3～6枚，枚重约60g。雌雄鸟轮流孵卵25天左右，雏鸟出壳晚成性。双亲哺育幼鸟，40天后幼鸟飞离巢。喜集群于江河湖泊等水域浅水岸边，晚上成群栖息于高大树上。多于晨、昏以捕捉鱼、蝌蚪和昆虫等动物为食。北方型夏候鸟。

Grey Heron

It is called “Chongchonggongren” in Tibetan.

It is a wader. Its adult has a body length of about 1 000 mm and a body weight of about 1 500 g. Its breeding period is from May to June. It lays three to six eggs per nest. Its nestlings coming out of the eggshell are altricial. Grey herons like to flock along the banks of shallows of the waters such as rivers and lakes and perch in groups on big and high trees at night. They feed on fishes, tadpoles and insects mostly in the morning and evening. They are northern summer visitors.

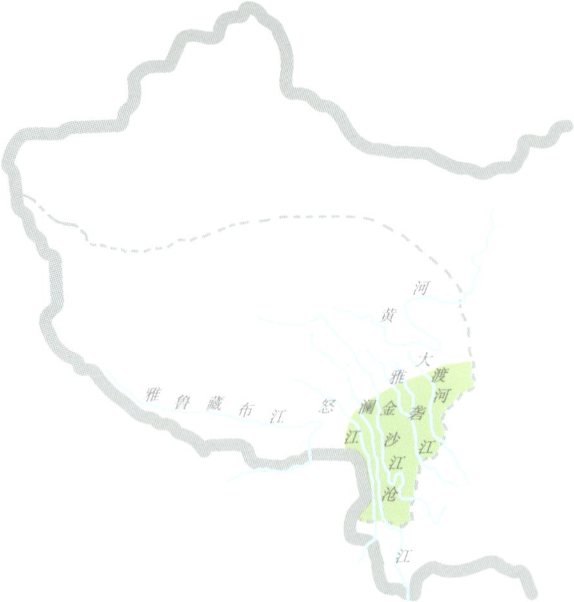

白鹭 *Egretta garzetta*

别名：小白鹭

涉禽。成鸟体长520～680mm，体重330～510g。眼圈黄色，嘴、脚和爪均为黑色，趾黄绿色。体羽全白，夏季颈背具细长矛状饰羽，背及胸具蓑状羽。繁殖期4月～7月。由雄鸟寻枯枝干草供雌鸟在大树高处筑浅盘状简单巢。每窝产卵3～6枚，隔天产1枚，枚重约29g。雌鸟孵化为主的双亲共孵卵约25天，雏鸟出壳晚成性，双亲共育雏。栖息于溪流、湖泊和沼泽地带。喜集群，捕鱼、虾、蝌蚪、蛙和水陆生昆虫为食。东洋型夏候鸟。列入CITES附录III。

Little Egret

It is called “Quxu” in Tibetan.

It is a wading bird. Its adult has a body length of 520 to 680 mm and a body weight of 330 to 510 g. Its propagation period is between April and July. It lays three to six eggs per nest. Its nestlings coming out of the eggshell are altricial. Little egrets inhabit streams, lakes and marshes, and like to flock together, feeding on fishes, shrimps, tadpoles, frogs and aquatic and terrestrial insects. They are Oriental summer residents. The little egret is listed in Appendix III to CITES.

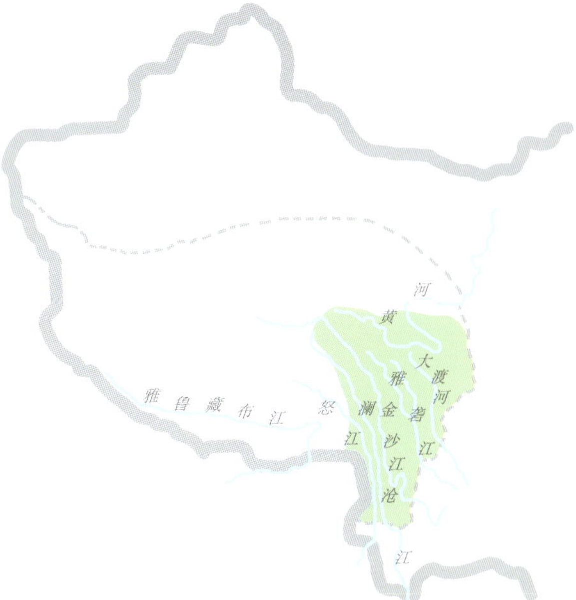

白琵鹭 *Platalea leucorodia*

中型涉禽。成鸟体重1800～2100g，体长800～900mm，脚长1400～1500mm。嘴长而直，上下扁平、黑色，前端扩大呈黄色匙状。脚长黑色。夏羽全身白色，头后枕部具橙黄色发丝状冠羽，前颈下部具橙黄色颈环，冬羽无羽冠和黄色颈环。夏候鸟。栖息于高原较宽阔的河流、湖泊和沼泽等浅水处，以水生昆虫、蛙、蝌蚪、小鱼和软体动物为食。国家II级保护动物。

White Spoonbill

It is a medium-size wading bird. Its adult has a body weight of 1800 to 2100 g and a body length of 800 to 900 mm. Its bill is long and straight and its black legs are also long. White spoonbills are summer visitors. They inhabit shallows of wide rivers, lakes and marshland in the highland, and feed on aquatic insects, frogs, tadpoles, small fishes and molluscs. The white spoonbill is a national second-class protected animal.

鹳科

大型涉禽。嘴、颈和脚均甚长，尾较短。全世界有19种，中国有5种。本书介绍1种。

Ciconiidae (Storks)

They are big-size wading birds. All their bill, neck and legs are rather long, but their tail is comparatively short. There are 19 species of storks in the world, 5 species of which are found in China. One species of them is described in this album.

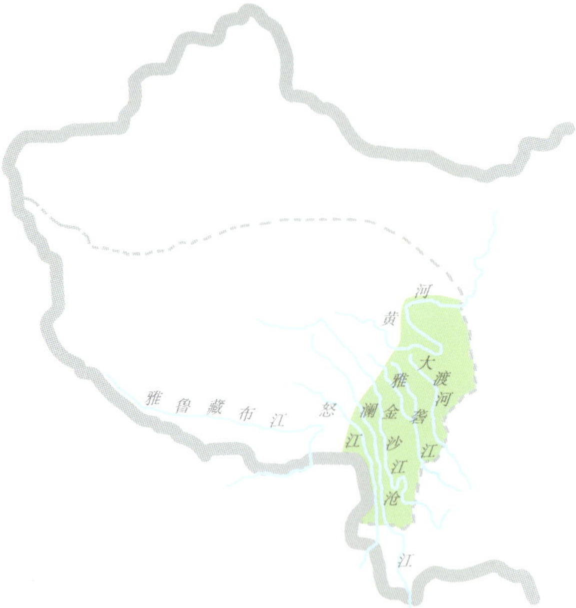

黑鹳 *Ciconia nigra*

涉禽。成鸟体长1000～1200mm，体重2000～3000g，站立时身高约1m。上体黑色，下体白色，嘴和脚暗红色，眼圈黑色。繁殖期4月～7月。雄鸟寻枯枝、苔藓、干草和树叶等巢材，由雌鸟筑巢。在巢中交配。每窝产卵4～6枚，枚重约78g。双亲鸟轮流孵卵约33天，后期则全由雌鸟孵卵，雏鸟出壳晚成性。雏鸟出壳后，雄鸟外出捕食，雌鸟留巢保温护雏。待雏鸟体温恒定后，双亲鸟外出捕食哺幼。亲鸟将食物贮于食囊中带回，再吐出让雏鸟啄食。幼鸟100天后离巢。据笼养资料，此鸟最高寿命可达31年。栖息于人迹罕至、有森林的河、湖、沼泽地带。捕鱼、蛙、啮齿类动物、爬行类动物、幼鸟和昆虫为食。北方型留鸟。国家I级保护动物。列入CITES附录II。

Black Stork

It is called “Chongchongnabu” in Tibetan.

It is a wader. Its adult has a body length ranging from 1000 to 1200 mm, and a body weight ranging from 2000 to 3000 g. Its tarsometatarsus is about 210 mm long. When it stands, it has a height of approximately 1 m. Its breeding period is from April to July. Its male bird collects withered twigs, moss, hay and leaves as nesting material, but the nesting work is done by its female bird. The male and female birds mate in the nest, and then the female bird lays four to six eggs per nest. The parent birds brood by turns for about 33 days. The nestlings coming out of the eggshell are altricial. Black storks inhabit areas along rivers, lakes and marshes which are uninhabited and forested. They live on fishes, frogs, rodents, reptiles, young birds and insects. They are northern non-migratory birds. The black stork is a national first-class protected animal and is listed in Appendix II to CITES.

鸭科

本科多为游禽，体型似鸭，大的如天鹅，体重近10000g，翅长600mm，小的如棉凫，仅300g，翅长仅150mm。它们栖息于各类不同水域，善游泳，有的还善潜水，多成群活动。以水生昆虫、小鸟、软体动物为食。非繁殖期以水生植物和水藻为食。全世界约157种，中国有47种，青藏高原分布有24种。本书介绍18种。

Anatidae (Ducks, Geese, Swans)

Most of family Anatidae birds are natatorial, looking like ducks in build. Among them, a large swan has a body weight of nearly 10 000g and a wing length of 600 mm, but the smallest cotton teal has a body weight of only 300 g and a wing length of only 150 mm. They inhabit various kinds of water areas and are adept in swimming, and some of them are also good at diving. They mostly move about in groups, feeding on aquatic insects, little birds and mollusks. And yet they eat aquatic plants and algae during the non-breeding period. There are about 157 species of Anatidae birds found in the world. There are 47 species found in China, and 24 species of them are found in the Qinghai-Tibet Plateau. 18 species are described in the album.

斑头雁 *Anser indicus*

游禽。成鸟体长650～850mm，体重2000～3000g。通体灰褐色，颈侧白色。头顶有两道黑色带斑。眼圈暗棕色，嘴、脚和趾橙黄色，嘴尖黑色。繁殖期4月～6月。在水中交配。雌雄鸟选择人迹罕至的岸边或湖心岛地上、悬岩上或矮树上寻干草为巢材，以雌鸟为主筑巢。雌鸟先用脚掘地，刨出一小圆坑，再垫巢材。巢成后10～12天产卵，每窝产卵4～6枚，枚重约136g。第一枚卵产出后，雌鸟孵卵并拔腹羽绒铺垫，孵化期28～30天，雏鸟出壳早成性，不久即下水活动。成鸟集群栖息于高原湖泊，尤喜咸水湖，虽善游泳但以陆栖为主。采食植物叶、芽、茎和种子等，也捕食软体动物和昆虫。高地型夏候鸟。迁徙时，以白天觅食休息、夜晚飞行为主，迁徙路线较固定。

Bar-headed Goose

It is called “Eba” in Tibetan.

It is a swimming bird. Its adult has a body length of 650 to 850 mm and a body weight of 2000 to 3000 g. Its breeding period is from April to June. It lays four to six eggs per nest. Its nestlings coming out of the eggshell are precocial. Adult birds flock around plateau lakes, especially liking to dwell in salt-water lakes. Though they are good at swimming, they are mainly terrestrial. They feed on leaves, buds, stems and seeds of plants, mollusks and insects. They are upland summer residents. When they migrate, they mostly hunt for food by day and flight by night, and have a relatively fixed migratory route.

灰雁 *Anser anser*

游禽。成鸟体长800～900mm，体重3000～4000g，跗蹠约75mm。体大肥胖。嘴和脚肉红色，上体灰褐色，下体乌白色。背和两肩灰褐色具棕白色羽缘，腰两侧白色。飞羽黑褐色、具白色端斑和羽缘，尾上下覆羽白色，最外侧两对尾羽全白色。繁殖期4月～6月。雌雄鸟选择隐蔽的水边草丛或灌木丛地上用干草筑巢，内垫绒羽。每窝产卵4～8枚，每天产1枚，枚重约160g。由雌鸟孵卵27～29天，雏鸟出壳早成性。喜群集栖息于水草丰茂的江河、湖泊和湿地沼泽，以植物为食，也食小鱼和昆虫等。白天觅食，晚上休息。北方型夏候鸟，迁徙时晚上飞行。

Graylag Goose

It is called “Ebaxiabo” in Tibetan.

It is a swimming bird. Its adult has a body length of 800 to 900 mm and a body weight of 3000 to 4000 g, Its breeding period is from April to June. It uses hay for building its nest in concealed thick grassland and thicket land near waters. It lays four to eight eggs per nest. Its nestlings coming out of the eggshell are precocial. Graylag geese like to flock along rivers and lakes and in wetland and marshy land which have plenty of water and lush grass, living on plants, and also feeding on small fishes and insects. They look for food by day and take a rest by night. They are northern summer residents, and fly at night during the migration.

疣鼻天鹅 *Cygnus olor*

游禽。成鸟体长1300～1550mm，体重7000～10000g。全身白色，嘴赤红色。雄鸟前额有突起的黑色疣瘤。游水时颈呈“S”形。只能在水中涉水助跑约50m后才能起飞。繁殖期3月～5月。配偶较固定，终生为伴。雌鸟在岸边草丛中用干草筑直径约1.5m大巢，雄鸟离此约50m筑一简陋似草垫般的辅巢夜宿。每窝产卵5～6枚，隔天1枚，重约360g。雌鸟孵卵35～36天，雏鸟出壳早成性。幼鸟150天后才能飞离巢。喜成对或家族群栖息于水草丰茂的高原湖泊、流速缓慢的宽河谷、河湾和沼泽，水栖为主。采食水生植物和水中小动物。北方型夏候鸟。国家II级保护动物。《中国物种红色名录》评估为近危级（NT）。

Mute Swan

It is called "Ebagabo" in Tibetan.

It is a natatorial bird. Its adult has a body length of 1300 to 1550 mm and a body weight of 7000 to 10000 g. Its breeding period is from March to May. Its mate is rather fixed and generally live together for life. It lays five or six eggs per nest. Its nestlings coming out of the eggshell are precocial. Mute swans like to dwell in pairs or in families around plateau lakes with plenty of water and lush grass and in wide river valleys and estuaries with a slowly flowing water, and marshes, feeding on aquatic plants and small animals in the water. The mute swan is a national second-class protected animal, and is listed in China Species Red List, belonging to the Near Threatened (NT) category.

大天鹅 *Cygnus cygnus*

游禽。成鸟体长1200~1600mm，体重6000~9000g。全身白色，嘴基黄色，嘴端黑色不过鼻孔。颈特长，游水时伸直朝上，头向前平伸，只能在水中涉水助跑后起飞。繁殖期5月~6月。雌鸟在岸边干燥地上或大量堆集的草垛上用干草筑直径约1m的大巢，内垫苔藓和羽绒。每窝产卵4~6枚，枚重330g。雌鸟孵卵31~40天，雏鸟出壳早成性。配对鸟较固定，如无配偶死亡，终生为伴。喜集群栖息于水草丰茂的高原湖泊或流速缓的宽河谷，通常在水中活动，善游泳、不潜水。采食水生植物或水中昆虫。北方夏候鸟。国家II级保护动物。《中国物种红色名录》评估为近危级（NT）。

Whooper Swan

It is called “Ebagabuqiebo” in Tibetan.

It is a swimming bird. Its adult has a body length of 1 200 to 1 600 mm and a body weight of 6 000 to 9 000 g. Its propagation period is from May to June. It lays four to six eggs per nest. Its nestlings coming out of the eggshell are precocial. Whooper swans are relatively fixed pairing birds. Without the death of their mates, they will be lifelong companions. Whooper swans like to flock around plateau lakes with plenty of water and lush grass or in wide river valleys with slowly flowing water. They generally move about in water, and are adept at swimming, feeding on aquatic plants and insects in the water. They are northern summer residents. The whooper swan is listed in China Species Red List, belonging to the (NT) category.

小天鹅 *Cygnus columbianus*

游禽。成鸟体长1100～1300mm，体重4000～7000g。嘴基黄色小于大天鹅、嘴端黑色过鼻孔，全身白色，体型明显小于大天鹅。颈和嘴比大天鹅短，也只能在水中涉水助跑后起飞。繁殖期6月～7月。雌鸟在岸边多草的苔藓地上或沼泽地的小土丘上用干草筑约1m的盘状巢，内垫苔藓和羽绒。每窝产卵2～5枚，枚重260g。雌鸟孵卵29～31天，雏鸟出壳早成性。幼鸟40天后飞离巢。喜集群栖息于水草丰茂的高原湖泊或流速缓慢的宽河谷。采食水生植物或水中小动物。北方型夏候鸟。国家II级保护动物。《中国物种红色名录》评估为近危级（NT）。

Tundra Swan, Whistling Swan

It is called “Ebagabuqiongqiong” in Tibetan.

It is a swimming bird. The body length of its adult is between 1100 and 1300 mm and the body weight of its adult is between 4000 and 7000 g. The bodily form of the tundra swan is obviously smaller than that of the whooper swan. Its breeding period is between June and July. It lays two to five eggs per nest. Its nestlings coming out of the eggshell are precocial. Tundra swans like to flock around plateau lakes with plenty of water and lush grass or in wide river valleys with a slowly flowing water, living on aquatic plants or small animals in the water. They are northern summer residents. The tundra swan is a national second-class protected animal, and is listed in China Species Red List, belonging to the (NT) category.

针尾鸭 *Anas acuta*

游禽。成鸟体长500～700mm，体重700～1000g。尾长而尖，嘴和脚灰黑色。雄鸟头棕黑色，胸白色，颈侧有一条鲜明的白带延至脸后，背部有黑白相间的扇贝形纹，尾黑色，中央尾羽特长，两翼灰色、具铜绿色羽镜，下体白色。雌鸟暗灰褐色，下体皮黄多黑斑，胸部具黑点。繁殖期4月～7月。在水域附近草丛或灌丛低地上用干草筑巢。每窝产卵6～10枚，枚重约50g。由雌鸟孵卵21～23天，雏鸟出壳早成性。喜集群在溪流、湖泊栖息，觅食水草和小型动物。北方型留鸟。列入CITES附录III。

Northern Pintail, Pintail

It is called “Quyaena” in Tibetan.

It is a swimming bird. The body length of its adult is between 500 and 700 mm and the body weight of its adult is between 700 and 1000 g. Its breeding period is from April to July. It uses hay for building its nest on the low ground in a thick growth of grass or shrub thicket near waters. It lays six to ten eggs per nest. Its nestlings coming out of the eggshell are precocial. Northern pintails like to flock along streams and lakes, feeding on water weeds and small aquatic animals. They are northern non-migratory birds. The northern pintail is listed in Appendix III to CITES.

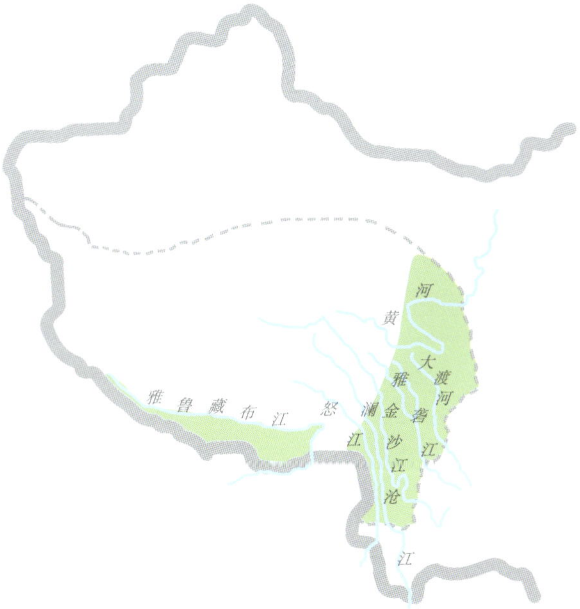

斑嘴鸭 *Anas poecilorhyncha*

游禽。成鸟体长约600mm，体重约1100g。雌雄鸟羽色相似。嘴黑、前端黄色，脚橘红色，眉纹、喉和颏均为黄白色，贯眼纹深栗色。飞翔时尾下覆羽黑色，翼下覆羽和腋羽白色，易识别。繁殖期5月～7月。在水域岸边草丛、灌丛或河岸岩缝中用干草筑巢，内垫羽绒。每窝产卵9～10枚，枚重约48g。雌鸟孵卵约24天，雏鸟出壳早成性。除繁殖期成对外，集群栖息于高山湖泊或宽谷溪流，以水生植物和小动物为食。东洋型留鸟。

Spot-billed Duck

It is called “Quyayuzuose” in Tibetan.

It is a swimming bird. Its adult has a body length of about 600 mm and a body weight of about 1100 g. Its propagation period is between May and July. Spot-billed ducks use hay for building their nests in thick growths of grass and thickts at the banks of waters or rocky crevices on the banks of a river. They lay nine to ten eggs per nest. Their nestlings coming out of the eggshell are precocial. Except being in pairs during the breeding, spot-billed ducks generally flock around alpine lakes and along wide-valley streams, feeding on aquatic plants and small aquatic animals. They are Oriental resident birds.

赤麻鸭 *Tadorna ferruginea*

别名：黄鸭

游禽。成鸟体长500～700mm，体重约1500g。全身赤黄褐色，翅上有明显白色翅斑和铜绿色翼镜。嘴、脚和尾均为黑色。雄鸟有一黑色颈环。飞翔时黑色的嘴、脚、尾羽、飞羽和黄褐色体羽及翼上翼下白色覆羽，易辨认。繁殖期4月～6月。在水域附近山坡的鼠洞内用干草和羽绒营巢。每窝产卵8～10枚，每天产1枚，枚重约80g。卵产齐后即由雌鸟孵卵28～30天，雏鸟出壳早成性，再由雌鸟背回水域。除繁殖期成对活动外，其他时候多以家族群或小群在湖泊和溪流中栖息，觅食水草和水生小动物。北方型留鸟。

Ruddy Shelduck

It is called “Xiaeba” in Tibetan.

It is a natatorial bird. Its adult has a body length of 500 to 700 mm and a body weight of about 1500 g. Its plumage is reddish tawny. Its breeding period is from April to June. It uses hay and feathers for building the nest in the den on the hilly slopes near waters. It lays eight to ten eggs per nest. Its nestlings coming out of the eggshell are precocial. Except moving in pairs during the breeding, ruddy shelducks often inhabit lakes and streams in a family group or in small groups to prey on water plants and small aquatic animals. They are northern residents.

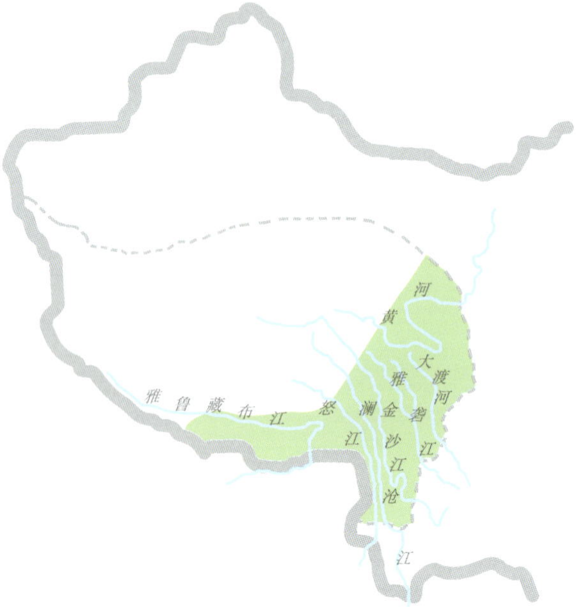

绿翅鸭 *Anas crecca*

游禽。成鸟体长约370mm，体重500～700g。嘴、脚黑色。雄鸟头和颈栗色；头部有明显的绿色金属光泽贯眼纹，肩羽上有一条长长的白色条纹，深色尾下覆羽有一淡黄色斑块，体羽深灰色。雌鸟褐色，间杂深色斑纹，腹羽灰白。飞翔时，雌雄鸟翅上具有翠绿色金属光泽翼镜和翼镜前后缘的白边，最易辨认。繁殖期5月～7月。在水域附近草丛、灌木丛地上刨一小坑，铺以干草，内垫羽绒，每窝产卵8～11枚，枚重约28g。由雌鸟孵卵21～23天，雏鸟出壳早成性。集群栖息于水草丰茂的溪流、湖泊，在大浅滩处觅食水生植物和小型动物。北方型留鸟。列入CITES附录III。

Green-winged Teal, Common Teal

It is called “Quyayouxue” in Tibetan.

It is a natatorial bird. Its adult has a body length of about 370 mm and a body weight of 500 to 700 g. Its breeding period is from May to July. It uses hay for building its nest on the ground with a thick growth of grass or shrub thicket near waters. It lays eight to eleven eggs per nest. Its nestlings coming out of the eggshell are precocial. Green-winged teals flock along streams and around lakes and big shallows which boast plenty of water and luxuriant grass, preying upon aquatic plants and small-sized animals. They are northern resident birds. The green-winged teal is listed in Appendix III to CITES.

罗纹鸭 *Anas falcate*

游禽。成鸟体长约500 mm，体重约900 g。嘴和脚黑色。雄鸟头顶栗色，额具一小白斑，脸和颈侧具绿色金属光泽，胸和颈间有一黑环，黑白相间的三级飞羽长而弯曲，喉至前颈白色，尾下两侧各有三角形乳黄色斑块。雌鸟暗褐色，间杂深色斑。繁殖期5月～7月。在水域附近草丛或灌木丛地上用干草营巢，每窝产卵6～10枚，枚重约35 g。由雌鸟孵卵24～29天，雏鸟出壳早成性。常成对或小群栖息于水草丰茂的溪流、湖泊和沼泽地，多晨昏觅食水草和小型水生动物。北方型留鸟。《中国物种红色名录》评估为近危级（NT）。

Falcated Duck, Falcated Teal

It is called “Quyayouge” in Tibetan.

It is a swimming bird. Its adult has a body length of about 500 mm and a body weight of about 900 g. Its breeding period is from May to July. It makes use of hay to build its nest on the ground with a thick growth of grass or shrub thicket near waters. It lays six to ten eggs. Its nestlings coming out of the eggshell are precocial. Falcated ducks often in pairs or in small groups inhabit streams, lakes and marshes with plenty of water and lush grass, and hunt for aquatic plants and small aquatic animals as food mostly in the morning and evening. They are northern residents. The falcated duck is listed in China Species Red List, belonging to (NT) category.

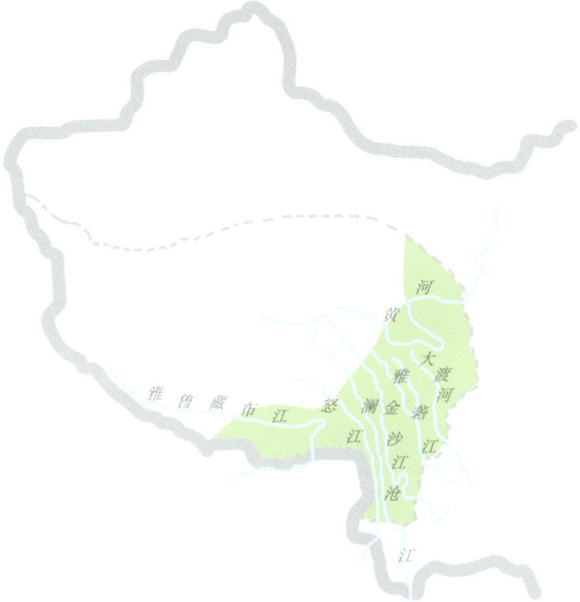

白眉鸭 *Anas querquedula*

游禽。成鸟体长约400mm，体重约450g。雄鸟嘴黑色，头顶深栗色，颈、胸和背均为栗色，以明显的白色眉纹延至头后为其特征，易识别。腹白色，黑白两色的肩羽延长成尖形，翼镜绿色，前后具白边。雌鸟褐色，贯眼纹黑色，腹白色。飞行时，雄鸟蓝灰色翅上覆羽，易辨认。繁殖期5月～7月。在水域附近草丛、灌木丛地上的坑或洞垫上干草即成巢，四周围以羽绒，离巢时盖卵。每窝产卵8～12枚，枚重约27g。雌鸟孵卵21～24天，雏鸟出壳早成性。成小群活动于开阔的湖泊、溪流和沼泽中。多夜间采食水生植物和小动物，白天于水上或草丛中休息。北方型留鸟。列入CITES附录III。

Garganey

It is called “Quyamiga” in Tibetan.

It is a natatory bird. Its adult has a body length of about 400 mm and a body weight of about 450 g. Its breeding period is between May and July. It makes use of hay to build its nest in a thick growth of grass and on shrub land near waters. It lays eight to twelve eggs. Its nestlings coming out of the eggshell are precocial. Garganeys move in small groups in open lakes, streams and marshes, mostly preying on aquatic plants and small aquatic animals at night, and taking a rest on water and in a thick growth of grass by day.They are northern residents. The garganey is listed in Appendix III to CITES.

翘鼻麻鸭 *Tadorna tadorna*

大型鸭类。成鸟体长52～65mm，体重1000～1500g。体羽多为白色，头和上颈黑色，具绿色光泽，嘴红色、上翘，脚红色，爪黑色。繁殖期5月～7月。营巢于岸边沙丘或石壁间，每窝产卵8～10枚。雌鸟孵卵27～29天，雏鸟出壳早成性。栖息于高原湖泊或沼泽地带。以水生植物和小动物为食。夏候鸟。

Common Shelduck

It is a large-size duck. Its adult has a body length of 52 to 65 mm and a body weight of 1000 to 1500 g. Its breeding period is between May and July. It builds its nest on sand dunes or between cliffs at the banks of waters. It lays eight to ten eggs per nest. Its nestlings coming out of the eggshell are precocial. Common shelducks inhabit lakes and marshland of the highlands, feeding on aquatic plants and small aquatic animals. They are summer visitors.

绿头鸭 *Anas platyrhynchos*

游禽。成鸟体长约600mm，体重约1000g。雄鸟嘴黄色，脚橘红色，头和颈绿色、具金属光泽，颈基有白环；上体黑色，胸栗色，腹和两胁灰白色，两对中央尾羽黑色，向上卷曲成钩状，外侧尾羽白色。繁殖期4月～6月。在水域岸边草丛、灌丛、石尖上或树杈间用干草营巢。每窝产卵7～10枚，枚重约50g。由雌鸟孵卵25～27天，雏鸟出壳早成性。除繁殖期成对外，集群栖息于水草丰茂的溪流、湖泊或沼泽地。多晨昏觅食，系以水草为主的杂食性水鸟。北方型留鸟。

Mallard

It is called “Quyayoue” in Tibetan.

It is a natatorial bird. Its adult has a body length of about 600 mm and a body weight of about 1 000 g. Its propagation period is from April to June. It uses hay for building its nest in a thick growth of grass, a shrubbery, and a tree at the banks of waters. It lays seven to ten eggs per nest. Its nestlings coming out of the eggshell are precocial. Except moving in pairs during the breeding, mallards often flock along streams and around lakes and in marshes which have plenty of water and lush grass. They are omnivorous waterfowls,mainly feeding on water plants, and also are northern residents.

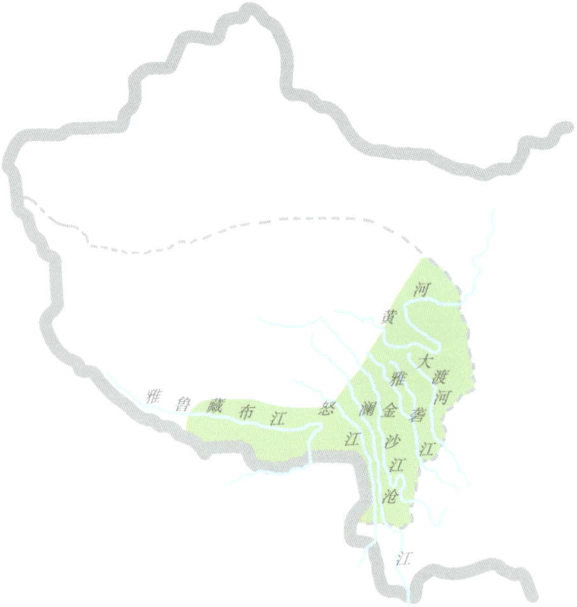

赤颈鸭 *Anas penelope*

游禽。成鸟体长约470mm，体重约600g。雄鸟头和颈红栗色，额至头顶有一条乳黄色冠羽，体羽灰色，背和两胁有白斑，腹白色，尾下覆羽黑色。飞行时白色翅上下覆羽与深色飞羽及绿色翼镜明显，易辨认。雌鸟通体栗灰色，腹白色。繁殖期5月～7月。于水域附近的草丛、灌木丛地下刨一浅坑，上铺干草，四周围以羽绒为巢，离巢时用羽绒盖卵。每窝产卵8～9枚，每天1枚，枚重约45g。第一枚卵产出后由雌鸟孵卵22～24天，雏鸟出壳早成性。除繁殖期成对外，多集群栖息于水草丰茂的湖泊、宽谷和沼泽，觅食水生植物和小动物。北方型留鸟。列入CITES附录III。

Eurasian Wigeon, Wigeon

It is called “Quyagese” in Tibetan.

It is a swimming bird. Its adult has a body length of about 470 mm and a body weight of about 600 g. Its propagation period is from May to July. Eurasian wigeons use hay for building their nests in a thick growth of grass and shrub land near waters. They lay eight to nine eggs per nest. Their nestlings coming out of the eggshell are precocial. Except being in pairs during the breeding, Eurasian wigeons mostly flock around lakes and in wide valleys of a river and marshes with plenty of water and luxuriant grass, and prey on aquatic plants and small aquatic animals. They are northern non-migratory birds. The Eurasian wigeon is listed in Appendix III to CITES.

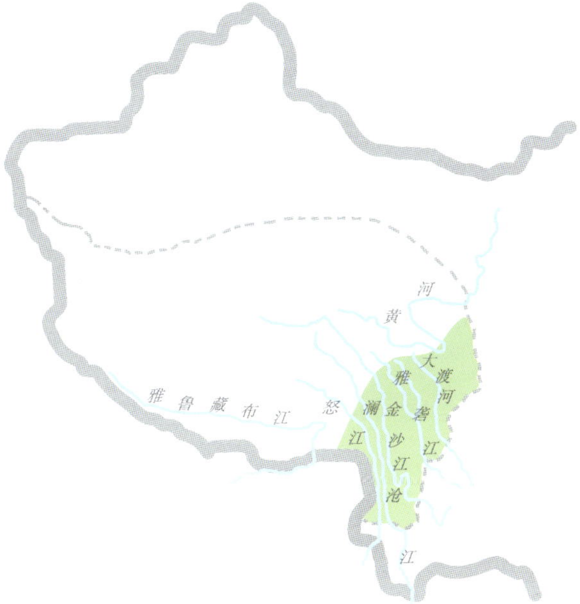

红头潜鸭 *Aythya ferina*

游禽。成鸟体长约460mm，体重约700g。雄鸟嘴灰色、先端黑色，头、颈和脚栗红色，胸、上体和尾羽黑色，两胁和腹灰白色，易识别；雌鸟头、颈栗色，两胁灰褐色。繁殖期4月～6月。在水域岸边草丛地上用干草筑巢。每窝产卵6～9枚，枚重约65g。雌鸟孵卵24～26天，雏鸟出壳早成性。雌鸟开始孵卵时，雄鸟即飞离，哺幼由雌鸟完成。多成群栖息于水草丰茂、开阔的江河湖泊。晨昏头朝下、尾朝上潜入水中觅食水生植物。雄鸟多在雌鸟孵卵时飞到换羽场所栖息活动。广布型留鸟。

Common Pochard

It is called “Quyaema” in Tibetan.

It is a natatorial bird. Its adult has a body length of about 460 mm and a body weight of about 700 g. Its breeding period is from April to June. It uses hay for building its nest on the ground of a thick growth of grass at the bank of waters. It lays six to nine eggs per nest. Its nestlings coming out of the eggshell are precocial. Common pochards mostly flock in groups around open rivers and lakes which have plenty of water and luxuriant grass. They dive into water to look for aquatic plants in the morning and evening. When female common pochards incubate, male common pochards will generally fly to a moulting site to live and move about. They are common residents.

凤头潜鸭 *Aythya fuligula*

游禽。成鸟体长约420 mm，体重约600 g。嘴蓝灰色，尖端黑色，脚灰色。雄鸟头上有一条黑色羽冠，两胁、腹和翼镜均白色，其余体羽全黑色，眼金黄色；雌鸟全身栗色，羽冠较短，腹和两胁具淡栗色横斑。繁殖期5月～7月。雌鸟在深藏于水域岸边或岛上草丛之处，于地上刨一小坑，铺干草，内垫绒羽筑成鸟巢，每窝产卵8～10枚，枚重约56 g。雌鸟孵卵23～25天，雏鸟出壳早成性。成群栖息于江河、湖泊深水处。善游泳和潜水，白天潜入水下捕食小型水生动物。北方型留鸟。

Tufted Duck

It is called "Zuqingquyazuna" in Tibetan.

It is a swimming bird. Its adult has a body length of about 420 mm and a body weight of about 600 g. Its breeding period is from May to July. It builds its nest in the depth of thick growth of grass and thickets at the bank of waters or an island. It lays eight to ten eggs. Its nestlings coming out of the eggshell are precocial. Tufted ducks dwell in groups in deep-water spots of a river or a lake. They are adept at swimming and diving. By day they go underwater to prey upon small aquatic animals. They are northern residents.

普通秋沙鸭 *Mergus merganser*

游禽。成鸟体长约680mm，体重约2000g。嘴橘红色且长而尖、具钩，脚橘红色。雄鸟头、颈和背均具黑色金属光泽，羽冠不明显；下颈、胸、翼镜和腹均为白色。雌鸟头和上颈浅栗色，体羽灰色，喉白色，翼镜白色。繁殖期5月～7月。在水域附近的树洞或岸边岩缝、草丛或灌丛中用干草营巢，内垫羽绒。每窝产卵8～12枚，枚重约80g。由雌鸟孵卵32～35天，雏鸟出壳早成性。成小群栖息于溪流、湖泊等水域，喜上岸在沙滩上休息。潜水捕食鱼和水生动物。北方型留鸟。

Common Merganser, Goosander

It is called “Quyaquzuoren” in Tibetan.

It is a swimming bird. Its adult has a body length of about 680 mm and a body weight of about 2000 g. Its propagation period is from May to July. It uses hay for building its nest in the hole of a tree near a body of water or in the rock crevice, a thick growth of grass and a thicket at the bank of a river. It lays eight to twelve eggs per nest. Its nestlings coming out of the eggshell are precocial. Common mergansers generally in small groups inhabit the waters such as streams and lakes, and sometimes go ashore to have a rest on the sands. They submerge to prey on fishes and aquatic animals. They are northern resident birds.

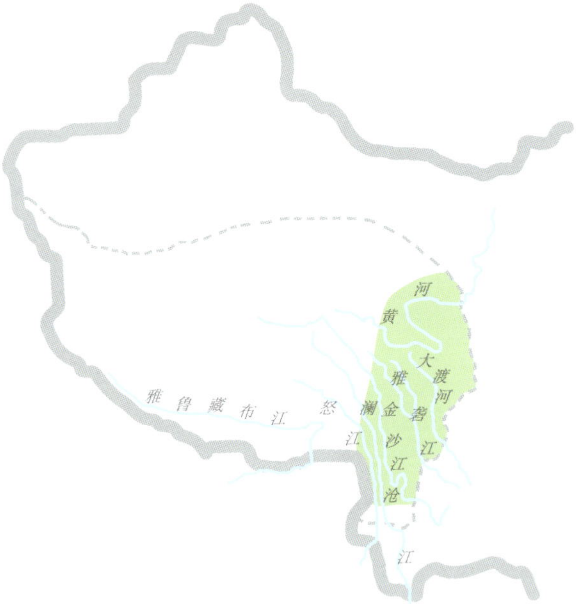

中华秋沙鸭 *Mergus squamatus*

游禽。成鸟体长约580mm，体重约1100g。嘴橘红色且长而尖、具钩，有18齿，脚橘红色。雄鸟头、颈和上体具黑色金属光泽，黑色羽冠明显，体侧、翼镜、下背和腰腹均白色，两胁具黑色同心斑纹。雌鸟头和颈栗色，体羽灰色，胸腹均为白色，具黑色鳞状斑。繁殖期4月～6月。选择水域附近大树高处洞中用木屑、干草垫底，再铺上羽绒筑巢。每窝产卵8～12枚，枚重约66g。由雌鸟孵卵约35天，雏鸟出壳早成性。喜成对在溪流中游弋。白天潜水捕食水生小动物。北方型留鸟。国家I级保护动物。《中国物种红色名录》评估为易危级（VU）；IUCN“红色名录”评估为濒危级（EN）。

Chinese Merganser

It is called “Zuqingquyayouena” in Tibetan.

It is a natatorial bird. Its adult has a body length of about 580 mm and a body weight of about 1100 g. Its breeding period is between April and June. It uses scraps of wood and hay for building its nest in the hole of a high and big tree near the water area. It lays eight to twelve eggs per nest. Its nestlings coming out of the eggshell are precocial. Chinese mergansers like to swim in pairs in streams, and go underwater to prey upon small aquatic animals by day. They are northern residents. The Chinese merganser is a national first-class protected animal. It is listed in China Species Red List, belonging to the (VU) category, and in IUCN Red List, belonging to the Endangered (EN) category.

鸥科

游禽。嘴直且尖。翅长而尖，翅折合时多超过尾端。尾较长，多圆形或叉状。多集群活动。全世界约53种，中国有19种。本书介绍1种。

Laridae (Gullls)

They are swimming birds with a long and sharp bill and long and tapered wings, and mostly move about in flocks. There are about 53 species of gulls in the world, 19 species of which are found in China. One species of them is described in the album.

棕头鸥 *Larus brunnicephalus*

成鸟体长400～500mm， 体重550～750g。夏羽头淡褐色，头与白色颈的结合处颜色较深，具黑色羽尖，形成一黑色领圈，尤以后颈和喉部明显。冬羽和夏羽相似，但头为白色。在青藏高原2000～3500m的高原湖泊、水塘或沼泽地带成群活动。以水中鱼、软体动物和水生昆虫为食。夏候鸟。

Brown-headed Gull

It is called "Quyaekang" in Tibetan.

Its adult has a body length of 400 to 500 mm and a body weight of 550 to 750 g. Brown-headed gulls flock to move about lakes, pools and marshland with an elevation ranging from 2 000 to 3 500 metres in the Qinghai-Tibet Plateau, and feed on fishes, molluscs and aquatic insects in waters. They are summer visitors.

鸻科

涉禽。嘴短而直，长而尖的翅膀。在水边行走轻快敏捷。飞行时快而有力。全世界有67种，中国有16种。本书介绍其中1种。

Charadriidae (Plovers, Lapwings)

They are wading birds with a short and stout beak and long and pointed wings. There are 67 species of Charadriidae birds in the world, and 16 species of them are found in China. An account is given of one species in the album.

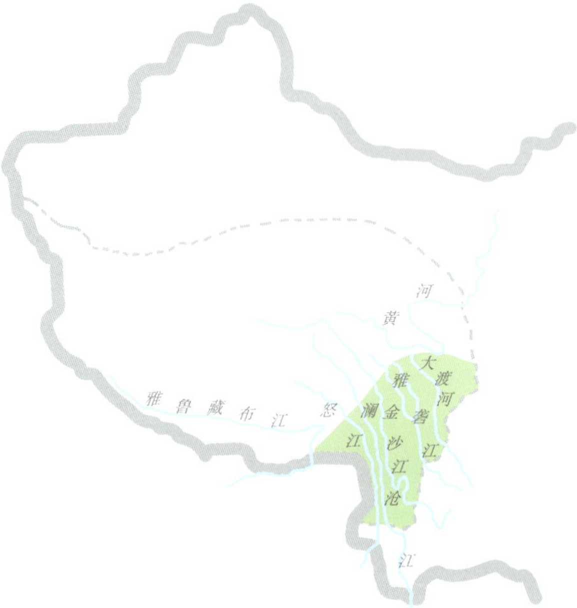

长嘴剑鸻 *Charadrius placidus*

涉禽。成鸟体长约180mm，体重约70g。嘴黑色，脚黄色，额白色，头和背灰栗色，腹白色，颈具黑白两道颈环，白色在前，眼后有白色眉纹，飞翔时翼上有白色翼斑。繁殖期5月～6月。以水域附近的沙滩、河漫滩的卵石地上凹坑为巢，无内垫物。每窝产卵3～4枚，大小36×25mm。雌雄双亲鸟轮流孵卵25～27天，雏鸟出壳早成性。单只或小群在沼泽地带、河漫滩、浅水滩边走边觅食水生动物，或在草地上以幼嫩植物枝、叶、芽、种子为食。北方型夏候鸟。

Long-billed Ringed Plover

It is called "Quxukazuoren" in Tibetan.

It is a wader. Its adult has a body length of about 180 mm and a body weight of about 70 g. Its propagation period is from May to June. It uses a concave pit as its nest on pebble land of sand beaches and alluvial flats near a body of water. It lays three to four eggs. Their nestlings coming out of the eggshell are precocial. Long-billed ringed plovers often singly or in small flocks move about in marshy regions, alluvial flats and shallows, hunting for aquatic animals, and also feeding on shoots, leaves, buds and seeds of plants on the grassland. They are northern summer residents.

鹬科

多为中型涉禽。嘴细长。多栖于水域的浅水边或沙地上。全世界有87种，中国有48种。本书介绍两种。

Scolopacidae (Snipes, Woodcocks, Sandpipers)

Most species of the Scolopacidae family are medium-size wading birds with a long, flexible bill, and live by shallows and on sandy ground around the water areas. There are 87 species of Scolopacidae birds in the world, and 48 species of them are found in China. A description is given of 2 species in the album.

矶鹬 *Actitis hypoleucos*

涉禽。成鸟体长约200mm，体重约50g。脚橄榄绿色，喉和眉纹白色，头和上体深栗色，腹白色。根据飞翔时尾羽两侧白斑和翅上的白色翼带、脚未伸出尾羽及站立时不停点头摆尾，在野外易识别。繁殖期5月～7月。在水域的卵石沙滩上选一凹处，内垫干草或豆大沙粒为巢。每窝产卵4～5枚，大小34×26mm。由雌鸟孵卵21天左右，雏鸟出壳早成性。多单只活动于水域的浅滩、沼泽草地、河漫滩，寻找小型水生动物、蝌蚪和昆虫等为食。常栖息于岩上或树上，不停点头摆尾，性机警，边飞边鸣。北方型夏候鸟。

Common Sandpiper

It is called “Quxupoga” in Tibetan.

It is a wader. Its adult has a body length of about 200 mm and a body weight of about 50 g. Its breeding period is from May to July. It selects a concave pit as its nest on pebble beach near waters and the bottom of its nest is covered with hay or bean-shaped grains of sand. It lays four to five eggs per nest. Its nestlings coming out of the eggshell are precocial. Common sandpipers mostly move about singly on shallows, marshes, grassland and alluvial flats around the water areas, preying upon small-sized aquatic animals, tadpoles and insects. They often perch on rocks or trees. They are on the alert and chirp while flying. They are northern summer residents.

林鹬 *Tringa glareola*

涉禽。成鸟体长约200mm，体重约60g。嘴峰黑色、细而尖，长约28mm。脚深黄色，长约40mm。头和后颈深栗色具白色细纵纹，白色尾羽具黑色横斑。飞翔时翅下黑色，腰白色，脚伸出尾羽外，野外易识别。繁殖期5月～6月。选择水域附近的疏林、矮林的灌丛、草丛地上或沼泽土丘上，寻一浅坑垫以干草、树叶、苔藓成巢。每窝产卵4枚，大小40×25mm。雌雄鸟轮流孵卵21～23天，雏鸟出壳早成性。多单只在疏林、矮林的沼泽地、草地、浅滩上觅小型动物和昆虫为食，偶食植物种子。北方型夏候鸟。

Wood Sandpiper

It is called “Quxujiacha” in Tibetan.

It is a wader. Its adult has a body length of about 200 mm and a body weight of about 60 g. Its breeding period is from May to June. Wood Sandpipers often select shallow pits as their nests on thin-stocked woodlands, thickets and grasslands and marshlands near waters, and the bottoms of their nests are covered with hay, tree leaves and moss. It lays four eggs per nest. Its nestlings coming out of the eggshell are precocial. Wood sandpipers mostly move about singly on marshes, grasslands and shallows in sparse forests and coppices, feeding on small-size animals and insects, and sometimes also on seeds of plants.They are northern summer resident birds.

鹮嘴鹬科

中型涉禽。嘴细长，直而尖，有的向上弯曲，有的向下弯曲，多为柔软革质。全世界均为独科独种。

Ibidorhynchidae (Ibisbill)

The Ibidorhynchidae family birds are medium-size waders with a long, slender and curved bill. This family has only one species in the world.

鹮嘴鹬 *Ibidorhyncha struthersii*

涉禽。成鸟体长约420mm，体重约300g。嘴红色，细长，弧形向下弯曲；头、脸和喉均为黑色，具白边。上体和胸灰色，灰胸与白腹间有白带和黑带各一条，极醒目，易识别。脚红色。飞行时初级飞羽基部有一大白斑，下面除黑色胸带和灰色颈外全为白色，极易识别。繁殖期5月～6月。繁殖期嘴亮红色，非繁殖期则变暗。雌鸟在岸边卵石堆中扒出一浅坑为巢，在无任何铺垫物的巢内产卵3～4枚，大小50×36mm。雌雄双亲鸟轮流孵卵。多单只在多卵石的溪流上将头和颈都伸入水中捕食鱼类和其他水生小动物。高地型留鸟。

Ibisbill

It is called "Quxukazuoren" in Tibetan.

It is a wader. Its adult has a body length of about 420 mm and a body weight of about 300 g. Its reproduction period is from May to June. Its bill is brilliantly red during the reproduction period, but will become dark red during the non-reproduction period. It digs a shallow pit as its nest in a pebble heap by the bank of waters, and lays three to four eggs per nest. The parent birds brood by turns. Ibisbills mostly live singly in pebbly streams, extending their head and neck into water to prey on fishes and other small aquatic animals. They are highland resident birds.

反嘴鹬科

中型涉禽。嘴细长、尖直；头较小；颈较长；翅长而尖；尾短小；脚细长。体羽多为黑白两色。全世界10种，中国两种。本书介绍1种。

Recurvirostridae (Avocets, Stilts)

The members of the Recurvirostridae family are medium-size long-legged wading birds with a slender and long bill that curves upwards. They have a relatively small head, a long neck, long and tapered wings and a small short tail. And their bodily plumage is mostly whide and black. There are 10 species of Recurvirostridae birds in the world, and 2 species of them are found in China.This album describes one species.

黑翅长脚鹬 *Himantopus himantopus*

涉禽。成鸟体长约380mm，体重约180g，跗蹠120mm。脚细而长，红色；嘴长，细而尖，黑色。雄鸟从头至背及双翅黑色，具金属光泽；前颈和腹均为白色。雌鸟头和颈为白色。野外极易识别。飞行时黑色翅、白色体羽及伸于尾后的红色脚极易辨认。繁殖期5月～6月。以干草在水域、沼泽或岸边营巢。每窝产卵4枚，枚重约22g。双亲鸟轮流孵卵16～18天。多成群在湖泊、沼泽地带的水中觅食小鱼和各种水生小动物。广布型夏候鸟。

Black-winged Stilt

It is called “Quxugongmaren” in Tibetan.

It is a wader. Its adult has a body length of about 380 mm and a body weight of about 180 g. Its tarsometatarsus is approximately 120 mm long. Its reproduction period is from May to June. It makes use of hay to build its nest in water areas and marshes or at the bankside. It lays four eggs per nest. The parent birds brood by turns from sixteen to eighteen days. Black-winged stilts mostly flock around lakes and marshy regions, preying in water upon small fishes and various kinds of small aquatic animals.They are common summer residents.

河乌科

中型涉禽。全世界5种，中国两种。本书介绍1种。

Cinclidae (Dippers)

The members of the Cinclidae family are medium-size wading birds. There are 5 species of dippers in the world, 2 species of which are found in China. One species is depicted in the album.

河乌 *Cinclus cinclus*

成鸟体长约180 mm，体重约50 g。喉和胸为白色，其余均为黑色，系河边生活的小鸟。繁殖期5月～6月。雌鸟多选择急流溪边的石缝、河边洞穴或水边树根下，用干草和苔藓筑巢，内垫羽毛。每窝产卵4～6枚，大小25×18 mm。雌鸟孵卵15～17天，雏鸟出壳晚成性。多单只沿溪流贴水面飞行或站立于露出水面的孤石上，尾不停上下摆动，发现水生小动物，即快速潜入水中捕食。东洋型留鸟。

White-throated Dipper, Dipper

It is called "Quxulinazhongga" in Tibetan.

Its adult has a body length of about 180 mm and a body weight of about 50 g. Its breeding period is from May to June. White-throated dippers mostly build their nests in rock crevices at the side of the torrents, in caves near rivers or under tree roots near the water. Their nestlings coming out of the eggshell are altricial. White-throated dippers generally fly singly along the water surface of a stream or stand on isolated rocks appearing in water, with their tails moving up and down ceaselessly. On finding aquatic animals, they will quickly submerge to hunt for food. They are Oriental resident birds.

翠鸟科

多为体色艳丽的涉禽。头大，尾短。嘴粗状而长直，先端较尖。全世界约93种，中国11种。本书介绍两种。

Alcedinidae (Kingfishers)

The birds of the Alcedinidae family are usually bright-colored and have a large, crested head, a large, strong beak, and a short tail. There are about 93 species of kingfishers in the world, and 11 species of them are found in China. A description is given of 2 species in the album.

蓝翡翠 *Halcyon pileata*

成鸟体长约300mm，体重约110g。头顶绒羽黑色，颈具宽的白环，背蓝色，腹棕黄色，嘴、脚红色，飞翔时翅上白斑显露，易识别。繁殖期5月～6月。在水域附近的沙土岩壁上掘洞为巢。每窝产卵4～6枚，大小27×32mm。多单只栖息于江河溪流边的石头上、木桩上或树干上，注视水中的水生小动物，一经发现，即扎入水中用嘴捕食。东洋型夏候鸟。

Black-capped Kingfisher

It is called “Quxuquzuorenjiajun” and “Qieyijia’ang” in Tibetan.

Its adult has a body length of about 300 mm and a body weight of about 110 g. Its reproduction period is from May to June. It excavates a hole as its nest on the sandy soil palisade by waters. It lays four to six eggs per nest. Black-capped kingfishers mostly stand alone on rocks, wood piles and tree trunks along rivers and streams, preying upon small aquatic animals in the water. They are Oriental summer resident birds.

普通翠鸟 *Alcedo atthis*

成鸟体长约160mm，体重约25g。雄鸟头和后颈翠绿色，眼后至耳覆羽棕红色，耳后一白斑，喉白色，腹棕红色，尾短。嘴峰黑色，长约40mm，脚红色。繁殖期5月～6月。在水域附近的沙土岩壁上自己掘隧道状圆洞为巢，内垫沙土。每窝产卵5～7枚，枚重约3g。雌雄鸟轮流孵卵19～21天，雏鸟出壳晚成性。多单只栖息于江河溪流边的石头上、木桩上或树干上，寻觅水中水生动物，一经发现，迅猛扎入水中，用嘴捕食。东洋型夏候鸟。

Common Kingfisher

It is called “Quxuquzuorenjiajunpoma” in Tibetan.

Its adult has a body length of about 160 mm and a body weight of about 25 g. Its breeding period is from May to June. It excavates a tunnel-shaped round cavity as its nest on the rock wall of sand and soil near a body of water. It lays five to seven eggs per nest. Its nestlings coming out of the eggshell are altricial. Common kingfishers mostly perch singly on rocks, wood piles and tree trunks at the side of rivers and streams, preying on aquatic animals in the water. They are Oriental summer resident birds.

啄木鸟科

本科鸟类均为林栖鸟类，善攀缘树干。嘴强直而尖，呈凿状，舌细长能伸缩自如，舌尖角质化且具倒钩和粘液，用于钩取树干中的昆虫为食。全世界约217种，中国有30种。本书介绍1种。

Picidae (Woodpeckers)

The birds of the Picidae family are arboreal, and good at tree-climbing, They are distinguished by a strong, pointed, chisel-shaped bill used for drilling holes in bark to get insects, and a long, protrusile tongue with a spearlike tip. There are about 217 species of woodpeckers in the world, and 30 species of them are found in China. A description is given of one species in the album.

灰头绿啄木鸟 *Picus canus*

别名：黑枕绿啄木鸟、灰头啄木鸟

成鸟体长约290mm，体重约140g。雄鸟头顶鲜红，头后黑色至枕，颈灰色、具黑色颚纹，背橄榄绿色，腹部灰绿色，初级飞羽黑色、具白斑，尾羽黑色。雌鸟头黑色。繁殖期5月～6月。由双亲鸟在朽木上啄洞为巢。每窝产卵8～11枚，枚重约6.5g。雌雄鸟轮流孵卵12～13天，雏鸟出壳晚成性。多单只在次生林、混交林、林缘的树上栖息，觅食时从树基螺旋上攀，用舌将藏于树皮或树干中的蚂蚁和昆虫粘钩出来食之。北方型留鸟。

Grey-headed Woodpecker

It is called “Tongzuoexia” in Tibetan .

Its adult has a body length of about 290 mm and a body weight of about 140 g. The head top of its male is bright red and the head of its female is black. Its propagation period is from May to June. The parental birds peck a hole in a rotten wood as their nest. They lay eight to eleven eggs per nest. Their nestlings coming out of the eggshell are altricial. Grey-headed woodpeckers mostly perch singly on trees in secondary forests and mixed forests and on the forest edges, pecking ants and insects hiding in the tree bark and trunk.They are northern resident birds.

鸠鸽科

善飞行，迁徙性较强。多成双或集群生活。全世界约309种，中国有31种。本书介绍3种。

Columbidae (Doves, Pigeons)

The birds of family Columbidae are good at flying and have a relatively strong migratory nature, mostly living in pairs or flocks. There are about 309 species in the world, and 31 species of them are found in China. 3 species are described in the album.

楔尾绿鸠 *Treron sphenura*

成鸟体长约330 mm，体重约260 g。形状和体色与红翅绿鸠极相似，其鉴别特征是：雄鸟头顶浅栗色，翅肩和背栗红色，腹部不是乳白色而是黄绿色，胸部棕栗色，尾下覆羽棕栗色，尾楔形；雌鸟背灰色，翅肩绿色。繁殖期5月～6月。用枯枝筑巢于林中大树上，内垫干草和羽毛。每窝产卵2枚，大小30×22 mm。孵化期13～14天，雏鸟出壳晚成性。多成小群飞翔于针阔混交林缘，常抓住悬垂的小枝啄食果实、种子。东洋型留鸟。国家II级保护动物。

Wedge-tailed Green Pigeon

It is called "Bodinjiamayoupo" in Tibetan.

Its adult has a body length of about 330 mm and a body weight of about 260 g. Its breeding period is from May to June. It uses withered twigs for building its nest in a big tree in forest, and the bottom of its nest is covered with hay and feathers. Its nestlings coming out of the eggshell are altricial. Wedge-tailed green pigeons mostly fly in small groups along the edges of coniferous and broadleaf mixed forests, pecking fruits and seeds of plants. They are Oriental residents. The wedge-tailed green pigeon is a national second-class protected animal.

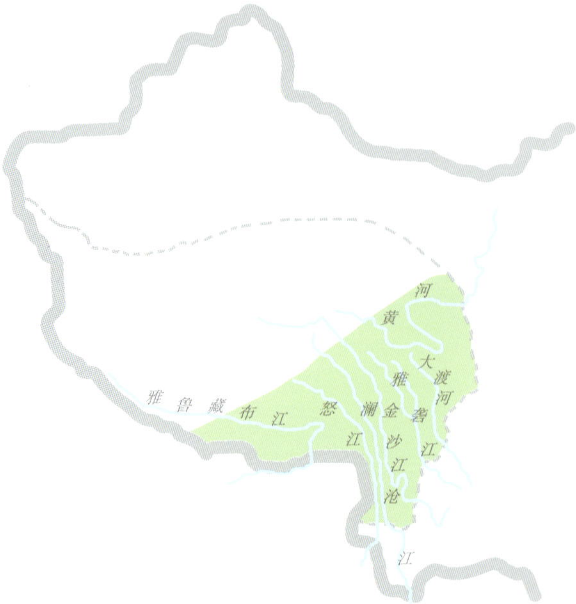

火斑鸠 *Streptopelia tranquebarica*

成鸟体长约230mm，体重约120g。嘴黑色，脚红色。雄鸟头和颈蓝灰色，枕有黑色颈环，上背栗红色，下背和尾上覆羽灰色，腹部栗色，飞羽黑色、覆羽栗红色，外侧尾羽黑色、具白色端斑。繁殖期5月～6月。每窝产卵2枚，大小27×21mm。雌雄鸟轮流孵卵16～18天，雏鸟出壳晚成性。多成对活动于低山林缘或灌木林，寻植物种子、果实和昆虫为食。东洋型留鸟。

Red Turtle Dove

It is called “Bodingexia” in Tibetan.

Its adult has a body length of about 230 mm and a body weight of about 120 g. Its breeding period is from May to June. It lays two eggs per nest. Its parent birds brood by turns from 16 to 18 days. Its nestlings coming out of the eggshell are precocial. Red turtle doves mostly in pairs move about on the edges of forests in low mountains, and in shrubby woods, feeding on seeds and fruits of plants and insects. They are Oriental resident birds.

原鸽 *Columba livia*

成鸟体长300～350mm，体重约250g。头后枕灰色，翕上部、颈侧和上胸金属绿色，具紫色光泽，其余羽尾暗蓝灰色，翅上有两道黑色横斑，尾具黑色端斑，外侧尾羽外之中羽白色。繁殖期4月～8月，一年可繁殖2次。结群用枯枝干草和羽毛营巢于山地岩石缝或悬岩峭壁洞穴。雌鸟产卵2枚，双亲鸟共孵卵17～18天，雏鸟出壳晚成性。群栖息于3000m以上的山地岩石及悬岩上，以草籽和种子为食。留鸟。

Rock Dove, Wild Pigeon

Its adult has a body length of 300 to 350 mm and a body weight of 250 g or so. Its breeding period is from April to August and it can propagate twice in one year. Rock doves in groups use withered branches, hay and feathers for building their nests in caves of cliffs and precipices, laying two eggs. The parent birds brood for 17 or 18 days. Their nestlings coming out of the eggshell are altricial. They flock to inhabit mountainous rocks and cliffs, feeding on seeds and fruits of plants. They are resident birds.

燕科

体型小巧，善飞行，多飞翔时捕食空中昆虫，尾长而分叉。全世界约90种，中国有12种。本书介绍1种。

Hirundinidae (Swallows, Martine)

The members of family Hirundinidae are small, swift-flying, insect-eating birds with long, pointed wings and a forked tail. There are about 90 species of Hirundinidae birds in the world, and 12 species of them are found in China. One species is depicted in the album.

烟腹毛脚燕 *Delichon dasypus*

成鸟体长约120mm，体重约15g。头、背、翅和尾均为黑色、具金属蓝光泽，腰白色。喉、胸和腹为烟灰色。尾浅叉。脚上覆白色绒羽。繁殖期5月～6月。双亲鸟用泥土与草粘合在悬岩凹处或岩缝中筑巢，内垫干草和羽毛。每窝产卵3～5枚，枚重约1g。雌雄鸟轮流孵卵14～16天，雏鸟出壳晚成性。多成群栖息于悬岩峭壁间，飞行中捕食飞虫。北方型夏候鸟。

Asian House Martin

It is called “Kuda” in Tibetan.

Its adult has a body length of about 120 mm and a body weight of about 15 g. Its breeding period is from May to June. The parent birds use soil and grasses for building their nests in concave spots of cliffs or in rock crevices. It lays three to five eggs per nest. Its nestlings coming out of the eggshell are altricial. Asian house martins mostly dwell in groups among steep cliffs, being in flight to prey on flying insects. They are northern summer visitors.

旋壁雀科

从鳾科中独立出来的一新科，所以是全世界独科独种。

Tichidromidae (Wallcreepers)

Family Tichidromidae is a new family that has become independent from family Sittidae birds, thus only having one species in the world.

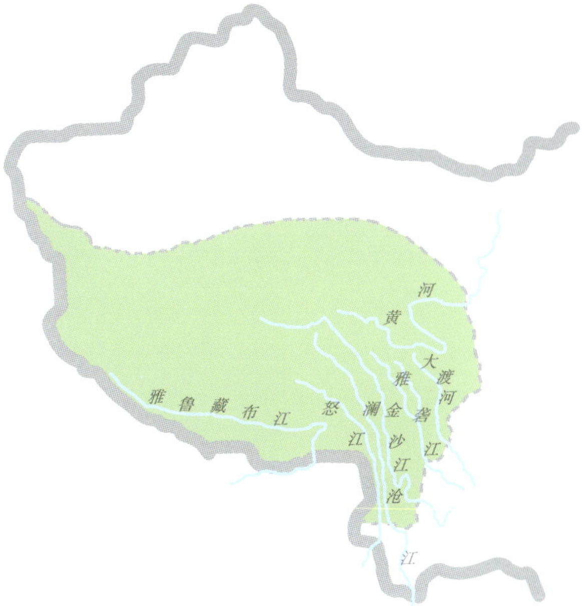

红翅旋壁雀 *Tichodroma muraria*

成鸟体长120～170mm，体重15～23g。黑嘴、细长，弧形向下弯。上体灰色，喉冬季白色、夏季黑色。翅和尾深黑色，具浅栗色羽缘。翅上的中覆羽和小覆羽呈胭脂红色，腹部冬季灰色、夏季黑色。繁殖期4月～7月。由雌鸟在悬岩峭壁岩石缝隙中用苔藓、干草筑巢，内垫毛发。每窝产卵4～5枚，大小21×15mm。雌鸟孵卵，雏鸟出壳晚成性。除繁殖期成对外，多单只在高山悬岩峭壁或陡坡上沿岩壁攀缘，在岩缝中觅食各类昆虫。非树栖的高山山地鸟类。中亚型留鸟。

Wallcreeper, Red-winded Wallcreeper

It is called “Qiongnama” in Tibetan.

The body length of its adult is between 120 and 170 mm and the body weight is between 15 and 23 g. Its breeding period is from April to July. Its female uses moss and hay for building its nest in stone crevices of cliffs and precipices. It lays four to five eggs per nest. Its nestlings coming out of the eggshell are altricial. It is a non-arboreal alpine upland bird species. Except living in pairs during the breeding, wallcreepers mostly perch singly on alpine overhanging precipices and steep slopes, and clamber up along rock palisades to hunt for various kinds of insects in rock crevices as food. They are central Asian resident birds.

旋木雀科

小型鸟类，嘴细长且向下弯曲，善在树上攀缘觅食。全世界7种，中国5种。本书介绍1种。

Certhiidae (Treecreepers)

The members of family Certhiidae are a small-size birds with a long and slender bill that curves downwards, and adept in climbing along the tree to look for insects. There are 7 species of treecreepers in the world and 5 species of them are found in China. One species is depicted in the album.

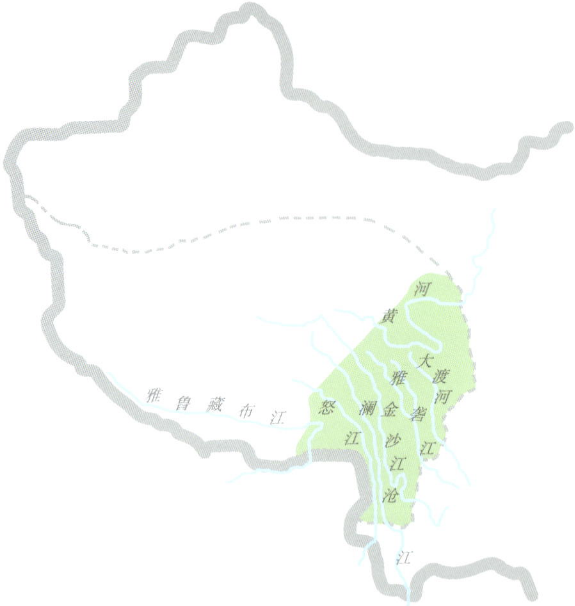

高山旋木雀 *Certhia himalayana*

成鸟体长130～150mm，体重8～12g。上体黑褐色，羽端具大小不等的灰白色羽干斑，腰锈棕色，翅和尾浅棕栗色，具深栗色横斑，眉纹棕白色，喉灰白色，下体灰棕色。与相似种旋木雀的差别是：高山旋木雀的眉纹和腹部均为白色。繁殖期4月～6月。在树干或树皮的裂缝中用苔藓、干草和树皮屑筑巢，内垫毛发。每窝产卵4～6枚，大小16×12mm。雌鸟孵卵14～15天，雏鸟出壳晚成性。多单只或成对或3～5只在混交林、阔叶林或针叶林的树干上从下往上螺旋形攀缘，啄食树皮中的昆虫。喜马拉雅-横断山区型留鸟。

Bar-tailed Treecreeper, Himalayan Treecreeper

It is called “Tudamagongcha” in Tibetan.

The body length of its adult is between 130 and 150 mm and the body weight is between 8 and 12 g. Its breeding period is from April to June. It uses moss, hay and bark scraps for building its nest in the crevices of a tree trunk or bark. It lays four to six eggs per nest. Its nestlings coming out of the eggshell are altricial. Bar-tailed treecreepers mostly inhabit mixed forests and broad-leaved forests singly or in pairs or in threes and fours, spirally climbing up along trunks to peck insects in the bark. They are Himalayan-Hengduan Mountains resident birds.

鹎科

林栖鸟类。全世界130种，中国22种。本书介绍两种。

Pycnonotidae (Bulbuls)

The members of family Pycnonotidae are arboreal birds. There are 130 species of bulbuls in the world, 22 species of which are found in China. In this album, a description is made of 2 species of them.

黄臀鹎 *Pycnonotus xanthorrhous*

成鸟体长约190mm，体重约30g。嘴、脚、头和后颈均为黑色，下嘴基部两侧各有一小红点，背栗色，喉白色，胸灰色，腹白色，尾下覆羽鲜黄色。繁殖期5月～6月。在灌木林或小树上用枯枝和干草筑碗状巢。每窝产卵2～5枚，大小22×15mm。多成小群在次生疏林、沟谷林缘、灌木林或稀树草坡活动。啄食植物种子、果实和昆虫。东洋型留鸟。

Brown-breasted Bulbul

It is called “Xuleqiongse” in Tibetan.

Its adult has a body length of about 190 mm and a body weight of about 30 g. Its breeding period is from May to June. Brown-breasted bulbuls use withered twigs and hay for building their bowl-like nests in shrubberies or small trees. They lay two to five eggs per nest. They generally in small groups move about in secondary thin stocked forests and shrubberies, and on the forest edges along gullies and valleys and grassy slopes grown with sparse trees, pecking fruits and seeds of plants and insects. They are Oriental resident birds.

领雀嘴鹎 *Spizixos semitorques*

成鸟体长约200mm，体重约40g。嘴黄色，额、头顶和喉均为黑色，胸、后颈和背为橄榄绿色。前颈有一白色颈环，腹和尾橄榄黄色，尾具黑色端斑。繁殖期5月～6月。在溪边或路边的小树枝梢处或灌丛上用枯枝和干草筑碗状巢。每窝产卵3～4枚，大小25×20mm。多单只或成对活动于溪流、沟谷灌木林、次生林或林间空地灌丛。以植物的种子和果实为食，也捕食昆虫。南中国型留鸟。

Collared Finchbill

It is called “Xulelijun” in Tibetan.

Its adult has a body length of about 200 mm and a body weight of about 40 g. Its breeding period is from May to June. Collared finchbills use withered twigs and hay for building their bowl-like nests at the top of small trees or on the thickets by the stream or road. They lay three to four eggs per nest. They generally move about singly or in pairs in shrubberies, secondary forests along streams and gullies, and thickets in glades, feeding on seeds and fruits of plants and also hunting for insects. They are South China resident birds.

梅花雀科

小型鸟类，除繁殖期成对活动外，多集群10～20只活动。全世界有140种，中国有5种。本书介绍1种。

Estrildidae (Waxbills and Allies)

The members of family Estrildidae are small birds, and generally like to flock in tens and twenties except living in pairs during the breeding. There are 140 species of Estrildidae birds in the world, and 5 species of them are found in China. One species is depicted in this album.

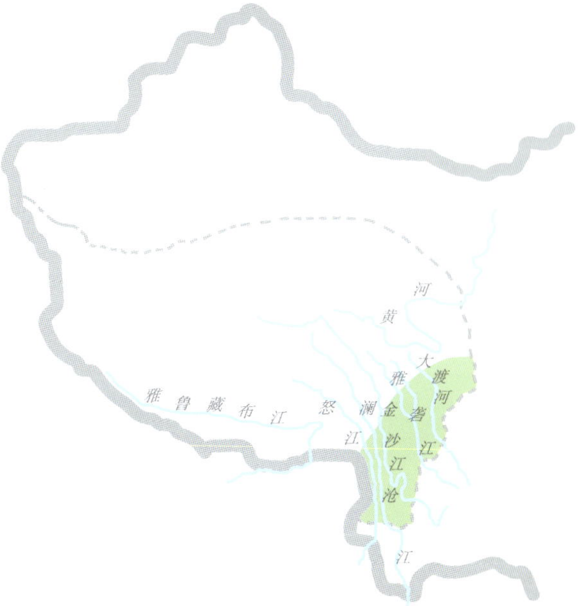

白腰文鸟 *Lonchura striata*

成鸟体长100～120mm，体重9～15g。上体暗褐色、具白色羽干纹，腰白色，尾上覆羽栗色，翅和尾黑色，耳羽浅栗色、有小白点，脸和喉黑色，胸栗色、具浅色羽干纹，腹白色，尾下覆羽栗色。繁殖期3月～6月。在地边灌丛中或村寨边树枝叉处就地取材，用干草和树叶筑椭圆形巢，内垫细草。每窝产卵4～6枚，枚重约0.9g，雌雄鸟轮流孵卵14天左右，雏鸟出壳晚成性。除繁殖期成对外，多喜集群挤成团在矮树、灌丛或地边草坡上寻觅种子和果实为食，在繁殖期捕食昆虫。东洋型留鸟。

White-rumped Munia

It is called "Xiqiebagega" in Tibetan.

Its adult has a body length of 100 to 120 mm and a body weight of 9 to 15 g. Its breeding period is from March to June. White-rumped munias use hay and leaves for building their elliptic nests in thickets by the fields or the forks of trees near villages. They lays four to six eggs per nest. Their nestlings coming out of the eggshell are altricial. Except living in pairs during the breeding, white-rumped munias generally like to flock in dwarf trees and thickets and on grassy slopes at the side of the fields, hunting for seeds and fruits as food, and preying upon insects during the breeding. They are Oriental residents.

杜鹃科

通称“布谷鸟”。它们都不自己营巢孵化，多将卵偷产于同一繁殖期其它鸟巢，由其代孵代育。全世界有136种，中国有20种。本书介绍1种。

Cuculidae (Cuckoos)

Family Cuculidae birds are genernlly called “bugu” (cuckoos). They mostly lay eggs in the nests of other birds during the same reproduction period, and the incubation of their eggs and the nurture of their nestlings are done by other birds. There are 136 species of Cuculidae birds in the world, 20 species of which are found in China. One species is described in this album.

大杜鹃 *Cuculus canorus*

别名：布谷鸟

成鸟体长约330mm，体重约120g。嘴黑色、基部黄绿色，脚黄色，头和背深灰栗色、具深色细横斑，翅缘白色，喉和胸灰色，腹白色、具深灰色横斑，尾深栗色、具浅色横斑、白色端斑。鸣叫声双音节“布—谷”。繁殖期5月～6月。同其他杜鹃一样都是自己不营巢，由其他同栖息地的繁殖鸟代孵代育。多单只活动于低山疏林、灌木林、农田地边树上或通讯电线上，捕食昆虫。农林益鸟。东洋型夏候鸟。

Common Cuckoo, Cuckoo

It is called “Keyouqiebo” in Tibetan.

Its adult has a body length of about 330 mm and a body weight of about 120 g. Its breeding period is from May to June. Like other cuckoos, common cuckoos do not build their nests, and the incubation of their eggs and nurture of their nestlings are done by other reproductive birds in the same habitat. Common cuckoos mostly move about singly in thin stocked forests, shrubby woods, and on trees and communication wires around farmlands, being beneficial birds preying upon harmful insects in agriculture and forestry. They are Oriental summer visitors.

花密鸟科

喜在开花的树上活动，主食花蜜，吸食花蜜时，常扇动双翅悬垂于花朵上空。雄鸟羽色华丽。全世界有130种，中国有12种。本书介绍1种。

Nectariniidae (Sunbirds, Spiderhunters)

Family Nectariniidae birds like to move about in flowering trees and mainly feed on nectar. The male birds have a brightly colored feathers. There are 130 species of Nectariniidae birds in the world and 12 species of them are found in China. One species is depicted in this album.

蓝喉太阳鸟 *Aethopyga gouldiae*

成鸟体长90～160mm，体重4～12g。嘴细长，向下弧形弯曲。雄鸟额至头顶以及喉均呈光亮蓝紫色，背、胸、脸朱红色，耳后和翅肩有一紫蓝色斑，腰和腹黄色，尾上覆羽和中央尾羽延长，均为紫蓝色，翅和尾上侧羽深栗色，具浅色羽缘。雌鸟上体橄榄绿色，腰黄色，喉至胸灰绿色，腹黄绿色。繁殖期4月～6月。常在阔叶林下的灌木细枝上用苔藓、干草、纤维和蛛丝筑巢。每窝产卵2～3枚，大小15×11mm。常单只或成对活动于盛开花朵的树丛中或寄生于树上的有花植物间。以花蕊或花蜜为食，也捕食昆虫。南中国型留鸟。

Gould's Sunbird

It is called "Xianimageang" in Tibetan.

The body length of its adult ranges from 90 to 160 mm and the body weight ranges from 4 to 12 g. Its breeding period is from April to June. It often uses moss, hay, fibre and spider threads for building its nest in fine branches of shrubs under broad-leaved forests. It lays two to three eggs per nest. Gould's sunbirds often move about singly or in pairs among the trees blazing with flower or among flowered plants living on trees, feeding on stamens and nectar, and also preying upon insects. They are South China resident birds.

长尾山雀科

小型鸟类，尾长。全世界有9种，中国有5种。本书介绍1种。

Aegithalidae (Long-tailed Tits)

They are small-size birds with a long tail. There are 9 species of Aegithalidae birds in the world, 5 species of which are found in China. One species is described in this album.

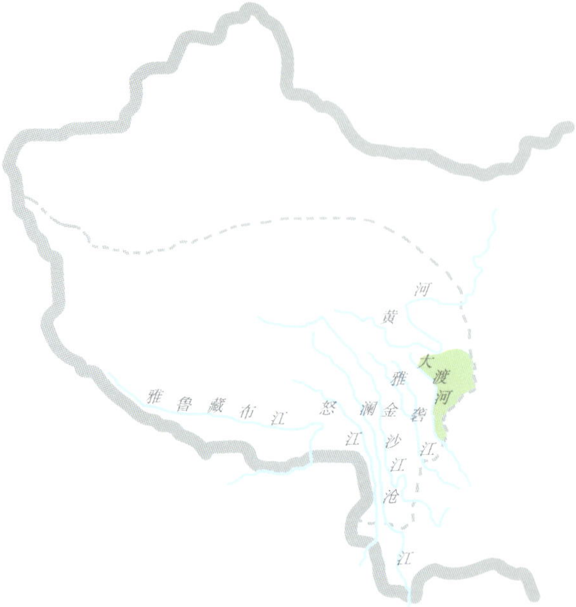

银脸长尾山雀 *Aegithalos fuliginosus*

小型鸟类。体长约110 mm，体重约7 g。嘴和脚黑色。头顶至后颈棕褐色，其余上体酱褐色。颊、颏和喉均为银灰色。尾黑褐色，外侧3对尾羽具白色楔状端斑。下体白色，两胁呈葡萄红褐色，胸具宽阔的褐色胸带。多栖息于海拔1 000 m以上的高山栎林、针阔混交林。除繁殖期成对活动外，多成十多只小群在树冠或树枝间活动。以昆虫为食，也啄食种子、果实和嫩叶。中国特产鸟。《中国物种红色名录》和IUCN“红色名录”均评估为濒危级（EN）。

Sooty Long-tailed Tit, Silver-faced Tit

It is a small-size bird species. Its adult has a body length of about 110 mm and a body weight of about 7 g. Sooty long-tailed tits mostly dwell in alpine oak forests and needle-leaved and broad-leaved mixed forests with an elevation of over 1 000 metres. Except moving in pairs during the propagation, they mostly in small groups move about among the crowns and branches of trees, and feed on insects and the seeds, fruits and slender leaves of plants.

The sooty long-tailed tit is an endemic species to China, and is evaluated as the (EN) category in China Species Red List and IUCN Red List.

山雀科

小型鸟类，性活泼，栖于林缘或灌丛中。全世界有55种，中国有20种。本书介绍两种。

Paridae (tits)

They are small-size vivacious birds living on the margins of forest or in thickets. There 55 species of Paridae birds in the world, 20 species of which are found in China. 2 species of them are described in this album.

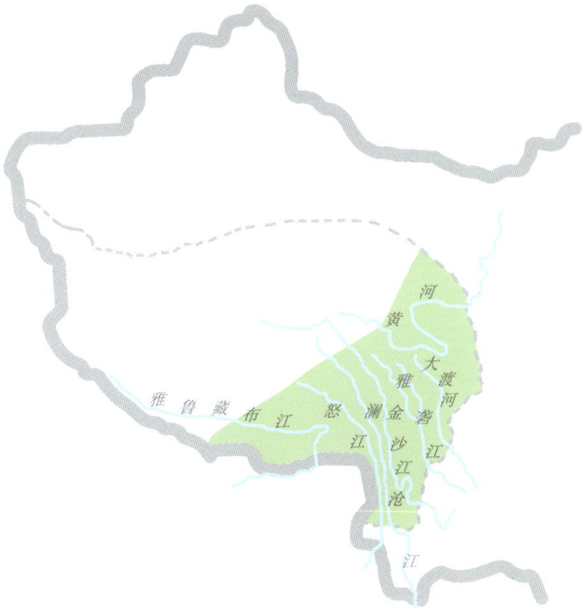

大山雀 *Parus major*

成鸟体长130 ~ 150mm，体重11 ~ 17g。头黑色，脸具大白斑，后颈黄绿色，背部蓝灰色沾绿，下体白色，胸和腹中央有一条宽阔的黑色纵纹与喉相连。雌雄鸟羽色相近。繁殖期4月 ~ 8月。每窝产卵6 ~ 9枚，枚重0.8 ~ 2g。雌鸟孵卵13 ~ 15天，雏鸟出壳晚成性。多成对或小群在次生林、混交林、疏林、林缘栖息，敏捷跳跃于树枝间捕食昆虫，偶食植物种子和果实。广布型留鸟。

Great Tit

It is called "Nayi" in Tibetan.

The body length of its adult ranges from 130 to 150 mm and the body weight ranges from 11 to 17 g. Its propagation period is between April and August. It lays six to nine eggs per nest. Its nestlings coming out of the eggshell are altricial. Great tits mostly in pairs or in small groups dwell in secondary forests, mixed forests, thin stocked forests and on the forest edges, agilely leaping among branches to prey upon insects, and occasionally eating plant seeds and fruits. They are common resident birds.

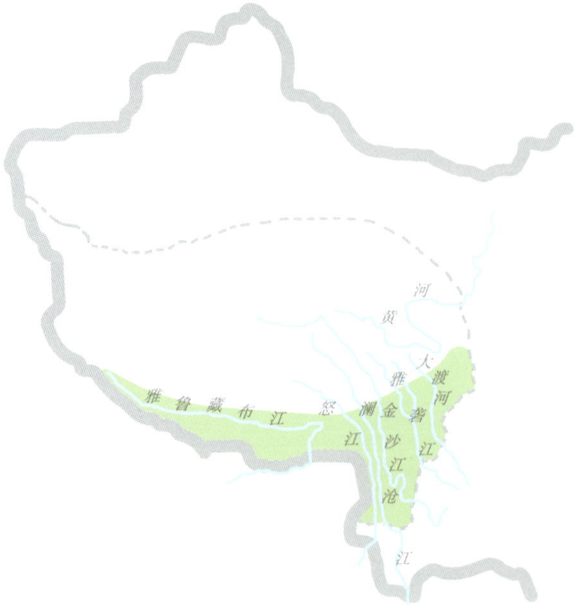

黄眉林雀 *Sylviparus modestus*

成鸟体长90～110mm，体重5～10g。雌雄鸟羽色相似，体形小似柳莺。头深栗色，眉纹粗短鲜黄，背到尾上覆羽橄榄绿色，翅和尾深栗色，其羽缘浅绿色。脸黄绿色、杂以栗色斑，腹浅黄绿色。除繁殖期单只或成对外，多集小群栖息于海拔3000m以下的混交林、次生林或疏林灌丛。主要以昆虫为食，也以植物种子、果实为食。东洋型留鸟。

Yellow-browed Tit

It is called “Nayimise” in Tibetan.

The body length of its adult ranges from 90 to 110 mm and the body weight ranges from 5 to 10 g. The plume colour of its male and female is similar, and its bodily form is as small as a warbler. Except living alone or in pairs during the breeding, yellow-browed tits mostly in small flocks inhabit mixed forests, secondary forests and thickets in thin stocked forests below 3 000 metres above sea level, mainly feeding on insects and also eating plant seeds and fruits. They are Oriental resident birds.

雀科

小型鸟类。全世界有35种，中国有13种。本书介绍6种。

Passeridae (Old World Sparrows)

The members of family Passeridae are small-size birds. There are 35 species of Passeridae birds in the world, 13 species of which are found in China. An account is given of 6 species in this album.

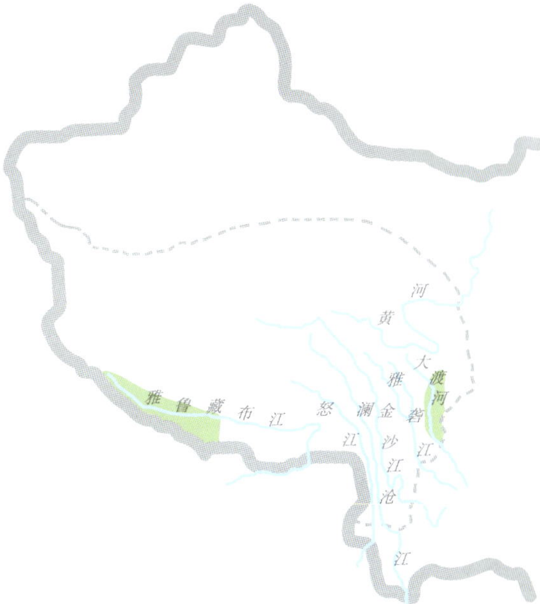

家麻雀 *Passer domesticus*

成鸟体长130～150mm，体重16～24g。头至后颈栗褐色；肩和背棕褐色，具粗而显著的黑色纵纹。翅和尾深栗色，其羽缘浅栗色。脸白色，耳部一黑斑。喉黑色。腹灰白色，两胁和尾下覆羽均为棕褐色。繁殖期5月～6月。在村寨建筑物上、树洞、石缝、枝叉上用细枝、干草、叶、各种纤维筑杯状或碗状巢，内垫毛发。每窝产卵5～6枚，枚重2～2.6g。雌雄鸟轮流孵卵11～13天，雏鸟出壳晚成性。除繁殖期成对外，多集群在村寨、寺庙、有人居住的地域、田边灌丛等处广泛活动。雏鸟期以昆虫为食，其他时期以植物种子为食。《中国物种红色名录》评估为近危级（NT）。

House Sparrow

It is called "Xuqieba" in Tibetan.

The body length of its adult ranges from 130 to 150 mm and the body weight ranges from 16 to 24 g. Its breeding period is from May to June. House sparrows use fine twigs, hay, leaves, various kinds of fibre and hair for building their nests on the buildings and on tree holes, stone crevices and branch forks. They lay five to six eggs per nest. Their nestlings coming out of the eggshell are altricial. House sparrows are common small birds. Except living in pairs during the breeding, they generally flock to move about in regions around stockaded villages and temples and thickets by the farmland, feeding on insects in the nestling period and living on plant seeds at other times. The house sparrow is listed in China Species Red List, belonging to the (NT) category.

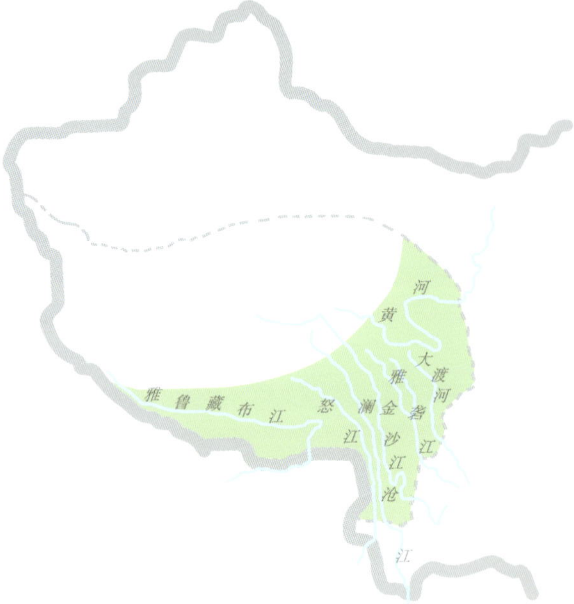

山麻雀 *Passer rutilans*

成鸟体长130～150mm，体重15～30g。雄鸟上体栗红色，背中央具黑色纵纹，脸灰白色，喉黑色，腹灰白色；雌鸟上体栗色，具浅黄色眉纹，喉白色。繁殖期4月～7月。在山坡岩壁天然洞穴、埠壁洞穴中用枯枝、干草或叶筑巢，内垫毛发。每窝产卵4～6枚，枚重7～8g。雌雄鸟轮流孵卵，雏鸟出壳晚成性。除繁殖期成对活动外，多成群栖息于次生林、灌木林、疏林之林缘和地边灌丛草坡以及居民点，飞行力较强，活动范围大。杂食性，以植物种子、果实和昆虫为食。南中国型留鸟。

Russet Sparrow

It is called “Xule” in Tibetan.

The body length of its adult is between 130 and 150 mm and the body weight is between 15 and 30 g. Its propagation period is between April and July. It uses withered twigs, hay and leaves for building its nest in caves of rock walls of mountainous slopes. It lays four to six eggs per nest. Its nestlings coming out of the eggshell are altricial. Except moving about in pairs during the breeding, russet sparrows mostly in flocks inhabit secondary forests, thin stocked forests, forest fringes, and shrubby and grassy slopes by the fields or residential areas. They have a strong flight ability and a large mobile range. They are omnivorous, feeding on plant seeds and fruits and insects. They are South China residents.

石雀 *Petronia petronia*

成鸟体长130～160mm，体重25～35g。头顶栗色，上体沙栗色。背和肩有深栗色纵斑纹。尾上覆羽灰褐色。翅和尾深栗色，其羽缘浅栗色。翅上有两道浅栗色翅斑，尾羽具浅栗色端斑。浅黄色眉纹上有一深栗色侧冠纹，贯眼纹深栗色。胸具黄斑，喉和腹浅黄白色。两胁栗色，嘴粗、短、厚。繁殖期5月～7月。多成群在一起营巢繁殖。在近水的悬岩峭壁的石洞或其他动物的弃洞中用干草和纤维营巢，内垫毛发。每窝产卵5～6枚，大小22×15mm。多成群栖息于半荒漠灌丛草甸、流石滩或裸岩地带，以昆虫和植物种子、嫩枝、芽和叶为食。高地型留鸟。

Rock Petronia, Rock Sparrow

It is called “Gongxu” in Tibetan.

The body length of its adult ranges from 130 to 160 mm and the body weight ranges from 25 to 35 g. Its breeding period is from May to July. Rock petronias use hay and fibre for building their nests in stone caves of cliffs and precipices near waters. They lay five to six eggs per nest. They mostly flock to nest and reproduce. Rock petronias chiefly inhabit thickets and meadows in semi-deserted regions, flowstone shoals and exposed rocky zones, feeding on insects and plant seeds, shoots, buds and leaves. They can be found in alpine flowstone shoals and alpine thickets and meadows. They are highland resident birds.

白腰雪雀 *Onychostruthus taczanowskii*

成鸟体长140～180mm，体重20～40g。额、眉纹和腰白色，头顶、后颈和背沙褐色。背和肩具深栗色纵纹，翅和尾深栗色。飞羽之羽缘白色，翅上覆羽所具白色端斑成白色翅斑。中央尾羽黑色，其他具白色端斑，最外侧尾羽为白色羽缘。黑色贯眼纹，喉白色，下体灰白色。繁殖期5月～8月。在岩石的洞穴或鼠类弃洞内用干草营巢，内垫毛发。每窝产卵3～5枚，枚重3.4～3.7g，大小24×17mm。因常在鼠类弃洞中休息或营巢，故有“鸟鼠同穴”之说，是高原草地荒漠鸟类，多成小群或成对活动于流石滩或半荒漠灌丛草地，以草籽和植物嫩枝、芽和叶为食，繁殖期多捕食昆虫。高地型留鸟。

White-rumped Snowfinch

It is called “Gongxigega” in Tibetan.

The body length of its adult ranges from 140 to 180 mm and the body weight ranges from 20 to 40 g. Its breeding period is between May and August. It uses hay for building its nest in rock caves or dens abandoned by rats. It lays three to five eggs per nest. White-rumped snowfinches are plateau grassland and desert birds, generally move about in small flocks or in pairs on flowstone shoals and in shrubby grassplots in semi-flowstone regions, feeding on grass seeds and plant shoots, buds and leaves, and mostly preying upon insects during the breeding. They are found on flowstone shoals and in alpine pastures. They are highland residents.

棕颈雪雀 *Pyrgilauda ruficollis*

成鸟体长140～160mm，体重20～30g。额灰白色，后颈、颈侧和胸侧均为棕色。头顶和背沙栗色，肩和背上具深栗色纵纹。眉纹灰白色，贯眼纹黑色，颚纹黑色。下体灰白色，两道白色翅斑。繁殖期5月～7月。每窝产卵3～5枚，枚重约2.5g。雏鸟出壳晚成性。除繁殖期成对外，多小群栖息于流石滩、高山灌丛草地或半荒漠地带。地栖性，出入于鼠穴，善奔跑、跳跃。以草籽和种子为食，繁殖期捕昆虫为食。高地型留鸟。

Rufous-necked Snowfinch

It is called “Gongxugekang” in Tibetan.

The body length of its adult is between 140 and 160 mm and the body weight is between 20 and 30 g. Its breeding period is from May to July. It lays three to five eggs per nest. Its nestlings coming out of the eggshell are altricial. Except living in pairs during the breeding, rufous-necked snowfinches mostly in small groups dwell in flowstone shoals, alpine thickets and meadows and semi-desert zones, being good at running quickly and leaping. They feed on grass seeds and plant seeds, and prey upon insects during the breeding. They are highland resident birds.

褐翅雪雀 *Montifringilla adamsi*

成鸟体长140～180mm，体重20～35g。上体灰褐色，背和肩上有深色纵纹，翅和尾羽深栗色，初级飞羽基部白色，其羽缘浅栗色。次级飞羽具白色端斑，中覆羽白色成白色翅斑，尾羽具黑色端斑和白色羽缘；腹浅黄栗色，喉具黑色横斑和细纵纹；嘴粗、短、厚。繁殖期6月～8月。在岩洞或其他动物弃洞中用干草、叶筑巢，内垫毛发。每窝产卵3～4枚，大小24×16mm。多成群栖息于流石滩、半荒漠灌丛草甸等地，以草籽、种子和植物嫩枝、叶、芽为食，也捕食小昆虫。高地型留鸟。

Black-winged Snowfinch

It is called “Gongxuxukang” in Tibetan.

The body length of its adult is between 140 and 180 mm and the body weight is between 20 and 35 g. Its breeding period is from June to August. It uses hay and leaves for building its nest in rock caves or in dens abandoned by other animals. The bottom of its nest is covered with hair. It lays three to four eggs per nest. Black-winged snowfinches are arctic-alpine terrestrial birds, and mostly in groups dwell on flowstone shoals, and in thickets and meadows in semi-desert regions, feeding on grass seeds and plant seeds, shoots, leaves and buds, and also pecking small insects. They are highland residents.

百灵科

小型鸟类，鸣声动听、悦耳，是人们喜爱的观赏鸟类。全世界有91种，中国有15种。本书介绍3种。

Alaudidae (Larks)

The members of family Alaudidae are small birds with a sweet singing, and visual birds that people are fond of. There are 91 species of Alaudidae birds in the world, 15 species of which are found in China. An account is given of 3 species in this album.

云雀 *Alauda arvensis*

成鸟体长约170mm，体重约30g。头和背棕栗色，具深色纵纹斑，羽冠短。眉纹灰白色延至后颈，喉灰白色，胸栗色、具深色斑，腹灰白色，翅深栗色。初级、次级飞羽羽端白色，尾羽栗色，最外侧一对尾羽白色，脚黄褐色。繁殖期5月～6月。在水域附近的草丛凹坑处就地取材筑巢。每窝产卵3～5枚，枚重约3g。由雌鸟孵卵10～12天，雏鸟出壳晚成性。多成群活动于水域附近的灌丛草地，以植物嫩枝、芽、种子和昆虫为食。北方型留鸟。

Eurasian Skylark, Skylark

It is called “Gongxu” in Tibetan.

Its adult has a body length of about 170 mm and a body weight of about 30 g. Its breeding period is from May to June. It builds its nest in concave pits of a thick growth of grass near waters. It lays three to five eggs per nest. Its nestlings coming out of the eggshell are altricial. Eurasian skylarks chiefly in groups move about in shrubberies and grassland around the water area, feeding on shoots, buds and seeds of plants and insects. They are northern resident birds.

长嘴百灵 *Melanocorypha maxima*

成鸟体长约230mm，体重约80g。嘴较长，微下弯曲，尖部黑色，中后部黄色。头和背栗色、具深色斑，眉纹白色，喉和胸浅黄色，胸部具黑斑，腹部浅栗色。次级和三级飞羽尖端白色，尾下覆羽白色，尾羽深栗色，尖端白色，外侧尾羽白色。繁殖期5月～6月。在水域附近的草丛或沼泽地干的土丘上凹处为巢，内垫干草、细根。每窝产卵2～3枚，大小30×19mm。雌鸟孵卵约15天，雏鸟出壳晚成性。典型的草原鸟类。多单只栖息于高山有水域的草地，鸣声洪亮悦耳，啄食植物嫩枝、叶、芽、种子、果实和昆虫。高地型留鸟。

Long-billed Calandra Lark

It is called “Kanagongyi” in Tibetan.

Its adult has a body length of about 230 mm and a body weight of about 80 g. Its breeding period is from May to June. It builds its nest in concave pits of dry soil dunes in a thick growth of grass or marshland near waters. It lays two or three eggs per nest. Its nestlings coming out of the eggshell are altricial. Long-billed calandra larks mostly perch alone on alpine grassland with the water area, pecking the shoots, leaves, buds and seeds of plants. They are distributed over alpine pastures. They are upland resident birds.

角百灵 *Eremophila alpestris*

成鸟体长约170mm，体重约40g。头顶具2枚角状黑色羽簇，额白色与白色眉纹相连。双耳覆羽黑色，背棕栗色、具深色纵斑。白色的喉与腹之间的月形黑色羽十分明显，尾羽外侧白色，野外极易识别。繁殖期5月～6月。以草丛中地下凹坑为巢，内垫干草、羽毛。每窝产卵3～5枚，枚重约4g。雌鸟孵卵12～14天，雏鸟出壳晚成性。多成对或小群活动于高山草地，啄食植物种子和昆虫。很少远飞，北方型留鸟。

Horned Lark

It is called "Gongxuzuqing" in Tibetan.

Its adult has a body length of about 170 mm and a body weight of about 40 g. Its breeding period is from May to June. It builds its nest in concave pits on the ground of a thick growth of grass, and the bottom of its nest is covered with hay and feathers. It lays three to five eggs per nest. Its nestlings coming out of the eggshell are altricial. Horned larks mostly in pairs or in groups move about in alpine grassy areas, pecking plant seeds and insects. They are northern resident birds.

伯劳科

小型鸟类，嘴似鹰嘴，性凶猛，捕食小型动物。全世界有31种，中国有13种。本书介绍1种。

Laniidae (Shrikes)

They are small birds with a hooked beak, and are ferocious by nature, preying on small-size animals. There are 31 species of Laniidae birds in the world, and 13 species of them are found in China. One species is described in this album.

虎纹伯劳 *Lanius tigrinus*

成鸟体长160～190mm，体重23～38g。雄鸟头至后颈蓝灰色，上体红棕色、具黑色细波状横纹，额黑色与黑色贯眼纹相连，腹白色；雌鸟两胁有黑色波状横纹，其余同雄鸟。繁殖期5月～7月。在小树或灌丛上用干草、叶和树皮纤维筑杯状巢，内垫苔藓和兽毛。每窝产卵5～6枚，枚重3～4g。由雌鸟孵卵13～15天，雏鸟出壳晚成性。多单只或成对活动在林缘、开阔的次生林、疏林灌丛上，性凶猛，发现猎物，采取突然袭击的方式捕食。以昆虫为食，也捕食小型脊椎动物，如小鸟、蜥蜴等。北方型夏候鸟。

Tiger Shrike

It is called “Tewagongda” in Tibetan.

Its adult has a body length of 160 to 190 mm and a body weight of 23 to 38 g. Its breeding period is from May to July. It uses hay, leaves and bark fibre for building a cup-like nest in a small tree or a thicket, and the bottom of the nest is covered with moss and animal hair. It lays five to six eggs per nest. Its nestlings coming out of the eggshell are altricial. Tiger shrikes mostly move about singly or in pairs on the forest edges, and in broad secondary forests and thickets in thin stocked forests. They feed on insects, and also prey upon small-sized vertebrates such as small birds, lizards and so on. They are northern summer visitors.

画眉科

森林鸟类，主要在树上、灌丛中和地上跳跃集群活动，多为留鸟。全世界约有263种；中国有117种，其中16种为特有种。青藏高原是画眉类的分布中心，据目前调查分布有60种左右。它们鸣声婉转、悦耳动听，是人们喜爱的观赏笼养鸟之一。本书介绍19种。

Timaliidae (Babblers)

They are arboreal birds, and mainly in groups jump and move about in trees and thickets and on the ground, and most of them are resident birds. There are about 263 species of babblers found in the world, and there are about 117 species found in China, of which 16 species are endemic to China. The Qinghai-Tibet Plateau is a distribution centre of babblers, and approximately 60 species are found here according to the present investigation data. They have a sweet singing, and therefore people are fond of enjoying and captive breeding them. 19 species are described in the album.

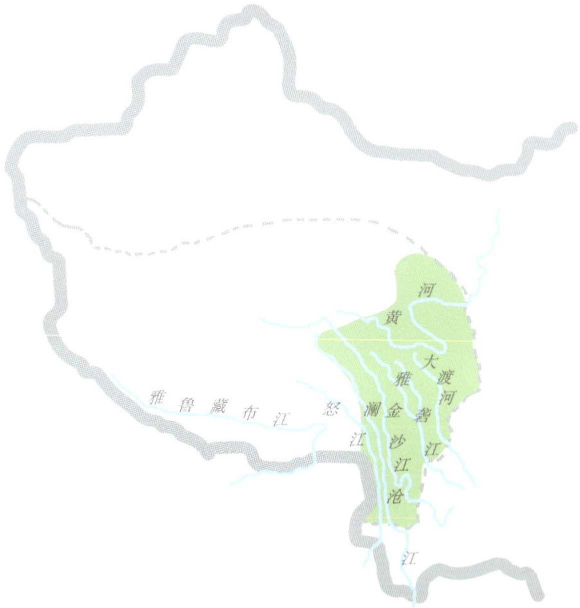

矛纹草鹛 *Babax lanceolatus*

成鸟体长250～290mm，体重65～88g。头顶、颈和背深栗色。所有羽毛具棕白色羽缘，有灰色纵纹。脸浅栗色，颚纹深栗色，翅和尾羽深栗色。下体喉、胸和腹均为浅黄色。胸和腹两侧及两胁具深色纵纹。繁殖期4月～6月。在灌丛中用干草和叶筑杯状巢，内垫细草。每窝产卵3～4枚，大小27×20mm。除繁殖期单只或成对活动外，多成小群栖息于稀树灌丛草地、林缘灌丛、林中空地、灌丛草地或混交林等多种植被类型。南中国型留鸟。

Chinese Babax

It is called "Juemuzhongkang" in Tibetan.

The body length of its adult is between 250 and 290 mm and the body weight is between 65 and 88 g. Its breeding period is from April to June. It makes use of hay and leaves to build its cup-like nest in thickets. It lays three or four eggs per nest. Except moving about alone or in pairs during the breeding, Chinese babaxes generally in small groups inhabit varied vegetation forms such as thickets and grassland with sparse trees, thickets on the forest edges, glades, shrubby and grassy areas and mixed forests. They are South China resident birds.

棕草鹛 *Babax koslowi*

成鸟体长280～300mm，体重100～120g。上体棕栗色，头顶较深，背部较淡，具棕灰色羽缘。尾上覆羽和尾羽棕栗色。喉灰白色，腹棕栗色，具棕灰色羽缘，细纵纹明显，与相似种矛纹草鹛羽色相比，棕草鹛的棕色程度更深。多单只或成对或小群在高山灌丛草甸、疏林灌丛栖息，是不进入茂密森林中的地栖性鸟类。以昆虫为食，也啄食植物种子、果实。喜马拉雅-横断山区型留鸟。中国特产鸟。《中国物种红色名录》评估为近危级（NT）。

Koslow's Babax

It is called "Juemulikang" and "Kalalide" in Tibetan.

Its adult has a body length ranging from 280 to 300 mm and a body weight ranging from 100 to 120 g. Koslow's babaxes mainly alone or in pairs inhabit alpine thickets and meadows, and shrubberies in thin stocked forests. They are terrestrial birds without entering a dense forest. They feed on insects, and also peck the seeds and fruits of plants. They are Himalayan-Hengduan Mountains resident birds. The Koslow's babax is a bird species peculiar to China, and is listed as the (NT) category in China Species Red List .

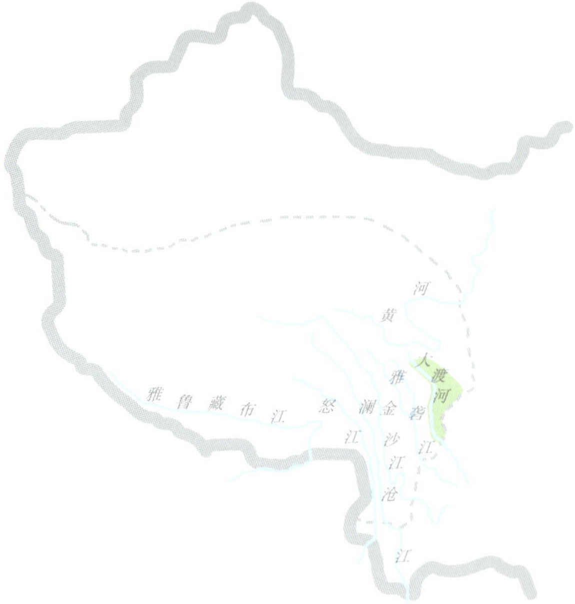

灰胸薮鹛 *Liocichla omeiensis*

成鸟体长150～200mm，体重约30g。雄鸟头顶灰色，前额、眉纹、后颈和颈侧橘黄色，脸、喉和胸均为灰色，背、肩和腰橄榄黄色，尾橄榄绿色具深色横斑、黑色次端斑和红色端斑，翅上红斑明显；中腹橄榄黄色，尾下覆羽黑色，具黄色羽缘，羽端红色。雌鸟翅斑、尾端及尾下覆羽为橙黄色而非赤红色，其余似雄鸟。多栖息于海拔2300m以下阔叶林、次生林、竹林、林缘灌丛，多在林下灌丛中或地上捕食昆虫和啄食植物种子、果实。喜马拉雅–横断山区型留鸟。目前仅见于四川省大渡河的丹巴至石棉段、雅安、天全、峨眉和马边等地。四川省级保护鸟。中国特产鸟。《中国物种红色名录》和IUCN“红色名录”均评估为易危级（VU）；已被“鸟类生活国际”（Bird Life International）列入《全球濒危鸟类名录》》和CITES附录II。

Grey-faced Liocichla, Omeishan Liocichla

It is called “Juemuzhongxia” and “Kalazhongxia” in Tibetan language.

The body length of its adult is between 150 and 200 mm and the body weight is about 30 g. Grey-faced liocichlas mainly inhabit broad-leaved forests, secondary forests, bamboo groves and thickets on the forest edges below 2300 metres above sea level, preying upon insects and pecking plant seeds and fruits in undergrowing thickets or on the ground. They are Himalayan-Hengduan Mountains resident birds. They are only found in areas from Danba County to Shimian County in the Dadu River valley, Ya’an City, Tianquan, Emei and Mabian counties in Sichuan Province. The grey-faced liocichla is an endemic species to China and under the protection of Sichuan Province. It is evaluated as the (VU) category in China Species Red List and IUCN Red List. It is also listed in A List of the Endangered Birds of the World by Bird Life International and in Appendix II to CITES. It is an endemic species to China.

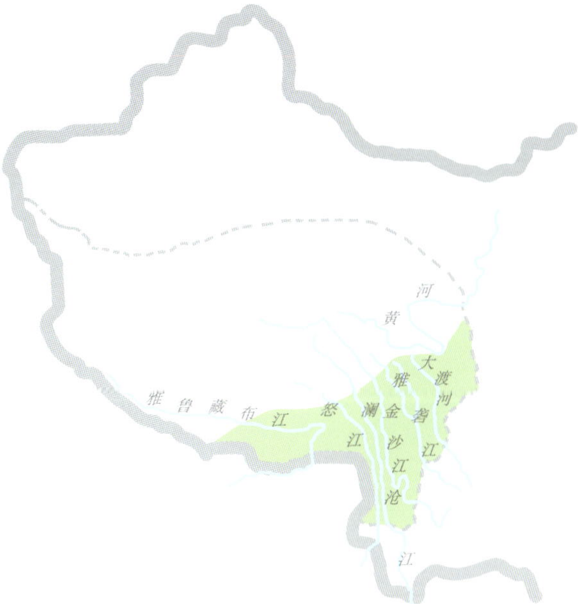

褐头雀鹛 *Alcippe cinereiceps*

成鸟体长120～140mm，体重10～14g。头至后颈灰褐色，上背栗褐色，腰棕褐色，尾栗色；翅的外侧飞羽外缘灰白色，有数枚外缘黑色飞羽，羽端白色，喉、胸灰白色，具深色纵纹。相似种棕头雀鹛具黑色侧冠纹，白眉雀鹛具白色眉纹，高山雀鹛的头、背上有纵纹，均与褐头雀鹛易区别。繁殖期5月～7月。每窝产卵3～5枚，大小20×15mm。多3～5只小群活动于混交林、疏林灌丛、沟谷灌丛。杂食性，以昆虫、植物嫩叶、芽、种子和果实为食。南中国型留鸟。

Streak-throated Fulvetta

It is called "Juemugongxuena" in Tibetan.

Its adult has a body length of 120 to 140 mm and a body weight of 10 to 14 g. Its breeding period is from May to July. It lays three to five eggs per nest. Streak-throated fulvettas chiefly in a small groups including threes to fives move about in mixed forests, thickets in thin stocked forests, and shrubberies along gullies and valleys. They are omnivorous, feeding on insects and the tender leaves, buds, seeds and fruits of plants. They are South China resident birds.

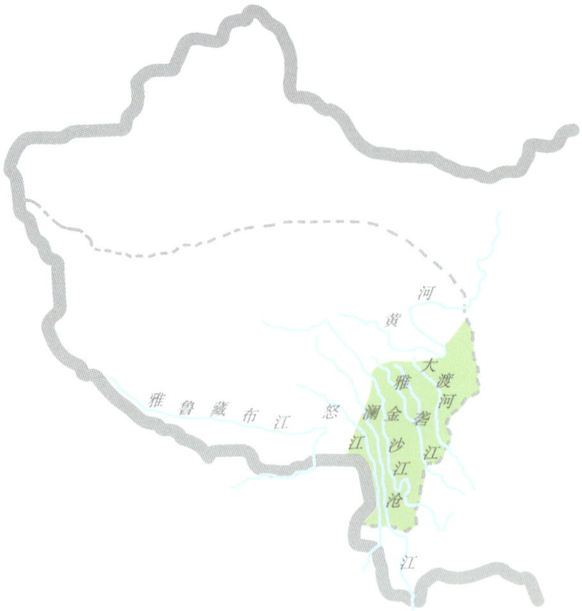

金胸雀鹛 *Alcippe chrysotis*

成鸟体长100～110mm，体重7～10g。头黑色，具醒目的白色中央冠羽和耳上覆羽，上体橄榄灰色。两翅黑色，具白色端斑、红色和浅黄色羽缘，在翅上呈红、黄、黑、白四色斑。尾黑色，外侧尾羽羽缘红色，喉黑色，下体橘红色。繁殖期5月～7月。在阔叶林下灌丛中用干草筑杯状巢，内层为苔藓、细草，内垫毛发。每窝产卵2～4枚，大小17×13mm。除繁殖期单只或成对外，多成小群栖息于混交林、疏林、次生林或灌木林中，捕食昆虫，偶食植物。喜马拉雅-横断山区型留鸟。中国特有种。

Golden-breasted Fulvetta

It is called "Juemuzhongse" in Tibetan.

The body length of its adult is between 100 and 110 mm and the body weight is between 7 and 10 g. Its breeding period is from May to July. It uses hay for building its cup-like nest in thickets in broad-leaved forest. It lays two to four eggs per nest. Except moving alone or in pairs during the breeding, golden-breasted fulvettas mostly in small groups inhabit mixed forests, thin stocked forests, secondary forests and shrubberies, preying upon insects and occasionally eating plants. They are Himalayan-Hengduan Mountains resident birds, and endemic birds to China.

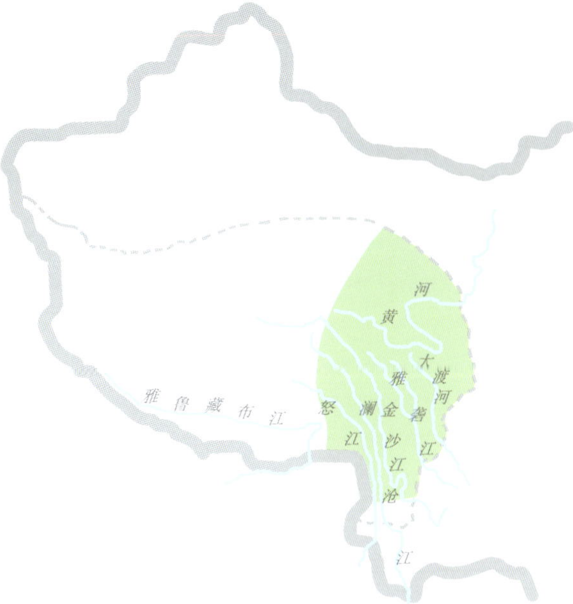

高山雀鹛 *Alcippe striaticollis*

成鸟体长120～140 mm，体重11～13 g。头至尾上覆羽均栗色，头和背具纵纹。脸栗色，眼圈金黄色，翅深栗色。初级飞羽羽缘灰白色，尾栗色，喉、胸白色，具深色纵纹，腹浅栗色。多单只或成对活动，偶集小群，栖息于高山灌丛草甸、高山森林林缘、流石滩等高海拔地带。杂食性，以昆虫和植物为食。喜马拉雅–横断山区型留鸟。中国特产鸟。

Chinese Mountain Fulvetta

It is called “Juemugongxu” in Tibetan.

Its adult has a body length of 120 to 140 mm and a body weight of 11 to 13 g.

Chinese mountain fulvettas mostly move alone or in pairs, and occasionally flock in small groups. They inhabit high-altitude regions such as alpine thickets and meadows, the edges of alpine forests and flowstone shoals. They are omnivorous birds, feeding on insects and plants. They are Himalayan-Hengduan Mountains resident birds. The Chinese mountain fulvetta is a bird species peculiar to China.

宝兴鹛雀 *Moupinia poecilotis*

成鸟体长130～150mm，体重10～15g。头和后颈橄榄栗色；背、肩和腰为橄榄灰栗色；翅和尾羽棕栗色。脸深栗色，具白色细纵纹，眉纹灰白色。下体喉、胸和腹均为灰白色。两胁和尾下覆羽棕绿色。繁殖期5月～7月。每窝产卵3～5枚，枚重约1.7g。多成对或小群栖息于混交林、阔叶疏林、林缘或高山灌丛草甸等各类森林植被中，觅食昆虫和植物种子、果实。喜马拉雅-横断山区型留鸟。已被“鸟类生活国际”（Bird Life International）列入《全球濒危鸟类名录》。《中国物种红色名录》评估为近危级（NT）。中国特产鸟。

Rufous-tailed Babbler

It is called “Juemupoxia” in Tibetan.

The body length of its adult ranges from 130 to 150 mm and the body weight ranges from 10 to 15 g. Its breeding period is from May to July. It lays three to five eggs per nest. Rufous-tailed babblers mostly in pairs or in small groups inhabit various types of forest and vegetation such as mixed forests, sparse broad-leaved forests,forest margins and alpine thickets and meadows, hunting for insects and plant seeds and fruits as food. They are Himalayan-Hengduan Mountains resident birds. They are birds peculiar to China.The rufous-tailed babbler is listed in A List of the Endangered Birds of the World by Bird Life International. And it is also listed as the (NT) category in China Species Red List. It is an endemic bird species to China.

白喉噪鹛 *Garrulax albogularis*

成鸟体长260～300mm，体重80～150g。头、颈、背和肩均为橄榄栗色，翅深栗色，羽缘灰栗色；尾羽橄榄栗色，除中央两对尾羽外，其余4对外侧尾羽具宽阔白色端斑；脸黑色；喉白色。胸侧和下胸具橄榄色横带，腹棕黄色，两胁和尾下稍深。繁殖期5月～7月。在林下灌木上或小树杈上用干草筑杯状巢，内垫细草。每窝产卵3～4枚，大小29×21mm。除繁殖期单只或成对外，多成小群在各种类型的森林、灌木林、疏林和林缘活动。地栖性。觅食昆虫和植物种子、果实。喜马拉雅–横断山区型留鸟。

White-throated Laughingthrush

It is called "Juemugega" in Tibetan.

Its adult has a body length of 260 to 300 mm and a body weight of 80 to 150 g. Its breeding period is from May to July. It utilizes hay to build its cup-like nest in shrubs and small tree forks in forests. It lays three to four eggs per nest. Except living alone or in pairs during the breeding, white-throated laughingthrushes generally in small groups move about in various types of forests, shrubwoods, thin stocked forests and on the forest edges. They are terrestrial, hunting for insects and plant seeds and fruits as food. They are Himalayan-Hengduan Mountains resident birds.

白颊噪鹛 *Garrulax sannio*

成鸟体长210～250mm，体重52～80g。头顶深栗色，贯眼纹深栗色。上体从颈至腰棕栗色，翅和尾羽深栗色。颈侧浅栗色，具深色斑，下体喉至胸栗色，腹浅栗色。繁殖期4月～7月。在灌丛中或小树枝叉上用干草、纤维类筑碗状巢，内垫细草。每窝产卵3～4枚，枚重约4～6g。雌雄双亲鸟孵卵15～17天，雏鸟出壳晚成性。成对或小群在低山次生林、林缘、灌木林中跳跃觅食昆虫和植物种子、果实。南中国型留鸟。

White-browed Laughingthrush

It is called “Juemugega” in Tibetan.

Its adult has a body length of 210 to 250 mm and a body weight of 52 to 80 g. Its propagation period is from April to July. It uses hay and fibre for building its bowl-like nest in thickets and forks of small branches. It lays three to four eggs per nest. Its nestlings coming out of the eggshell are altricial. White-browed laughingthrushes generally in pairs or in small groups leap and hunt for insects and plant seeds and fruits in secondary forests, forest edges and bushes in low-mountain regions. They are South China resident birds.

灰腹噪鹛 *Garrulax henrici*

成鸟全长约250mm，体重约70g。头顶暗褐色，体羽灰橄榄褐色，飞羽外缘蓝灰色，基部暗棕色，尾羽暗灰色、具细窄黑褐色横斑和白色端斑，尾下覆羽栗红色。从眼先直到耳羽有一条宽的暗栗色贯眼纹，其上下各有一条白色眉纹和颊纹。除繁殖期成对外，多为小群栖息于海拔3000m以上的灌丛。主要分布于西藏的昌都、林芝地区。中国特产鸟。

Henry’s Laughingthrush

It is called “Juemupoxia” in Tibetan.

Its adult has a body length of about 250 mm and a body weight of about 70 g. Except moving in pairs during the breeding, Henry’s laughingthrushes mostly in small groups inhabit thickets with an elevation of over 3000 metres. And they are mainly found in Qamdo and Nyingchi prefectures of Tibet. They are endemic birds to China.

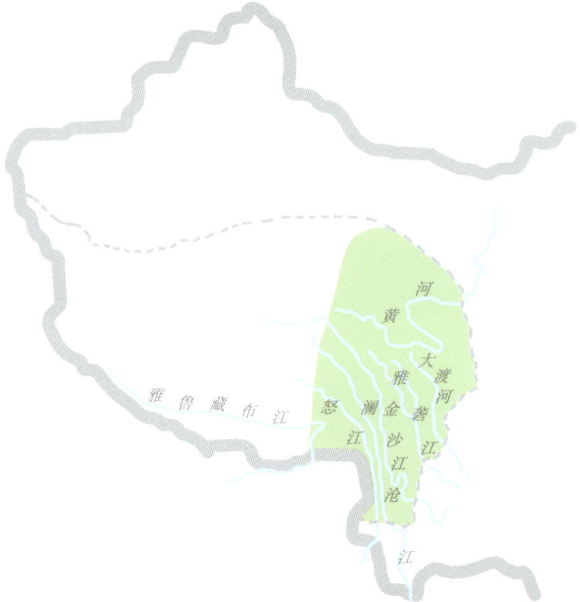

橙翅噪鹛 *Garrulax ellioti*

成鸟体长220～250 mm，体重50～70g。头顶具葡萄灰色，颈和背橄榄栗色，外侧飞羽蓝灰色，基部橙黄色，形成翅斑，中央尾羽灰栗色，外侧尾羽羽缘橙黄色、具白色端斑。喉和胸棕栗色，下腹和尾下覆羽棕红色。繁殖期4月～7月。在灌丛中或小树低枝上用枯枝、干草等筑碗状巢，内垫细草。每窝产卵2～3枚，枚重5.5～6.5g。除繁殖期成对外，多成群在各种灌木林、混交林、疏林、林缘跳跃、穿梭、飞进飞出，或在地上、枯落物上觅食昆虫和植物种子、果实。喜马拉雅-横断山区型留鸟。中国特产鸟。

Elliot’s Laughingthrush

It is called “Juemuniuma” in Tibetan.

The body length of its adult is between 220 and 250 mm and the body weight is between 50 and 70 g. Its breeding period is from April to July. It uses withered twigs, hay and so on for building its bowl-like nest in thickets or on low branches of small trees. It lays two or three eggs per nest. Except living in pairs during the breeding, Elliot’s laughingthrushes mostly in flocks leap, shuttle and flit about in various kinds of bushes, mixed forests, thin stocked forests and forest edges, hunting for insects and plant seeds and fruits on the ground or litter. They are Himalayan-Hengduan Mountains resident birds. The Elliot’s laughingthrush is an endemic species to China.

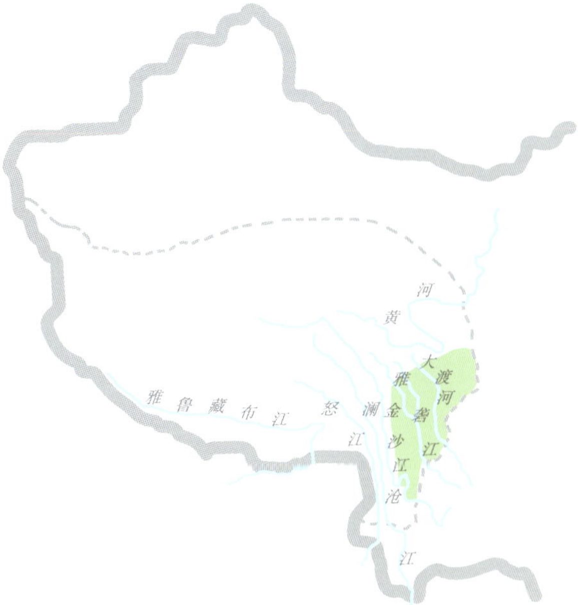

斑背噪鹛 *Garrulax lunulatus*

成鸟体长240～280 mm，体重70～95 g。头栗色，眼圈和眼后眉纹均白色，在头上极显，上体浅栗色，各羽均具宽阔的黑色次端斑和棕色端斑，形成明显的鳞状斑，飞羽具白色端斑，初级飞羽外侧蓝灰色，尾羽栗色、具黑色次端斑和白色端斑，喉栗色，胸和颈侧深栗色、具白端，腹白色，两胁和尾下覆羽棕色、具细黑斑。多单只或成对栖息于混交林、疏林、灌木林或林缘，常在地上活动，捕食昆虫和植物种子、果实。喜马拉雅–横断山区型留鸟。已被“鸟类生活国际”（Bird Life International）列入《全球濒危鸟类名录》。中国特产鸟。

Bar-backed Laughingthrush

It is called “Juemujiati” in Tibetan.

The body length of its adult ranges from 240 to 280 mm and the body weight ranges from 70 to 95 g. Bar-backed laughingthrushes chiefly dwell singly or in pairs in mixed forests, thin stocked forests, shrubberies and on the forest edges, often moving about on the ground to prey on insects and to eat plant seeds and fruits. They are Himalayan-Hengduan Mountains resident birds. The bar-backed laughingthrush is an endemic species to China and is listed in A List of the Endangered Birds of the World by Bird Life International.

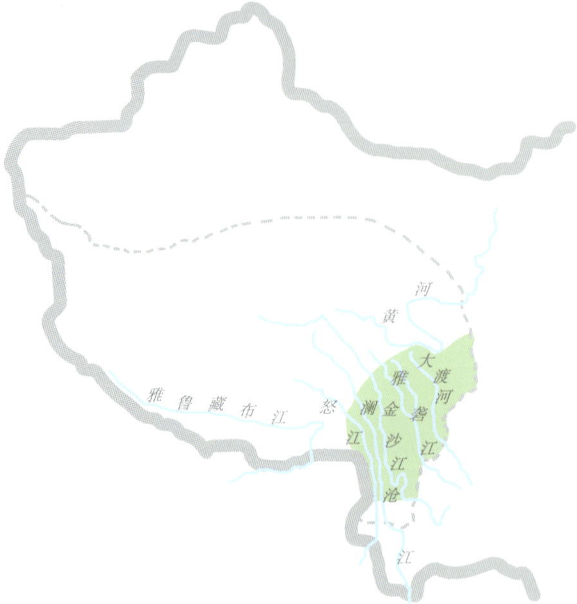

大噪鹛 *Garrulax maximus*

别名：花背噪鹛

成鸟体长320～360mm，体重100～220g。头顶深栗色，背栗色，布满白色斑点，斑点前缘黑色。翅上飞羽具白色端斑，尾特长，均具黑色次端斑和白色端斑、深色横斑。脸和眉纹棕色，贯眼纹深栗色，喉深棕色，胸棕色、具深色斑，腹棕色。多单只或成对栖息于混交林、疏林、林缘、林中空地和灌木林等各类生态环境，常在牧区草场的牛粪堆上刨食昆虫，也啄食种子、果实。喜马拉雅–横断山区型留鸟。中国特有种。

Giant Laughingthrush

It is called “Juemujiacha” in Tibetan.

The body length of its adult is between 320 and 360 mm and the body weight is between 100 and 220 g. Giant laughingthrushes mostly alone or in pairs inhabit varied kinds of habitats such as mixed forests, thin stocked forests, forest edges, glades and bushes, often digging insects from cow-dung piles on the grassland of pasture areas, and also pecking seeds and fruits. They are Himalayan-Hengduan Mountains resident birds. The giant laughingthrush is a bird species peculiar to China.

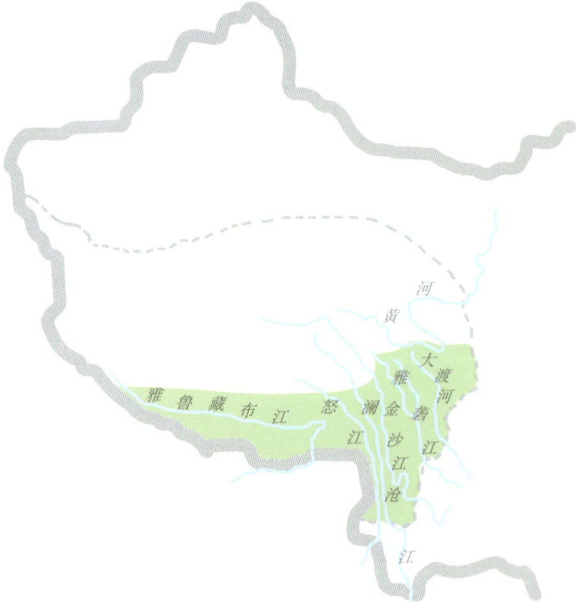

黑顶噪鹛 *Garrulax affinis*

成鸟体长240～260mm，体重50～80g。头和颈黑栗色，眼下的大白斑极为醒目。背和肩棕栗色，尾上覆羽棕红色，翅深栗色。飞羽外缘浅蓝色，向上渐橙色，尾羽中央一对基部金黄绿色、端部灰栗色，其余尾羽之羽缘金黄绿色。喉黑色，胸和腹栗色。繁殖期5月～7月。在林下或林缘灌丛中用细枝、干草、苔藓筑巢。每窝产卵2～3枚，大小约28×21mm。除繁殖期单只或成对外，多成小群在多岩石和苔藓的湿地灌丛、疏林灌丛、林缘、高山草甸活动，觅食昆虫和植物种子、果实。喜马拉雅–横断山区型留鸟。

Black-faced Laughingthrush

It is called "Juemuena" in Tibetan.

The body length of its adult ranges from 240 to 260 mm and the body weight ranges from 50 to 80 g. Its breeding period is from May to July. It makes use of fine twigs, hay and moss to build its nest in thickets in forests or on forest edges. It lays two or three eggs per nest. Except living alone or in pairs during the breeding, black-faced laughingthrushes generally in small groups move about in thickets on stony and mossy wetlands, and in shrubberies in thin stocked forests, on the forest edges and in alpine meadows, hunting for insects and plant seeds and fruits as food. They are Himalayan-Hengduan Mountains resident birds.

火尾绿鹛 *Myzornis pyrrhoura*

成鸟体长110～140mm，体重10～12g。上体绿色，头满布黑色鳞状斑，贯眼纹黑色，眉纹黄绿色，翅黑色，具黄色和红色翅斑及白色端斑，极醒目。中央一对尾羽绿色，外侧尾羽红色，喉和胸棕红色，腹棕黄色。多单只或成对活动于高山灌丛草甸、杜鹃林和矮树间，喜啄食花蜜，穿梭于花丛间，偶尔捕食昆虫，少下地活动。喜马拉雅-横断山区型留鸟。

Fire-tailed Mysornis

It is called "Juemuyouli" in Tibetan.

The body length of its adult is between 110 and 140 mm and the body weight is between 10 and 12 g. Fire-tailed mysornises mostly move about singly or in pairs in alpine thickets and meadows, rhododendron woods and among dwarf trees, like to peck nectar and shuttle among flowers in clusters, and occasionally prey on insects, but rarely descend to move on the ground. They are Himalayan-Hengduan Mountains resident birds.

火尾希鹛 *Minla ignotincta*

成鸟体长120～150mm，体重13～19g。雄鸟头和脸黑色，白色眉纹延至枕，背栗色（指名亚种）、橄榄栗色（西南亚种），翅黑色，飞羽之羽缘红色，在翅上形成红斑和白色端斑，翅上红、黑、白三色极为醒目，尾黑色，外侧尾羽具红色羽缘和红色端斑，腹部白色；雌鸟飞羽羽缘浅黄，尾羽外侧羽缘浅红，其余似雄鸟。繁殖期5月～7月。在灌木枝叉上用苔藓筑巢，内垫毛发。每窝产卵2～3枚，大小13×14mm。除繁殖期成对外，多集群栖息于阔叶林、次生林、疏林或灌木林中。在树冠上、枝桠上的苔藓、地衣下觅食昆虫，也吃植物种子、果实。喜马拉雅–横断山区型留鸟。

Fire-tailed Minla

It is called “Juemuniuma” in Tibetan.

Its adult has a body length of 120 to 150 mm and a body weight of 13 to 19 g. Its propagation period is from May to July. It uses moss for building its nest on forks of shrub twigs. The bottom of the nest is covered with fine hay. It lays two or three eggs per nest. Except living in pairs during the breeding, fire-tailed minlas generally flock to inhabit broad-leaved forests, secondary forests, thin stocked forests and bushes, hunting for insects under moss and lichen on the tree crowns and branches, and also eating plant seeds and fruits. They are Himalayan-Hengduan Mountains resident birds.

红嘴相思鸟 *Leiothrix lutea*

成鸟体长130～160mm，体重15～29g。嘴赤红色；头、颈、背和腰均为灰橄榄绿色。眼圈浅黄色，脸橄榄灰色。翅上具黄色和红色翅斑，尾黑色、叉状，喉黄色，胸橙红色。繁殖期5月～7月。在林下或林缘的灌木侧枝或小树枝叉上用干草、苔藓、草根和树皮等筑巢，内垫细草、须根。每窝产卵3～4枚，枚重约2.4～3g。除繁殖期单只或成对外，多成小群在混交林、疏林、林缘或灌丛栖息活动，在树间或灌丛上穿梭、跳跃，偶到地上。捕食昆虫和啄食植物种子、果实。东洋型留鸟。

Red-billed Leiothrix

It is called "Nayiquzuoma" in Tibetan.

Its adult has a body length of 130 to 160 mm and a body weight of 15 to 29 g. Its breeding period is from May to July. Red-billed leiothrixes make use of hay, moss, grass roots and bark to build their nests on lateral branches or small twig forks of shrubs in thickets in forest or on forest edges. They lays three or four eggs per nest. Except living alone or in pairs during the breeding, red-billed leiothrixes mostly inhabit mixed forests, thin stocked forests, forest edges and thickets, and shuttle and leap among trees or in thickets, and occasionally desend to the ground. They prey upon insects and peck plant seeds and fruits. They are Oriental resident birds.

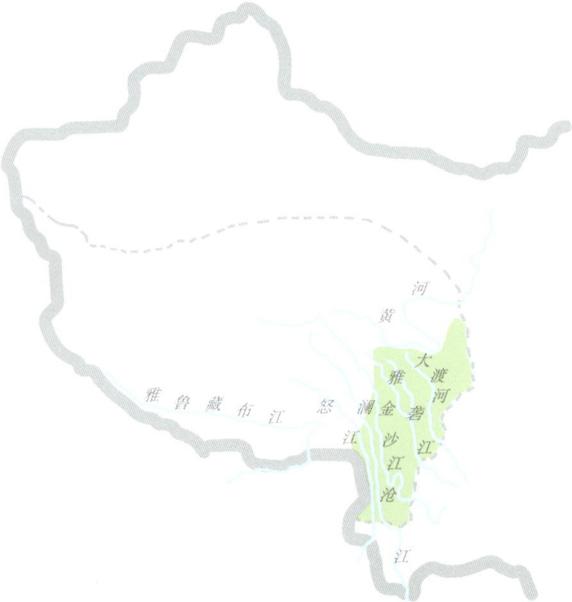

白领凤鹛 *Yuhina diademata*

成鸟体长150～180mm，体重15～25g。头上冠羽土褐色，眼圈白色；枕白色，向下和两侧延伸，在颈部形成白领，极醒目。上体土褐色，初级飞羽黑色，具白色羽缘和端斑，尾羽深栗色、具白色羽轴。喉黑色，胸灰栗色，腹和尾下覆羽灰白色。繁殖期5月～7月。每窝产卵2～3枚，枚重2～3g。除繁殖期单只或成对外，多成小群活动于混交林、疏林、林缘和灌木林中，以昆虫和植物种子、果实为食。喜马拉雅–横断山区型留鸟。

White-collared Yuhina

It is called “Zuqinggajuemunayi” in Tibetan.

Its adult has a body length of 150 to 180 mm and a body weight of 15 to 25 g. Its breeding period is between May and July. It lays two or three eggs per nest. Except living alone or in pairs during the breeding, white-collared yuhinas chiefly move about in mixed forests, thin stocked forests and bushes and on the margins of forests, feeding on insects and plant seeds and fruits. They are Himalayan-Hengduan Mountains resident birds.

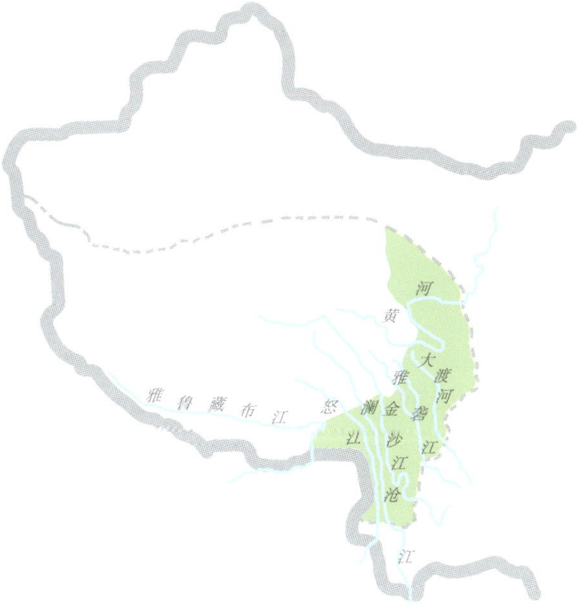

棕颈钩嘴鹛 *Pomatorhinus ruficollis*

成鸟体长160～190mm，体重20～30g，是钩嘴鹛中最小的一种。嘴细长，弧形向下弯曲，有显著的白色眉纹和黑色贯眼纹。上体背部棕栗色，脸黑色，胸和腹白色，具栗色纵纹，两胁和尾下覆羽橄榄栗色。繁殖期5月～7月。在各类灌木林中用干草、树皮和干叶等筑杯形巢，内垫细草和叶。每窝产卵3～5枚，枚重4～4.5g。雌雄鸟轮流孵卵，雏鸟出壳晚成性。多栖息于各类灌木林中，以昆虫和植物种子、果实为食。东洋型留鸟。

Rufous-necked Scimitar Babbler

It is called “Juemugekang” and “Kalagedeqieren” in Tibetan language.

The body length of its adult ranges from 160 to 190 mm and the body weight of its adult ranges from 20 to 30 g. It is the smallest scimitar babbler. Its reproduction period is from May to July. It utilizes hay, bark and dry leaves to build its cup-like nest in shrubberies, and the bottom of its nest is covered with fine hay and dry leaves. It lays three to five eggs per nest. Its female and male birds brood by turns. Its nestlings are altricial. Rufous-necked scimitar babblers mostly inhabit various kinds of shrubwoods, feeding on insects and the seeds and fruits of plants. They are Oriental resident birds.

燕雀科

多为林栖小型鸟类，但朱雀类多在高海拔灌丛、草地、高山荒漠和流石滩裸岩栖息，雄鸟体羽鲜丽。本书介绍12种。藏雀这几幅照片极为珍贵，目前全世界就仅有这几幅。

Fringillidae (Siskins, Crossbills)

Most of family Fringillidae are small-size arboreal birds. And yet rosefinches mostly inhabit thickets, grasslands, alpine deserts and nude rocks of flowstone beaches at high altitudes. Their male birds have bright-colored and beautiful feathers. A description is given of twelve species in this album.These photos of the Tibetan rosefinch are extremely precious, for they are only found in the world.

黄嘴朱顶雀 *Carduelis flavirostris*

成鸟体长120～150mm，体重10～18g。嘴黄色，粗短。上体黄栗色，具深栗色羽干纹。雄鸟腰玫瑰红，雌鸟浅黄白色。翅和尾深栗色、具白色羽缘，喉和胸橄榄黄栗色、具深色纵纹，腹浅黄色。繁殖期5月～7月。由雌鸟在灌木上或岩缝中用干草、细根筑杯状巢，内垫毛发。每窝产卵4～6枚，大小18×12mm。由雌鸟孵卵12～13天，雏鸟出壳晚成性。除繁殖期成对外，多成小群栖息于高山灌丛、流石滩、半荒漠灌丛草甸，冬季下到沟谷溪流边小树丛、灌木林或草坡上活动。啄食草籽及植物的果实、嫩枝、叶、芽，繁殖期捕食昆虫。见于金沙江、雅砻江流域的高山流石滩、灌丛草甸。北方型留鸟。

Twite

It is called "Gongxuquse" in Tibetan.

The body length of its adult is between 120 and 150 mm and the body weight is between 10 and 18 g. Its propagation period is from May to July. Its females make use of hay and fine roots to build the cup-like nests in shrubs or rock crevices. They lay four to six eggs per nest. Their nestlings coming out of the eggshell are altricial. Except living in pairs during the breeding, twites mostly in small groups inhabit alpine shrubberies, flowstone beaches, and thickets and meadows in semi-desert zones, and in winter descend to move about in small tree groves, bushes and grassy slopes. They peck grass seeds and plant fruits, shoots, leaves and buds, but prey upon insects during the breeding. They are found in alpine flowstone beaches, thickets and meadows located in the reaches of the Jinsha River and the Yalong River. They are northern residents.

金翅雀 *Carduelis sinica*

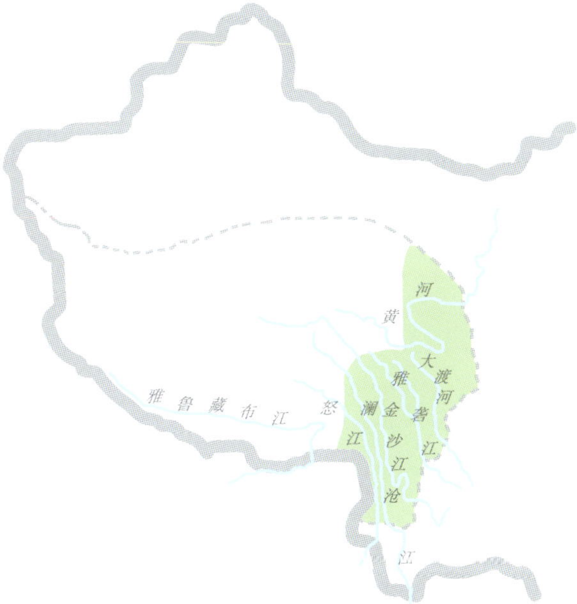

别名：金翅

成鸟体长120～140mm，体重15～22g。嘴黄，粗而直尖，头顶和后颈深灰栗色。背栗褐色、具深色羽干纹，腰黄绿色。显眼的金黄色翅斑和尾下覆羽金黄，腹栗黄色，尾羽黑色、末端具黄色基段。繁殖期4月～7月。雌鸟在低山林缘的幼树枝叉上用枯细枝、干草、纤维筑巢，内垫毛发。每窝产卵4～5枚，枚重1.6～2.1g。雌鸟孵卵12～14天，雏鸟出壳晚成性。多单只或成对活动，不进密林深处，在低山次生林、混交林林缘、地边灌丛、疏林栖息，以植物种子、果实、幼嫩枝、芽和叶为食，繁殖期捕食昆虫。北方型留鸟。

Greenfinch

It is called "Xiqiebaxuse" in Tibetan.

The body length of its adult is between 120 and 140 mm and the body weight is between 15 and 22 g. Its breeding period is from April to July. Its females make use of withered twigs, hay and fibre to build the nests in branch forks of young trees on the forest edges in low mountains. They lay four or five eggs per nest. Their nestlings coming out of the eggshell are altricial. Greenfinches mostly alone or in pairs inhabit secondary forests, fringes of mixed forests, thickets by the fields, and thin stocked forests in low-mountain regions, feeding on seeds, shoots, buds and leaves of plants, but preying upon insects during the breeding. They are northern residents.

白眉朱雀 *Carpodacus thura*

成鸟体长150～170mm，体重18～35g。雄鸟额和眉纹红色、具珍珠白色羽端，头顶、背棕栗色、具深色纵纹，腰粉红色，翅和尾羽深栗色，其羽缘浅栗色，小覆羽外缘暗红色。脸红色，喉红色、具白色纵纹。胸、上腹和两胁粉红色，腹中央白色；雌鸟上体棕褐色、具深色纵纹，腰橙黄色、具深色纵纹，眉纹浅黄色，下体灰白色。繁殖期6月～7月。在灌丛中用干草、叶和根筑杯状巢，内垫毛发。每窝产卵3～5枚，大小22×16mm，雌鸟孵卵，雏鸟出壳晚成性。夏季多单只或成对栖息于高山灌丛草地、流石滩、半荒漠草甸，冬季成小群下到沟谷灌丛草地、林缘灌丛、疏林中活动。以植物种子、果实、嫩枝、叶和芽为食。喜马拉雅-横断山区型留鸟。

White-browed Rosefinch

It is called "Gongyimiga" in Tibetan.

The body length of its adult is between 150 and 170 mm and the body weight is between 18 and 35 g. Its breeding period is from June to July. It utilizes hay, leaves and roots to build the cup-like nest in thickets. It lays three to five eggs per nest. Its nestlings coming out of the eggshell are altricial. In summer white-browed rosefinches mostly alone or in pairs inhabit alpine shrubberies and grassy marshlands, flowstone shoals and semi-desert meadows, and in winter they often in small groups go down to move about in shrubby grassplots along gullies and valleys, thickets on the forest edges and thin stocked forests. They live on plant seeds, fruits, shoots, leaves and buds. They are Himalayan-Hengduan Mountains residents.

斑翅朱雀 *Carpodacus trifasciatus*

成鸟体长170 ~ 200 mm，体重25 ~ 30 g。雄鸟前额珠白色、具红色羽缘，脸、喉和上胸黑色，都有珠白色鳞状斑和珠白色纵纹；上体深栗色，其羽端深红色；腰粉红色，肩黑色、具一块白斑，翅和尾羽黑色，翅上覆羽具玫瑰红色端斑；上腹和两胁玫瑰红色，下腹和尾下覆羽灰白色沾蓝。雌鸟上体橄榄栗色、具深色纵纹，翅和尾黑色，下体、喉、胸和胁浅黄色具纵纹。夏季在高山针叶林林缘、疏林灌丛或灌丛草甸栖息，冬季下到中山沟谷林缘、次生林或疏林灌丛活动。喜马拉雅–横断山区型留鸟。

Three-banded Rosefinch

It is called “Gongyixuti” in Tibetan.

Its adult has a body length of 170 to 200 mm and a body weight of 25 to 30 g.

In summer three-banded rosefinches dwell on the edges of alpine needle-leaved forests, and in thickets in thin stocked forests, and in shrubby marshlands, and in winter they often go down to middle-mountain areas to move about on the forest fringes along gullies and valleys, and in secondary forests and thickets in thin stocked forests. They are Himalayan-Hengduan Mountains residents.

红眉朱雀 *Carpodacus pulcherrimus*

成鸟体长140～150mm，体重15～25g。雄鸟额、眉纹、脸、腰、喉、胸和上腹均为玫瑰红色；额基和眉纹具珍珠光泽，头顶、背、肩灰栗色、具深色纵纹；翅和尾羽深栗色、羽缘浅栗色，翅上有两道不明显的玫瑰红色斑，下腹浅黄色。雌鸟上体灰栗色、具深色纵纹，下体灰白色、具深色纵纹。繁殖期5月～7月。在灌丛中或小树上用干草、叶、细根和纤维筑杯状巢，内垫毛发。每窝产卵3～6枚，大小20×14mm。由雌鸟孵卵，雏鸟出壳晚成性。除繁殖期单只或成对外，其余成小群栖息于高山灌丛草甸、半荒漠草地、流石滩、裸岩等地段，冬季下到沟谷林缘灌丛、河滩、草坡活动。以植物种子、果实、嫩枝、叶和芽为食。喜马拉雅–横断山区型留鸟。

Beautiful Rosefinch

It is called “Gongyimima” in Tibetan.

The body length of its adult ranges from 140 to 150 mm and the body weight ranges from 15 to 25 g. Its breeding period is from May to July. It makes use of hay, leaves, fine roots and fibre for building the cup-like nest in thickets or small trees. It lays three to six eggs per nest. Its nestlings coming out of the eggshell are altricial.

Except living alone or in pairs during the breeding, beautiful rosefinches generally in small groups inhabit areas above the forest line such as alpine thickets and meadows, semi-desert grassy marshlands, flowstone shoals and naked rocks, and in winter often go to thickets on the forest edges, flood lands and grassy slopes. They live on plant seeds, fruits, shoots, leaves and buds. They are Himalayan-Hengduan Mountains residents.

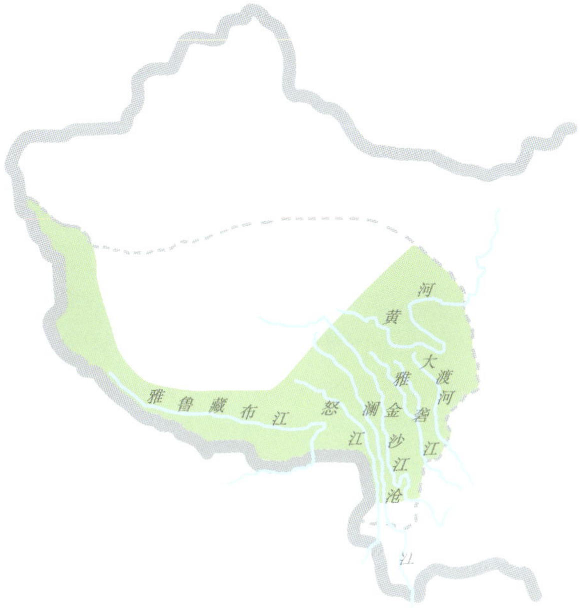

红胸朱雀 *Carpodacus puniceus*

成鸟体长190～220mm，体重50～75g。雄鸟额红色，眉纹金黄色，头顶、背、肩和翅上覆羽灰褐色；背和肩具不明显的暗色纵纹，腰和尾上覆羽玫瑰红色，翅和尾深栗色，贯眼纹栗色；颏灰栗沾黄色、喉和胸赤红色、具白色纵纹，腹灰褐色具深色纵纹。雌鸟通体灰褐色，和腹较浅，均具深色纵纹。繁殖期6月～7月。在灌丛中用干草营巢，内垫毛发。每窝产卵2～3枚，大小20×16mm。高山鸟类，栖息于高山灌丛草甸、流石滩、半荒漠地带，冬季下到沟谷灌丛草甸。以草籽和植物种子、果实、嫩枝、叶和芽为食，繁殖期捕食昆虫。高地型留鸟。

Red-breasted Rosefinch

It is called "Gongyizhongma" in Tibetan.

The body length of its adult ranges from 190 to 220 mm and the body weight ranges from 50 to 75 g. Its breeding period is from June to July. It uses hay for building the nest in thickets. It lays two or three eggs per nest. Red-breasted rosefinches are alpine birds and dwell in alpine thickets and meadows, flowstone shoals and semi-desert zones, and in winter descend to shrubberies and grassy marshlands along gullies and valleys, feeding on grass seeds and plant seeds, fruits, shoots, buds and leaves, and preying upon insects during the breeding. They are highland resident birds.

点翅朱雀 *Carpodacus rhodopeplus*

成鸟体长130 ~ 140mm，体重16 ~ 20g。雄鸟头项、头侧、后颈和枕红栗色，眉纹粉红色极醒目，背和肩栗色，具深色纵纹，翅和尾羽深栗色，下体的喉、胸和腹为玫瑰粉红色。雌鸟上体灰栗色具深色纵纹，下体浅黄绿色，具深色纵纹。繁殖期4月~7月，每窝产卵4~5枚，卵大小22 × 16mm。夏季多单只或成对栖息于高山灌丛草地、疏林灌丛、林缘，冬季成小群下到沟谷混交林林缘、沿河灌丛草地、荒坡栖息活动。以植物种子、果实、嫩枝、叶和芽为食。喜马拉雅–横断山区型留鸟。

Spot-winged Rosefinch

It is called “Gongyipoma” in Tibetan.

Its adult has a body length of 130 to 140 mm and a body weight of 16 to 20 g. In summer, spot-winged rosefinches mostly dwell singly or in pairs in alpine thickets and grassy marshlands, shrubberies in thin stocked forests, and on the forest edges, and in winter they descend in small groups to the edges of mixed forests, thickets, grassplots and wild slopes along the river for living and moving about. They feed on plant seeds, fruits, shoots, leaves and buds. They are Himalayan-Hengduan Mountains residents.

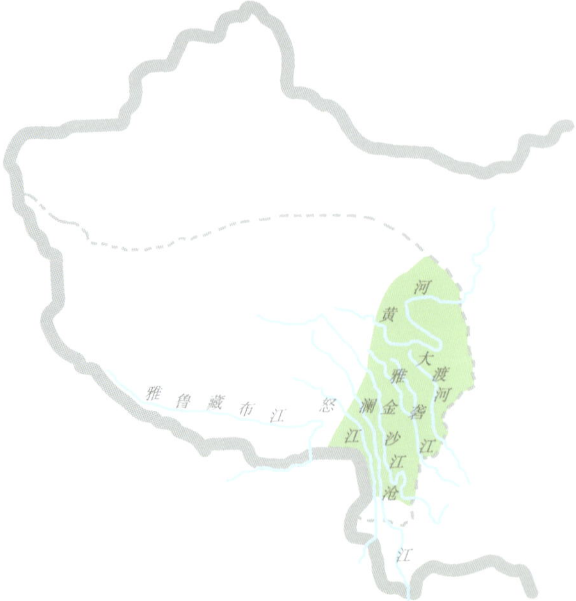

酒红朱雀 *Carpodacus vinaceus*

成鸟体长130～150mm，体重17～25g。雄鸟通体深红色，眉纹粉红色，从额延到枕，具丝光亮；翅和尾深栗色，翅上飞羽之羽缘沾红色，具两个白色翅斑。雌鸟通体灰栗色，具深色纵纹。多单只或成对栖息于中山阔叶林、混交林、林缘灌木林、疏林等地带，冬季常到村寨、地边灌丛草坡活动。以植物种子、果实、嫩枝、叶和芽为食，也捕食昆虫。喜马拉雅–横断山区型留鸟。

Vinaceous Rosefinch

It is called “Gongyimama” in Tibetan.

The body length of its adult is between 130 and 150 mm and the body weight is between 17 and 25 g. Vinaceous rosefinches mostly alone or in pairs inhabit broad-leaved forests, mixed forests, brushwood on the forest edges, and thin stocked forests in middle mountains, and in winter often go to move about on shrubby and grassy slopes by the stockaded villages and the fields. They feed on seeds, fruits, shoots, leaves and buds of plants, and also prey upon insects. They are Himalayan-Hengduan Mountains residents.

普通朱雀 *Carpodacus erythrinus*

成鸟体长130～160mm，体重18～31g。雄鸟头顶、腰、喉和胸均为红色，背和肩橄榄栗色，其羽缘沾红色。贯眼纹栗色，翅和尾深栗色，羽缘沾红色；上腹红色较浅，下腹和尾下覆羽浅黄沾红。雌鸟上体灰栗色，具深色纵纹，下体浅黄色，具深色纵纹。繁殖期5月～7月。在有刺的灌木丛中或小树枝叉上用干草、叶和须根筑杯状巢，内垫毛发。每窝产卵3～6枚，大小21×14mm。雌鸟孵卵13～14天，雏鸟出壳晚成性。夏季单只或成对在高山林缘灌丛、灌丛草甸栖息，冬季成小群下到沟谷溪流边的林缘灌丛、次生林、疏林灌丛地区活动。以植物种子、果实、嫩枝、芽、叶和花蕾为食，繁殖期捕昆虫为食。北方型留鸟。

Common Rosefinch

It is called "Gongyimama" in Tibetan.

The body length of its adult ranges from 130 to 160 mm and the body weight ranges from 18 to 31 g. Its breeding period is from May to July. It uses hay, leaves and roots for building the cup-like nest in thickets or twig forks of small trees. It lays three to six eggs per nest. Its nestlings coming out of the eggshell are altricial. Common rosefinches generally alone or in pairs inhabit thickets on the alpine forest edges and shrubby meadows in summer, but in winter often in small groups descend to move about in shrubberies on the forest edges, secondary forests and thickets in thin stocked forests by gullies and streams. They live on seeds, fruits, shoots, buds, leaves and flower buds of plants, but prey upon insects during the breeding. They are northern residents.

棕朱雀 *Carpodacus edwardsii*

成鸟体长140～170mm，体重25～30g。雄鸟额和眉纹淡玫瑰红，头顶、后颈、贯眼纹和上体均为红栗色，具深色纵纹；尾上覆羽红褐色，翅和尾深栗色；中、大覆羽和三级飞羽之羽端灰白，其羽缘淡红色；喉和胸淡玫瑰红色，腹红褐色。雌鸟上体灰栗色，具深色纵纹，下体浅黄色，具深色纵纹，眉纹浅黄色。繁殖期6月～7月。在高山灌丛中用干草、细根筑杯状巢，内垫毛发。每窝产卵3～4枚，大小23×16mm。繁殖期多单只或成对，秋季成小群栖息于高山灌丛草甸、疏林灌丛，冬季下到沟谷的灌丛草地活动。以植物种子、果实、嫩枝、叶和芽为食，也捕食昆虫。喜马拉雅-横断山区型留鸟。

Ruddy Rosefinch

It is called “Gongxugonkang” in Tibetan.

Its adult has a body length of 140 to 170 mm and a body weight of 25 to 30 g. Its breeding period is from June to July. It utilizes hay and fine roots for building the cup-like nest in alpine thickets. It lays three or four eggs per nest. Except living singly or in pairs during the breeding, in autumn ruddy rosefinches in small groups inhabit alpine thickets and meadows, and shrubberies in thin stocked forests, and in winter descend to move about in thickets along gullies and valleys. They feed on plant seeds, fruits, shoots, buds and leaves, and also prey upon insects. They are Himalayan-Hengduan Mountains resident birds.

黄颈拟蜡嘴雀 *Mycerobas affinis*

别名：黑翅拟蜡嘴雀

成鸟体长200～220mm，体重60～70g。嘴深栗色、粗大。雄鸟整个头、颈、喉和上胸亮黑色，眼圈金黄色，翅和尾黑色，背橙黄色，腰、腹和尾上下覆羽鲜黄色。雌鸟头、颈和喉灰色，背和肩橄榄绿色，翅和尾黑色，腹橄榄黄色。夏季多单只或成对在高山森林林缘、疏林灌丛、圆柏林、高山栎矮林或杜鹃林中栖息，冬季下到中山以下的混交林、次生林、疏林或地边灌丛草坡等处活动。以植物种子、果实、嫩枝、叶和芽为食，也捕食昆虫。喜马拉雅-横断山区型留鸟。

Collared Grosbeak

It is called "Nayigese" in Tibetan.

The body length of its adult is between 200 and 220 mm and the body weight is between 60 and 70 g. In summer, collared grosbeaks mostly alone or in pairs inhabit the fringes of alpine forests, thickets in thin stocked forests, Chinese juniper forests, dwarf woods of alpine oak and rhododendron groves, and in winter they descend to regions below middle mountains to move about in mixed forests, secondary forests, sparse forests, and shrubby and grassy slopes by the fields. They feed on tree seeds, and plant fruits, shoots, leaves and buds, and also prey upon insects. They are Himalayan-Hengduan Mountains residents.

雌

雄

藏雀 *Kozlowia roborowskii*

成鸟体长约180mm。翅较长，站立时翅尖几达尾端，别于朱雀类。雄鸟头呈闪亮黑红色，腰、尾上覆羽粉红色，喉黑红色、具白色点斑，胸呈玫瑰红色。嘴黄色。高地荒漠鸟类。地栖性留鸟。栖息于海拔4000m以上多岩的流石滩。以植物种子和嫩叶为食。仅见于青海黄河发源处的布尔布达山脉、扎陵湖以北的布青山和费玛河流域。分布范围极其狭窄，野外也很难观察到。中国特产珍稀濒危鸟类。《中国物种红色名录》和IUCN“红色名录”均评估为濒危级（EN）。

Tibetan Rosefinch

It is called “Gongyiemana”in Tibetan.

Its adult has a body length of 180 mm. Tibetan rosefinches are highland-desert birds. They inhabit flowstone beaches with an elevation of over 4 000 metres. They are terrestrial resident birds, and feed on seeds and tender leaves of plants. They are only found in the Buerbuda Mountains, the Buqin Mountain and the Feima River valley in Qinghai Province. They have an extremely narrow distribution range, and therefore are very difficult to be seen in the open country. The Tibetan rosefinch is a rare and precious bird species peculiar to China. It is evaluated as the (EN) category in China Species Red List and IUCN Red List.

鸦雀科

多为小型鸟类，翅短圆，尾较长，多呈凸状，飞行力弱，成群活动，多栖息于灌丛中。全世界有19种，中国有18种，青藏高原有9种。本书介绍5种。

Paradoxornithidae (Parrotbills)

Most of parrotbills are small-size birds. Their wings are short and circular, and their tails are relatively long and mostly protruding. They chiefly flock to inhabit thickets and they have a weak flight ability. There are 19 species of parrotbills found in the world, and 18 species of them are found in China. There are 9 species found in the Qinghai-Tibet Plateau. 5 species are described in the album.

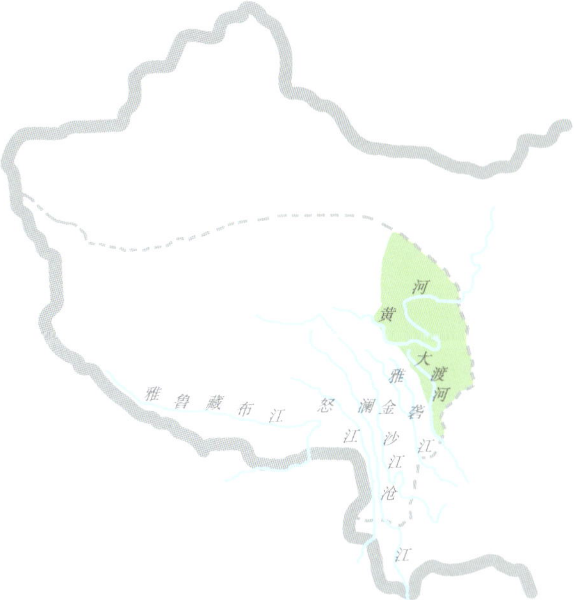

白眶鸦雀 *Paradoxornis conspicillatus*

小型鸟。体长120～140mm，体重约8g。嘴黄色，粗短。头顶至后颈褐色沾棕，具白色眼眶，上体橄榄灰色，颏、喉至胸淡葡萄红色，具暗色粗纵纹。常单只或成对栖息于海拔2000～2900m的山地竹林和林缘灌丛中，捕食昆虫，也啄食种子和果实。数量稀少，《中国物种红色名录》和IUCN"红色名录"均评估为濒危级（EN）。中国特产鸟。

Spectacled Parrotbill

It is a small-size bird. Its adult has a body length of 120 to 140 mm and a body weight of about 8 g. Spectacled parrotbills often singly or in pairs inhabit bamboo groves and thickets on the forest edges in mountainous regions with an elevation ranging from 2000 to 2900 metres, hunting for insects, and also pecking plant seeds and fruits. They are scarce in quantity. The spectacled parrotbill is an endemic species to China. It is evaluated as the (EN) category in China Species Red List and IUCN Red List.

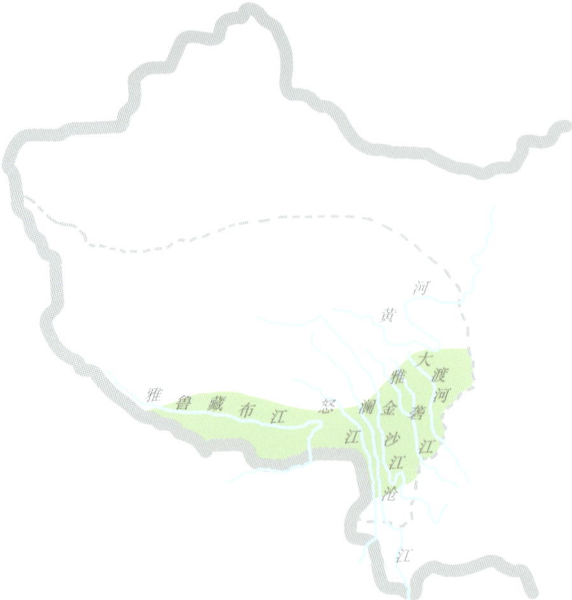

褐鸦雀 *Paradoxornis unicolor*

成鸟体长190～220mm，体重28～38g。嘴短而粗厚，呈橙黄色。头顶和冠羽棕褐色，黑色眉纹从嘴角延至枕，眼圈白色。上体橄榄栗色，喉和胸蓝灰色，腹浅栗色。多成对或小群在混交林、次生林、疏林或灌木林中栖息，飞行能力弱，多短距离飞行。以昆虫和植物种子、果实为食。喜马拉雅–横断山区型留鸟。

Brown Parrotbill, Himalayan Brown Crowtit

It is called “Kalagongde” in Tibetan.

The body length of its adult ranges from 190 to 220 mm and the body weight ranges from 28 to 38 g. Brown parrotbills chiefly in pairs or in small flocks dwell in mixed forests, secondary forests, thin stocked forests and shrubs. Owing to their weak flying ability, they mostly make a short-distance flight, feeding on insects and plant seeds and fruits. They are Himalayan-Hengduan Mountains resident birds.

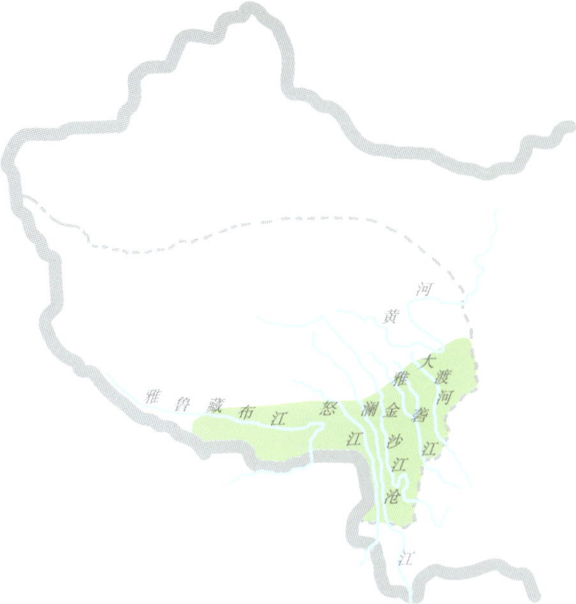

黑喉鸦雀 *Paradoxornis nipalensis*

别名：金色鸦雀

成鸟体长90～100mm，体重约6g，是最小的鸦雀。头橙棕色较亮，上体棕栗色，眼圈金黄色。颚纹和短小眉纹均为白色，尾羽深栗色、基部羽缘橙红色，翅深栗色。初级飞羽外侧羽缘白色，次级飞羽外侧羽缘橙红色。眼下颚纹灰白色，喉黑色。繁殖期5月～7月。在茂密的灌丛或箭竹丛中用干草、竹叶和苔藓筑巢，内垫细草。每窝产卵2～4枚，大小15×11mm。雌雄鸟轮流孵卵，雏鸟出壳晚成性。除繁殖期单只或成对外，多成小群栖息于混交林或其他类型林下的灌丛、疏林灌丛、竹丛中。以昆虫和植物种子、果实为食。

Black-throated Parrotbill

It is called “Xilegena” in Tibetan.

Its adult has a body length of 90 to 100 mm and a body weight of about 6 g. It is the smallest of parrotbills. Its breeding period is from May to July. It makes use of hay, bamboo leaves and moss to build the nest in dense thickets or bamboo groves. It lays two to four eggs per nest. Its nestlings coming out of the eggshell are altricial. Except living alone or in pairs during the breeding, black-throated parrotbills mostly in flocks dwell in mixed forests or thickets in other types of forests, shrubberies in thin stocked forests and bamboo groves, feeding on insects and plant seeds and fruits.

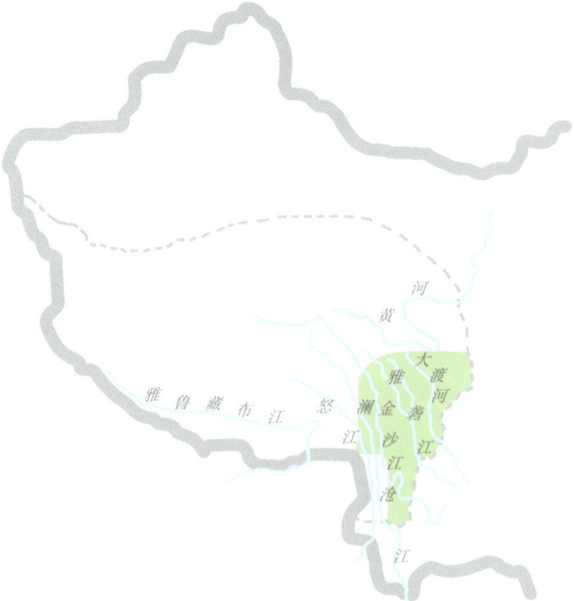

棕头鸦雀 *Paradoxornis webbianus*

成鸟体长110～130mm，体重10～12g。嘴粗短且尖，黄色，基部深栗色。头红棕色，上体棕栗色，翅和尾深栗色，其羽缘浅栗色。喉和胸浅红栗色，腹浅黄栗色，两胁和尾下覆羽橄榄栗色。繁殖期5月～8月。在灌木上或小树上用干草、叶、须根和树皮纤维等筑巢，外敷苔藓和蛛网，内垫细草和毛发。每窝产卵3～5枚，枚重1.5～2g。多成对或小群栖息于混交林林缘灌丛中、地边灌丛草坡，一般不进大森林内，低空短距离飞行，以昆虫和植物种子、果实为食。南中国型留鸟。

Vinous-throated Parrotbill, Rufous-headed Crowtit

It is called “Xileema” in Tibetan.

The body length of its adult ranges from 110 to 130 mm and the body weight ranges from 10 to 12 g. Its breeding period is from May to August. It uses hay, leaves, fibrous roots and bark fibre for building the nest in shrubs or small trees. It lays three to five eggs per nest. Vinous-throated parrotbills mostly in pairs or in small flocks inhabit thickets on the edges of mixed forests and shrubby thickets and grassy slopes near the fields, generally without going into a large forest. They make a low and short-distance flight and feed on insects and plant seeds and fruits. They are South China resident birds.

三趾鸦雀 *Paradoxornis paradoxus*

小型鸟。体长180～200mm，体重30g。嘴黄色，短且粗厚，似鹦鹉。脚三趾，头顶深褐色，后颈灰褐色，眼具白圈，上体灰橄榄褐色，下体淡棕色。多单只或成对或集小群栖息于海拔1500～3500m的阳坡较密的灌木林中，捕食昆虫和啄食植物种子、果实。《中国物种红色名录》和IUCN“红色名录”均评估为濒危级（EN）。中国特产鸟。

Three-toed Parrotbill

It is a small-size bird. Its adult has a body length of 180 to 200 mm and a body weight of about 30 g. Three-toed parrotbills mostly flock to dwell singly or in pairs or in small groups in rather thick shrubberies on sunny slopes with an elevation ranging from 1500 to 3500 metres, hunting for insects, and also pecking the seeds and fruits of plants. The three-toed parrotbill is evaluated as the (EN) category in China Species Red List and IUCN Red List. It is an endemic species to China.

鸦科

中型鸟类。大多树栖，喜集群，杂食性。全世界有117种，中国有30种，青藏高原有17种。本书介绍6种。

Corvidae (Crows, Jays)

Birds of family Corvidae are medium-size ones. Most of them are arboreal and omnivorous and like to flock together. There are 117 species found in the world, 30 species found in China and 17 species found in the Qinghai-Tibet Plateau. 6 species are described in the album.

黄嘴山鸦 *Pyrrhocorax graculus*

成鸟体长380～420mm，体重160～290g。嘴和脚黄色，通体黑色，具金属光泽。繁殖期4月～6月。营巢于悬岩峭壁的石洞或岩缝中，用枯枝、干草、叶和毛发等筑杯状巢。每窝产卵3～4枚，雌鸟孵卵，雏鸟出壳晚成性。地栖性，除繁殖期成对外，多集群生活于田间、村寨、牧场、河岸或草地，喜在垃圾堆、发酵的牛粪堆上刨食昆虫，也食植物种子、果实。见于高原各地。广布型留鸟。

Yellow-billed Chough

It is called "Jiangkaqusе" in Tibetan.

The body length of its adult ranges from 380 to 420 mm and the body weight ranges from 160 to 290 g. Its breeding period is from April to June. It uses withered twigs, hay, leaves and hair for building the cup-like nest in stone caves and crevices of cliffs and precipices. It lays three to four eggs per nest. Its nestlings coming out of the eggshell are altricial. Yellow-billed choughs are terrestrial birds.Except moving about in pairs during the breeding, they chiefly flock to live in the fields and stockaded villages, at river banks and in grassy areas, liking to dig and eat insects in fermented cow-dung piles, and also feeding on plant seeds and fruits. They are distributed over all the areas of the highland. They are common resident birds.

红嘴山鸦 *Pyrrhocorax pyrrhocorax*

成鸟体长360～480mm，体重210～450g。嘴和脚红色，通体黑色，具金属光泽蓝。繁殖期4月～6月。在悬岩峭壁的岩缝、岩洞凹处用枯枝、干草、叶等筑巢，内垫毛发，巢呈碗状。每窝产卵3～6枚，枚重12～14g。雌鸟孵卵17～18天，雏鸟出壳晚成性。地栖性。除繁殖期成对外，多集群生活，最多时可达数百只，田间、村寨、河岸、草地等处都可见其踪影。以各种昆虫为食，也食植物种子、果实。见于高原各地。广布型留鸟。

Red-billed Chough

It is called “Jiangkaquma” in Tibetan.

The body length of its adult is between 360 and 480 mm and the body weight is between 210 and 450 g. Its breeding period is from April to June. It uses withered twigs, hay and leaves for building its bowl-like nest in crevices and concave pits of stone caves of cliffs and precipices. It lays three to six eggs per nest. Its nestlings coming out of the eggshell are altricial. Red-billed choughs are terrestrial birds. Excepting moving about in pairs during the breeding, they generally flock to live, and at the most can amount to hundreds. They can be found in various zones such as villages, river banks and grassplots.They feed on varied kinds of insects and also eat plant seeds and fruits. They are distributed over all the regions of the plateau. They are common resident birds.

喜鹊 *Pica pica*

成鸟体长380～480mm，体重180～260g。头、颈、胸和上体光亮，呈蓝黑色，翅肩上有一大白斑，腹白色。繁殖期4月～6月。在高大乔木上或电杆上用枯枝、干草、泥土作外层，内层为细枝、泥土，内垫纤维、苔藓和毛发等营巢。每窝产卵5～8枚，枚重9～12g。雌鸟孵卵16～18天，雏鸟出壳晚成性。除繁殖期成对外，多成小群在农田、居民点、牧场附近栖息、活动，是一种喜与人类为邻的鸟类。夜栖树上，杂食性，以昆虫和植物种子、果实为食。北方型留鸟。

Common Magpie, Magpie

It is called “Xiaa” in Tibetan.

The body length of its adult ranges from 380 to 480 mm and the body weight ranges from 180 to 260 g. Its breeding period is from April to June. It uses withered twigs, hay and soil for building the nest in high and big trees or on wire poles. It lays five to eight eggs per nest. Its nestlings coming out of the eggshell are altricial. Except living in pairs during the breeding, common magpies mostly in small flocks dwell and move about in farmlands, residential areas and grazing lands, being a bird species liking to keep company with mankind. They roost on trees at night and are omnivorous, feeding on insects and plant seeds and fruits. They are northern residents.

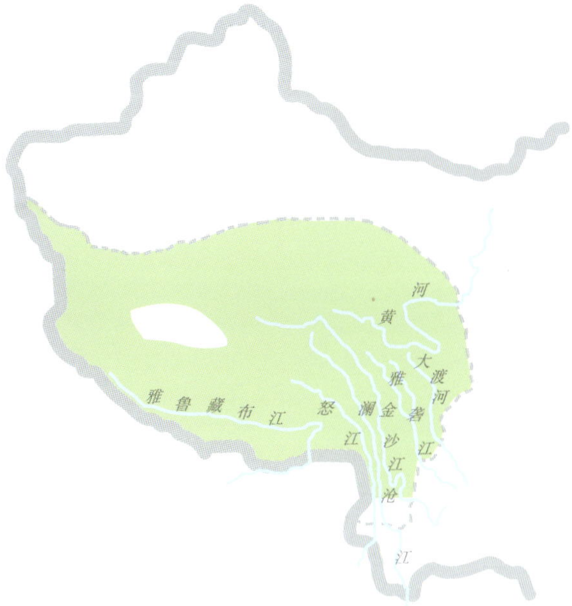

渡鸦 *Corvus corax*

成鸟体长600 ~ 700mm，体重600 ~ 1300g，大型鸦。鼻须长而发达，几乎盖住上嘴的一半。喉和胸羽毛长，呈刚毛状。尾楔形，通体黑色，具金属光泽。繁殖期3月 ~ 6月。在悬岩壁缝或凹陷处或岩石上筑巢，也有在高大乔木顶枝叉上筑巢的，用枯枝、干草、纤维筑成杯状巢，巢位较固定，如无干扰或破损可连年利用。每窝产卵4 ~ 6枚，由雌鸟孵卵18 ~ 19天，雏鸟出壳晚成性。多单只或成对在村寨、寺庙附近的空旷地、沿河地带、牧场、次生林的林缘活动。在地上行走觅食昆虫、各种小型动物、尸体、垃圾、植物种子和果实等。北方型留鸟。

Common Raven, Raven

It is called “Poruo” and “Xiaruo” in Tibetan.

The body length of its adult is between 600 and 700 mm and the body weight is between 600 and 1300 g. Its breeding period is from March to June. It uses withered twigs, hay and fibre for building the cup-like nest in wall crevices or concave pits of cliffs or rocks, and also on the top branches of tall trees. It lays four to six eggs per nest. Its nestlings coming out of the eggshell are altricial. Common ravens mostly move about singly or in pairs in spacious zones near stockaded villages and temples and along rivers, in pastures and on the edges of secondary forests. They walk on the ground to hunt for insects, varied small-size animals, dead bodies, rubbish and plant seeds and fruits. They are northern resident birds.

红嘴蓝鹊 *Urocissa erythrorhyncha*

别名：长尾巴雀

成鸟体长500～600mm，体重150～210g。嘴、脚和眼圈红色，额、颈、脸、喉和上胸全黑色，头顶羽毛有蓝白色端斑，后颈中央蓝白色。枕、肩和背紫蓝色沾栗色，凸状长尾黑色亚端斑和白色端斑，腹白色。飞行时拖着长尾，十分飘逸。繁殖期5月～7月。在高大乔木侧枝上用枯枝、干草筑碗状巢，内垫细草、须根。每窝产卵3～6枚，枚重7～8g。雌雄鸟轮流孵卵，雏鸟出壳晚成性。多成对或3～5只小群在混交林、次生林、疏林、果园滑翔飞行，杂食性，捕食昆虫、小型动物和采食植物种子、果实。东洋型留鸟。

Red-billed Blue Magpie

It is called "Kadaangren "and "Sezhen" in Tibetan.

The body length of its adult is between 500 and 600 mm and the body weight is between 150 and 210 g. Its breeding period is from May to July. It uses withered twigs, hay and soil for building the bowl-like nest in lateral branches of tall and big trees. It lays three to six eggs per nest. Its nestlings coming out of the eggshell are altricial.

Red-billed blue magpies mostly in pairs or in a small flock of threes to fives glide and fly over mixed forests, secondary forests, thin stocked forests and fruits gardens. They are omnivorous, preying upon insects and small-size animals and pecking plant seeds and fruits. They are Oriental residents.

褐背拟地鸦 *Pseudopodoces humilis*

成鸟体长140～170mm，体重25～47g。嘴较细长，微向下弯曲，黑色；上体沙栗色沾黄色，翅栗色、具沙栗色羽缘；中央尾羽黑栗色，其他尾羽浅黄色，腹浅沙黄色。繁殖期5月～7月。在啮齿动物的弃洞中垫枯草、叶和毛发等营巢。每窝产卵4～8枚，枚重3.2～3.7g。雌鸟孵卵15～20天，雏鸟出壳晚成性。多单只或小群在高原灌丛草甸、半荒漠草地栖息，地栖性高原寒漠鸟类。在地上觅食昆虫、虫卵，偶食草籽、嫩枝、芽、叶。见于高山牧场。高原特产鸟类。高地型留鸟。

Hume's Ground Jay

It is called "Gongyigongkang" in Tibetan.

The body length of its adult ranges from 140 to 170 mm and the body weight ranges from 25 to 47 g. Its breeding period is from May to July. It uses withered grass, leaves and hair for building the nest in dens abandoned by rodents. It lays four to eight eggs per nest. Its nestlings coming out of the eggshell are altricial. Hume's ground jays chiefly alone or in small flocks inhabit thickets, meadows and semi-desert grassplots in the plateau. They are terrestrial plateau frigid-desert birds, hunting on the ground for insects and their eggs, sometimes also eating grass seeds, plant shoots, buds and leaves. They are highland residents.They are distributed over alpine pastures, and are endemic birds to the highland.

岩鹨科

地栖鸟类，多栖息于高山灌丛、裸岩和砾石草地与荒漠地带。全世界有13种，中国有9种。本书介绍3种。

Prunellidae (Accentors)

Family Prunellidae birds are terrestrial, and generally live in alpine thickets, grassland with nude crags and gravel, and desert areas. There are 13 species of Prunellidae birds in the world, 9 species of which are found in China. 3 species are depicted in this album.

棕胸岩鹨 *Prunella strophiata*

成鸟体长约150mm，体重约20g。体形似鸲岩鹨。眉纹前白后棕，脸深栗色、具棕色横斑。颈侧灰色、具深色纵纹。背栗色、具深色纵纹，喉白色、具黑褐色点斑，胸深棕色，腹灰白色。两肋具深色纵纹，嘴黑色，嘴基黄色；脚肉色。繁殖期5月～6月。在灌丛地下用干草、苔藓筑巢，内垫羽毛。每窝产卵4～5枚，大小18×14mm。雌鸟孵卵，雏鸟出壳晚成性。多成小群活动于高山灌丛草甸或耕地边草坡，啄食植物种子、果实，繁殖期主食昆虫。喜马拉雅–横断山区型留鸟。

Rufous-breasted Accentor

It is called “Gongxuzhongkang” in Tibetan.

Its adult has a body length of about 150 mm and a body weight of about 20 g. Its breeding period is from May to June. It uses hay and moss for building the nest on the ground of thickets. The bottom of its nest is covered with feathers. It lays four to five eggs per nest. Its nestlings coming out of the eggshell are altricial. Rufous-breasted accentors mostly in small groups move about in alpine shrub thickets and meadows or on the grassy slopes around the arable land, pecking seeds and fruits of plants, and yet mainly feeding on insects during the breeding. They are Himalayan-Hengduan Mountains resident birds.

领岩鹨 *Prunella collaris*

成鸟体长约150mm，体重约30g。嘴深栗色，嘴基部黄色，脚肉褐色，头、后颈和背灰栗色。喉具黑白相间横纹，胸深灰栗色。腰和尾上覆羽棕栗色，翅深栗色、具白斑，尾黑色、具白色和棕色端斑。繁殖期6月～7月。在高山岩缝中或石堆间或灌丛下用干草、苔藓筑巢。每窝产卵3～5枚，枚重约3g。由雌鸟孵卵14～16天，雏鸟出壳晚成性。多成群在高山灌丛草甸、流石滩地带栖息。捕食昆虫和啄食种子。高地型留鸟。

Alpine Accentor, Collared Accentor

It is called “Gongxu” in Tibetan.

Its adult has a body length of about 150 mm and a body weight of about 30 g. Its breeding period is from June to July. It makes use of hay and moss to build the nest in stone crevices or among stone heaps or under thickets in alpine regions. It lays three to five eggs per nest. Its nestlings coming out of the eggshell are altricial. Alpine accentors chiefly in groups inhabit alpine thickets and meadows and flowstone shoals, preying on insects and pecking plant seeds. They are upland resident birds.

栗背岩鹨 *Prunella immaculata*

成鸟体长约150mm，体重约20g。头顶灰白色、具深色斑，后颈和脸深栗色，背栗色、具深色纵纹，喉和腹灰色。后腹和尾下覆羽红栗色，翅外侧灰蓝色。嘴黑色，脚蜡黄色。繁殖期5月～6月。在灌丛或草丛地上用干草和苔藓筑巢，内垫软物。每窝产卵3～5枚，大小20×15mm。雌鸟孵卵，雏鸟出壳晚成性。多成群在高山灌丛、草甸或农耕地边草坡上啄食草籽、果实和昆虫。喜马拉雅–横断山区型留鸟。

Maroon-backed Accentor

It is called “Gongxujiakang” in Tibetan.

Its adult has a body length of about 150 mm and a body weight of about 20 g. Its breeding period is from May to June. It makes use of hay and moss to build the nest on the ground of thickets or thick growths of grass. It lays three to five eggs per nest. Its nestlings coming out of the eggshell are altricial. Maroon-backed accentors mostly in flocks dwell in alpine thickets and meadows or on grassy slopes at the side of arable land, pecking grass seeds, fruits and insects. They are Himalayan-Hengduan Mountains resident birds.

鹡鸰科

小型鸟类，以地栖为主，善在地面奔跑。全世界有62种，中国有20种。本书介绍3种。

Motacillidae (Wagtails, Pipits)

They are small-size birds, mostly terrestrial, and good at running on the ground. There are 62 species of Motacillidae birds in the world, 20 species of which are found in China. 3 species are described in this album.

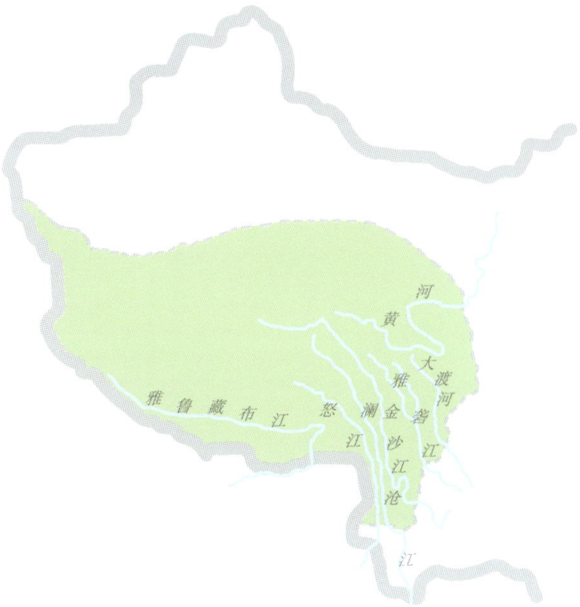

粉红胸鹨 *Anthus roseatus*

大小、体型似其他鹨，只是喉和胸呈浅葡萄红色。成鸟体长约160mm，体重约25g。头和背深栗色，具深色纵纹。眉纹浅黄色沾粉红色，腹浅黄色沾粉红色，两胁具深色斑。翅上飞羽端斑灰白色，形成两道灰白色横纹，尾羽深栗色，最外侧一对尾羽具较大的灰白色楔状斑。繁殖期6月～7月。在栖息地草丛地下或石穴中的凹处垫干草、树叶、羽毛为巢。每窝产卵3～5枚，大小20×15mm。雌鸟孵卵13～15天，雏鸟出壳晚成性。多单只或成对在高山有溪流的灌丛、草地栖息，冬、夏下到低海拔地带。繁殖期捕食昆虫，其他时候啄食植物嫩枝、叶、芽和种子等。高地型留鸟。

Hodgson's Pipit

It is called "Gongxu" in Tibetan.

It is similar to other pipits in size and bodily form. And only its throat and breast assume a light red colour. Its adult has a body length of about 160 mm and a body weight of about 25 g. Its breeding period is from June to July. It makes use of hay, leaves and feathers for nesting on the ground of thick growths of grass or in concave pits of stony caves. It lays three to five eggs per nest. Its nestlings coming out of the eggshell are altricial. Hodgson's pipits mostly dwell singly or in pairs in shrubberies and grassy areas with streams in high mountains, and go down to low-altitude regions in winter and summer. They hunt for insects during the breeding, and peck the shoots, leaves, buds and seeds of plants at other times. They are upland resident birds.

水鹨 *Anthus spinoletta*

别名：黄腹鹨

大小、形状、色彩与其他鹨极似。成鸟体长约160mm，体重约20g。头和背橄榄栗色，深色纵纹不明显。眉纹浅栗色，翅上两条白色横带斑，外侧尾羽具大白斑。腹部浅栗色，胸和两胁具细的深色纵纹斑。繁殖期6月～7月。用干草或干叶在灌丛和草丛地上石堆间筑巢。每窝产卵4～6枚，大小22×15mm。雌鸟孵卵约14天，雏鸟出壳晚成性。多单只或成对在水域附近的疏林、灌木林或开阔地活动，在奔跑中捕食昆虫，啄食草籽。北方型留鸟。

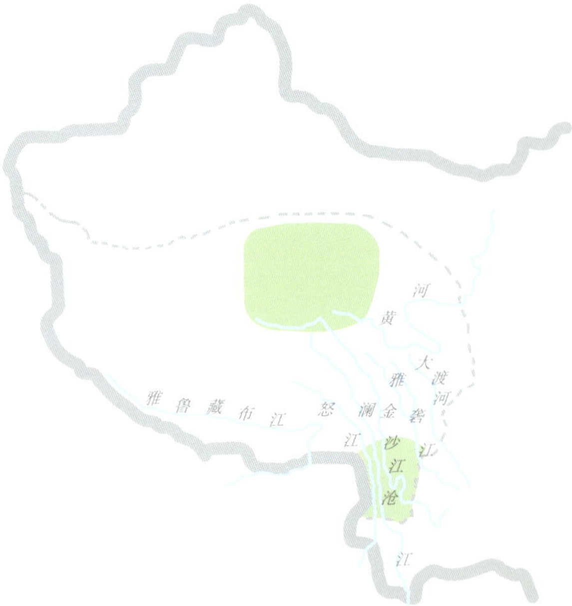

Water Pipit

It is called "Quxu" in Tibetan.

It is very similar to other pipits in size, shape and colour. Its adult has a body length of about 160 mm and a body weight of about 20 g. Its breeding period is from June to July. It uses hay and dry leaves for nesting in heaps of rocks on the ground of thickets and thick growths of grass. It lays four to six eggs per nest. The female bird brood for about 14 days, and its nestlings coming out of the eggshell are altricial. Water pipits mostly move about singly or in pairs in thin stocked forests, shrubs and open areas around the waters, and feed on insects and grass seeds while running. They are northern resident birds.

黄头鹡鸰 *Motacilla citreola*

形状大小似黄鹡鸰。成鸟体长约160mm，体重约20g。雄鸟头、喉、胸和腹均为黄色，背和尾深栗色，外侧两对尾羽白色。翅深栗色、具两道白色横斑和多道白色纵纹。雌鸟额、眉纹黄色，头、背和两胁黄绿色。繁殖期5月～6月。在草丛中或土丘地下用干草、苔藓筑巢，内垫羽毛。每窝产卵4～5枚，大小20×15mm。雌鸟孵卵14～15天，雏鸟出壳晚成性。多成对或小群沿水域岸边小跑，追捕各类昆虫为食。北方型夏候鸟。

Yellow-headed Wagtail

It is called "Quxuese" in Tibetan.

It is similar to the yellow wagtail in shape and size. Its adult has a body length of about 160 mm and a body weight of about 20 g. Its breeding period is from May to June. It uses hay and moss for nesting in thick growths of grass or under soil dunes. It lays four to five eggs per nest. Its nestlings coming out of the eggshell are altricial. Yellow-headed wagtails mostly run in pairs and in small groups along the banks of the waters, hunting for various kinds of insects. They are northern summer visitors.

鸫科

多为中小型鸣禽，主要栖息于森林、荒漠、农田、冰冻的原野等多种生态环境中，善飞行，亦善于地面奔跑。以昆虫、草籽为食。全世界有335种，中国有88种，青藏高原约有40种。本书介绍12种。

Turdidae (Thrushes, Chats)

Most of family Turdidae are medium-size and small-size songbirds, which mainly inhabit various kinds of habitat such as forest, tundra, desert and farmland. They are good at flying in the air and also adept in running on the ground, feeding on insects and grass seeds. There are 335 species of them found in the world, 88 species found in China, and more than 40 species found in the Qinghai-Tibet Plateau. 12 species are described in the album.

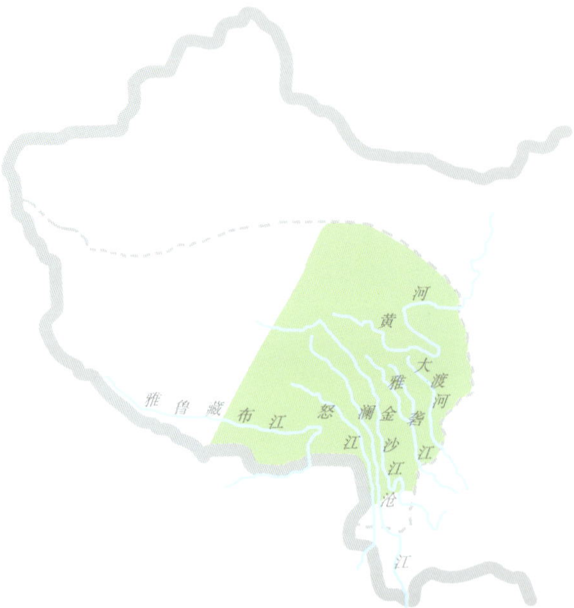

白喉红尾鸲 *Phoenicurus schisticeps*

成鸟体长约150mm，体重约20g。雄鸟头顶蓝色，脸、背、翅和尾均为黑色；翅上有一大白斑，腰和尾上覆羽栗色；喉黑色、具一白斑，胸和腹栗色。雌鸟背橄榄栗色，喉具白斑，腹部浅栗色。繁殖期5月～6月。在栖息地树洞、岩洞中，用干草和苔藓营巢。每窝产卵3～4枚，大小20×15mm。雌鸟孵卵，雏鸟出壳晚成性。多单只在疏林灌丛、灌丛草甸中觅食昆虫，也偶食草籽和果实。随季节往高山或低山迁徙，喜马拉雅–横断山区型留鸟。

White-throated Redstart

It is called “Xulegeganiuma” in Tibetan.

Its adult has a body length of about 150 mm and a body weight of about 20g. Its breeding period is from May to June. It utilizes hay and moss for nesting on tree holes or rock caves in its habitat. It lays three or four eggs per nest. Its nestlings coming out of the eggshell are altricial. White-throated redstarts generally alone move about in the thickets of thin stocked forests, and shrubberies and meadows, preying on insects, and occasionally feeding on grass seeds and fruits. They are Himalayan-Hengduan Mountains resident birds, migrating towards high or low mountains along with the seasonal changes.

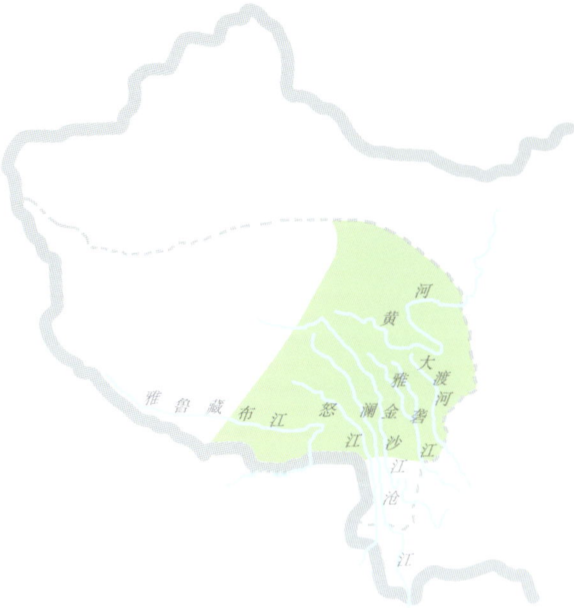

黑喉红尾鸲 *Phoenicurus hodgsoni*

成鸟体长约150mm，体重约20g。雄鸟头、颈和背灰色；腰、腹、尾上覆羽和尾羽均为栗色；翅深栗色，腹灰白色；中央一对尾羽深栗色；脸、喉和胸均为黑色。雌鸟背、喉和翅均为灰栗色，胸浅栗色，腹灰白色。繁殖期5月～7月。在岩壁石缝中或石洞中、垟洞中，用枯草、叶和苔藓筑巢，内垫羽毛或兽毛。每窝产卵4～5枚，大小20×15mm。雌鸟孵卵，雏鸟出壳晚成性。多单只在高山灌丛草地、林缘或疏林灌丛中栖息，捕食昆虫，偶食草籽和果实。随季节往高山、低山迁徙，喜马拉雅-横断山区型留鸟。

Hodgson's Redstart

It is called “Xulegenapoma” in Tibetan.

Its adult has a body length of about 150 mm and a body weight of about 20 g. Its breeding period is between May and July. It utilizes withered grass, leaves and moss for nesting in stony crevices of cliffs or rocky caves. It lays four to five eggs. Its nestlings coming out of the eggshell are altricial. Hodgson's redstarts mostly perch singly on alpine thickets and grasslands, shrubs in thin stocked forests and the forest edges, preying upon insects, and occasionally feeding on grass seeds and fruits. They are Himalayan-Hengduan Mountains resident birds, migrating to high or low mountains along with the seasonal changes.

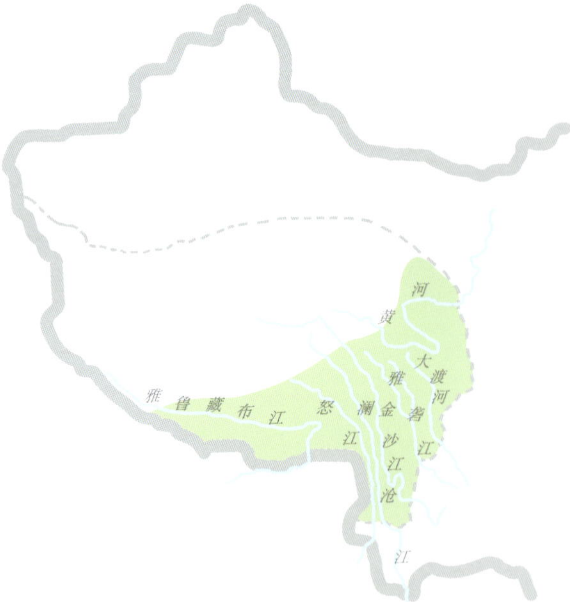

红尾水鸲 *Rhyacornis fuliginosus*

成鸟体长约130mm，体重约15g。雄鸟通体蓝灰色，两翅深栗色，尾棕色。雌鸟头和背灰色，翅和尾灰栗色，尾上具白斑，腹灰白色、具白色斑。繁殖期5月~6月。每窝产卵4~5枚，大小18×14mm。雌鸟孵卵，雏鸟出壳晚成性。多单只在多石的林间、溪流河谷疏林，林缘、灌木林栖息，常站立在水边或露出水面的孤石上，尾不停翘动或散开呈扇状寻食昆虫，有时也啄食草籽和果实。东洋型留鸟。

Plumbeous Water Redstart

It is called "Xuleniukang" in Tibetan.

Its adult has a body length of about 130 mm and a body weight of about 15 g. Its breeding period is from May to June. It lays four or five eggs. Its nestlings coming out of the eggshell are altricial. Plumbeous water redstarts chiefly dwell singly in forests with many stones, and in thin stocked forests, thickets and forest edges along streams and river valleys, and often stand at the waterside or on isolated rocks showing from the water surface. They hunt for insects, and sometimes peck grass seeds and fruits. They are Oriental resident birds.

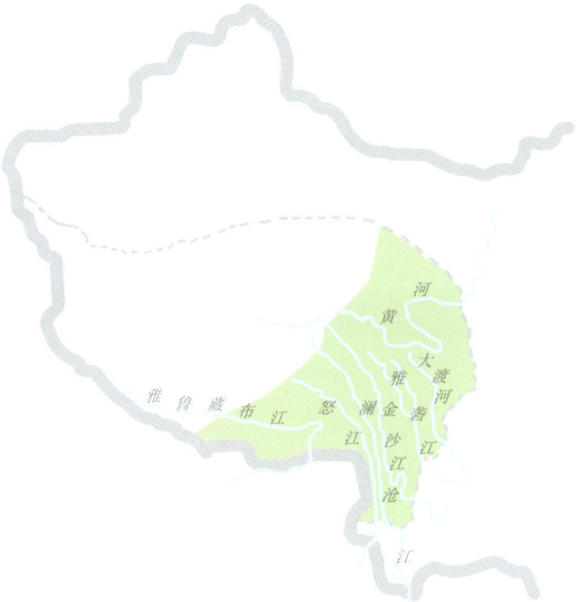

红胁蓝尾鸲 *Tarsiger cyanurus*

成鸟体长约140mm，体重约15g。雄鸟头和背灰蓝色，眉纹白色，喉和腹白色；胸侧蓝灰色，两胁红栗色，尾蓝灰。雌鸟头和背橄榄绿色，尾蓝色。繁殖期5月~6月。雌鸟多选择较阴暗潮湿的林下洞穴、草地及灌丛隐蔽处，用苔藓筑巢，内垫羽毛和树叶。每窝产卵5~6枚，枚重约2g。由雌鸟孵卵14~15天，雏鸟出壳晚成性。多单只在河谷灌丛草地、林缘地下奔跑时捕食昆虫，偶食植物草籽。随季节夏上高山、冬下低谷，北方型留鸟。

Red-flanked Bush Robin

It is called “Xulepoganiujun” in Tibetan.

Its adult has a body length of about 140 mm and a body weight of about 15 g. Its breeding period is from May to June. Its female bird utilizes moss, leaves and feathers for nesting in gloomy and humid caves in forests or in concealed spots grown with grass or shrubs. It lays five or six eggs per nest. Its nestlings coming out of the eggshell are altricial. Red-flanked bush robins mostly run singly in shrubberies and grassy areas and forest edge zones in river valleys, preying upon insects, and occasionally feeding on plants and grass seeds. They are northern resident birds, going upwards to high mountains in summer and coming downwards to low valleys in winter.

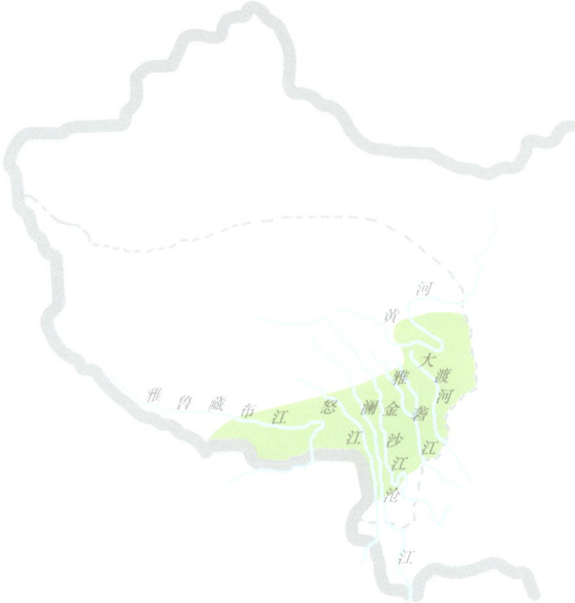

金胸歌鸲 *Luscinia pectardens*

成鸟体长约140mm，体重约15g。雄鸟头和背蓝灰色，脸黑色，其后有一道白纹，喉和胸鲜红栗色，腹浅栗色。雌鸟头和背橄榄绿色，嘴黑色，脚蜡黄色。多单只在水域附近的林缘或灌丛草地上跳跃奔跑，捕食昆虫。喜马拉雅-横断山区型留鸟。

Golden-breasted Rubythroat Robin

It is called "Xulezhongma" in Tibetan.

Its adult has a body length of about 140 mm and a body weight of about 15 g. The head and back of its male is bluish grey, but those of its female is olive green. Golden-breasted rubythroat robins mostly jump and run singly on the forest edges, shrubby land and grassland in the neighbourhood of the waters, preying on insects. They are Himalayan-Hengduan Mountains resident birds.

蓝额红尾鸲 *Phoenicurus frontalis*

成鸟体长约150mm，体重约20g。雄鸟额和眉纹蓝色，头和颈蓝黑色；翅深栗色，有一横斑和多道纵翅斑；腰和腹棕栗色，中央尾羽黑色，外侧尾羽棕色、具黑色端斑；脸、喉和胸黑色。雌鸟背、喉和翅为灰栗色，胸浅栗色，腹灰白色。繁殖期5月～7月。在岩壁石缝中或石洞中、坪洞中，用枯草、叶和苔藓筑巢，内垫羽毛或兽毛。每窝产卵4～5枚，大小20×15mm。雌鸟孵卵，雏鸟出壳晚成性。多单只在高山灌丛草地、林缘和疏林灌丛中栖息，捕食昆虫，偶食草籽、果实。随季节往高山、低山迁徙。喜马拉雅–横断山区型留鸟。

Blue-fronted Redstart

It is called “Xuleenapomaniuma” in Tibetan.

Its adult has a body length of about 150 mm and a body weight of about 20 g. Its breeding period is from May to July. It utilizes withered grass, leaves, moss and feathers for nesting in stony crevices of cliffs, or rocky caverns or holes in the fields. It lays four or five eggs per nest. Its nestlings coming out of the eggshell are altricial. Blue-fronted redstarts chiefly dwell singly in alpine thickets and grassland, on the forest edges and in thickets in thin stocked forests, preying on insects, and occasionally feeding on grass seeds and fruits. They are Himalayan-Hengduan Mountains resident birds, migrating to high or low mountains along with the seasonal changes.

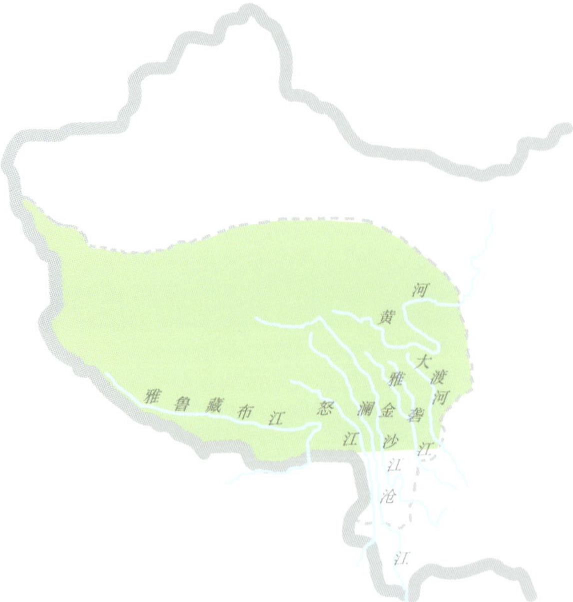

赭红尾鸲 *Phoenicurus ochruros*

成鸟体长约150mm，体重约20g。雄鸟头、颈、背、喉和胸均为黑色，腰、腹和尾均为棕栗色，翅深栗色。雌鸟头、颈、背、胸和腹均为浅棕灰色，中央尾羽栗色。繁殖期5月～7月。每窝产卵4～6枚，大小20×15mm。由雌鸟孵卵12～14天，雏鸟出壳晚成性。多单只栖息于高山灌丛草地或耕地附近的灌丛或矮树上，捕食昆虫，偶食草籽和果实。高地型留鸟。

Black Redstart

It is called "Xuleniuma" in Tibetan.

Its adult has a body length of about 150 mm and a body weight of about 20 g. Its breeding period is from May to July. It lays four to six eggs per nest. Its nestlings coming out of the eggshell are altricial. Black redstarts mostly perch singly on alpine thickets and grasslands and on thickets and dwarf trees around cultivated areas, preying upon insects and occasionally feeding on grass seeds and fruits. They are upland resident birds.

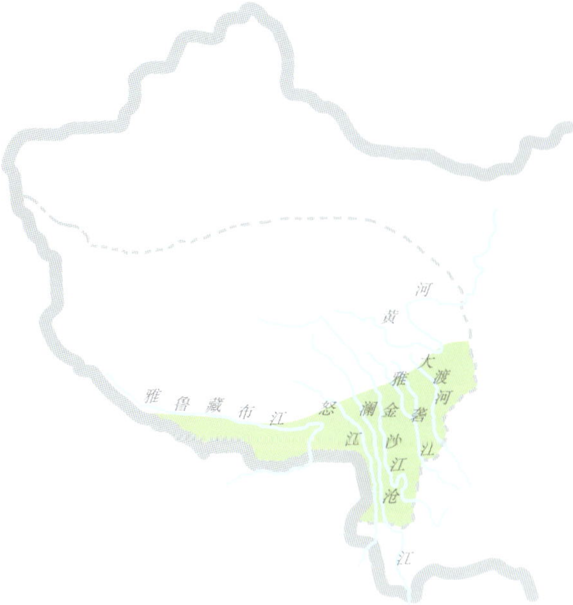

灰林䳭 *Saxicola ferrea*

成鸟体长约130mm，体重约18g。雄鸟通体灰色，眉纹白色，脸黑色，翅深栗色、具白斑，喉白色，胸、腹和腰的两胁灰色，尾羽深栗色。雌鸟通体栗色，喉和眉纹白色，腰红棕色，胸和腹栗色。繁殖期5月～6月。由雌鸟在灌丛或岩缝或石洞中，用干草和松萝营巢，内垫毛发。每窝产卵4～5枚，大小18×14mm。雌鸟孵卵12天左右，雏鸟出壳晚成性。多单只在疏林或灌丛草地的低枝间飞来飞去，觅食昆虫，偶食草籽和果实。东洋型留鸟。

Grey Bushchat

It is called “Nayixiaxia” in Tibetan.

Its adult has a body length of about 130 mm and a body weight of about 18 g. Its adult has a body length of about 150 mm and a body weight of about 20 g. Its breeding period is from May to June. Its female utilizes hay and trailing plants for nesting in thickets, or rock crevices and rocky caves. It lays four or five eggs per nest. Its nestlings coming out of the eggshell are altricial. Grey bushchats mostly flit about singly among low branches in thin stocked forests, thickets and grassy areas, hunting for insects, and occasionally feeding on grass seeds and fruits. They are Oriental resident birds.

白颈鸫 *Turdus albocinctus*

成鸟体长约270mm，体重约100g。雄鸟通体黑色，具宽阔白色颈圈，喉白色具黑色纵纹，尾下覆羽具白色纵纹。雌鸟头和背深栗色，喉和颈圈灰白色、具黑色点斑，腹栗色。繁殖期5月～7月。多在林下高灌木或幼树枝上用草根和松萝筑巢，内垫细草、软物。每窝产卵3～4枚，大小31×21mm。多栖息于海拔3000～4300m的云杉林或高山杜鹃林中，在树上活动和捕食昆虫，也食种子和果实。喜马拉雅-横断山区型留鸟。

White-collared Blackbird

It is called "Naxugega" in Tibetan.

Its adult has a body length of about 270 mm and a body weight of about 100 g. Its breeding period is from May to July. It mostly uses grassy roots and trailing plants for nesting on high shrubs or branches of young trees in forest. It lays three or four eggs per nest. White-collared blackbirds mostly dwell in spruce forests and alpine rhododendron woods with an elevation of 3000 to 4300 metres. They move about among trees, preying on insects, and also feeding on seeds and fruits of plants. They are Himalayan-Hengduan Mountains resident birds.

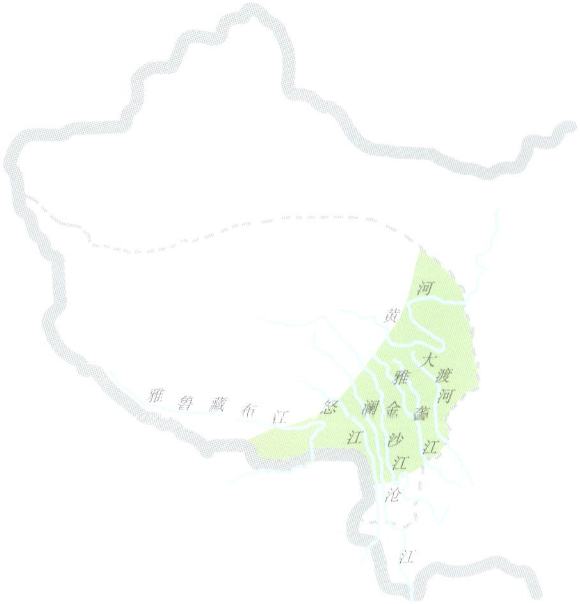

灰头鸫 *Turdus rubrocanus*

成鸟体长约250mm，体重约90g。雄鸟头、颈和胸栗灰色，翅和尾黑色，背、腰和腹棕栗色；喉灰白色、具深色细纹，尾下覆羽黑色、具白色纵纹和端斑，嘴和脚黄色。雌鸟羽色略淡一些。繁殖期5月～6月。在林下小树上用枯枝、干草、苔藓筑巢，内垫毛发。每窝产卵3～4枚，大小约30×21mm。雌鸟孵卵，雏鸟出壳晚成性。多单只栖息于海拔3000m左右的混交林、林缘，捕食昆虫和采食植物种子、果实。喜马拉雅–横断山区型留鸟。

Grey-headed Thrush

It is called “Naxuexia” in Tibetan.

Its adult has a body length of about 250 mm and a body weight of about 90 g. Its breeding period is from May to June. It utilizes withered twigs, hay and moss for nesting on small trees in forest. It lays three or four eggs per nest. Its nestlings coming out of the eggshell are altricial. Grey-headed thrushes mostly dwell singly in mixed forests and on the forest edges with an elevation of 3 000 metres or so, preying upon insects and hunting for seeds and fruits of plants. They are Himalayan-Hengduan Mountains resident birds.

紫啸鸫 *Myophonus caeruleus*

成鸟体长约320mm，体重约200g。雌雄鸟羽色相似。全身通体深紫蓝色，蓝色点斑具金属光泽；嘴黄色，翅和尾羽深栗色。繁殖期5月～6月。在溪流边岩缝中或瀑布后岩洞中、灌丛草丛旁的树根间洞穴中，用干草、松萝和泥筑巢，内垫柔软纤维。每窝产卵3～5枚，大小35×24mm。雌雄鸟轮流孵卵，雏鸟晚成性。多单只在有森林的溪流边乱石上跳跃，在地上和水边捕食昆虫，偶食种子、果实，栖息时常将尾羽散开，上下翘动。东洋型留鸟。本图中嘴为黄色的紫啸鸫是西南亚种（*M.c.eugenei*）。

Blue Whistling Thrush

It is called “Nayibojun” in Tibetan.

Its adult has a body length of about 320 mm and a body weight of about 200 g. Its breeding period is from May to June. It utilizes hay, trailing plants and soil for nesting in rock crevices by streams, or in rock caves after the waterfall and caves among tree roots near thickets. It lays three to five eggs per nest. Its nestlings coming out of the eggshell are altricial. Blue whistling thrushes mostly leap singly on disorderly stones at the forested side of a stream, preying upon insects on the ground and at the water side, and occasionally feeding on seeds and fruits of plants. They are Oriental resident birds. The blue whistling thrush in this picture has a yellow bill, being the southwest subspecies *M.c.eugenei*.

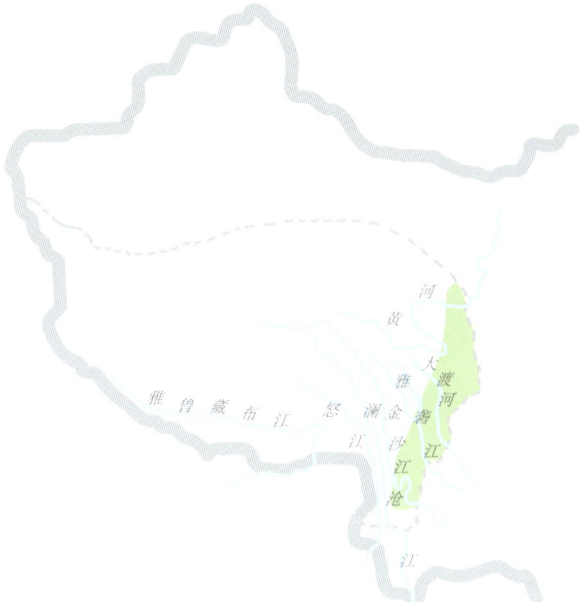

宝兴歌鸫 *Turdus mupinensis*

成鸟体长约240mm，体重约60g。上体头、颈、背、翅和尾均呈橄榄栗色。头部具深色斑点，眉纹白色，脸深栗色，喉白色。颈侧和胸栗色、具黑斑点，腹灰白色，两胁具栗色斑。繁殖期5月～7月。在亚高山针阔混交林之林缘，阔叶树侧枝叉上用枯枝作支架，基底用干草、苔藓和粘土混合，牢固地固定在支架上，再用细干草、纤维类织巢，内垫毛发。每窝产卵4枚，枚重约5g。多单只栖息于海拔1200～3500m的混交林，特别是有溪流的栎类森林的林下灌丛或地上，捕食昆虫。喜马拉雅–横断山区型留鸟。种群数量稀少，已被“鸟类生活国际”（Bird Life International）列入《全球濒危鸟类名录》。中国特产鸟。

Chinese Thrush

It is called “Nayibocha” in Tibetan.

Its adult has a body length of about 240 mm and a body weight of about 60 g. Its breeding period is from May to July. It utilizes withered twigs, hay, moss and soil for nesting on the forks of lateral branches of broadleaf trees on the edges of needle-leaved and broad-leaved mixed forests in subalpine areas. It lays four eggs per nest. Chinese thrushes mostly dwell singly in mixed forests with an elevation of 1 200 to 3 500 metres, especially in shrubby thickets or on the ground in oak forests with streams, preying on insects. They are Himalayan-Hengduan Mountains resident birds. Because their population is sparse, they have been listed in A List of the Endangered Birds of the World by Bird Life International. They are birds peculiar to China.

莺科

多为小型鸟。栖息于森林或灌丛中。鸣声尖细，清脆悦耳，所以有莺歌燕舞之说。全世界已知有365种，中国已知有99种，青藏高原分布有40余种。本书介绍5种。

Sylviidae (Old World Warblers)

The most part of family Sylviidae are small-size birds, and inhabit forests and shrubberies. Their singing is clear and melodious, and therfore a Chinses idiom appears — Orioles sing and swallows dart, which implies the joy of spring or a scene of prosperity. There are 365 species found in the world, and there are 99 species found in China, of which more than 40 species are distributed over the Qinghai-Tibet Plateau. 5 species are described in the album.

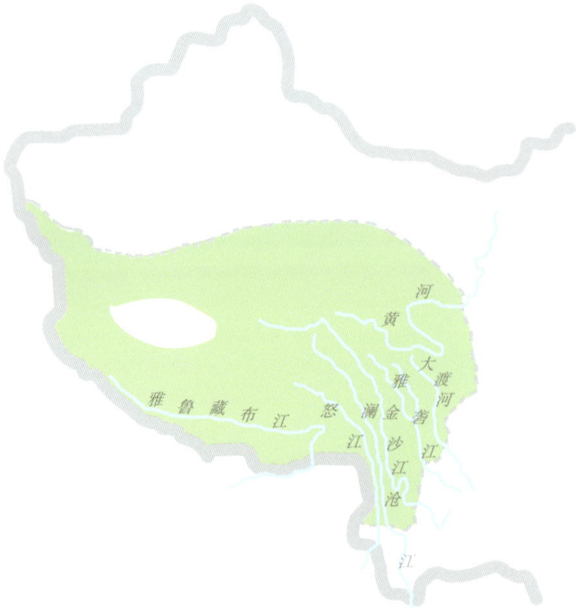

褐柳莺 *Phylloscopus fuscatus*

成鸟体长110～120mm，体重8～12g。上体橄榄栗色，眉纹浅黄色，贯眼纹深栗色，喉灰白色，胸浅褐色，上腹浅栗色，后腹灰白色，两胁栗色。雌雄鸟相似。繁殖期5月～7月。在疏林之林缘灌丛中或溪边灌丛中用干草筑巢，内垫羽毛。每窝产卵4～6枚，大小16×12mm。多单只或成对在疏林灌丛、林缘灌丛、溪边灌丛、草坡上跳跃活动，捕昆虫为食。北方型夏候鸟。

Dusky Warbler

It is called “Xiarixugongde” in Tibetan.

The body length of its adult is between 110 and 120 mm and the body weight is between 8 and 12 g. Its breeding period is from May to July. It utilizes hay and feathers for building the nest in shrubberies on the edges of thin stocked forests or in thickets near a stream. It lays four to six eggs per nest. Dusky warblers mostly leap and move about singly or in pairs in thickets in thin stocked forests, shrubs on the forest edges and shrubberies at the side of streams, preying on insects. They are northern summer resident birds.

花彩雀莺 *Leptopoecile sophiae*

成鸟体长90～120mm，体重6～8g。头顶栗色，背灰色。腰、尾上覆羽和喉、胸及两胁均为紫蓝色，有光泽；翅和尾羽深栗色，外侧3对尾羽之羽缘白色；眉纹浅黄色，腹浅栗红色。雌鸟腹部色彩淡一些。繁殖期5月～6月。由雌鸟在灌木上或藤本植物上用苔藓、兽毛、植物藤须织巢，内垫羽毛。每窝产卵4～6枚，大小15×11mm。雌雄鸟轮流孵卵，雏鸟出壳晚成性。多单只或成对在高山灌丛草甸间栖息，典型的高寒山地高原鸟类。多在飞行或跳跃时捕食昆虫，偶食种子和果实。高地型夏候鸟。

White-browned Tit Warbler

It is called “Gongyizhongma” in Tibetan.

The body length of its adult ranges from 90 to 120 mm and the body weight ranges from 6 to 8 g. Its breeding period is from May to June. Its female utilizes moss, animal hair and plant rattans and tassels for nesting on shrubs or leaves. It lays four to six eggs per nest. Its female and male birds brood by turns, and the nestlings coming out of the eggshell are altricial. White-browned tit warblers generally inhabit singly or in pairs alpine thickets and meadows, being typical arctic mountainous upland birds. They mostly prey upon insects in the act of flying or at the time of leaping,and occasionally feed on seeds and fruits of plants. They are upland summer resident birds.

黄腹柳莺 *Phylloscopus affinis*

成鸟体长约100 mm，体重5 ~ 10 g。上体橄榄灰绿色，眉纹黄色，贯眼纹黑色，下体腹部黄绿色。雌雄鸟体形和羽色相似。繁殖期5月 ~ 7月。在灌丛下部用干草、细树枝筑巢，内垫羽毛。每窝产卵3 ~ 5枚，大小16 × 11 mm。雌雄鸟轮流孵卵。多单只或成对在高山灌丛草甸栖息，非繁殖期成小群活动，在灌丛间跳跃或飞行中捕食昆虫。喜马拉雅-横断山区型夏候鸟。

Tickell's Leaf Warbler

It is called "Xiarixupose" in Tibetan.

Its adult has a body length of about 100 mm and a body weight of 5 to 10 g. Its breeding period is from May to July. It utilizes hay and twigs for nesting in the lower part of thickets. It lays three to five eggs per nest. The female and male birds brood by turns. Tickell's leaf warblers mostly inhabit singly or in pairs alpine thickets and meadows. They move about in small groups during the non-breeding and leap in thickets or prey on insects in the act of flying. They are distributed in all the alpine thickets and meadows. They are Himalayan-Hengduan Mountains summer residents.

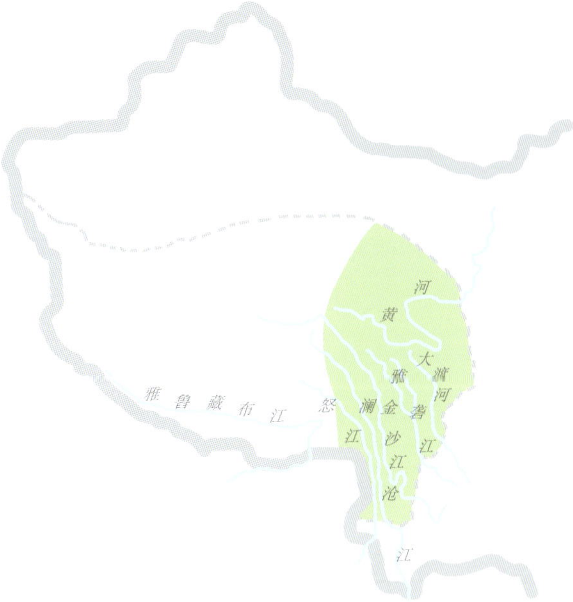

棕腹柳莺 *Phylloscopus subaffinis*

成鸟体长100～120mm，体重8～12g。上体橄榄栗色，眉纹浅黄色，贯眼纹深栗色，翅和尾羽深栗色，外缘黄绿色，下体腹部棕黄色。雌雄鸟体形、羽色相似。繁殖期5月～7月。在草丛中或幼树下部枝叉处用干草、苔藓筑巢，内垫羽毛。每窝产卵3～5枚，大小15×11mm。多单只或成对在混交林、林缘、灌丛或草坡上捕食昆虫。南中国型夏候鸟。

Buff-bellied Warbler

It is called "Xiarixupode" in Tibetan.

The body length of its adult ranges from 100 to 120 mm and the body weight ranges from 8 to 12 g. Its breeding period is from May to July. It utilizes hay and moss for nesting in thick growths of grass or on branch forks in the lower part of young trees. It lays three to five eggs per nest. Buff-bellied warblers mostly prey singly or in pairs upon insects in mixed forests and shrubs and on the forest edges and grassy slopes. They are South China summer resident birds.

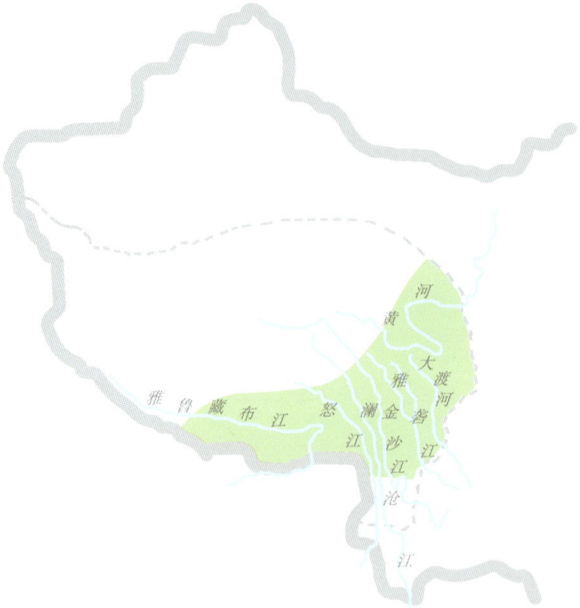

乌嘴柳莺 *Phylloscopus magnirostris*

成鸟体长110～120mm，体重6～12g。嘴黑栗色，上体橄榄绿色，头顶深栗色，眉纹黄色，腰黄色，贯眼纹深栗色，翅和尾深栗色，翅上有两道浅黄色斑纹；下体腹部浅黄色，喉、胸和两胁沾灰色。雌雄鸟羽色相似。繁殖期6月～7月。在水域附近岩坡地上或树根间洞穴中用干草、苔藓等材料筑巢，内垫细草和羽毛。每窝产卵3～5枚，大小19×13mm。多单只或成对在海拔2500～3500m的混交林、溪流两岸森林、林缘、疏林、灌木林和林间空地上捕食昆虫。喜马拉雅–横断山区型夏候鸟。

Large-billed Leaf Warbler

It is called “Xiarixuqiena” in Tibetan.

The body length of its adult is bewteen 110 and 120 mm and the body weight is between 6 and 12 g. Its breeding period is from June to July. It utilizes hay and moss for builing the nest on the ground of rocky slopes or in caves among tree roots near waters. It lays three to five eggs per nest. Large-billed leaf warblers mostly inhabit singly or in pairs the zones with an elevation ranging from 2500 to 3500 metres, and prey on insects in mixed forests, forests on both banks of a stream, thin stocked forests, shrubberies and glades and on the forest margins. They are Himalayan-Hengduan Mountains summer residents.

鹀科

小型鸟类。全世界有321种，中国有31种。本书介绍5种，特别是藏鹀极为珍贵，其照片在全世界也是仅有的这几幅。

Emberizidae (Buntings)

They are small-size birds. There are 321 speceis of Emberizidae birds in the world, 31 species of which are found in China. In this album, 5 species are described. Among them, Tibtan bunting species is specially precious, and there are only a few of its photos found in the world.

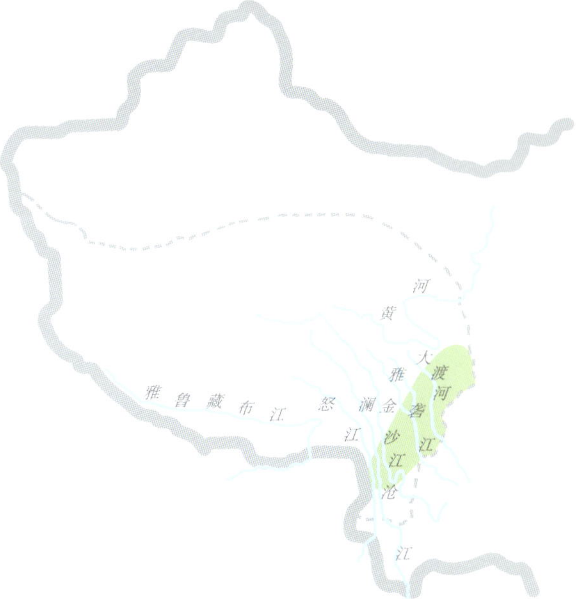

黄喉鹀 *Emberiza elegans*

成鸟体长140～150mm，体重12～24g。雄鸟具一短而竖直的黑色羽冠，脸黑色，眉纹前段白、后段鲜黄延至黑色羽冠后；后颈和背栗红色，具深色纵纹；翅上两道白斑，腰和尾上覆羽棕灰色；颏黑色，上喉鲜黄，下喉白色；胸具月牙状黑斑，腹灰白色，两胁具深色纵纹。雌鸟羽色较浅，羽冠和脸栗色，腹灰白色。繁殖期5月～7月。每窝产卵3～6枚，枚重1.8～2.4g。雌雄鸟轮流孵卵11～12天，雏鸟出壳晚成性。繁殖期多单只或成对在水域附近的次生林、混交林、疏林和林缘栖息，冬季多成小群下到沟谷边次生林、混交林活动。以昆虫为食，也啄食植物种子、果实、嫩枝、叶和芽。北方型留鸟。

Yellow-throated Bunting

It is called "Xiqiubagese" in Tibetan.

The body length of its adult ranges from 140 to 150 mm and the body weight ranges from 12 to 24 g. Its propagation period is from May to July. It lays three to six eggs per nest. The female and male birds brood by turns for 11 or 12 days, and the nestlings coming out of the eggshell are altricial. During the breeding, yellow-throated buntings mostly inhabit singly or in pairs secondary forests, mixed forests, thin stocked forests and forest fringes in the neighbourhood of the water area, and in winter they generally in small groups descend to move about in secondary forests and mixed forests by gullies and valleys. They live on insects, and also peck plant seeds, fruits, shoots, leaves and buds. They are northern resident birds.

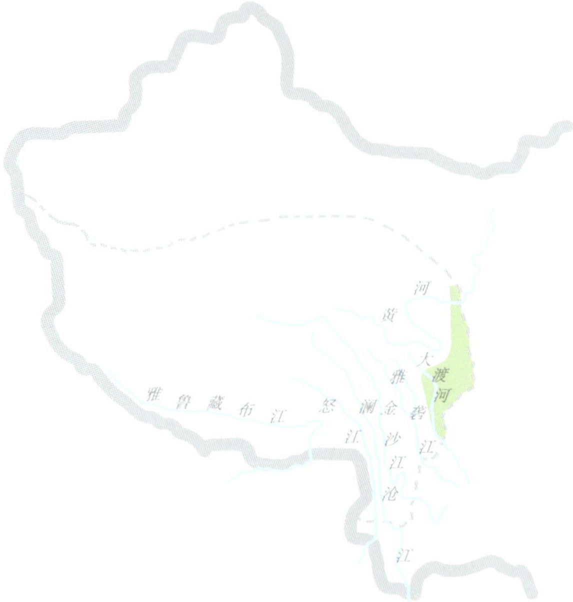

蓝鹀 *Latoucheornis siemsseni*

小型鸟类。体长120～140mm，体重13～17g。体羽石板灰蓝色，腹和尾下覆羽白色，尾黑色、具灰蓝色羽缘，最外一对尾羽具楔状白斑。多栖息于海拔2000m以下次生阔叶林或竹林的林缘。以草籽、种子和小昆虫为食。IUCN“红色名录”评估为濒危（EN）级。留鸟。中国特产鸟。

Slaty Bunting

The blue bunting is a small-size bird species. Its adult has a body length of 120 to 140 mm and a body weight of 13 to 17 g. Slaty buntings mostly dwell on the edges of secondary broad-leaved forests or bamboo groves below 2000 metres above sea level, and feed on grass seeds, plant seeds and small insects. They are residents. The slaty bunting is an endemic bird species to China, and is evaluated as the (EN) category in IUCN Red List.

小鹀 *Emberiza pusilla*

成鸟体长120～140mm，体重11～17g。雌雄鸟相似。头顶中央栗红色，两侧有黑色侧冠纹。眉纹栗色，脸栗红色、具黑白二色后缘，背沙栗色、具深色纵纹。翅和尾黑色，其羽缘浅栗色；喉浅黄色，胸和胁具黑色纵纹，腹白色。繁殖期5月～7月。在低矮树丛或灌丛中用干草、叶筑巢，内垫细草和毛发。每窝产卵4～6枚，大小19×14mm。雌雄鸟轮流孵卵11～12天，雏鸟出壳晚成性。繁殖期单只或成对栖息于低山疏林灌丛、灌丛草地或地边灌丛草坡，非繁殖期成小群在草丛或灌丛中穿梭、跳跃。以植物种子、果实、嫩枝、芽和叶为食，也捕食昆虫。北方型留鸟。

Little Bunting

It is called “Qiebaqiongqiong” and “Xileqiongqiong” in Tibetan.

The body length of its adult is between 120 and 140 mm and the body weight is between 11 and 17 g. Its propagation period is from May to July. It makes use of hay and leaves to build the nest in dwarf groves or thickets. It lays four to six eggs per nest. The female and male birds brood by turns for 11 or 12 days, and the nestlings coming out of the eggshell are altricial. During the breeding, little buntings singly or in pairs inhabit thickets in thin stocked forests in low mountains, shrubby grassplots, and shrubby and grassy slopes by the fields, and during the non-breeding they in small groups shuttle and leap in thick growths of grass or shrubberies. They live on seeds, fruits, shoots, buds and leaves of plants, and also prey upon insects. They are northern residents.

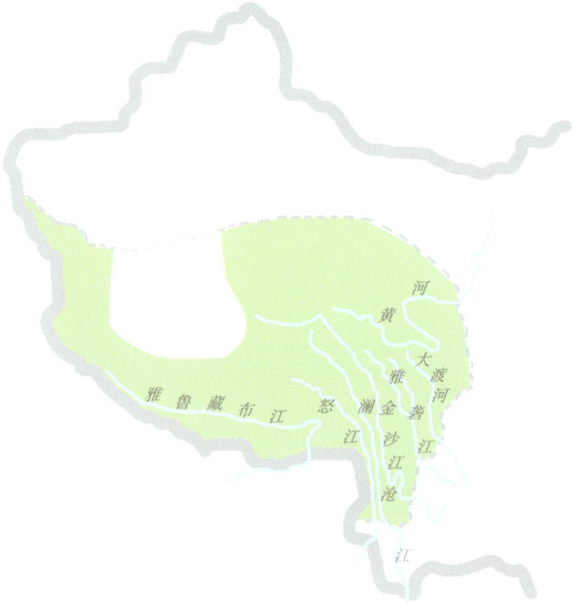

灰眉岩鹀 *Emberiza godlewskii*

别名：戈氏岩鹀

成鸟体长150～170mm，体重15～25g。雄鸟头深栗色，枕棕栗色；背黄色、具深色纵纹，翅栗色；初级飞羽外侧羽缘灰白色，次级、三级飞羽浅黄色羽端斑、浅栗色羽缘；大、中覆羽之羽端白色，形成二道白色翅斑；腰和尾上覆羽栗红色，眉纹、脸、喉和胸灰色；黑色贯眼纹与脸上L纹形成三角形黑纹，腹棕栗色。雌鸟与雄鸟相似，羽色较淡。繁殖期5月～7月。每窝产卵3～5枚，枚重2.8～3.5g。由雌鸟孵卵11～12天，雏鸟出壳晚成性。繁殖期多单只或成对在高山稀树灌木草地、灌丛草地、裸岩荒坡等开阔地活动，冬季下到低山疏林灌丛、次生林灌丛、地边灌丛草坡活动。以植物种子和果实为食，也捕食昆虫。中亚型留鸟。

Chestnut-lined Rock Bunting

It is called “Xiqiebamixia” in Tibetan.

The body length of its adult ranges from 150 to 170 mm and the body weight ranges from 15 to 25 g. Its propagation period is from May to July. It lays three to five eggs per nest. The female bird broods for 11 or 12 days and its nestlings coming out of the eggshell are altricial. During the breeding, chestnut-lined rock buntings mostly inhabit singly or in pairs alpine shrubby grassland with sparse trees, thickets and grassplots and open zones with naked rocks and wild slopes, and in winter they descend to low mountains to move about in thickets in thin stocked forests, shrubberies in secondary forests, and shrubby and grassy slopes by the fields. They live on plant seeds and fruits, and also prey upon insects. They are central Asian residents.

藏鹀 *Emberiza koslowi*

成鸟体长约180mm，体重约25g。雄鸟头黑色，白色眉纹特别长，使双侧眉纹在枕部相连接，嘴角棕色斑；喉白色，胸和枕灰色，胸和喉间具黑色胸带；背和肩栗红色；腰至尾上覆羽蓝灰色，下腹浅灰色。雌鸟头灰栗色、具黑色纵纹，喉灰白色，上下体浅灰色。多栖息于高山灌丛草甸、高山林缘灌丛、疏林灌丛草地。以植物种子为食。分布范围狭窄，野外很难观察到它的踪影。《中国物种红色名录》评估为近危级（NT），IUCN“红色名录”评估为低危级。中国特产鸟。

Tibetan Bunting, Koslow's Bunting

It is called “Gongyiela” in Tibetan.

Its adult has a body length of about 180 mm and a body weight of about 25 g. Tibetan buntings generally dwell in alpine thickets and meadows, shrubberies on the fringes of alpine forests, and shrubby grassplots in thin stocked forests, feeding on plant seeds. They have a narrow distribution range, and therefore are very difficult to be seen in the open country. The Tibetan bunting is evaluated as the (NT) category in China Species Red List and as the Lower Risk category in IUCN Red List. It is a bird species peculiar to China.

沙鸡科

多栖于草原、荒漠和半荒漠生境。善飞翔，除繁殖期成对活动外，多成集群活动。全世界有16种，中国有3种。本书介绍1种。

Pteroclidae (Sandgrouse)

Family Pteroclidae birds mostly inhabit grassland, desert and semi-desert habitat, and are good at flying. Except moving about in pairs during the reproduction period, they mostly flock together. There are 16 species of Pteroclidae birds in the world, 3 species of which are found in China. In this album, an account is given of one species.

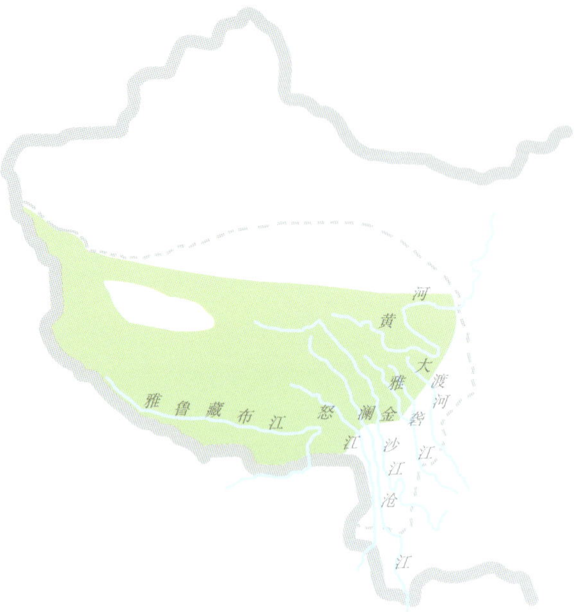

西藏毛腿沙鸡 *Syrrhaptes tibetanus*

高山鸟。成鸟体长约420 mm，体重约430 g。腿具灰白色覆羽，头和背部栗色、具黑色横斑。喉和脸栗色，胸栗色、具细密黑色横斑。腹部灰白色，尾棕色、具黑色横斑和白色尖端，2根中央尾羽特长显眼。繁殖期5月～7月。在高山灌丛草甸地上碎石小浅坑内垫少许枯草为巢。每窝产卵2～3枚，大小49×31 mm。雌雄轮流鸟孵卵，雏鸟出壳早成性。多栖息于高山灌丛草甸流石滩地域，以植物嫩枝、叶、芽、种子和昆虫为食。高地型留鸟。四川省级保护鸟。

Tibetan Sandgrouse

It is called “Xiagongbu” in Tibetan.

It is an alpine bird species. Its adult has a body length of about 420 mm and a body weight of about 430 g. Its breeding period is between May and July. It utilizes withered grass for nesting in small and shallow pits of crushed stones on the ground of alpine thickets and meadows. It lays two or three eggs per nest. Its nestlings coming out of the eggshell are precocial. Tibetan sandgrouse mostly dwell in the regions of alpine thickets, meadows and flowstone beaches, and feed on plant shoots, leaves, buds and seeds and insects. They are highland resident birds. The Tibetan sandgrouse is a bird species under the protection of Sichuan Province.

犀鸟科

嘴特大，长且拱曲。多栖息于热带和亚热带森林中，多成对或成家庭活动。全世界有57种，中国有5种。本书介绍其中1种。

Bucerotidae (Hornbills)

Family Bucerotidae birds have a huge, long and curved bill, usually live in tropical and subtropical forests, and mostly move about in pairs or families. There are 57 species of Bucerotidae birds in the world, and 5 species of them are found in China. In this album, a description is given of one species.

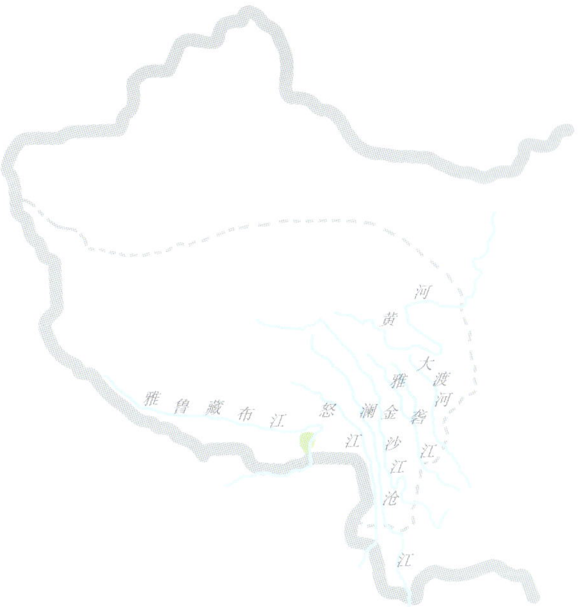

棕颈犀鸟 *Aceros nipalensis*

大型鸟类。体长1200～1300mm。嘴形巨大而向下弯，无盔突。雄鸟嘴黄色，喉囊红色，头、颈和胸棕色，腹栗色，尾靠尖端的一半为白色。雌鸟头、颈和下体黑色。繁殖期4月～6月。营巢于常绿阔叶树洞中，每窝产卵1～2枚。雌鸟孵卵长留洞中，洞口用雌鸟的粪便、种子、木屑堆积，雄鸟在外用泥土和果实残渣封闭洞口，仅留一条供雌鸟伸出嘴尖的小孔以接受雄鸟喂食。雌鸟被囚在洞中产卵、孵卵、育雏和自身换羽，直到雏鸟能飞时才破洞而出。见于墨脱的热带雨林中。雌雄鸟常成对活动。留鸟。国家II级保护动物。《中国物种红色名录》和IUCN“红色名录”均评估为易危级（VU）。

Rufous-necked Hornbill

It is a large-scale bird species. Its adult has a body length of 1200 to 1300 mm. Its male bird has a yellow bill and a red gular pouch. The head, neck and chest of its male are brown, the abdominal part is chestnut colour and a half part of the tail is white. And yet the head, neck and lower part of its female are all black. Its breeding period is from April to June. It builds its nest in holes of evergreen broadleaf trees. It lays one or two eggs per nest. Rufous-necked hornbills are seen in tropical rain forest in Mêdog of Tibet. Male and female birds often move about in pairs. They are resident birds. The Rufous-necked hornbill is a national second-class protected animal, and is evaluated as the (VU) category in China Species Red List and IUCN Red List.

爬行类

青藏高原的爬行类

青藏高原地域广阔、生态类型十分复杂，栖息着丰富的野生爬行类动物。爬行类是真正的陆生脊椎动物。它们捕食某些无脊椎动物和脊椎动物，是生物防治高手。此外，蛇毒的药用价值也有广阔的开发前景。与此，同时爬行动类物对国防建设、经济发展、科学研究和人民生活都有重要意义。本书介绍分布在青藏高原的主要野生爬行类动物，有鳞目之蛇亚目23种，蜥蜴亚目14种。

Reptiles in the Qinghai-Tibet Plateau

On the boundless land of the Qinghai-Tibet Plateau live reptiles of great varieties in their wild state. Reptiles, being genuine land-born vertebrates, are the natural enemy of pests and harmful animals and "experts" in biological prevention by feeding on insects and small rodents. Besides, snake venom has a great medicinal value. At the same time, reptiles are highly significant to national defence, economic development, scientifc research and human life. We describe here the main species of the reptiles distributed in the Qinghai-Tibet Plateau: 23 species of snake suborder under Squamata, and 14 species of lizard suborder.

蝰科

蝰科蛇类都是具管牙的毒蛇。大多数的头呈三角形，躯体粗短。全球约有285种，中国已知32种。本书介绍5种。

Viperidae

The members of family Viperidae are solenoglyphous venomous snakes. Most of them has a triangular head and a thick and short body. There are about 285 species of Viperidae snakes in the world, and 32 species of them are known in China. A description is given of 5 species in this album.

高原蝮 *Gloydius strauchi*

有颊窝的管牙类毒蛇。头尾全长500～600mm。头较窄长，吻端较宽；头、颈区分明显；眼中等大小，瞳孔直立椭圆形；头部两侧有颊窝；体较粗短，尾短。头、背灰褐色有粗大的深棕色点斑，排列无一定规律；眼后常有一较宽的深棕色纹达颈侧；上唇缘及头腹面灰褐色。躯干及尾背面灰褐色，有不规则的红棕色粗大点斑，略呈数纵行；体侧最外一行点斑跨第一行背鳞及腹鳞外侧，略呈星状，有的还有白边；腹面密布黑褐点。卵胎生，9月～10月产仔6～8条。见于金沙江以东、祁连山以南、大渡河以西、玉龙雪山以北的海拔3000m以上高山草地的乱石堆中。夜晚活动，以蛙、蜥蜴及鼠类为食。中国物种红色名录评估为易危级（VU）。中国青藏高原特有种。

Kham Plateau Fu, Plateau Fu

It is called "Zhiantuo" in Tibetan.

It is a solenoglyphous venomous snake with two facial pits. It has a total head-tail length of 500 to 600 mm. It is ovoviviparous. It produces six to eight snakelets from September to October. A snakelet has a total length of 120 mm or so. Kham plateau fu dwell in disorderly stone heaps on alpine grassland with an elevation of over 3000 metres. They are found in areas to the east of the Jinsha River, to the south of the Qilian Mountain, to the west of the Dadu River and to the north of the Yulongxueshan Mountain. They are nocturnal and feed on frogs, lizards and rats. The kham plateau fu is evaluated as the (VU) category in China Species Red List, and is an endemic species to the Qinghai-Tibet Plateau of China.

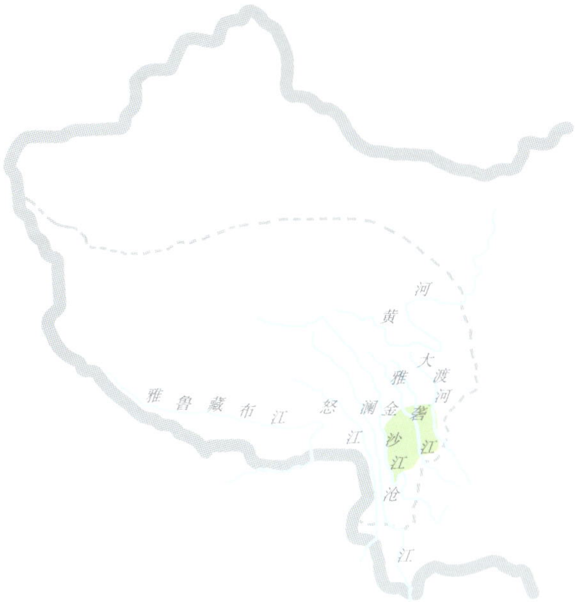

乡城原矛头蝮 *Protobothrops xiangchengensis*

有颊窝的管牙类毒蛇。头尾全长约1000mm。头三角形，吻棱显著；体形修长，尾相对较短。头背浅褐色或蓝灰色，有深色斑纹。颊窝下有一显著的深色斑，眼后到颌角上方有一较宽的深棕色纵纹，其下缘波纹状。体背面浅褐色或蓝灰色，有褐色或红褐色犬牙交错的锯齿状斑或不整齐的横斑。栖息于海拔3000m以上的高山林区边缘，多活动于灌丛草坡或乱石堆附近，以蛙、蟾、蜥蜴、小鸟和鼠类为食。卵胎生。仅见于青藏高原的四川甘孜藏族自治州乡城、九龙、康定、巴塘4县及云南德钦、中甸藏区。

Xiangcheng Pit-viper, Kham plateau Pit-viper

It is called “Zhilangguo” in Tibetan.

It is a solenoglyphous poisonous snake with two facial pits. Its total head-tail length is 1000 mm or so. Xiangcheng pit-vipers live on the edges of forest areas in high mountains with an elevation of over 3000 metres, mostly move about in shrub thickets, on grassy slopes or near disorderly stone heaps, and feed on frogs, toads, lizards, small birds and rats. They are ovoviviparous. In the Qinghai-Tibet Plateau, they are only found in the counties of Batang, Jiulong, Kangding and Xiangcheng of Garzê Prefecture of Sichuan Province and Dêqên and Zhongdian of Yunnan Province.

菜花原矛头蝮 *Protobothrops jerdonii*

有颊窝的管牙类毒蛇。头尾全长700～800mm。头窄长三角形，与颈区分极明显；眼大小适中，瞳孔直立椭圆形。躯干略细长，尾短。头背黑色，有黄色圈纹，眼后有一粗黑线纹；头腹黄色，杂以黑斑。背面黑黄间杂，正背有一行镶黑边的深棕色或深红色斑块。腹面黑黄间杂。卵胎生，7月～9月产仔5～11条。见于四川大巴山地区、大渡河中游及云南玉龙雪山地区、西藏东南地区的海拔1500～3000m的乱石堆中及灌木丛内。夜晚活动为主，有时白天在石块上晒太阳。以蛙、蛇、鸟及鼠类为食。

Jerdon's Pit-viper

It is called "Zhiese" in Tibetan.

It is a solenoglyphous venomous snake with two facial pits. Its total head-tail length is from 700 to 800 mm. It is ovoviviparous, and gives birth to five to eleven snakelets from July to September. Jerdon's pit-vipers dwell in disorderly stone heaps and bushy woods on the alpine plateau with an elevation ranging from 1500 metres to 3000 metres. They are found in areas in the Daba Mountain and the middle reaches of the Dadu River in Sichuan, in the Yulong Snow-capped Mountain in Yunnan and in southwestern regions of Tibet. They move mainly in the night, and sometimes like to take the sun on stone blocks during the day. They live on frogs, other snakes, birds and rats.

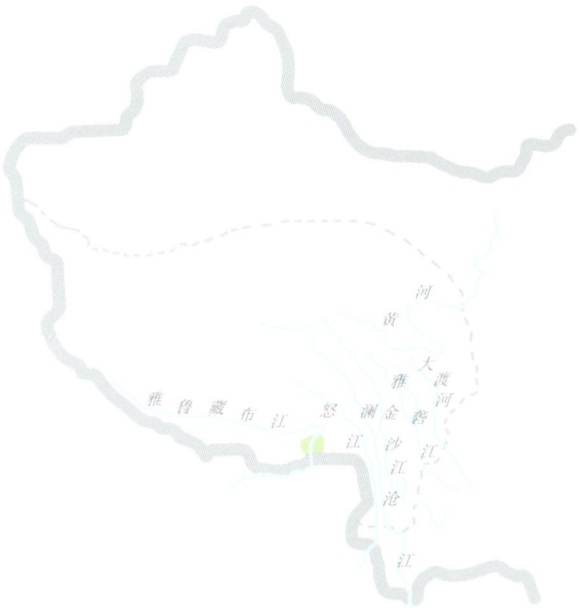

缅北原矛头蝮 *Protobothrops kaulbacki*

有颊窝的管牙类毒蛇。头尾全长近1 500 mm。毒牙长，头背及颊上部黑色，颊窝大。头背有一细长黄色人字纹，眶后有一黄纹延伸至颈部。背面灰绿色或橄榄色；背脊及体两侧各有一纵约70枚左右的黑色菱形斑。腹面浅蓝灰色，布有较密的黄斑。卵生，每次产卵6 ～32枚。昼行性，活动于高山森林地带，以小型脊椎动物为食；见于西藏墨脱和中缅边境地区。青藏高原特有种。

Kaulback's Pit-viper

It is a solenoglyphous poisonous snake with two facial pits. It has a total head-tail length of nearly 1 500 mm. It has long poisonous teeth and large facial pits. Kaulback's pit-vipers are oviparous and lay six to thirty-two eggs each time. And they are diurnal, move about in alpine forest areas and feed on small-size vertebrates. They are seen in Mêdog of Tibet and border areas of China contiguous to Burma. The Kaulback's pit-viper is an endemic species to the Qinghai-Tibet Plateau.

白头蝰 *Azemiops feae*

没有颊窝的管牙类毒蛇。头尾全长700～800mm。白色头部略呈三角形，头、颈区分明显；眼略小，瞳孔直立椭圆形。头腹面浅棕黑色。躯干及尾背紫棕色，躯干及尾腹面灰白色，尾腹稍深，二者均偶有褐色细点。见于四川大巴山地区和大渡河中游及云南玉龙雪山以南地区海拔2000m以下的草堆下、碎石地或农舍附近。晨昏活动，以小型的食虫类及啮齿类动物为食。中国物种红色名录评估为易危级（VU）。

Fea's Viper

It is called "Zhiega" in Tibetan.

It is a solenoglyphous venomous snake without facial pits. Its total head-tail length is from 700 to 800 mm. Fea's vipers inhabit areas with an elevation of under 2000 metres, living in grass piles, on the land with broken stones or in the neighbourhood of cottages. They are found in regions lying in the Daba Mountain and the middle reaches of the Dadu River of Sichuan and in the south of the Yulong Snow-capped Mountain of Yunnan. They move in the morning and evening, feeding on small-size insectivorous animals and rodents. The fea's viper is evaluated as the (VU) category in China Species Red List.

游蛇科

本科蛇类多为无毒蛇。全球已知约1952种，中国已知157种。本书介绍18种。

Colubridae

Most of the Colubridae family are non-poisonous snakes. There are aproximately 1952 species of them in the world, and 157 species of them are known in China. An account is given of 18 species in this album.

西藏温泉蛇 *Thermophis baileyi*

头尾全长700～800mm。头、颈区分明显；眼大小适中，瞳孔圆形。头腹面浅黄色。躯干及尾背面橄榄绿色，有三行暗褐色块斑，当中一行较大。外侧2～3行背鳞之鳞片中央颜色暗褐，两侧缘灰绿色。腹鳞及尾下鳞黄绿色，或两侧有黑色点斑，尾下鳞单行。卵胎生，每次产6仔左右。见于西藏羊八井、拉萨、日喀则、工布江达及墨竹工卡4000m左右有温泉的高山草甸或灌丛的乱石堆中，以鱼类或蛙为食。中国物种红色名录评估为极危级（CR）；IUCN“红色名录”评估为易危级（VU）。中国青藏高原特有种。

Hot-spring Keel-back

It is called “Zhijiangjian” in Tibetan.

Its total head-tail length is from 700 to 800 mm. It is ovoviviparous and produces six young or so each time. Hot-spring keel-backs dwell in meadows or disorderly stone piles lying in bushy thickets near hot springs on high mountains with an elevation of about 4000 metres, and feed on fishes or frogs. They are only found in Yangbajaing, Lhasa and Xigazê, Gongbo’gyamda and Maizhokunggar of Tibet. The hot-spring keel-back is evaluated as the Critically Endangered (CR) category in China Species Red List, and as the (VU) category in IUCN Red List. It is an endemic species to the Qinghai-Tibet Plateau of China.

四川温泉蛇 *Thermophis zhaoermii*

成体头尾全长800～900mm。雄性腹鳞204～212枚，雌性215～225枚。尾下鳞成双。头颈区分明显；眼大小适中，瞳孔圆形。体腹面浅白色。躯干及尾背面浅褐色，一行暗褐色条纹自颈部直达尾末端，腹鳞及尾下鳞两侧有黑色点斑。是2004年四川海子山保护区资源本底调查时采到标本，2008年发表的新种。中国青藏高原特有种，仅见于四川西部理塘海拔4000m左右的温泉附近。

Sichuan Hot-spring Keel-back

It is called “Zhijiangjian” in Tibetan.

The total head-tail length of its adult is from 800 to 900 mm. The division between its head and neck is obvious. Its eyes are of moderate size, and the pupils of its eyes are circular. Its body and abdomen are pale white. And yet its trunk and caudal back are light brown. Its specimen was collected in the Haizishan Nature Reserve in Sichuan when background investigations of resources were conducted in the year 2004. The Sichuan hot-spring keel-back is a new species published in the year 2008, and an endemic species to the Qinghai-Tibet Plateau. Sichuan hot-spring keel-backs are only found near hot springs with an elevation of about 4000 metres in Litang County of western Sichuan.

喜山小头蛇 *Oligodon albocinctus*

头尾全长约1000mm。头短小，与颈区分不明显。通体背面紫褐色，头背有一深色“灭”字纹。体背有紫棕色镶黑边的横纹，躯干部18～24条，尾部5～8条。腹面粉红色或黄白色，有交错的矩形黑斑。卵生，每次产卵10枚左右。昼行性。活动于雨林边缘的灌丛地带，以蜥蜴卵、蛙卵或小型啮齿类动物为食。见于西藏墨脱、察隅及滇西南。中国物种红色名录评估为近危级（NT）。

Light-barred Kukri Snake, White-striped Kukri Snake

It is called “Zhieqiong” in Tibetan.

It has a total head-tail length of nearly 1000 mm. It has a short and small head. The divisions between its head and neck is not obvious. The back of its whole body is purple brown. Light-barred kukri snakes are diurnal, and move about in shrub thicket regions of the edges of rain forests. They are oviparous, and lay ten eggs or so each time. They feed on eggs of lizards and frogs or small-size rodents. They are found in Mêdog and Zayü of Tibet, and southwesten Yunnan. The light-barred kukri snake is evaluated as the (NT) category in China Species Red List.

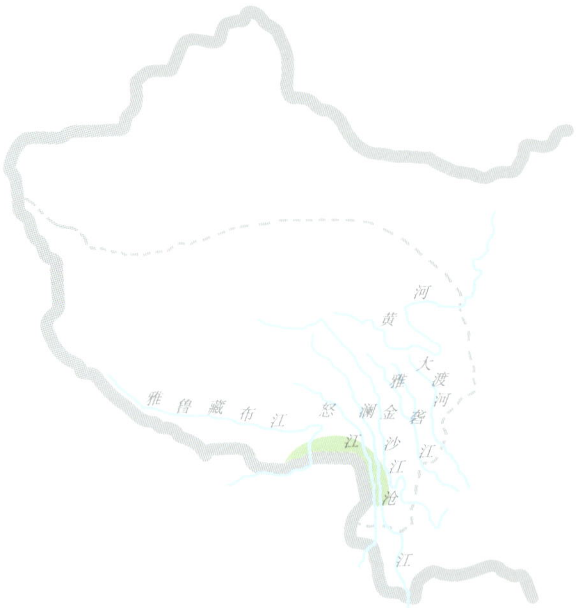

喜山钝头蛇 *Pareas monticola*

头尾全长500～800 mm。头短且圆钝。眼上有一黑纹延伸至颈，眼后有一黑线斜至口角。枕背有X形黑斑，背面褐色，有黑色细横纹。体显著侧扁，腹面黄褐色，布有深色斑点。卵生，每次产卵2～9枚。夜行性。活动于热带或亚热带森林，以小型软体动物为食。见于西藏墨脱和云南泸水县片马。中国物种红色名录评估为近危级（NT）。

Himalayan Slug-eating Snake

It is called “Zhieqie” in Tibetan.

It has a total head-tail length of 500 to 800 mm. It has a short and blunt head. Himalayan slug-eating snakes are oviparous and lay two to nine eggs each time. They are nocturnal, and move about in tropic and subtropical forests, and feed on small-size molluscs. They are found in Mêdog of Tibet and Pianma of Lushui County in Yunnan Province. The Himalayan slug-eating snake is evaluated as the (NT) category in China Species Red List.

虎斑颈槽蛇 *Rhabdophis tigrinus*

头尾全长约2000mm。头背绿色，眼周有2~3条黑色粗斜纹。背面翠绿色或草绿色。体前段两侧有粗大的黑色与橘红色相间斑块。颈背有明显的颈槽。腹面浅绿色或黄绿色。卵生，6月～7月产卵10枚左右。昼行性。活动于山地丘陵地带，常见于水边，以鞘翅目昆虫和水栖小型脊椎动物为食。见于川西、青海、甘南及西藏海拔2200m以下水域附近有蛙和蟾等湿润地带。

Tiger Keelback, Tiger Groove-necked Keelback

It has a total head-tail length of nearly 2000 mm. Its head and back are green. It is oviparous and lays ten eggs or so from June to July. Tiger keelbacks are diurnal, and move about in hilly areas of mountainous regions. They are often seen by water, and feed on coleopterous insects and aquatic small-size vertebrates. They are found in humid regions below 2200 metres above sea level, which are near the waters with frogs and toads. They are found in western Sichuan, Qinghai, southern Gansu and Tibet.

九龙颈槽蛇 *Rhabdophis pentasupralabialis*

头尾全长400～500mm。头、颈略有区分，眼大小适中。颈背正中两行鳞片对称排列，其间形成一沟槽，故名颈槽蛇。头背橄榄绿色，头腹面灰褐色。躯干及尾背面橄榄绿色或草绿色。躯干及尾腹面灰白色或灰绿色，散以粉褐色细点，前后两枚腹鳞之间黑褐色。卵生，6月～7月产卵，卵长椭圆形，污白色，卵与卵之间相互粘连。9月上旬仔蛇出壳。目前仅见于四川省九龙县海拔2750～3200m农耕区的林间、石堆间或落叶下。以蚯蚓及蛞蝓为食。中国特有种。

Sichuan Grooved-necked Keelback

It is called “Zhigenian” in Tibetan.

It has a total head-tail length of 400 to 500 mm.

It is oviparous and lays eggs from June to July. Snakelets come out of the eggshell in the first ten-day period of September. Sichuan grooved-necked keelbacks live in rock piles or fallen leaves in woods located in farming areas with an elevation ranging from 2750 to 3200 metres. They feed on earthworms and slugs, and are now only found in Jiulong County of Sichuan Province. The Sichuan grooved-necked keelback is an endemic species to China.

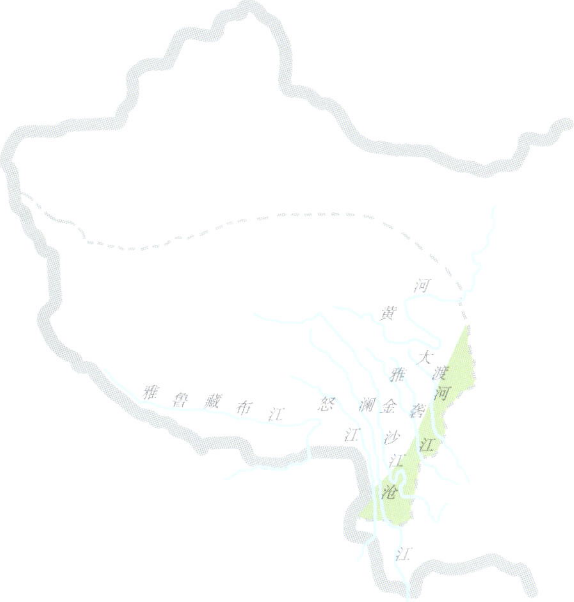

红脖颈槽蛇 *Rhabdophis subminiatus*

头尾全长1100～1300mm。颈背正中有一纵行浅凹槽。整体背面草绿色，颈及躯干前段背鳞间皮肤猩红色，躯尾腹面黄白色。受惊扰时，体前段膨扁，鳞片张开，以露出颈部及体前段呈猩红色而得名。卵生，每次产卵15枚左右。见于海拔2250m以下川西和滇西高原的山坡、路边、耕地水沟附近或草丛中，多白昼活动。以蛙、蟾蜍、鼠类为食。

Red-necked Keelback

Its total head-tail length is between 1100 and 1300 mm. It is oviparous and lays fifteen eggs or so each time. Red-necked keelbacks often live on moutainous slopes, at roadsides, near cultivated land and gullies or in thick growths of grass in the plateaus below 2250 metres above sea level in western Sichuan and western Yunnan. They mostly move about by day and feed on frogs, toads and rats.

缅甸颈槽蛇 *Rhabdophis leonardi*

头尾全长400～500mm。头、颈略可区分；眼大小适中，瞳孔圆形。颈背正中两行鳞片成对并列，其间形成一沟槽，故名颈槽蛇。头背橄榄绿色，上唇缘略灰，部分鳞沟色黑。头腹面灰褐色。颈部两侧各有一镶黑边的土红色颈斑。躯干腹面直至尾腹面橄榄绿色，杂以绛红色及黑色斑，鳞片之间的皮肤白色。躯干腹面直至尾腹面砖灰色，密缀绛红色点，后半尤为密集。卵生，每次产卵10枚左右。见于川西和滇西高原海拔1250～2850m山区杂草丛中或石堆间。以蚯蚓及蛞蝓为食。

Leonard's Grooved-neck Keelback

It is called "Zhiluomucha" in Tibetan.

Its total head-tail length ranges from 400 to 500 mm. The division between its head and neck can slightly be seen. Its eyes are of moderate size and its pupils are circular. It is oviparous and lays ten eggs or so. Leonard's grooved-neck keelbacks inhabit weed thickets or stone piles between 1250 metres and 2850 metres above sea level, feeding on earthworms and slugs. They are found in highland regions of western Sichuan and western Yunnan.

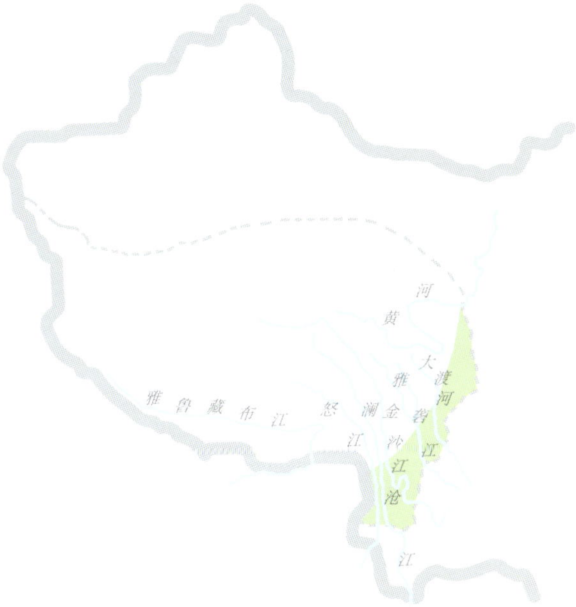

八线腹链蛇 *Amphiesma octolineatum*

头尾全长600～700 mm。头、颈区分明显，眼大小适中，瞳孔圆形。头背暗褐色，上唇鳞及头腹面浅黄色，唇鳞缘多有黑褐色斑。背面灰褐色，躯干及尾部显示出深浅相间的若干纵纹，背两侧从眼后至尾部各有一条黑色纵纹。腹鳞近外侧有黑色点斑，前后连缀成链纹，左右腹链之间为淡黄绿色。6月交配，卵生，7月～8月产卵7～16枚。见于青藏高原的川滇海拔2500 m以下的山区水域或湿地附近。白天活动，以泥鳅、小鱼及蛙为食。中国特有种。

Eight-lined Keelback

It is called "Zhilangcha" in Tibetan.

Its total head-tail length is from 600 to 700 mm. The division between its head and neck is evident. Its eyes are of moderate size and its pupils are circular.

Eight-line keelbacks mate in June. They are oviparous and lay seven to sixteen eggs between July and August. In the Qinghai-Tibet Plateau, they are found in the neighbourhood of mountainy waters or wetlands with an elevation of under 2500 metres in Sichuan and Yunnan. They move about during the day and feed on loaches, small fishes and frogs. The eight-line keelback is an endemic species to China.

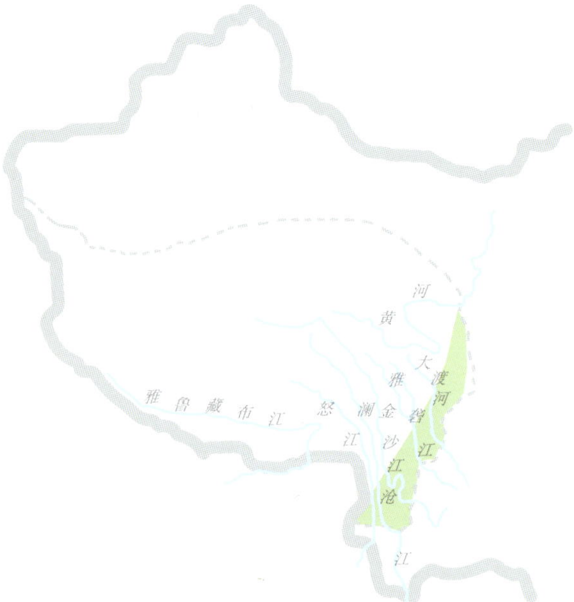

棕黑腹链蛇 *Amphiesma sauteri*

头尾全长650～700mm。头背黑褐色，头腹灰白色。头略大可与颈区分。躯尾背面黑褐色。腹面有腹链纹，其外侧腹鳞黑褐色，左右两链纹灰白色无斑。背鳞通生17行。卵生，每年7月～8月产卵3～5枚。见于青藏高原川滇地区海拔1500m以下水域附近的山坡、草丛中，亦可在流动的水沟中活动。昼行性。以蚯蚓、蛞蝓和蝌蚪等为食。

Sauter's Keelback

Its total head-tail length is between 650 and 700 mm. It is oviparous and lays three to five eggs from July to August every year. In the Qinghai-Tibet Plateau, Sauter's keelbacks are found on mountainy slopes and in thick growths of grass by the waters with an elevation of under 1500 metres in Sichuan and Yunnan, and also can move about in flowing water gullies. They are diurnal and feed on earthworms, slugs and tadpoles.

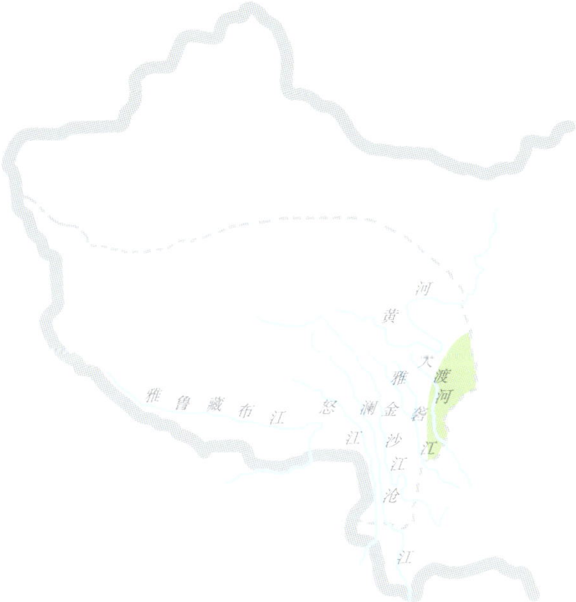

锈链腹链蛇 *Amphiesma craspedogaster*

头尾全长550～600mm。头长椭圆形，与颈略可区分。头背暗棕色，枕侧各有一黄色的椭圆形枕斑。唇鳞淡黄色，唇鳞沟黑褐色，头腹面灰白色。躯干及尾背黑褐色。背侧有两行铁锈色纵纹，纵纹外侧有许多不明显的黑色斑点。腹鳞及尾下鳞淡黄色。近外侧各有一窄长黑色斑点，前后连缀成链纹。卵生，6月～8月产卵5枚左右。见于青藏高原川西地区海拔2000m以下的水域附近或杂草丛中。昼行性。以小鱼、蛙、蟾蜍及蝌蚪为食。中国特有种。

Brown-chain Keelback

It is called “Zhiseri” in Tibetan.

Its total head-tail length is between 550 and 600 mm. Brown-chain keelbacks are oviparous and lay five eggs or so from June to August. In the Qinghai-Tibet Plateau, they live in the neighbourhood of waters or in weeds growing in clusters with an elevation of under 2000 metres in western Sichuan and move about during the day, feeding on small fishes, frogs, and tadpoles. The brown-chain keelback is an endemic species to China.

横斑锦蛇 *Elaphe perlacea*

头尾全长1100～1300mm。头椭圆形，与颈略有区分。头背褐灰色，前部有二黑色横斑。第一横斑横跨两鼻孔，第二横斑横跨两眼。后部有呈尖端向前、彼此套叠的倒“V”字形黑斑。背面褐灰色，具有略呈等距相间的黑色窄横斑，黑色横斑中个别鳞片色白，略似一条珠链。横斑不规则弯曲，两两相围略似椭圆形。腹面铅灰色，有多数灰黑色大块斑。见于青藏高原川西地区海拔2000～2500m的灌木丛中、潮湿山地或石堆下。中国物种红色名录评估为易危级（VU）。四川省特有种，数量稀少，应加强保护。

Pearl-banded Rat-snake

It is called “Zhigetijian” in Tibetan.

Its total head-tail length is from 1100 to 1300 mm.

In the Qinghai-Tibet Plateau, pearl-banded rat-snakes live in bushy woods, in humid mountainous regions or beneath heaps of stones with an elevation ranging from 2000 metres to 2500 metres in western Sichuan. The pearl-banded rat-snake is evaluated as the (VU) category in China Species Red List. It is a species peculiar to Sichuan Province. It is scarce in quantity, and therefore its protection should be strengthened.

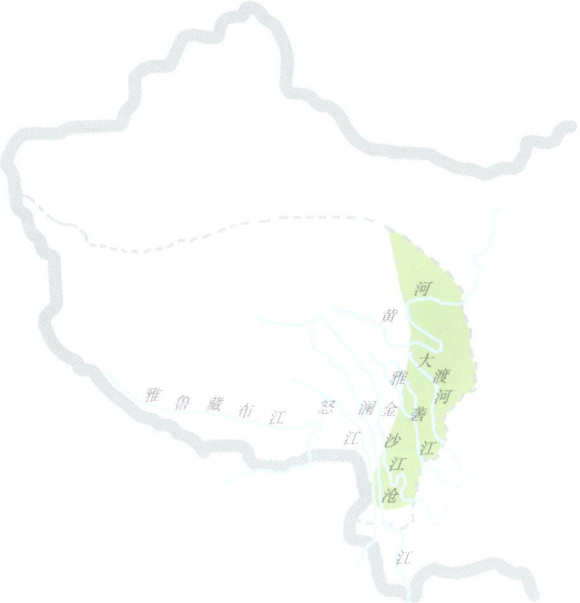

黑眉锦蛇 *Elaphe taeniura*

头尾全长1900～2100mm。头、颈区分明显；眼大小适中，瞳孔圆形。头体背黄绿色或棕灰色，眼后具一明显的黑纹延至颈部，上下唇鳞及下颌淡黄色。体背前中段具黑色梯状或蝶状纹，至后段渐次不显。从体中段开始，两侧有明显的四条黑色纵带达尾端。腹面灰黄色或浅灰色，但前端、尾部及体侧为黄色，两侧黑色。卵生，5月交配，7月～8月产卵2～13枚。卵白色，长椭圆形。见于青藏高原川西、滇西、甘南和藏东南海拔3000m以下的河边、林间及住宅附近。行动迅速，善爬行，性凶猛，受惊即竖起头颈，尾部不停摆动作防备之势。以蛙、鸟、鸟卵及鼠类为食。中国物种红色名录评估为易危级（VU）。

Striped-tailed Rat-snake, Striped Racer

It is called "Zhimina" in Tibetan.

Its total head-tail length is between 1900 and 2100 mm. Striped-tailed rat-snakes are oviparous. They mate in May and lay two to thirteen eggs from July to August. In the Qinghai-Tibet Plateau, they live by the riverside, in forests and in the neighbourhood of houses below 3000 metres above sea level in western Sichuan, western Yunnan, southern Gansu and southeastern Tibet. They move swiftly and are good at crawling. In addition, they have a violent temper, feeding on frogs, birds, bird eggs and rats. The striped-tailed rat-snake is evaluated as the (VU) category in China Species Red List.

紫灰锦蛇 *Elaphe porphyracea*

头尾全长约1000mm。吻圆钝。通体背面淡藕褐色。头背有三条黑色短纵纹，体背有20～30个鞍型淡黑色横斑，腹面白色无斑。卵生，7月产卵5～7枚。夜行性。见于青藏高原的云南贡山、丽江及西藏墨脱海拔2,400m以下的高山森林，常匿形于岩石或腐殖土下，以小型脊椎动物为食。

Red Mountain Rat-snake

Its total head-tail length is 1000 mm or so. Its snout is blunt. The back of its whole bady is pale pinkish brown. Red mountain rat-snakes are oviparous and lay five to seven eggs in July. They are nocturnal, and move about in alpine forests. They often hide beneath rocks or under humus soil, and feed on small-size vertebrates. In the Qinghai-Tibet Plateau, they are found in alpine forests with an elevation of under 2400 metres in Gongshan and Lijiang of Yunnan Province and Mêdog of Tibet.

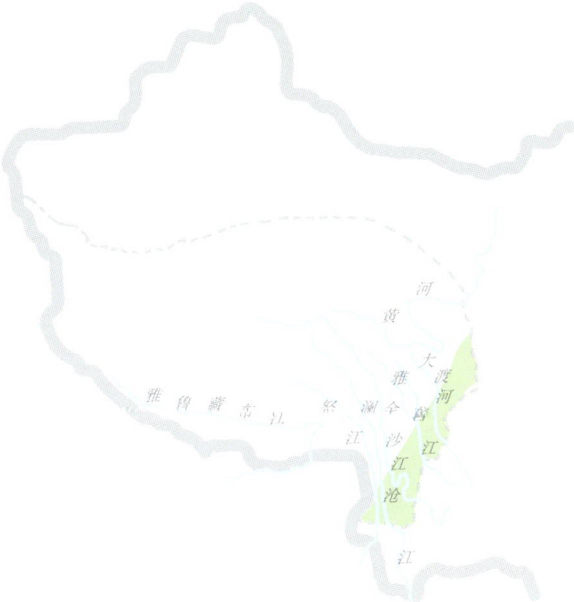

黑头剑蛇 *Sibynophis chinensis*

头尾全长600～700mm。头较短小，与颈略有区分；眼大小适中，瞳孔圆形。背鳞通身17行，平滑无棱；头背棕色或略带红棕色，两眼间有一黑色横斑；上唇缘白色，上唇鳞多数鳞沟色黑；躯干及尾背面棕褐色，颈背有一黑色宽横斑，该斑后缘镶白色，自该斑向后伸出一条细黑线纹，沿背脊向后延伸；腹面淡绿色，腹鳞两侧各有一黑点，前后腹鳞之黑点连缀成两条黑色纵链纹。卵生，7月～8月产卵。见于青藏高原的川西、滇西、甘南海拔2000m以下的岩石洞或树丛下。以蛙、蜥蜴、蚯蚓、昆虫和蝌蚪为食。

Black-headed Snake

It is called “Zhienajiangjian” in Tibetan.

Its total head-tail length is between 600 and 700 mm. Its head is relatively short and small and has a little division from its neck. Its eyes are of moderate size and its pupils are circular. It is oviparous and lays eggs between July and August. In the Qinghai-Tibet Plateau, black-headed snakes dwell in stone caves or among the trees below 2000 metres above sea level in western Sichuan, western Yunnan and southern Gansu, and feed on frogs, lizards earthworms, insects and tadpoles.

黑线乌梢蛇 *Zaocys nigromarginatus*

头尾全长约2000mm。头橄榄棕色，背面绿色或黄绿色。体侧后方各有4条黑色纵纹达于尾尖，腹面浅绿色或黄绿色。卵生，6月产卵20枚左右。昼行性，见于青藏高原的云南贡山和西藏的墨脱、察隅、川西、滇西海拔2000m以下的山地丘陵地带。常活动在水稻田边，以蛙和小型哺乳动物为食。中国物种红色名录评估为易危级（VU）。

Black-striped Green Keel-backed Snake, Black-striped Green Keelback

It is called “Zhijiana” in Tibetan.

Its total head-tail length is approximately 2000 mm.

Black-striped green keel-backed snakes are oviparous and lay about twenty eggs in June. And they are diurnal, and move about in hilly areas and mountainous regions with an elevation of under 2000 metres. They are often found near paddy fields, and feed on frogs and small-size mammals. In the Qinghai-Tibet Plateau, they scatter in Gongshan of Yunnan Province, in Mêdog and Zayü of Tibet, and in western Sichuan. The black-striped green keel-backed snake is evaluated as the (VU) category in China Species Red List.

滑鼠蛇 *Ptyas mucosus*

头尾全长1700~1900mm。头较长，与颈区分明显。眼大，瞳孔圆形。头背黑褐色，唇鳞浅灰色，鳞沟黑色。背面灰棕色，背中部鳞片色深，密集相连成一条黑灰色脊线，其中央贯穿一条浅灰色细纵纹。体中段两侧鳞片的边缘色黑或黑色占据半个鳞片，彼此横连不规则的黑色横斑。体前段和后段至尾部形成黑色网纹。腹面灰白色，腹鳞后缘黑色，形成无数黑横斑。卵生，7月产卵10~15枚，卵白色。见于青藏高原的藏东南、川西、滇西海拔3000m的山区水域附近，行动敏捷。以蛙、蟾蜍、蜥蜴、鸟及鼠类为食。中国物种红色名录评估为易危级（VU）。

Common Rat-snake, Oriental Rat-snake

It is called “Zhinacha” in Tibetan.

Its total head-tail length is between 1700 and 1900 mm.

Common rat-snakes are oviparous, and lay ten to fifteen eggs in July. They live in the neighbourhood of waters in the mountainous regions with an elevation of 3000 metres. In the Qinghai-Tibet Plateau, they are found in southeastern Tibet, western Sichuan and western Yunnan. They are quick in movement and feed on frogs, toads, lizards, birds and rats. The common rat-snake is evaluated as the (VU) category in China Species Red List.

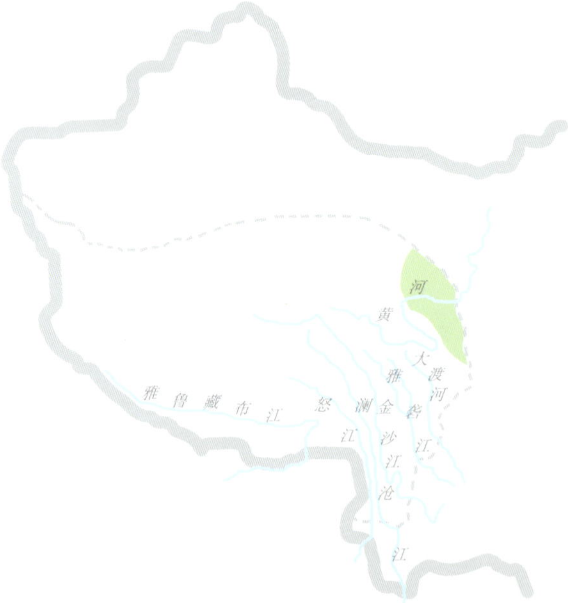

翠青蛇 *Cyclophiops major*

头尾全长约1000mm。背面纯绿色，腹面黄绿色。昼行性。栖息于树林、竹林和隐居石下。卵生，每次产卵8～10枚。以蚯蚓和昆虫的幼虫为食。见于青藏高原川西的汶川、九寨沟和甘南海拔1700m以下山区。

Chinese Green Snake, Greater Green Snake

Its total head-tail length is 1000 mm or so. Its back is grass green and its abdomen is yellowish green. Chinese green snakes are diurnal and live in the woods and bamboo groves or hide beneath rocks. They are oviparous and lay eight to ten eggs each time. They feed on earthworms and larvae of insects. In the Qinghai-Tibet Plateau, they are found in Wenchuan and Jiuzhaigou of western Sichuan, and mountainous areas below 1700 metres above sea level in southern Gansu.

鬣蜥科

本科蜥蜴背脊有肉质突起。全球已知约416种，中国已知60种。本书介绍9种。

Agamidae

The members of family Agamidae have a back with succulent protubrance. There are about 416 species known in the world, and 60 species are found in China. 9 species are described in this album.

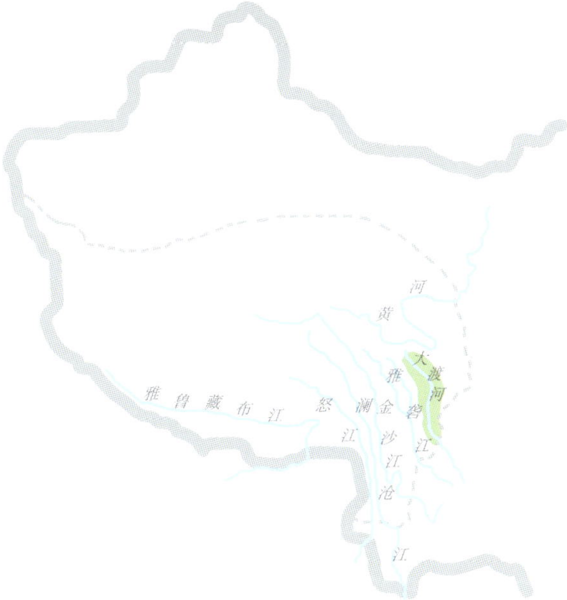

草绿攀蜥 *Japalura flaviceps*

头尾全长200～250mm。吻短而钝。鼓膜被鳞。有喉褶。体略侧扁，颈和背具鬣鳞。四肢发达。尾细长。头背浅褐色无斑，头腹面黄白色。躯干背面两侧各有一条浅黄色侧纵纹。正背两侧纵纹之间浅褐色，上有7个左右黑褐色菱形或扁椭圆形斑，各斑中央有亮黄色横纹。侧纵纹外侧黑褐色，约5个块斑。躯干腹面浅褐色。四肢及尾部有深浅褐色相间的横纹。卵生，5月～6月产卵5～9枚，卵乳白色，椭圆形。见于青藏高原的川西的大渡河流域石棉至丹巴段海拔1800m以下的稀疏灌丛中或岩石上，以小型的蜘蛛及昆虫为食。中国特有种。

Yellow-headed Japalure

It is called “Daxujiangkou” in Tibetan.

Its total head-tail length is from 200 to 250 mm. Its snout is short and blunt. Yellow-headed japalures have well-developed four limbs and slender and a long tail.They are oviparous and lay five to nine eggs from May to June. Their ova are cream white and elliptic. Yellow-headed japalures dwell in sparse bushy thickets or on rocks below 1800 metres above sea level and live on small-size spiders and insects. In the Qinghai-Tibet Plateau, they are found in areas from Shimian County to Danba County in the Dadu River valley in western Sichuan. The yellow-headed japalure is an endemic species to China.

巴塘攀蜥 *Japalura batangensis*

头尾全长180～220mm。头略呈三角形；鼓膜被鳞；肩褶显著。体略侧扁，颈和背具鬣鳞。四肢发达。尾细长。头背棕褐色，上有黑褐色横纹。眼周有8条黑色辐射纹。雄性喉囊蓝绿色。头腹面米黄色。雌性背面为棕褐色。正背有7～8个黑褐色斑。体侧有大小不一的黄色圆点。雌、雄性躯干腹面均为污黄色。四肢背面有深浅相间的横纹。尾部有棕褐色与灰褐色相间横纹。卵生，每次产卵4～8枚。栖息于金沙江巴塘段的稀疏灌丛或石岩上。以小型的蜘蛛及昆虫为食。1998年四川巴塘县野生动物普查时采于竹巴笼乡，是2001年发表的新种。中国青藏高原特有种。

Batang Japalure

It is called “Batangdaxu” in Tibetan.

Its total head-tail length is between 180 and 220 mm. Its four limbs are well-developed and its tail is slender. It is oviparous and lays four to seven eggs each time.Batang japalures are found in sparse thickets or on rocks in Batang section of the Jinsha River, and feed on small-size spiders and insects. They were collected in Chubalung Township in the year 1998 when an investigation was conducted on wildlife. The Batang japalure is a new species which was published in the year 2001, and is an endemic species to the Qinghai-Tibet Plateau of China.

长肢攀蜥 *Japalura andersoniana*

头尾全长220 mm左右。头较窄长，与颈区分明显。眶及枕部均有棘状突起。自眼眶下缘至口角有一条深色斜纹，颈鬣发达。通体背面棕褐色或黑褐色。雄性有黄绿相嵌的喉囊，体侧有大鳞连缀成一行的突起物，后肢贴体前伸，最长趾端达到或超过吻端。卵生，每次产卵4~5枚。昼行性。活动于海拔800~1500米森林边缘的灌丛地带，以昆虫为食。见于西藏墨脱。青藏高原特有种。

Anderson's Japalure, Anderson's Mountain Lizard

It is called "Gongrendaxu" in Tibetan.

Its total length from head to tail is 220 mm or so. Its head is relatively narrow and long, and has an evident division from its neck. It is oviparous and lays four or five eggs each time. Anderson's japalure are diurnal. They move about in regions grown with thickets on the edges of forests with an elevation ranging from 800 to 1000 metres and feed on insects. They are seen in Mêdog of Tibet. The Anderson's japalure is a species peculiar to the Qinghai-Tibet Plateau.

丽纹攀蜥 *Japalura splendida*

头尾全长200～250mm。吻短而钝，鼓膜被鳞，有喉褶。体略侧扁，颈和背具鬣鳞。四肢发达。尾细长。头部背面为黄绿色，上有黑褐色斑纹。头腹面褐色，杂有稀疏的黄褐色斑点。尾部隐约可见深浅褐色相间的环纹。卵生，5月～7月产卵5～9枚，卵污白色，椭圆形。见于青藏高原的四川大渡河流域、滇西和甘南海拔1000m以下山区的灌丛中或岩石上。以小型的蜘蛛及昆虫为食。中国特有种。

Splendid Japalure

It is called “Daxuchawu” in Tibetan.

Its total head-tail length is between 200 and 250 mm. Its snout is short and blunt. Splendid japalures have well-developed four limbs and a slim and long tail. They are oviparous and lay five to nine ova from May to June. Splendid japalures occur in brushwood or on rocks in mountainous regions with an elevation of under 1000 metres, living on small-size spiders and insects. In the Qinghai-Tibet Plateau, they are found in Dadu River valley of Sichuan, and in mountainous regions of western Yunnan and southern Gansu. The splendid japalure is a species peculiar to China.

汶川攀蜥 *Japalura zhaoermii*

头尾全长200～250mm。雄性头腹面棕褐色，雌性头腹面白色。雄性体侧各有一条黄色的宽纵纹，在两条侧纵纹之间的正背有5块方形的暗棕色大斑。尾部有棕褐色与灰褐色相间的环纹。卵生，每次产卵4～8枚。目前仅见于四川汶川海拔1200～1600m的疏林、灌丛、有缝隙的岩石及树枝上。多在晴天或阴天中午出洞活动，性凶猛，捕食昆虫。2002年发表的新种。中国特有种。

Wenchuan Mountain Lizard

It is called "Wenchuandaxu" in Tibetan.

Its total head-tail length is between 200 and 250 mm. The head and abdomen of its males are brown and the head and abdomen of its females are white. It is oviparous and lays four to eight eggs each time. Wenchuan mountain lizards dwell in thin stocked forests, thickets, on rocks with crevices and on branches of trees in the regions with an elevation ranging from 1200 to 1600 metres. At present, they are only found in Wenchuan County of Sichuan. They mostly go out of their caves to move about at noon in a sunny or cloudy day. They are ferocious by nature, preying on insects. The Wenchuan mountain lizard is a new species which was published in 2002, and also a species peculiar to China.

青海沙蜥 *Phyrnocephalus vlangalii*

头尾全长120mm左右。鼻孔间隔大，头背隆起，眼间微凹，通体背面黄褐色。背脊中央通常有一条浅色的宽阔丝带，两侧各有一列黑缘白斑，交杂有大量浅色细点，无腋斑，腹面中部有大黑斑。雄性尾梢黑褐色，雌性橘黄色。尾长等于或大于体长。鼻间鳞4~7枚，上唇鳞11~17枚。后肢贴体前伸达腋下或肩部。卵胎生。8月份产2~4仔。昼行性。栖息于镶嵌在亚高山草甸草原中的沙丘间，以昆虫为食；见于青海及与新疆、甘肃与青海相临的沙丘地区。中国特有种。

Vlangal's Toad-headed Agama, Qinghai Toad-headed Agama

Its total length from head to tail is 120 mm or so. It is ovoviviparous and produces two to four young at a birth in August. Vlangal's toad-headed agamas are diurnal. They dwell among sand dunes inlaid in subalpine meadows and steppe belts and feed on insects. In the Qinghai-Tibet Plateau, they are found in sand dune regions of Qinghai and Xinjiang and in neighbouring areas between Gansu and Qinghai. The Vlangal's toad-headed agama is an endemic species to China.

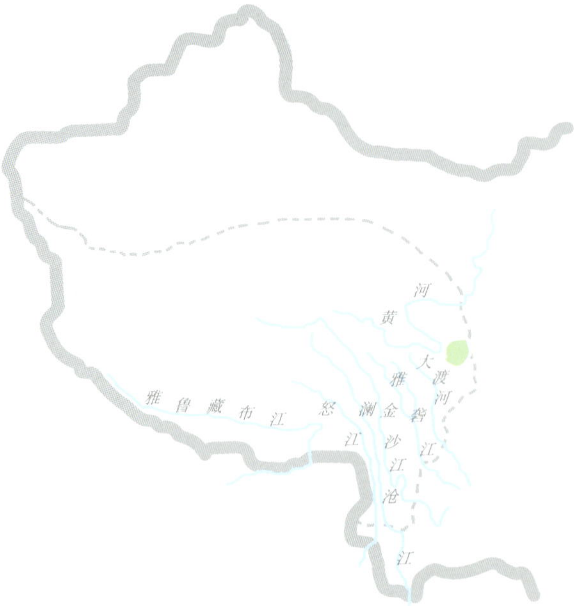

红原沙蜥 *Phrynocephalus hongyuanensis*

头尾全长120mm左右。吻钝圆，体肥，短而宽。通体背面黄褐色，背面密布黑斑，并夹杂有大量浅色细点。腹面中部有大黑斑。雄性尾梢黑褐色，雌性橘黄色。顶眼鳞单枚，颏鳞大，略呈五角形。卵胎生，8月产2～4仔。昼行性。栖息于镶嵌在亚高山草甸草原中的沙丘间，以昆虫为食。见于四川省红原、若尔盖等地的沙丘。中国特有种。

Hongyuan Toad-headed Lizard

Its total length from head to tail is 120 mm or so. It has a blunt snout. Hongyuan toad-headed lizards are diurnal. They inhabit sand dunes inlaid in subalpine meadows and grasslands and feed on insects. They are ovoviviparous and produce two to four young at a birth in August. In the Qinghai-Tibet Plateau, they are found in dune areas in Hongyuan and Zoigê counties of Sichuan Province. The Hongyuan toad-headed lizard is a species peauliar to China.

拉萨岩蜥 *Laudakia sacra*

头尾全长360mm左右。头略呈三角形。吻背与枕背的鳞片大且隆起或起棱，颌角与颈侧有成丛的锥鳞，鼻鳞与吻鳞及第一上唇鳞相切。通体背面棕黑色或深黑褐色，背部有不规则网纹或离散的横纹。雄性有肛前或腹部胼胝鳞，后肢贴体前伸，最长趾端达腋下或肩前。昼行性。活动于灌丛为主的岩石山地，以昆虫为食。见于西藏东南谷地。中国物种红色名录评估为近危级（NT）。中国特有种。

Lhasa Rock Agama

Its total length from head to tail is 360 mm or so. Its head looks a little like a triangle.

Lhasa rock agamas are diurnal. They move about rocky and mountainous regions grown over with thickets. In the Qinghai-Tibet Plateau, they are found in valleys of southeastern Tibet. The Lhasa rock agama is evaluated as the (NT) category in China Species Red List, and is also a species peculiar to China.

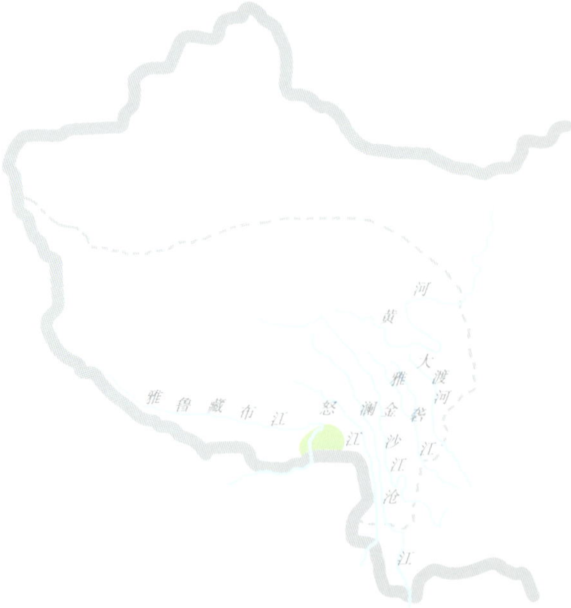

吴氏岩蜥 *Laudakia wui*

头尾全长约330 mm。尾部鳞片排列成环，每三环组成一节。脊鳞从前到后排成纵行，不斜向中线。体侧小鳞间杂以分散的较大鳞片。背面深色宽横斑间以浅蓝色窄横纹间隔。雄性有肛前或腹部胼胝鳞。卵生。昼行性。活动于灌丛为主的岩石山地，以昆虫为食。见于青藏高原的藏东南谷地。中国特有种。

Wu's Rock Agama

Its total length from head to tail is about 330 mm. Wu's rock agamas are oviparous. They are diurnal, and move about in rocky and mountainous regions grown over with thickets, feeding on insects. In the Qinghai-Tibet Plateau, they are found in valleys of southeastern Tibet. The Wu's rock agama is a species peculiar to China.

蜥蜴科

全球已知约301种，中国已记录20种。本书介绍1种。

Lacertidae

There are about 301 species of family Lacertidae known in the world, and 20 species of them have been recorded in China. One species is depicted in this album.

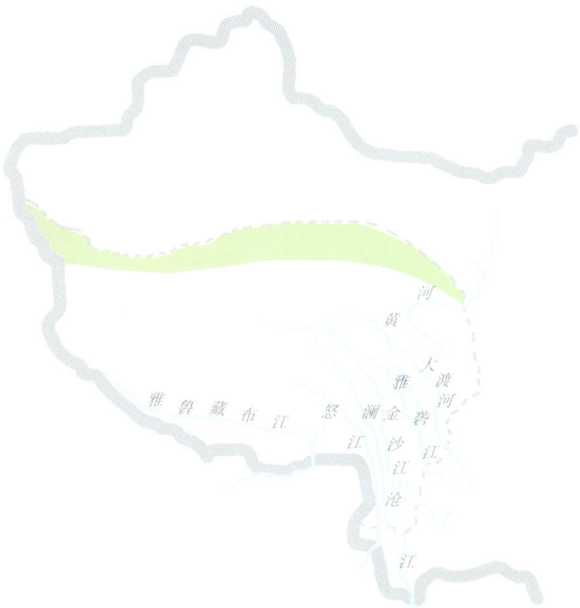

密点麻蜥 *Eremias multiocellata*

头尾全长约190 mm。头窄吻尖，通体棕褐色。背部交杂黑色及白色斑点，部分斑点连缀成浅色纵纹。体两侧各有一列约10~12枚镶黑边的蓝色圆斑。后肢贴体前伸至腰或肩部。卵胎生。5月交尾，7月~8月产3~4仔。昼行性，活动于荒漠草原或荒漠，以昆虫为食；见于青海及与新疆、甘肃相邻的地区。

Multiocellated Racerunner

Its total length from head to tail is about 190 mm. It has a narrow head and a sharp snout. Its whole body is brown. Multiocellated racerunners are ovoviviparous. They copulate in May and then produce three to four young from July to August. They are diurnal. They move about in desolate and boundless grasslands or bleak deserts, and feed on insects. In the Qinghai-Tibet Plateau, they are seen in Qinghai, and neighbouring regions between Xinjiang and Gansu.

蛇蜥科

尾长远大于头体长，无四肢的蜥蜴。全球已知约114种，中国已知3种。本书介绍1种。

Anguidae

The members of family Anguidae have no limbs and their tail length is far larger than their head-body length. There are about 114 species known in the world, and there are 3 species known in China. A description is given of one species in this album.

细蛇蜥 *Ophisaurus gracilis*

别名：细脆蛇蜥

头尾全长约580mm。体细长，略呈筒状。无四肢，形似蛇。体背棕色或红褐色。前段有10～20条左右天蓝色窄横纹。尾长超过头体长的两倍，尾脆易断。卵生，7月～8月产卵4～7枚于枯枝或树下。夜行性。活动于较干旱的坡地，多隐匿于石下或浮土中，以昆虫或蠕虫类为食。见于西藏墨脱和中印、中缅边境地区。中国物种红色名录评估为濒危级（EN）。

Burmese Glass Snake, Asian Glass Lizard

Its total length from head to tail is about 580 mm. It has a slim and long body, just like a circular cylinder. It has no limbs and is similar to a snake in shape. Burmese glass snakes are oviparous and lay four to seven eggs under withered twigs or trees from July to August. They are nocturnal. They move about on relatively dry slopes, mostly hiding beneath rocks or in surface soil, and feed on insects and worms. In the Qinghai-Tibet Plateau, they are seen in Mêdog of Tibet, and border regions of China adjoining India and Burma. The Burmese glass snake is evaluated as the (EN) category in China Species Red List.

石龙子科

体表光滑。全球已知约1425种，中国约32种。本书介绍两种。

Scincidae

The members of the Scincidae family have a smooth body. There are about 1425 species known in the world, and there are about 32 species known in China. 2 species are described in this album.

大渡石龙子 *Eumeces tunganus*

头尾全长约200 mm。吻端较窄，钝圆。眼小，眼睑发达，瞳孔圆形。鼓膜深陷。体粗壮圆柱形，通身被覆光滑圆鳞。四肢长而强壮。尾较粗壮，易断，断后能再生。头背为土黄色；头侧为橘红色；头腹面为浅橘黄色。躯干、四肢及尾背面均为灰蓝色。躯干背面有5条浅色的纵纹，躯干及四肢腹面为米黄色。尾腹面为浅橘红色，尾端为蓝灰色，幼体尾后段为浅湖蓝色。卵生，7月～8月产卵10枚左右。见于大渡河流域海拔1 500 m以下阳坡、河谷岸边的岩壁或稀疏杂草丛中。一般在晴天上午或阴天中午出洞捕食，以小型的蜘蛛及昆虫为食。中国四川特有种。

Tung River Skink

It is called “Dudaxu” in Tibetan.

Its total length from head to tail is approximately 200 mm. Its snout is blunt. It is oviparous and lays ten ova between July and August.

Tung river skinks are found on the sunny slopes, in riverside palisades or sparse growths of weeds below 1500 metres above sea level along the Dadu River valleys. Tung river skinks generally crawl out of caves for preying on food in the morning in a fine day or at noon in a cloudy day. They feed on small-size spiders and insects. The Tung river skink is a species peculiar to Sichuan of China.

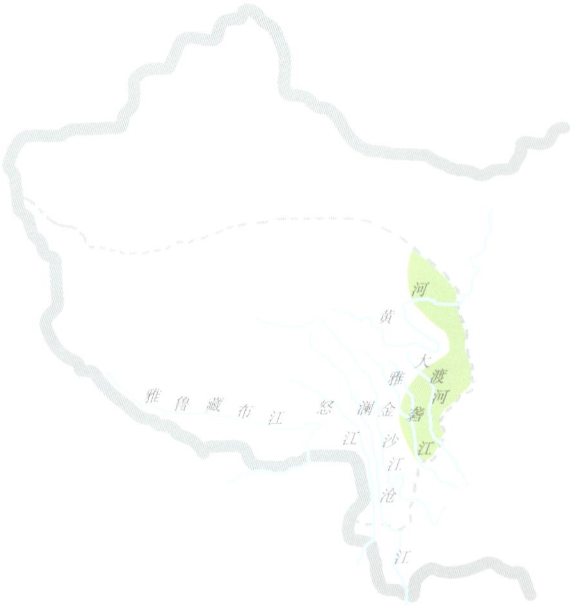

康定滑蜥 *Scincella potanini*

头尾全长120～140mm。吻端钝圆；眼睑发达；下眼睑具扁圆形透明睑窗。四肢短小。尾较粗，易断，断后能再生。头部背面棕色；头腹面灰棕色，躯干背面棕黄色。背中央黑点斑连缀成一脊线，在两侧连缀成纵行。体侧黑色纵纹从吻部经眼、耳孔和体侧延至尾末端；黑纵纹上缘平直，镶有一条浅色纵纹，下缘不规则。体侧下部分有密集的深色斑点。腹面灰棕色。尾尖棕黄色，尾腹面白色，其上密集小黑点。卵生，每次产卵6枚左右。见于青藏高原的川西、甘南海拔3000m以上的溪沟边、泥缝间或石块下。以小型的蜘蛛及昆虫为食。中国特有种。

Potanin's Dwarf Skink, Kangding Smooth Skink

It is called "Dandudaxu" in Tibetan.

Its total head-tail length is from 120 to 140 mm. Its snout is short and blunt. It is oviparous, and lays six ova or so each time.

Potanin's dwarf skinks dwell in mud crevices or under blocks of stones by the sides of streams and gullies with an elevation of over 3000 metres, feeding on small-size spiders and insects. In the Qinghai-Tibet Plateau, they are found in western Sichuan and southern Gansu. The Potanin's dwarf skink is an endemic species to China.

壁虎科

通体扁平，无活动的眼睑。全球已知约1250种，中国约40种。本书介绍1种。

Gekkonidae

The members of the Gekkonidae family have a flat body and no flexible eyelids. There are about 1250 species known in the world, there are about 40 species in China. One species is described in this album.

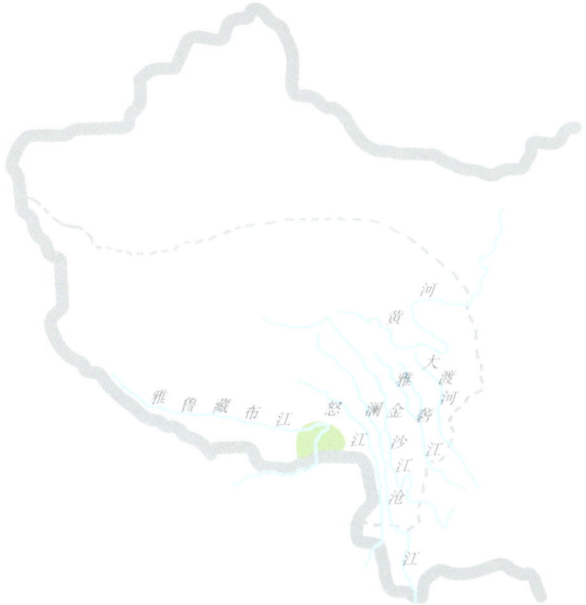

西藏裸趾虎 *Cyrtodactylus tibetanus*

头尾全长约100mm。通体灰色。背部有不规则深色横斑，间杂蠕虫状小斑。第一条横斑超过两眼，最后一条横斑在尾基部背面，身体下面白色。无肛前孔，尾基部有疣鳞。夜行性。活动于灌丛为主的岩石山地，以昆虫为食。见于西藏。中国物种红色名录评估为近危级（NT）。中国特有种。

Tibetan Naked-toed Gecko, Tibet Bent-toed Gecko

Its total length from head to tail is about 100 mm. Its whole body is grey.

Tibet naked-toed geckos are nocturnal. They move about in rocky and mountainous regions grown over with thickets, and feed on insects. In the Qinghai-Tibet Plateau, they are seen in Tibet. The Tibet naked-toed gecko is evaluated as the (NT) category in China Species Red List, and is a species peculiar to China.

两栖类

青藏高原的两栖类

两栖动物是脊椎动物由水生到陆生的过渡类型，其形态和机能既保留适应水生生活的特征，又具有适应陆地生活的特征，在动物进化史上占据着重要的地位。它们从由鳃呼吸转变为由肺呼吸，因肺循环的出现，其心脏为二心耳、一心室，形成不完全的双循环，大脑也进一步完善为两个半球。两栖动物都是捕食昆虫的高手，认识它们、保护它们都有重要的生态学意义，也有益于农林牧业生产，对提高人类生存环境质量有重要意义。本书介绍青藏高原的主要两栖类野生动物有尾目4种、无尾目28种。

Amphibians in the Qinghai-Tibet Plateau

Amphibians are transitional species in the evolving process of vertebrates from aquatic animals to terrestrial animals. As in form and mechanism they both retain the original attributes suiting aquatic life and have developed new attributes adaptable to terrestrial life, amphibians hold an important place in the history of animal evolution. There is a shift in the amphibian's breathing organ: from the gill to the lung. With the appearance of its lung circulation, the amphibian's heart is divided into two auriculae and one ventricle, thus forming an incomplete two-way circulation. Its cerebrum has also evolved into two hemispheres. As amphibians are all excellent hunters of harmful insects, the better understanding and further protection of them is of significance not only for ecology, but also for agriculture, forestry, animal husbandry and the improvement of man's living environment. We describe here the chief species of amphibians found in the Qinghai-Tibet Plateau: 4 species under Caudata and 28 species under Salientia.

小鲵科

体扁圆筒形，有较短的四肢。皮肤光滑无疣粒。终生有侧扁的尾。全球已知63种，中国已知31种。本书介绍其中两种。

Hynobiidae

The members of family Hynobiidae have a flat and cylindrical body and relatively short limbs. Their skin is smooth and without warts. They have a laterally flat tail for life. There are 63 species known in the world, and there are 31 species known in China. 2 species are described in this album.

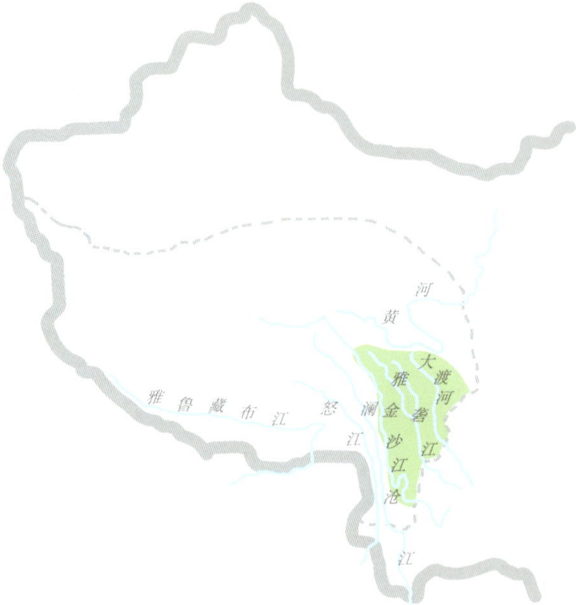

无斑山溪鲵 *Batrachuperus karlschmidti*

头尾全长约200mm。前后掌均4指（趾），指（趾）末端具角质鞘，掌蹠部无角质层。尾尖无角质化，掌蹠突不明显。尾长与头体长几相等，成年个体无童体型特征。全体黑色或黑褐色，无斑。生活于海拔3000～4000m左右的高海拔溪流、小河或半沼泽地带的石块下。夜行性。以钩虾及昆虫幼体为食。见于青藏高原的川西及西藏东部。中国特有种。

Karlschmidt's Mountain Salamander

It is called "Quzhilangjiang" in Tibetan.

Its total length from head to tail is about 200 mm. Both of its fore and hind palms have four fingers (toes). Its tail length is roughly equal to its head-body length. Its adult individual has no neoteny features. Karlschmidt's mountain salamanders live beneath rocks in mountain streams, small rivers or semi-marsh areas between 3000 and 4000 metres above sea level. They are nocturnal and feed on hookworms, shrimps and young of insects. In the Qinghai-Tibet Plateau, they scatter in western Sichuan and eastern Tibet. The Karlschmidt's mountain salamander is a species peculiar to China.

西藏山溪鲵 *Batrachuperus tibetanus*

别名：北方山溪鲵

头尾全长约250mm。前后掌均4指（趾），指（趾）末端具角质鞘。掌蹠部无角质层，尾尖无角质化。掌蹠突不明显。尾长与头体长几相等。成年个体无童体型特征。平时体色变异大，通常为黑褐色，也有黄色或浅灰色个体，部分个体有明显斑点或斑块。平武地区标本中多有无斑个体。见于青藏高原川西海拔2000～4000m左右的高海拔溪流、小河中的石块下。夜行性。以钩虾及昆虫幼体为食。中国物种红色名录评估为易危级（VU）。中国特有种。

Alpine Stream Salamander, Northern Mountain Salamander

It is called “Quzhichawa” in Tibetan.

Its total length from head to tail is 250 mm or so. Both of its fore and hind palms have four fingers (toes). Its tail length is roughly equal to its head-body length. Its adult individual has no neoteny features. Alpine stream salamanders dwell under rocks in high-altitude streams and brooks with an elevation ranging from 2000 to 4000 metres. They are nocturnal and feed on hookworms, shrimps and young of insects. In the Qinghai-Tibet Plateau, they are found in western Sichuan Province. The alpine stream salamander is evaluated as the (VU) category in China Species Red List and is an endemic species to China.

蝾螈科

体扁圆筒形，有较短的四肢。有的皮肤光滑，有的皮肤粗糙，满布疣粒。尾侧扁，较长。全球约82种，中国已知27种，本书介绍两种。

Salamandridae

The members of family Salamandridae have a flat and cylindrical body with short limbs. Some have a smooth skin and some have a crude skin fully covered with warts. There are about 82 species in the world, of which 27 species are known in China. 2 species are described in this album.

棕黑疣螈 *Tylototriton verrucosus*

别名：娃娃蛇，红瘰疣螈

头尾全长约170mm。皮肤粗糙。头扁平，略呈三角形，宽略大于长。顶部略内凹，头侧棱脊发达。吻钝。指（趾）前4后5。生活于海拔1500～2000m左右的热带、亚热带雨林中。完全陆栖。繁殖季节在静水区交配产卵。以蚯蚓、软体动物及小型昆虫等为食。见于青藏高原的滇西、西藏门隅和缅甸、印度、尼泊尔、不丹等喜马拉雅山南坡地区。中国物种红色名录评估为近危级（NT）。

Red Knobby Newt, Himalayan Crocodile Newt

Its total length from head to tail is about 170 mm. Its skin is crude. Its head is flat and slightly triangular. And its head width is a little larger than its head length. Its fore palms have four fingers (toes) and its hind palms have five fingers (toes). Red knobby newts live in tropic and subtropic rain forests between 1500 and 2000 metres above sea level. They are completely terrestrial. And they will mate and lay ova in still water areas during the reproduction season. They feed on earthworms, molluscs and small-size insects. They are found in western Yunnan Province and Menyu of Tibet in the Qinghai-Tibet Plateau, and in Burma, India, Nepal and Bhutan in south slope areas of the Himalayas. The red knobby newt is evaluated as the (NT) category in China Species Red List.

大凉疣螈 *Tylototriton taliangensis*

头尾全长400～450mm。躯干粗壮，背腹略扁。皮肤很粗糙，头背面两侧脊棱显著。尾基部较宽，尾后段甚窄扁。周身黑色，耳后腺发达，指（趾）及泄殖腔周围为橘红色。见于川西大渡河流域石棉县和九龙县海拔1390～3200m的静水凼或山间潮湿地。成螈以陆栖生活为主。产卵前进入静水凼寻偶配对。中国物种红色名录评估为易危级（VU）。中国特有种。国家II级保护动物。

Taliang Knobby Newt, Daliang Newt

It is called “Quzhinarang” in Tibetan.

Its total head-tail length is from 400 to 450 mm. Taliang knobby newts are found in still water pits or wetlands in mountainous areas between 1390 and 3200 metres above sea level in Shimian and Jiulong counties in the Dadu River valley of western Sichuan. Adult news mainly live a terrestrial life. Before laying ova, they go into still water ponds to look for a mate and then copulate. The Taliang knobby newt is evaluated as the (VU) category in China Species Red List. It is an endemic species to China, and also a national second-class protected species.

树蛙科

树栖性蛙类。指和趾末端膨大成显著的吸盘，吸盘边缘具沟。全球已知约297种，中国已记录65种。本书介绍其中1种。

Rhacophoridae

The members of family Rhacophoridae are arboreal frogs with adhesive discs on the digits and toes. There are about 297 species known in the world, and 65 species of them have been recorded in China. In this album, one species is depicted.

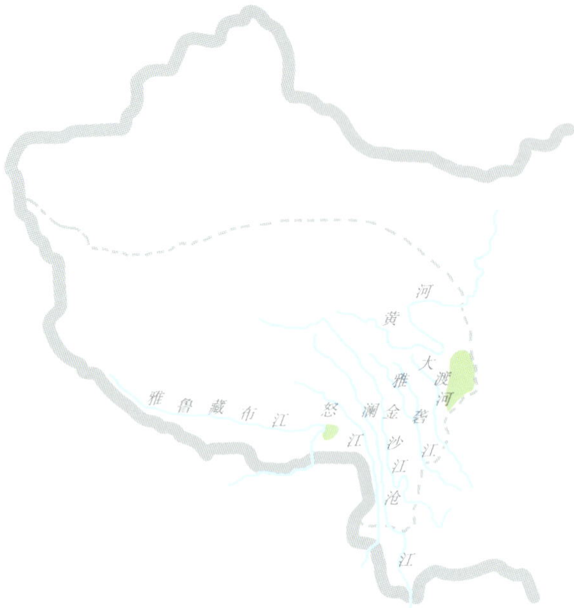

斑腿泛树蛙 *Polypedates megacephalus*

成体长70mm左右。头长宽几乎相等，吻端尖而圆，吻棱显著。颊部倾斜，有一长凹陷。皮肤光滑，背部有极细的痣粒。活体背面棕色或黄褐色，有数条纵纹或X形深色斑，腹面灰白色无斑。生活于海拔750～1530m左右的森林中，多活动于沼泽或静水溪流附近的灌木丛中或矮树上，以昆虫为食。见于西藏墨脱、甘南和川西地区。

Spot-legged Treefrog, Lateral-cut Legged Treefrog

Its adult has a body length of about 70 mm. Its head length is approximately equal to its head width. Its rostral side is pointed and circular and its canthus rostralis is obvious. Spot-legged treefrogs live in forests between 750 and 1530 metres above sea level. They mostly move about in thickets or on dwarf trees by marshes or near still water streams, and feed on insects. They are seen in Mêdog of Tibet, and in regions in southern Gansu and western Sichuan.

姬蛙科

本科蛙类体型较小。头小吻尖。全球已知69种，中国已知16种。本书介绍1种。

Microhylidae

The members of family Microhylidae have a small bodily form. Their head is small and their snout is pointed. There are 69 species known in the world, and 16 species are known in China. One species is described in this album.

多疣狭口蛙 *Kaloula verrucosa*

成体长60mm左右。头宽大于头长。吻短而圆，吻棱不显。吻端平直向下，与下颌相齐。鼓膜不显。皮肤较粗糙，背部多有小疣。活体背面棕灰色或黄褐色，有一浅色细脊纹。前肢较长，指端钝圆不膨大，指间无蹼。关节下瘤及指基下瘤均显著，掌突2~3个，后肢粗短。雄性有单咽下内声囊。生活于海拔2500m左右的沼泽水坑或沟渠中，以昆虫为食。见于云南省丽江。中国特有种。

Verrucous Digging Frog, Verrucous Narrow-mouth Toad

Its adult has a body length of 60 mm. Its head width is larger than its head length. Its snout is short and round. Its canthus rostralis is not obvious. Its rostral side is level and straight and its tympanum is not evident. Its skin is rather crude and its back mostly has small tubercles. Verrucous digging frogs live in puddles of marshand or gullies with an elevation of about 2500 metres and feed on insects. They are seen in Lijiang of Yunnan Province. The verrucous digging frog is an endemic species to China.

蛙科

本科动物体型和外形相差极大，最小的仅30mm，最大的可达320mm。皮肤光滑或有疣粒。舌呈长椭圆形，能自由伸出捕食昆虫。全球已知338种，中国目前记录有152种。本书介绍13种。

Ranidae

The members of the Ranidae family have a very great difference in their bodily forms. The smallest of them has only a body length of 30 mm, but the biggest can have a body length reaching 320 mm. Their skins are smooth or have warts. They have a long elliptical tongue that can freely stretch out to prey on insects. There are 338 species known in the world, and 152 species are now recorded in China. 13 species are depicted in this album.

察隅棘蛙 *Paa chayuensis*

成体长150mm左右。头宽略大于长。吻钝圆，吻棱较显。颊部向外倾斜，皮肤粗糙。背部有大小不等分布均匀的长疣和圆疣粒，其上有小黑刺。活体背面橄榄色，密布深棕色斑纹。两眼间有一深色宽横纹，腹面浅紫灰色无斑，四肢有清晰的深棕色横纹。雄性胸侧各有一团界限清楚的刺团，有一对咽下内声囊。生活于海拔1000~2300m左右森林边缘的流溪中，以昆虫为食。见于西藏察隅。中国物种红色名录评估为易危级（VU）。中国特有种。

Chayu Paa Frog, Chayu Spiny Frog

Its adult has a body length of 150 mm or so. Its head width is slightly larger than its head length. Its snout is blunt and its canthus rostralis is relatively obvious. Chayu paa frogs dwell in streams on the edges of forests between 1000 and 2300 metres above sea level, and feed on insects. They are found in Zayü of Tibet. The Chayu paa frog is evaluated as the (VU) category in China Species Red List and is a species peculiar to China.

墨脱棘蛙 *Paa medogensis*

成体长180mm左右。头较扁平，宽大于长。吻端圆，吻棱明显。颊部向外倾斜，皮肤较粗糙。体背疣粒较稀疏，长疣排成纵行。四肢背面刺疣密集，活体虹膜翠绿色，背面橄榄色或黄褐色。沿疣粒有纵向断续的黑斑，两眼间有一深色宽横纹。腹面浅紫灰色，密布深色斑。胸侧各有 团界限清楚的刺团，有咽下内声囊。生活于海拔1000~2100m左右森林边缘的溪流或沼泽水坑中，以昆虫为食。见于西藏墨脱。中国物种红色名录评估为易危级（VU）。中国特有种。

Mêdog Spiny Frog

Its adult has a body length of about 180 mm. Its head is flat and its head width is larger than its head length. Its rostral side is round and its canthus rostralis is obvious. Mêdog spiny frogs live in streams or puddles of marshland near forests between 1000 and 2100 metres above sea level, and feed on insects. They are found in Mêdog of Tibet. The Mêdog spiny frog is evaluated as the (VU) category in China Species Red List and is a species peculiar to China.

云南棘蛙 *Paa yunnanensis*

别名：双团棘胸蛙。

成体长100mm左右。头略扁平，吻端圆，吻棱不显，皮肤粗糙。背部有成纵的椭圆疣，其间多布细小圆疣或痣粒。活体背面灰棕色或棕黄色，腹面灰白色，散有灰色浅斑，咽喉及股部最为明显。雄性内侧三指有婚刺，胸部刺团一对，有单咽下内声囊，雌性成熟后第一指基部有黑刺。生活于海拔1300~2400m左右山溪或静水坑中，以昆虫为食。见于青藏高原的云南丽江、四川木里和九龙。中国物种红色名录评估为易危级（VU）。

Yunnan Spiny Frog

Its adult has a body length of 100 mm or so. It has a slightly flat head, and a round rostral side. And yet its canthus rostralis is not obvious. Yunnan spiny frogs live in mountainous streams or still water puddles between 1300 and 2400 metres above sea level and feed on insects. In the Qinghai-Tibet Plateau, they are found in Lijiang of Yunnan Province and in Muli and Jiulong of Sichuan Province. The Yunnan spiny frog is evaluated as the (VU) category in China Species Red List.

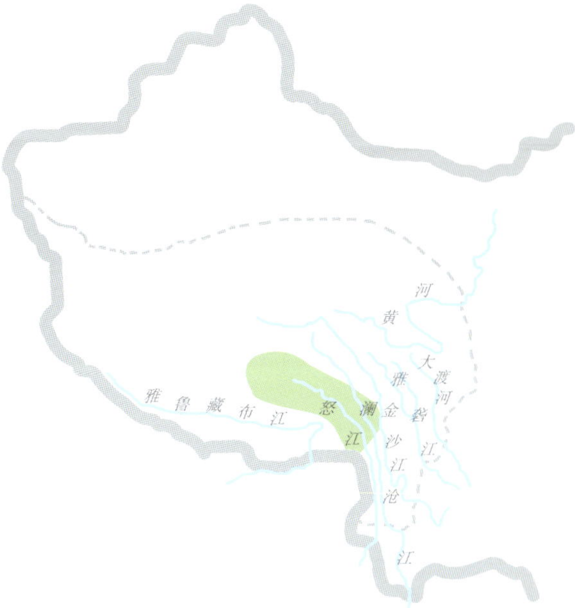

高山倭蛙 *Nanorana parkeri*

成体长30mm左右。头宽略大于头长。吻端圆，吻棱明显。吻长大于眼径，鼓膜不显。皮肤较粗糙。两眼间及上眼睑有许多小白刺粒，背无侧褶。刺粒连缀成行，约8~10列。活体背面棕褐色或浅棕色，有一黄色脊纹。腹面白色无斑，无声囊。生活于海拔3500~4500m左右的高原沼泽水坑或沟渠中，以昆虫为食。见于西藏东部和南部。

Xizang Plateau Frog, High Himalaya Frog

It is called "Weiweiqiongqiong" in Tibetan.

Its adult has a body length of 30 mm or so. Its head width is a little larger than its head length. Its rostral side is round and its canthus rostralis is obvious. Its snout length is bigger than its eye diameter and its tympanum is not obvious. Xizang plateau frogs dwell in puddles or gullies of plateau marshland with an elevation ranging from 3500 to 4500 metres, and feed on insects. They are found in eastern and southern Tibet.

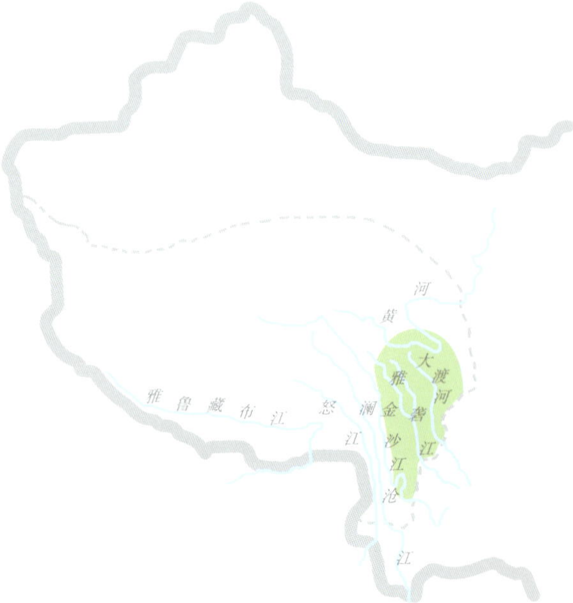

倭蛙 *Nanorana pleskei*

成体长40～45mm。头长宽约相等；吻端尖圆；鼓膜不明显。背部有明显的长短疣粒，沿脊线两侧排列较规则；体侧和后肢上有小圆痣粒；咽、胸及腹前部光滑，腹后端及股后下方有扁平疣。体和四肢背面深绿色或黄绿色，上有深棕色或黑褐色大椭圆斑，其边缘镶有浅色纹；背脊中央有1条黄绿色细脊纹；腹面米黄色；颌缘及指、趾端为浅黄绿色。卵生，6月～7月产卵。见于青藏高原的川西、甘南、青海东部海拔3000～4500m的高原沼泽地带的水坑、池塘或小山溪内，白天藏于沼泽地草墩下、溪边、池塘、坑边石块下或草丛中，夜间蹲于水边灌木或草丛空旷处。中国特有种。

Plateau Frog, Hengduan Mountain Plateau Frog

It is called "Weiweiqiongqiong" in Tibetan.

The body length of its adult is from 40 to 45 mm. The length and width of its head are roughly equal. Its rostral side is pointed and circular and its tympanum is not obvious. It is oviparous and lays ova from June to July. Plateau frogs inhabit water holes, ponds or brooks in plateau marshy areas between 3000 and 4500 metres above sea level. By day they hide under grass clusters in marshy areas, and beneath rocks or in thick growths of grass beside brooks, ponds or pits, and by night stay in open spots of shrubberies and grassland at the waterside. In the Qinghai-Tibet Plateau, they are found in western Sichuan, southern Gansu and eastern Qinghai. The plateau frog is a species peculiar to China.

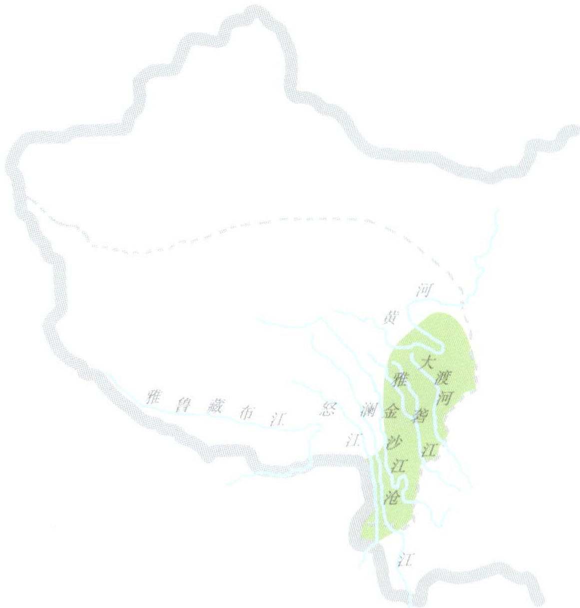

四川湍蛙 *Amolops mantzorum*

别名：涨水气蟆

成体长60～75mm。头长略等于头宽；吻端圆；鼓膜小而显著。雄性前肢粗壮，后肢细长，趾间全蹼。指、趾端具吸盘。皮肤光滑，颞褶厚。头侧及体侧有少数痣粒。肛门周围有少数较大的疣粒。背面为绿色或深绿色，杂以不规则的棕色花斑。体侧及四肢背面为绿色或深绿色，上有不规则的深色花斑或横纹；咽部及胸部有深灰色花斑或网纹。体及四肢腹面为乳黄色。蹼为橘黄色。卵生，5月～10月产卵。见于青藏高原的川西海拔3800m以下河流边或瀑布较多的溪沟内，白天常栖息于溪、河岸边石下，夜间出外活动。大雨后山水高涨时，大量出现于山溪旁。中国特有种。

Sichuan Cascade-frog

It is called “Weiweijiajiang” in Tibetan.

The body length of its adult is from 60 to 75 mm. Its head length is roughly equal to its head width. Its rostral side is circular. Its tympanum is small, but obvious. Its fingers and toes have digital disks. And it is oviparous and lays ova from May to October. In the Qinghai-Tibet Plateau, Sichuan cascade-frogs are found beside a river or in a stream with relatively many waterfalls below 3800 metres above sea level in western Sichuan. They often stay beneath rocks beside a stream by day, and move about by night. When the water from a mountain rises after a big rainfall, they will appear in great numbers beside a moutainy brook. The Sichuan cascade-frog is a species peculiar to China.

棕点湍蛙 *Amolops loloensis*

成体长60~75mm。头扁平，头长略等于头宽。吻端圆。鼓膜小而不明显。雄性前肢粗壮，后肢长，趾间全蹼。指和趾端扁平扩大呈吸盘。皮肤较光滑，头侧和口角后及体侧有浅色小疣粒。颞褶明显；肛门周围及股后部有成群的小疣粒；体和四肢腹面皮肤光滑。体背及体侧深绿色，头和体背部有圆形或椭圆形棕红色斑，前肢和后肢背面有棕红色横斑。指和趾端色浅。咽喉部、腹部及四肢腹面灰黄色。蹼浅橘红色。卵生，5月~6月产卵，卵乳黄色，卵胶膜两层，卵囊团状，每团约有150粒卵。见于川西海拔2100~3200m的溪沟边石下或湿润的土洞内，成蛙白天多藏于溪边石下或土洞内，晚上多蹲在水中或石上。中国物种红色名录评估为易危级（VU）。四川特有种。

Rufous-spotted Torrent Frog, Zhaojue Cascade-frog

It is called “Weiweilangpose” in Tibetan.

The body length of its adult is between 60 and 75 mm. Its head is flat. Its head length is nearly equal to its head width. Its rostral side is circular. Its typanum is small and not obvious. The ends of its fingers and toes are flat and expansive, assuming the shapes of digital disks. It is oviparous and lays eggs from May to July. Rufou-spotted torrent frogs dwell beneath rocks or in moist earth caves beside a stream or a gully between 2100 and 3200 metres above sea level in western Sichuan. Adult frogs hide beneath rocks or in earth caves near a stream by day, and yet mostly stay in water or on rocks by night. The Rufous-spotted torrent frog is evaluated as the (VU) category in China Species Red List, and is an endemic species to Sichuan.

墨脱湍蛙 *Amolops medogensis*

成体长100 mm左右。吻长大于眼径。吻端钝圆，吻棱显著，略呈盾形。颊部倾斜，有一长凹陷。鼓膜小而圆，眶痕显著。其下缘与上唇缘间有较密的痣粒。皮肤光滑，无侧褶，脊线中部有一明显的凹陷。前肢细长，指和趾端均有宽扁指盘，指间无蹼，趾间全蹼。雄性无外声囊。活体背面黄绿色，满布褐红色斑块，部分个体背部几全为褐红色，四肢背面有较规则的横斑。生活于海拔700~1 000 m左右的森林中，多活动于瀑布下的岩石上，以昆虫为食。见于西藏墨脱。

Mêdog Cascade Frog

Its adult has a body length of about 100 mm. Its snout length is larger than its eye diameter, and the canthus rostralis is obvious, looking like the shape of a shield. Its tympanum is small and round. Its forelegs are slender. The ends of its fingers and toes have wide and flat digital disks. Mêdog cascade frogs live in forests with an elevation ranging from 700 to 1 000 metres. They mostly move about on rocks under the waterfall, and feed on insects. They are found in Mêdog of Tibet.

阿尼桥湍蛙 *Amolops aniqiaoensis*

成体长60mm左右。皮肤较光滑。背部有稀疏的痣粒，腰至肛之间密布痣粒。脊线中部有一明显的凹陷。前肢细长，指和趾端均有宽扁指盘，指间无蹼，趾间全蹼。雄性第一指具婚垫，有一对咽侧下外声囊。活体背面橄榄色或棕褐色，无斑，上唇缘白色，头侧黑褐色，四肢背面有稀疏的不规则细黑纹。前肢及头体腹面黄白色，有深色云斑，咽下有一深色“八”字纹，后肢腹面紫红色。生活于海拔1000m左右的森林中，多活动于流溪中或瀑布下的岩石上，以昆虫为食。见于西藏墨脱。中国特有种。

A-ni Bridge Cascade Frog

Its adult has a body length of about 60 mm. Its fore legs are slender and the ends of its fingers and toes have wide and flat digital disks. There is no web between fingers. And yet there is a entire web between toes. A-ni bridge cascade frogs live in forests with an elevation of about 1000 metres. They mostly move about on rocks in flowing streams or under the waterfall, and feed on insects. They are found in Mêdog of Tibet. The A-ni bridge cascade frog is a species peculiar to China.

康定湍蛙 *Amolops kangtingensis*

成体长40～55mm。头扁平，头宽略大于头长。吻端圆，鼓膜小而明显。雄性前肢粗壮。后肢细长，趾间全蹼。指和趾端扁平扩大呈吸盘。头体背面皮肤光滑；体侧及肛门周围有稀疏颗粒状腺疣；沿体背两侧的疣粒连缀形似背侧褶；腹面光滑。体背绿色，上有不规则的棕色细纹花斑；腹面白色。雄性咽喉部区呈灰雾状斑。卵生，8月～9月产卵，卵粘附在石块下。见于青藏高原的川西海拔2400～3700m的小溪附近。四川省甘孜州特有种。

Kangting Sucker Frog, Kangding Cascade-frog

It is called "Weiweipogeer" in Tibetan.

The body length of its adult is from 40 to 55 mm. Its head is flat. Its head width is slightly larger than its head length. Its rostral side is round. Its tympanum is small, but obvious. It is oviparous and lays ova from August to September. Kangting sucker frogs live near brooks of the high mountain or plateau with an elevation ranging from 2400 to 3700 metres in western Sichuan. The Kangting sucker frog is an endemic species to Garzê Prefecture of Sichuan Province.

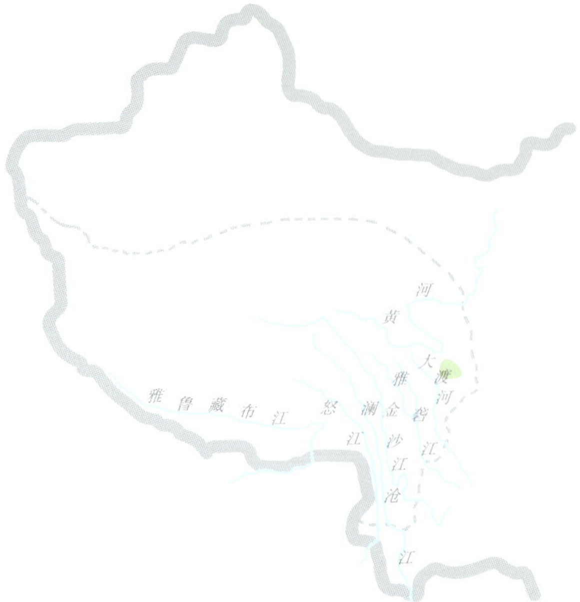

理县湍蛙 *Amolops lifanensis*

成体长55～80mm。头长约等于头宽。吻端圆，鼓膜不明显。雄性前肢较粗，后肢长，趾间全蹼。指和趾端扁平扩大呈吸盘。背和腹面皮肤光滑；颞褶明显；体侧有稀疏小痣粒；肛门周围有小疣粒。背面黄蓝灰色，杂以黑色或棕黑色云斑。上、下唇缘及体侧色浅。咽喉部紫灰色；腹面白色；四肢背面有较规则的深色横纹；四肢腹面灰色；蹼棕褐色。卵生，7月～8月产卵，卵乳黄色，卵径约4mm，卵胶膜3层。栖息于海拔1800～3400m的溪沟内石上或溪沟边。白天难见其踪影，夜间多蹲在岸边石上，头向水面。四川特有种。

Lifan Torrent Frog, Lixian Cascade-frog

It is called "Weiweilang" in Tibetan.

The body length of its adult is from 55 to 80 mm. Its head length is roughly equal to its head width. Its rostral side is round and its tympanum is not obvious. The ends of its fingers and toes are flat and expansive, assuming the shapes of digital disks. It is oviparous and lays ova from July to Auqust. Lifan torrent frogs dwell on rocks in a stream or on the edge of a stream between 1800 to 3400 metres above sea level. Signs of them are seldom seen by day, but they mostly stay on rocks beside the stream by night with their heads facing the water surface. The Lifan torrent frog is a species peculiar to Sichuan.

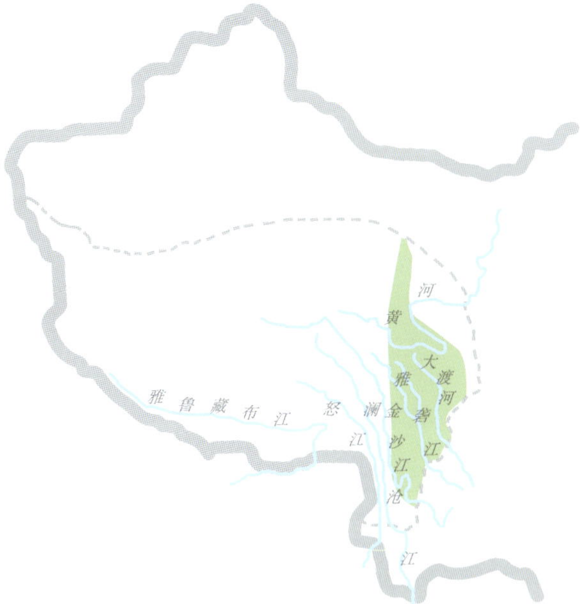

高原林蛙 *Rana kukunoris*

成体长60 mm左右。体粗短，背面皮肤较粗糙。背部及体侧有分散的较大圆疣和少量长疣，腹面光滑。活体灰棕、棕褐或红褐色。疣粒镶深色边，鼓膜处有黑色三角斑，体侧有不规则黑色或红色斑，四肢具黑色横纹。雄性有咽侧下外声囊，第一指具婚垫。栖息于海拔2000~4000 m的丘陵、森林边缘和草原地带的水坑或沼泽附近，以直翅目、膜翅目、半翅目和鞘翅目昆虫为食。见于四川甘孜、阿坝两州和青海、甘肃南部及西藏东部。中国特有种。

Plateau Brown Frog

Its adult has a body length of about 60 mm, and a thick and short bodily form. Its back skin is comparatively crude. Its back part and bodily flanks have scattered round tubercles and its segmental venter is smooth. Plateau brown frogs dwell in puddles or near marshes in hilly areas, on the edges of forests and grasslands between 2000 and 4000 metres above sea level, and feed on orthopterans, hymenopterans, bugs and coleopterans. In the Qinghai-Tibet Plateau, they are found in Garzê and Aba prefectures of Sichuan, Qinghai, southern Gansu and eastern Tibet. The plateau brown frog is an endemic species to China.

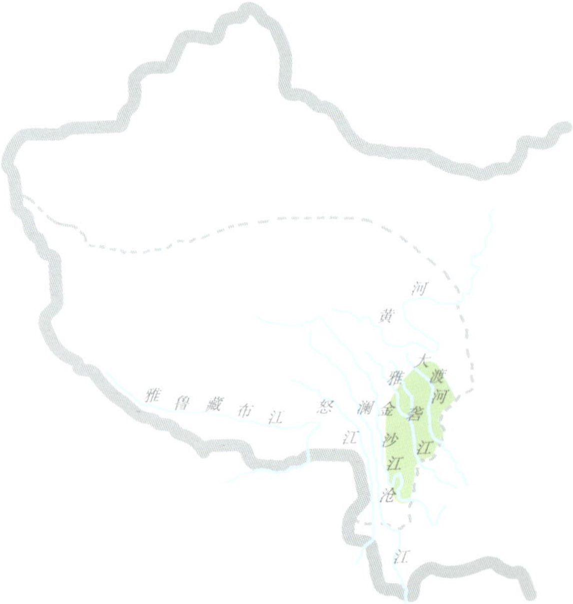

无指盘臭蛙 *Rana grahami*

成体长70～100mm。头部较扁平，头长宽几相等。吻端尖圆；鼓膜较大。雄性疣上有成丛的小白刺；背面棕褐色，镶以不规则绿色斑；四肢背面有深棕色与棕黄色相间的横纹。卵生，5月～6月产卵，卵成块状贴于石块下。见于青藏高原的川西和滇西海拔3200m以下的溪沟内或溪边草丛中。成蛙白天隐伏于岸边石缝间或溪边草丛中，或栖息于岸边仅露头，受惊后即跳入水中，潜入深处石下藏身。中国物种红色名录评估为近危级（NT）。中国特有种。

Diskless-fingered Odorous Frog, Graham's Frog

It is called "Weiweigongrijian" in Tibetan.

The body length of its adult is between 70 and 100 mm. Its head is flat and its head length is roughly equal to its head width. Its rostral side is pointed and round. Its tympanum is comparatively big. It is oviparous and lays eggs from May to June. Diskless-fingered odorous frogs inhabit a brook or a thick growth of grass beside a brook below 3200 metres above sea level. By day adult frogs hide in stone crevices of the banks or in thick growths of grass by streams or dwell at the banks with their heads appearing only. After they are frightened, they will jump into deep water and hide under rocks. In the Qinghai-Tibet Plateau, they are seen in western Sichuan and western Yunnan. The diskless-fingered odorous frog is evaluated as the (NT) category in China Species Red List, and is a species peculiar to China.

角蟾科

本科动物一般上颌有齿或齿突。全球已知137种，中国已知88种。本书介绍9种。

Megophrridae

The animals of this family generally have teeth or dental protubrances on the upper jaw. There are 137 species known in the world, and 88 species are known in China. 9 species are described in this album.

贡山树蟾 *Hyla gongshanensis*

成体长40 mm左右。吻宽圆而高，吻棱明显。皮肤光滑无疣，活体背部纯绿或暗绿色，有紫灰色略带金黄的线纹。胯部浅橘黄色。四肢其余部分金黄色或紫灰色，头侧线纹棕黑色。雄蛙有单咽下外声囊，咽部灰黑色，第一指具深棕色天鹅绒状婚垫。栖息于海拔1 500 m以上的高山林地边缘，多在农田及静水坑、渠等环境活动，以昆虫为食。见于横断山脉的云南省贡山、德钦和丽江等地。青藏高原特有种。

Gongshan Tree Frog

Its adult has a body length of about 40 mm. Its snout is wide, circular and high, and its canthus rostralis is obvious. Its skin is smooth and has no tubercles. Gongshan tree frogs dwell on the edges of alpine forest areas with an elevation of above 1 500 metres, and mostly move about in such environments as fields, still water pits and gullies, feeding on insects. In the Qinghai-Tibet Plateau, they are found in Gongshan, Dêqên and Lijiang of Yunnan Province in the Hengduan Mountains. The Gongshan tree frog is an endemic species to the Qinghai-Tibet Plateau.

平顶短腿蟾 *Brachytarsophrys platyparietus*

别名：宽头短腿蟾、老嗷

成体长120mm左右。头宽大而扁平。吻圆钝，吻棱显著。眼小，鼓膜隐于皮下。前肢粗壮，后肢粗短。通背皮肤光滑，有少量小圆疣。上眼睑有不规则椎突。生活时灰棕、红棕或紫棕色。背上隐隐有不规则斑纹，四肢背面具深色横纹。雄性有一对内声囊，第一指有棕色婚垫。活动于海拔650~2100m左右的森林溪流附近，于山溪中交配产卵，以无脊椎动物和小型脊椎动物为食。见于云南丽江、四川木里和九龙。中国特有种。

Big-headed short-legged Toad

Its body length is 120 mm or so. Its head is wide, large and flat. It has a blunt snout and an obvious canthus rostralis. Its eyes are small and its tympanum hides under the skin. Its forelegs are sturdy and its hind legs are thick and short. The whole skin of its back is smooth and has a small amount of little round tubercles. Big-headed short-legged toads move about near streams in forests between 650 and 2100 metres above sea level, and mate and lay eggs in mountainy brooks, feeding on invertebrates and small-size vertebrates. In the Qinghai-Tibet Plateau, they are found in Lijiang of Yunnan Province and Muli and Jiulong counties of Sichuan Province. The big-headed short-legged toad is an endemic species to China.

林芝齿突蟾 *Scutiger nyingchiensis*

成体长70 mm左右。头宽略大于头长。吻端钝圆，吻棱较显著。颊部线外倾斜，有一浅凹陷。颞褶厚而隆，无鼓膜。皮肤粗糙，满布长短大疣。背侧长疣上有大黑刺，活体背面深棕褐色。雄性第一、二指背面及第三指内侧有细密婚刺，胸腺1对，腋腺大，均满布细密黑刺，无声囊。生活于海拔2 730~4 500 m的山区缓溪中，以昆虫为食。见于西藏林芝地区。中国物种红色名录评估为近危级（NT）。西藏特有种。

Nyingchi Alpine Toad, Nyingchi Lazy Toad

Its adult has a body length of about 70 mm. Its head width is a little larger than its head length. Its rostral side is blunt, and its canthus rostralis is comparatively obvious. Its skin is rough and is grown over with long and short big tubercles. Nyingchi alpine toads dwell in slow-flowing streams in mountainous regions between 2 730 and 4 500 metres above sea level, and feed on insects. They are found in Nyingchi areas of Tibet. The Nyingchi alpine toad is evaluated as the (NT) category in China Species Red List and is an endemic species to Tibet.

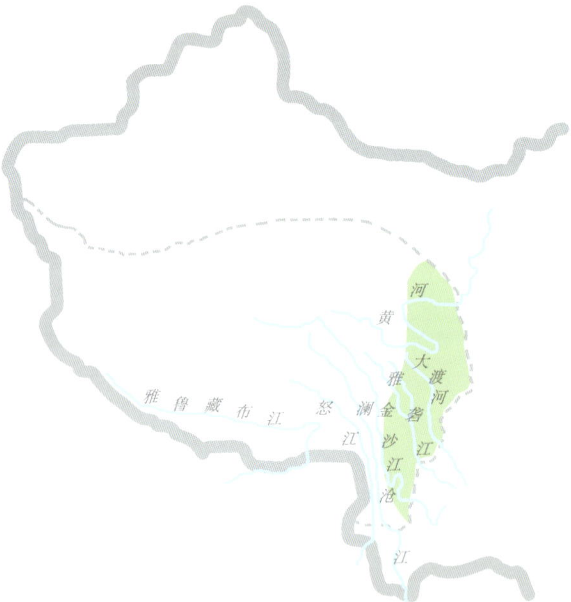

西藏齿突蟾 *Scutiger boulengeri*

成体长45 ~ 65 mm。体扁宽，头长略大于头宽；吻端圆，无鼓膜。前肢和后肢均短，趾间半蹼。头部较平滑。体背满布大小疣粒。颞褶较厚。上下唇缘、上眼睑和颞褶及其下方均有分散小黑刺疣。肛门周围有较大的扁平疣。四肢背面刺疣较小。雌性疣粒无刺，腹部及肛门后有疣粒。卵生，6月 ~ 8月产卵，卵群呈环状排列贴于山溪边缘的石头或土块上。见于青藏高原的川西、藏东、甘南、青海东南的海拔3 300 ~ 4 300 m的高山溪沟石下或石块缝隙间，成蟾陆栖为主，繁殖时进入溪中。中国特有种。

Xizang Alpine Toad, Tibetan Rudimental-toothed Toad

It is called “Weiweisetong” in Tibetan.

The body length of its adult is between 45 and 65 mm.

It has a flat and wide bodily form. Its head length is a little larger than its head width. Its rostral side is round. Its head has no tympanum. Both of its forelegs and hind legs are short. The back of its body is grown over with big and small tubercles. It is oviparous and lays eggs from June to August. Xizang alpine toads dwell under rocks in alpine brooks and gullies or in rock crevices between 3 300 and 4 300 metres above sea level. Adults are mainly terrestrial. They will go into streams during the reproduction. In the Qinghai-Tibet Plateau, they are found in western Sichuan, eastern Tibet, southern Gansu and southeastern Qinghai. The Xizang alpine toad is a species peculiar to China.

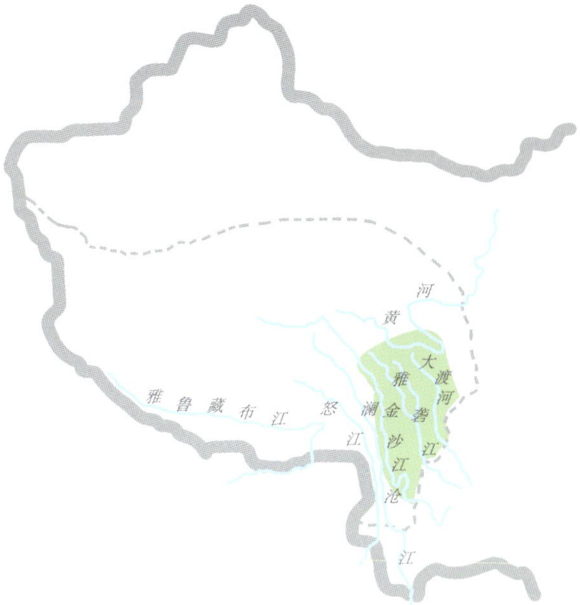

花齿突蟾 *Scutiger maculatus*

成体长50～70mm。头部平扁，头宽大于头长。吻端圆，无鼓膜。前肢较长，后肢粗短，趾间半蹼。头背面疣粒较小而少；体背前端及四肢背面疣粒小，体侧及背后端疣粒较大；腹面皮肤光滑。背面为棕褐色，吻棱下方及两眼间具黑褐色三角形斑；背疣顶端色浅；基部周围黑褐色；背侧圆疣呈黄白色；腹面略带肉红色，刺团黑色；指、趾端色浅。见于川西和藏东海拔3300～3500m左右的小山溪或泉水边大石下。我国的珍稀两栖动物。中国物种红色名录评估为极危级（CR）。中国特有种。

Piebald Alpine Toad, Maculate Rudimental-toothed Toad

It is called "Weiweiserang" in Tibetan.

The body length of its adult is between 50 and 70 mm. Its head is flat. Its head width is larger than its head length. Its rostral side is round. Its head has no tympanum. Its forelegs are comparatively long. The hind legs are thick and short. The tubercles on its head and back is small and scarce. Piebald alpine toads are found beneath big rocks beside a mountainous brook or spring with an elevation of 3300 to 3500 metres in western Sichuan and eastern Tibet. They are a rare amphibian species peculiar to China. The piebald alpine toad is evaluated as the (CR) category in China Species Red List, and also an endemic species to China.

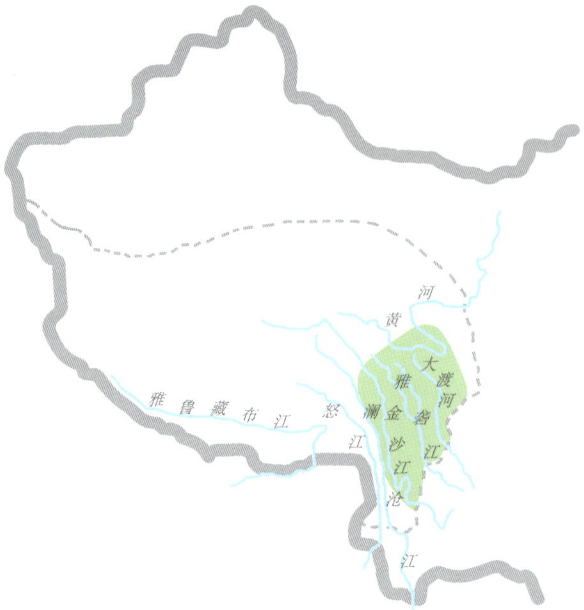

刺胸齿突蟾 *Scutiger mammatus*

成体长60～80mm。体扁平，头宽略大于头长。吻端圆，无鼓膜。雄性前肢粗壮，后肢粗短，趾间半蹼。头背皮肤较平滑，颞褶隆起。眼后的背部及体侧的皮肤粗糙，扁平圆疣多。腹部皮肤光滑；股外侧有黄色小颗粒；雄性胸部一般仅一对刺团，胁腺上一般无刺。体背及体侧为橄榄褐色，体背有倒“山”形斑纹；颊部棕色；指、趾端部色浅；咽及胸部为肉色；腹面蜡黄色；刺团黑色。卵生，6月～8月产卵，卵呈团状或环状粘附在石块底面。见于青藏高原的川西、藏东、青海东南的海拔2600～3600m河谷旁泉水出口处或泉水源头的沼泽中，成蟾白天多栖息于溪边石下或极湿岸边石下，终年不远离水源。中国特有种。

Chest Spiny Cat-eyed Toad, Spine-chest Rudimental-toothed Toad

It is called “Weiweiserong” in Tibetan.

The body length of its adult is between 60 and 80 mm. It has a flat bodily form. Its head width is slightly larger than its head length. Its rostral side is round. Its head has no tympanum. The chest of its male generally only has a pair of spines. It is oviparous and lays eggs from June to August. Chest spiny cat-eyed toads live in the marsh at the exit or source of a spring water close to a river valley with an elevation ranging from 2600 to 3600 metres. In the Qinghai-Tibet Plateau, they are found in western Sichuan, eastern Tibet and southeastern Qinghai. By day adult toads mostly dwell beneath rocks beside a stream or an extremely moist riverbank, and are not far away from sources of water throughout the year. The chest spiny cat-eyed toad is an endemic species to China.

墨脱角蟾 *Megophrys medogensis*

成体长70mm左右。头顶平坦，头长略大于头宽。吻呈盾形，吻棱成棱角状。颊部垂直，眼径与吻长相等。颞褶显著。鼓膜略椭圆形。皮肤较光滑，有细肤棱和细疣粒，体后及体侧圆疣显著。活体背面红棕色或棕褐色，两眼间有一倒三角形深色斑，腹面满布黄红色及蓝灰色交杂的云斑。前肢较长，指细长，端部略扁，无关节下瘤，内掌突明显。后肢细长，无缘膜，胫跗关节贴体前伸达吻眼间或吻端。雄性第一、二指背面有棕黑色细密婚刺，具单咽下内声囊。生活于海拔850~1200m左右的林间溪流旁，以昆虫为食。见于西藏墨脱。西藏特有种。

Mêdog Horn Frog

Its adult has a body length of 70 mm or so. Its head top is level. Its head length is a little larger than its head width. Its snout has a shield shape and its canthus rostralis is angular. Its eye diameter is equal to its rostral length. Its temporal folds are evident. Its tympanum is slightly elliptical. Its skin is rather smooth and has fine ridges and fine tubercles. Its bodily rear and flanks have obvious circular tubercles. Mêdog horn frogs live by streams in forests with an elevation ranging from 850 to 1200 metres, and feed on insects. In the Qinghai-Tibet Plateau, they are seen in Mêdog County of Tibet. The Mêdog horn frog is an endemic species to Tibet.

凸肛角蟾 *Megophrys pachyproctus Huang*

体长35mm左右，头扁平，体长和体宽几相等。吻短，吻棱极显著。颊部垂直，向内凹陷。鼓膜距眼较远。有犁骨棱。舌后端圆，微具缺刻。前肢细，指细长，指端圆。后肢长，趾细长，无蹼。皮肤光滑，背部及四肢有小痣粒，体侧小圆疣较多，腹面皮肤光滑。背面棕黄色，眼间有浅色边的深色三角形斑，四肢具深色横纹，腹面多布灰黑色斑点，两侧有黑色花斑。生活在海拔1500m左右的山涧溪流附近的草丛中，以小型无脊椎动物为食。见于西藏自治区墨脱县。

Convex-vented Horned Toad

Its has a body length of 35 mm or so and a flat head. Its body length is nearly equal to its body width. It has a short snout and an obvious canthus rostralis. It has vertical and inward-hollow cheeks. It has slim fore legs with long thin digits and round digit ends. And it has long hind legs with thin long toes but without web.

Convex-vented horned toads live in grassy thickets nearby mountain streams with an elecvtion of about 1500 metres and feed on small-size invertebrates. They are found in Mêdog County of Tibet.

沙坪无耳蟾 *Atympanophrys shapingensis*

成体长65～105mm。体形大而平扁。头长略大于头宽。吻端凸圆，无鼓膜。前肢较粗壮，后肢强壮而较长，趾间半蹼。颞褶显著，平直斜向肩部。体背面有大小稀散痣粒，有3对细肤棱，其上均有小痣粒，体侧有5～7枚圆疣。腹面皮肤光滑。头及肩前棕红色；背部及四肢背面绿灰色；头部有倒置三角状斑；咽喉部灰棕色；体侧蓝灰色；腹部浅橘黄色，上面有红色小点；四肢上有黑褐色横纹。卵生，5月～8月产卵，卵乳黄色，卵外胶质膜3层，卵成堆贴附于水内石块下。见于四川的泸定、石棉、宝兴、汶川和茂县等地海拔2500～3200m的山溪边或溪边石下。4月～5月成蟾栖息于岸边石下。繁殖期有集群现象。四川特有种。

Shaping Horned Toad, Earless Horned Toad

It is called " Weiweinami" in Tibetan.

The body length of its adult ranges from 65 to 105 mm. It has a big and flat bodily form. Its head length is a little larger than its head width. Its rostral side is protruding and round. It has no tympanum. Its forelegs are rather thick and strong, and its hind legs are strong and comparatively long. The half web can be found between toes. It is oviparous and lays eggs from May to August. Shaping horned toads dwell beside a mountainy brook or beneath rocks of the brookside between 2500 and 3200 metres above sea level. Adult toads live beneath rocks at the banks of a stream from April to May in a year. They often gather together during their breeding period. They are found in Luding, Shimian, Baoxing, Wenchuan and Maoxian counties of Sichuan Province. The shaping horned toad is an endemic species to Sichuan.

蟾蜍科

本科动物体型差异大，小的约20mm，大的可达250mm。皮肤粗糙，背面布满疣粒，具皮肤腺，其分泌物干制品为蟾酥。全球已知528种，中国已知30种。本书介绍4种。

Bufonidae

The animals of this family have a very great difference in their bodily forms. The small animal of them has a body length of 20 mm and the big one can have a body length of 250 mm. Their skin is crude and their back is fully covered with warts. There are 528 species known in the world, and 30 species are known in China. 4 species are described in this album.

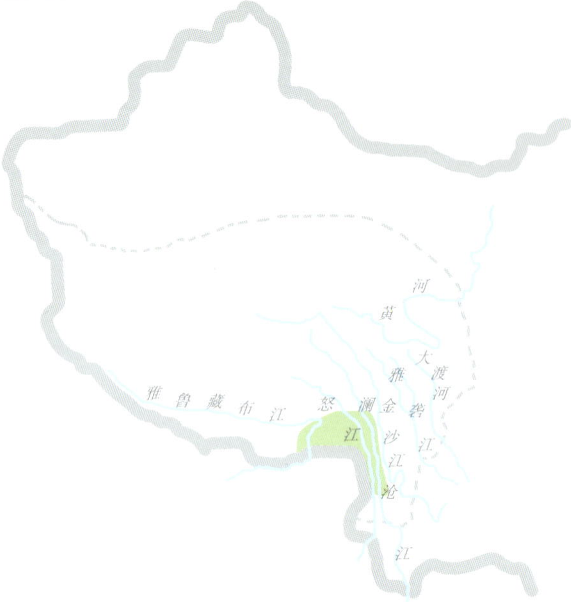

隆枕蟾蜍 *Bufo cyphosus*

成体长130mm左右。头宽大于头长，骨质棱显著。吻短而钝，吻棱显著。枕部隆起高，骨质棱间凹陷明显。颊部向外倾斜，有深凹陷，鼓膜小而明显。皮肤粗糙，背部满布圆形椎状刺疣。耳后腺大，腹部满布均匀小刺疣。活体背面棕黄色，有一细脊纹，腹面黄白色有黑斑。前肢较长而粗壮，指端钝圆。后肢短，胫跗关节贴体前伸达肩部。雄性第一、二指具棕色婚垫，胸腺1对，腋腺大，均满布细密黑刺，无声囊。生活于海拔2730~4500m左右的山区缓溪中，以昆虫为食。见于西藏察隅、墨脱和云南贡山。

Projective Occiputed Toad

Its adult has a body length of about 130 mm. Its head width is larger than its head length. Its sclerotic ridges are evident. Its snout is short and blunt and its canthus rostralis is obvious. Its tympanum is small, but obvious. Its skin is rough. And its back is covered with conical and spiny tubercles. Projective occiputed toads dwell in slow-flowing streams in mountainous regions between 2700 and 4500 metres above sea level, and feed on insects. In the Qinghai-Tibet Plateau, they are found in Zayü and Mêdog counties of Tibet and Gongshan County of Yunnan Province.

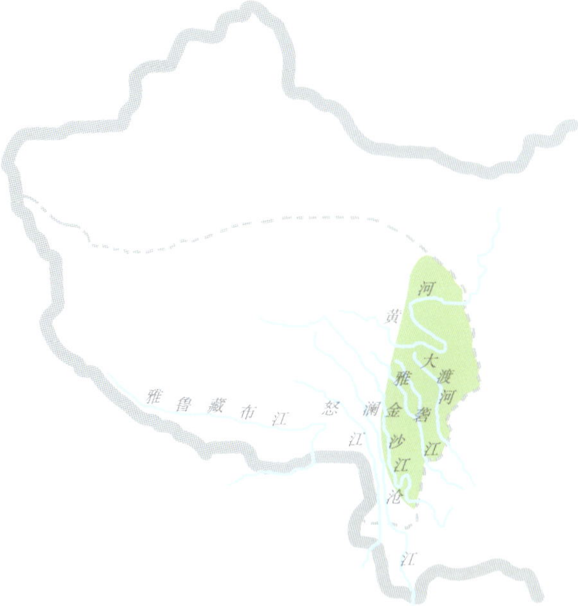

华西蟾蜍 *Bufo andrewsi*

别名：癞疙疤

成体长70～110mm。头宽略大于头长；吻端圆；鼓膜显著，椭圆形。前肢粗壮。后肢粗短，趾间半蹼。皮肤粗糙。头顶具小疣粒，耳后腺发达，长卵圆形。背部及四肢背面较稀疏地分布着大小不等的瘰粒，有刺或无刺。肩后的大瘰粒排成斜行；胫部瘰粒大；体侧及整个腹面满布小疣粒。雄性背面橄榄绿色，黑色斑点不显著。雌性色较浅，黑斑显著；体侧色浅，常有黑色及土红色斑。腹面乳黄色散有不规则的黑色斑点，股基部斑纹较深。指和趾端为黑色或土红色。卵生，3月～5月产卵，卵黑色，卵在卵胶带内多成双行交错排列。见于青藏高原的川西、甘南、滇西海拔2700m以下的石堆下或草丛间，成体多在黄昏后夜间出外活动。中国特有种。

West China Toad, Andrew’s Toad

It is called “Weiweijiajiang” in Tibetan.

The body length of its adult is between 70 and 110 mm. Its head width is slightly larger than its head length. Its rostral side has a circular shape. Its tympanum is obvious and elliptical. Its forelegs are thick and strong, and its hind legs are thick and short. Half webs can be seen between its toes. Its skin is crude. And its head top has small tubercles. It is oviparous and lays eggs from March to May. West China toads dwell beneath a pile of stones or amid thick growths of grass below 2700 metres above sea level. Adult toads mostly go out to move about in the night. In the Qinghai-Tibet Plateau, they are found in western Sichuan, southern Gansu and western Yunnan. The West China toad is an endemic species to China.

花背蟾蜍 *Bufo raddei*

成体长90mm左右。头宽大于头长。吻端圆，吻棱显著。颊部向外倾斜，鼓膜显著，椭圆形。皮肤粗糙。背面密布疣粒。耳后腺大而扁。四肢及腹部较平滑。活体背面棕黄色或浅灰绿色，布有不规则深色大斑；斑中疣粒褐红色，腹面无斑；腰以上灰白色，腰以下蓝灰色。前肢较长而粗壮，指细短，关节下瘤不成对，内掌突小，外掌突大而圆。后肢短，胫跗关节贴体前伸达肩部或肩后端。趾侧具缘膜，其间半蹼，关节下瘤小而显。雄性内侧三指基部具黑色婚垫，有单咽下内声囊。生活于稀树山地或荒漠中的静水区域附近，以昆虫为食。见于青海。

Siberian Toad, Piebald Toad

Its adult has a body length of about 90 mm. Its head width is larger than its head length. It has a round rostral side and an obvious canthus rostralis. Its tympanum is evident and elliptical. Its skin is rough and its back is grown over with tubercles. Siberian toads live in mountainous regions grown with sparse trees or near still-water areas in deserts and feed on insects. In the Qinghai-Tibet Plateau, they are found in Qinghai Province.

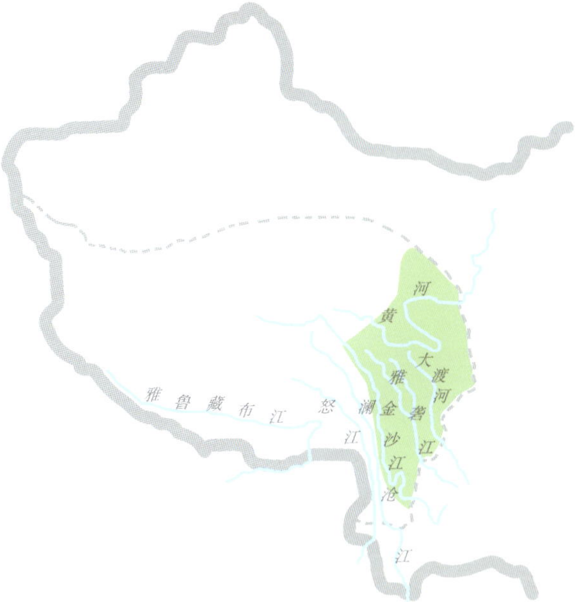

西藏蟾蜍 *Bufo tibetanus*

成体长50～85mm。头宽略大于头长。吻端圆。鼓膜明显，呈椭圆形。前肢粗短。后肢短，趾间半蹼。皮肤极粗糙，头顶具大疣。耳后腺宽短，近菱形；背部满布大小圆疣；脊线部位光滑；腹面有细小而密集的疣粒。背面为橄榄黄色或黑褐色，上有不规则的棕黑色斑纹。背中央有一条蓝灰色宽脊线，脊线两侧黑线纹较明显。耳后腺色浅，肩部、体侧及股后常有土红色斑。腹面灰黄色或浅黄色，散有深褐色云斑。卵生，4月～6月产卵，卵粒多呈双行交错排列在卵胶带内。见于青藏高原的川西、藏东、滇西北、青海东南海拔2700～4300m草地的土坑内及田里石下，白天藏于山边石头下或土坑内，夜间出外活动觅食昆虫。中国特有种。

Tibetan Toad

It is called “Gongrijiaweiwei” in Tibetan language.

The head-body length of its male is between 50 and 85 mm. Its head width is slightly larger than its head length. It has a circular rostral side. Its tympanum is obvious and elliptical. Its forelegs are thick and short. Its hind legs are short and the half web can be found between its toes. Its skin is very rough. Its head top has big tubercles. And its back is fully covered with big and small round tubercles. Its abdomen has fine and dense tubercles. It is oviparous and lays eggs from April to June. Tibetan toads dwell in soil pits of highland grasslands or under rocks in the fields between 2700 and 4300 metres above sea level. They hide under rocks or in soil pits at the side of mountains by day, and go out to move about and prey on insects by night. The Tibetan toad is a species peculiar to China.

鱼类

青藏高原的鱼类

青藏高原幅员辽阔，拥有世界上最大的高原湖泊群和密如蛛网的水系，是中国及其邻国许多大河的源头，栖息着十分丰富的特有鱼类。据研究，青藏高原的鱼类有150余种，其中特有鱼类75种，主要以鲤科的裂腹鱼亚科、鳅科的条鳅亚科高原鳅属和鮡科鱼类为主。同时各水域鱼类资源的变异能指示和反映当地自然生态环境质量变化，对环境保护起到警示作用。本书介绍产自青藏高原的主要鱼类44种，其中鲑形目鲑科鱼类1种，鲤形目、裂腹鱼亚科鱼类9种，鮈亚科鱼类4种，鳅科鱼类16种和平鳍鳅科两种，俗称"石爬子"的鮡科鱼类12种。

Fishes in the Qinghai-Tibet Plateau

With its vast area and high altitudes, the Qinghai-Tibet Plateau boasts the largest number of plateau lake groups in the world and web-like water systems. On top of it, the land is where quite a few mighty rivers originate. It is abundant in fish resources. According to the investigations, there are more than 150 fish species found in the Qinghai-Tibet Plateau, including 75 endemic species and mainly consisting of Schizothoracinae fishes under Cyprinidae, plateau loaches of Nemacheilinae and Sisoridae fishes. At the same time, as changes in the fish resources of various waters can indicate in the changed quality of the local ecology and environment,they serve the role of warning in environmental protection. We describe here 44 fish species living in the waters of the Qinghai-Tibet Plateau, hoping to arouse a public interest in these fish resources.

鲑科

体长形，稍侧扁，腹部圆，头长，口大。全球已知68种，中国约有17种。本书介绍1种。

Salmonidae

The fishes of the Salmonidae family have a long and slightly laterally flat bodily form with a round abdominal region, a long head and a big mouth. There are 68 species known in the world, about 17 species of which are found in China. An account is given of one species in this album.

四川哲罗鲑 *Hucho bleekeri*

别名：川陕哲罗鲑、虎嘉鱼、猫鱼、大口鱼、花鱼、猫儿鱼

体长325 ~ 430 mm。冷水性鱼类，多栖息于海拔700 ~ 1 000 m的深水河湾或流水环境中，活泼健游，性凶猛。其食物主要是鱼类和水生昆虫的成虫及其幼虫。2 ~ 3龄性成熟。每年3月 ~ 4月间，成双前后追逐，行繁殖活动。产卵场多在深水潭附近滩口处的浅水区，水流稍缓，河底多砾石和砂质。此鱼为我国特有的狭布种，是冰川期残遗种。目前数量很少，仅分布于四川的岷江、青衣江上游和大渡河中上游，秦岭南麓的江汉支流湑水、太白河等。国家II级保护动物。《中国物种红色名录》评估为濒危级（EN）。中国特有种。

Sichuan Taimen

It is called “Nialuoyijian” in Tibetan.

It has a body length of 325 mm to 430 mm. It is a cold-water fish species, mainly dwelling in a deepwater cove or a flowing water environment at an elevation ranging from 700 metres to 1 000 metres, and living on other fishes and adults and larvae of aquatic insects. It is a narrowly distributed species peculiar to China and a glacial relic, only occurring in the upper reaches of the Minjiang River and the Qingyi River and the upper and middle reaches of the Dadu River in Sichuan, and in the Xushui River and the Taibei River at the south foot of the Qinling Mountains. The Sichuan taimen is a national second-class protected animal,and is evaluated as the Endangered (EN) category in China Species Red List. It is an endemic species to China.

鲤科

本科鱼类分布极广，种类达2010余种。分布在青藏高原的主要是裸鲤，身体裸露无鳞或被细鳞，在狭窄的腹鳍后方有一条裂隙，故称裂腹鱼。生长缓慢。青藏高原已知约83种。本书介绍13种。

Cyprinidae

The fishes of this family have a very wide distribution, amounting to more than 2010 species. And yet in the Qinghai-Tibet Plateau are mainly distributed nude carps called schizothoracins. There are about 83 species found in the Qinghai-Tibet Plateau. A description is given of 13 species in the album.

花斑裸鲤 *Gymnocypris eckloni*

体长450mm左右。体长型，侧扁。头椎形，口裂大。下颌无角质边缘，颏部两侧各具一行明显的粘液腔。唇狭窄，唇后沟中断，无须。身体裸露无鳞。活体暗褐色或青灰色，腹部浅黄色或银灰色，体侧布有不规则大斑块。成体色较暗淡，背鳍及尾鳍上有5～6行小黑斑。生活于宽谷河道或湖泊中的缓流地带，以硅藻、眼子菜和桡足类为主要食物，兼食摇蚊幼虫、轮藻、刚毛藻等。见于四川及青海、甘肃的黄河上游干、支流。

Eklon's Schizothoracin

Its body length is 450 mm or so. Its bodily form is long and laterally flat. It has a conical head. A living adult is dark brown or bluish grey, and its abdomen is pale yellow or silvery grey. Its bodily flanks have irregular big spotted blocks. Its back fins and tail fins have five or six lines of small black spots. Eklon's schizothoracins live in slow-flowing sections of wide-valley river channels or lakes, and mainly feed on diatoms, pondweeds and copepodids, and also live on midge larvae, whorled algae and *Cladophora* spp. They are found in rivers of Sichuan and in mainstreams and tributaries in the upper reaches of the Yellow River in Qinghai Province and Gansu Province.

巨须裂腹鱼 *Schizothorax macropogon*

体长370mm左右。体延长，稍侧扁。头锥形较短。口下位，弧形。须2对，较长。前须末端达到前鳃盖骨前部，后须末端达主鳃盖骨后部。体被细鳞。背鳍起点到吻端的距离大于到尾鳍基部的距离，腹鳍基部起点位于背鳍起点的前下方。活体青黑色，腹部浅黄，体侧有少量黑斑。生活于大江干流宽阔处，以底栖无脊椎动物为食，兼食部分藻类。见于雅鲁藏布江中游水系。《中国物种红色名录》评估为濒危级（EN）。中国特有种。

Tentacles Mountain Barbel, Large Whiskers Schizothoracin

Its body length is 370 mm or so. Its bodily form is elongate, and a little laterally flat. And its head has a conical contour. Tentacles mountain barbels live in open mainstreams of large rivers, and feed on benthic invertebrates and parts of algae. Tentacles mountain barbels are found in the water system of the middle reaches of the Yarlung Zangbo River in the Qinghai-Tibet Plateau. The tentacles mountain barbel is evaluated as the (EN) category in China Species Red List and is an endemic species to China.

横口裂腹鱼 *Schizothorax plagiostomus*

成体略侧偏长。吻钝圆，突出于上颌之前，雄鱼吻部具乳白色刺突，雌鱼则光滑。口下位，横裂。须2对，短小。眼较小，侧上位。全身被细鳞。多栖息于清澈、多石的河道深处。以底栖硅藻为食。见于西藏雅鲁藏布江流域。

Snow Trout

It is called “Niakaqie” in Tibetan.

Its adult has a slightly flat and long body form. Its snout is blunt, and protruding in front of the upper jaw. The lower position of its mouth is transversely fissured. And it has two pairs of small short barbels. Snow trouts mostly dwell in the lucid and stony depth of river courses, and live on benthic diatoms. They are found in the Yarlung Zangbo River valley of Tibet.

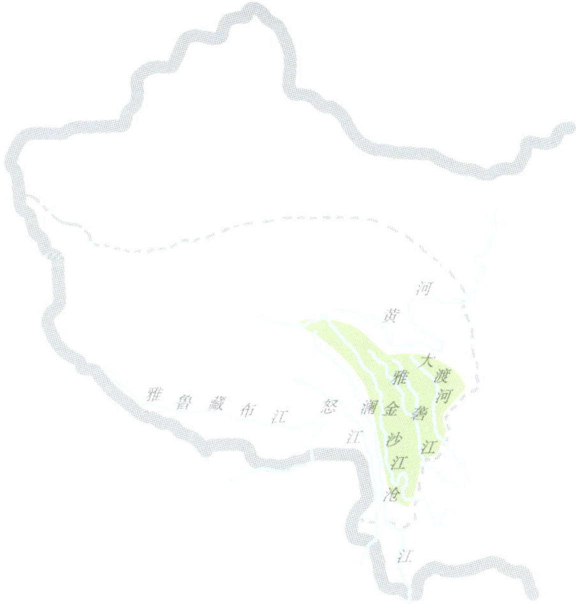

齐口裂腹鱼 *Schizothorax (Schizothorax) prenanti*

别名：齐口细鳞鱼、齐口细甲鱼、雅鱼、丙穴鱼、嘉鱼

体长55～372mm。底栖性鱼类。生活在水温较低、水流湍急的山区河流中，以着生藻类、水生昆虫或植物碎屑为食。每年3月～4月在急流浅滩上产卵。分布于金沙江、雅砻江、大渡河及岷江水系。

Prenant's Schizothoracin

It is called "Niatongrijian" in Tibetan.

It has a body length of 55 mm to 372 mm, being a benthic fish. Prenant's schizothoracins inhabit mountain rivers with a relatively low temperature and a rapid current, feeding on inserted algae, aquatic insects or plant scraps. They lay eggs in the rapids and the shallows from March to April every year. They scatter in the Jinsha River, the Yalong River, the Dadu River and the Minjiang River systems.

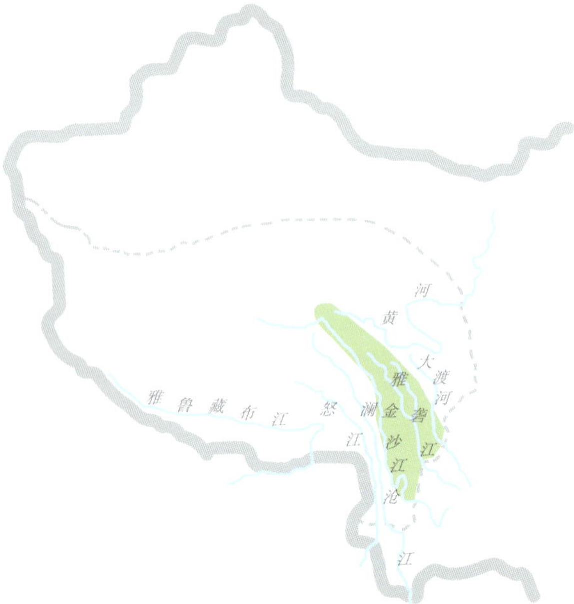

四川裂腹鱼 *Schizothorax（Racoma）kozlovi*

体长320mm左右。体稍长，侧扁。头呈锥形，吻略向前突出，口下位，下颌内侧角质层无锐利边缘。下唇叶不很发达，成鱼有明显的中间叶，表面具皱褶，通常无乳突，后缘游离。唇后沟连续或中段浅。须2对，较发达，吻须末端到达眼球中部的下方，口角须末端超过眼球后缘下方。体被细鳞，鳃颊以后的胸腹部亦有鳞片。背鳍外缘内凹，最长鳍条较头长为短，背鳍刺甚强硬，其后侧缘每边有14~17枚较深的锯齿。活体背侧青灰或黄灰色，小个体布有黑色小斑点，腹部银白色，尾鳍红色。生活于峡谷河流，杂食性，主食底栖无脊椎动物。见于四川境内金沙江、雅砻江水系。

Sichuan Schizothoracin

It is called “Niapoga” in Tibetan.

Its body length is 320 mm or so. Its body is a little long and laterally flat. Its head has a conical shape. Its snout is slightly forward protruding. Sichuan schizothoracins inhabit narrow valley sections of rivers, and are omnivorous, mainly feeding on benthic invertebrates. They are distributed over the water systems of the Jinsha River and the Yalong River in Sichuan Province.

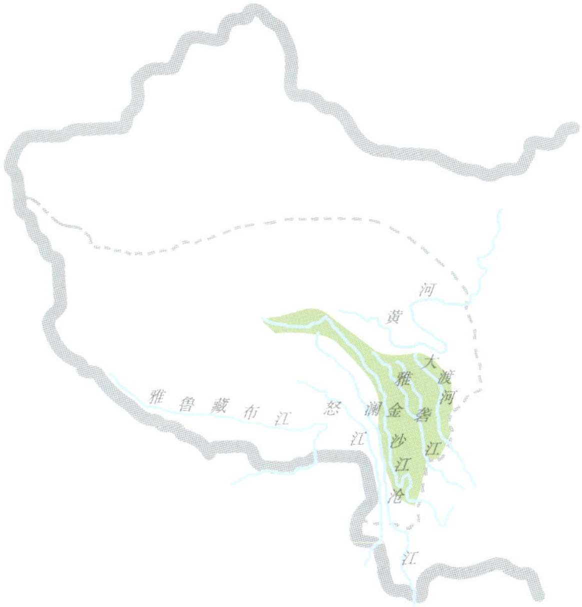

重口裂腹鱼 *Schizothorax (Racama) davidi*

别名：细甲鱼、雅鱼、丙穴鱼、嘉鱼

体长73～410mm。体延长，稍侧扁。头锥形。吻稍钝。口下位，呈弧形。下颌具锐利角质前缘。下唇发达，无乳突。唇后沟连续。须2对，等长或口角须稍长，其长度均小于眼径。眼中等大，侧上位。尾鳍叉形。体被细鳞，鳃颊以后的胸腹部有明显的鳞片。侧线完全，近平直。身体背部青蓝色或暗灰色，腹银白色，尾鳍浅红色。栖息于峡谷河流，常在底质为砂或砾石、水流湍急的环境中活动，以摇蚊幼虫、蜉蝣幼虫及硅藻和绿藻为食。每年8月～9月产卵。分布于金沙江水系及岷江水系上游各支流。四川省保护鱼类。

David's Schizothoracin

It is called "Niagening" in Tibetan.

It has a body length of 73 mm to 410 mm. Its body is elongate, and little laterally flat. Its head assumes a conical shape. Its snout is slightly blunt. The back part of its body is dark blue or dark grey. Its abdomenal flanks are silvery white and its tail fin is pale red. David's schizothoracins dwell in rivers with narrow valleys, feeding on midge larvae, mayfly larvae, diatoms and green algae. They lay eggs from August to September every year. They are found in tributaries of the upper reaches of the Minjiang River and the Jialing River systems. The David's schizothoracin is a fish species under the protection of Sichuan Province.

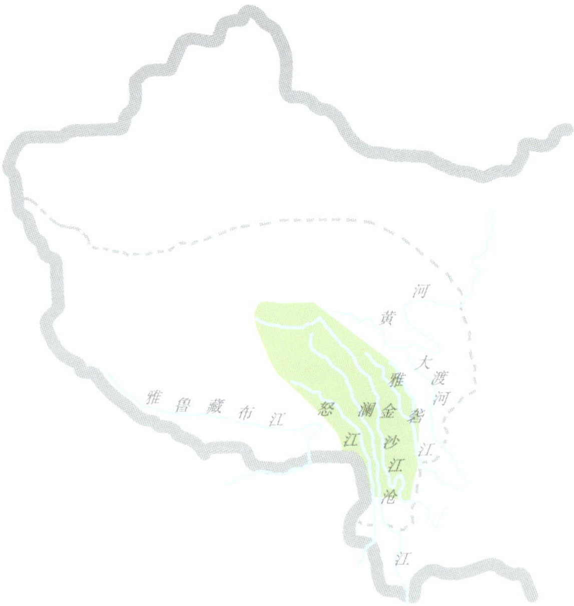

裸腹叶须鱼 *Ptychobarbus kaznakovi*

别名：裸腹重唇鱼

体延长，略呈圆筒状。头锥形，吻突出。口下位，马蹄形。下颌前缘无锐利的角质边缘。唇极发达，唇后沟连续。口角须一对，身体上部被致密的细鳞，胸腹部裸露无鳞。体背部暗灰色或灰褐色，均匀地分布有不规则的小斑点；腹部灰白色无斑；头上部、背鳍、胸鳍和尾鳍上有许多斑点。栖息于湍急的河流，以小型水生无脊椎动物为食。见于怒江、澜沧江、金沙江上游和青海省通天河水系。《中国物种红色名录》评估为易危级（VU）。中国特有种。

Bilobed-lip Schizothoracin

It is called “Niakaqie” in Tibetan.

Its body is elongate, looking like a cylinder. Its head has a conical contour and its snout is protruding. The back of its body is dark grey or greyish brown, and is evenly covered with irregular small spots. The upper part of its head, the back fin, the chest fin and the tail fin have many spots. Bilobed-lip schizothoracins dwell in torrential rivers, feeding on small-size aquatic invertebrates. In the Qinghai-Tibet Plaeau, they are seen in the upper reaches of the Nujiang River, the Lancang River and the Jinsha River and in the water system of the Tongtian River in Qinghai Province. The bilobed-lip schizothoracin is evaluated as the (VU) category in China Species Red list, and is an endemic species to China.

厚唇裸重唇鱼 *Gymnodiptychus pachycheilus*

别名：重唇花鱼、麻鱼、厚嘴鱼、大口鱼

体长73 ~ 367 mm。体长筒形，稍侧扁。腹部圆，尾柄细圆。体背部和头顶部黄褐色或灰褐色，较均匀地分布着黑褐色斑点。腹部灰白色，无斑点。背鳍浅灰色，尾鳍略带红色，其上分布有小斑点。栖息于高原宽谷河流或湖泊中，主要以底栖无脊椎动物为食。每年河水开冰后即逆河进行产卵繁殖。《中国物种红色名录》评估为濒危级（EN）。中国特有种。分布于金江沙和雅砻江水系。

Pachycheilus Schizothoracin

It is called “Nianatujiang” in Tibetan.

It has a body length of 73 mm to 367 mm. Its bodily form has a long cylinder-like shape, and is a little laterally flat. Its belly is circular. And its caudal peduncle is fine and round. Its back and head top are yellowish brown or greyish brown. Pachycheilus schizothoracins live in wide-valley rivers or lakes on the plateau, chiefly feeding on benthic invertebrates. They go upstream to lay eggs and reproduce after the ice on the river fractures every year. The pachycheilus schizothoracin is evaluated as the (EN) category in China Species Red List,and is an endemic species to China. They are found in the water systems of the Jinsha River and the Yalong River.

大渡软刺裸裂尻鱼 *Schizopygopsis malacanthus chengi*

别名：冷水鱼、白鱼

体长81～197mm。体延长，稍侧扁。腹部较平直。头略呈锥形。吻圆钝。口下位，横裂状，口裂呈马蹄形。下颌前缘具有锐利的角质边缘。下唇狭窄。无须。眼中等大。腹鳍起点与背鳍第四或第五根分枝鳍条相对，末端不达肛门。臀鳍起点至腹鳍基部的距离约等于至尾鳍基部的距离。尾鳍叉形。肛门紧靠臀鳍起点。体裸露无鳞。体背部黄褐色，腹侧银白色。胸鳍、腹鳍、臀鳍色略黄，尾鳍浅灰色。栖息于高原或高山峡谷河流，常以下颌刮食着生藻类，也食水生昆虫。每年6月～7月产卵。分布于大渡河中、上游。

Dadu Weakspine Schizothoracin

It is called "Niasejiang" in Tibetan.

It has a body length of 81 mm to 197 mm. Its body is elongate, and a little laterally flat. Its abdomen is relatively level and straight. Its head is slightly conical. And its snout is blunt. Dadu weakspine schizothoracins dwell in narrow-valley rivers on the plateau or high mountains, often feeding on inserted algae, and also on aquatic insects. They lay eggs from June to July every year. They scatter in the middle and upper reaches of the Dadu River.

多鳞铲颌鱼 *Scaphesthes macrolepis*

体长270mm左右。体长形，侧扁。腹部圆，尾柄较细长。头短，吻圆钝。口较宽，横裂状，略呈新月形。唇后沟较短，彼此不相连，颌常具角质边缘。须两对，较短小。背鳍基部稍长，外缘略内凹，成体胸鳍末端不达腹鳍起点，相隔约8个鳞片，腹鳍基外侧各有一较大而狭长的腋鳞。活体背面青灰色或灰黑色，腹部灰白色，雄性繁殖期胸、腹鳍金黄色，其余各鳍沿鳍条有鲜艳的红色条斑或红晕。生活于沙石底的急流中，以底栖无脊椎动物为食，兼食部分藻类。见于嘉陵江上游四川阿坝藏族羌族自治州境内的涪江水系及白龙江上游。

Multitude Squama Ray-finned Carp

Its adult length is 270 mm or so. It has a long and laterally flat bodily form. Its abdomen is circular. Its caudal peduncle is comparatively slender and long. Its head is short. And its snout is blunt. Multitude squama ray-finned carp dwell in the rapids with the bottom of sand and stones, and feed on benthic invertebrates and parts of algae. In the Qinghai-Tibet Plateau, they are found in the Fujiang River system in Aba Prefecture of Sichuan Province in the upper reaches of the Jialing River and in the upper reaches of the Bailong River.

鲈鲤 *Percocypris pingi*

别名：江鲤、花鲤、金沙鲈鲤

体长380mm左右。体延长，略侧扁。头后部稍隆起，背腹轮廓线弧度相当。吻端圆钝，下颌突出于上颌。口次上位，成一斜裂，上下唇肥厚，吻皮盖在上唇基部，吻须基部无明显缺刻。须2对，吻须短于口角须，口角须后伸可超过眼后缘的垂直线。鳞片较小，胸腹部鳞片更细，腹鳍基部具狭长的腋鳞，背、臀鳍基部均有鳞鞘。活体背面青灰色或黑灰色，腹部灰白，体侧上半部绝大多数鳞片基部有一黑色斑点，连缀成断续而整齐的长纵纹，头背有分散的黑斑。栖息于金沙江干、支流岸边浅水平缓水域中。主食甲壳动物枝角类和桡足类及其他昆虫幼虫和小型鱼类等。见于云南省石鼓的金沙江段。《中国物种红色名录》评估为易危级（VU）。中国特有种。

Perch Barbel, Jinsha River Ray-finned Carp

Its adult body length is 380 mm or so. Its body is elongate, and is slightly laterally flat. Its rostral side is blunt. And its lower jaw stands out of its upper jaw. Perch barbels dwell in shallow water and slow-flowing waters at the banks of mainstreams and tributaries of the Jinsha River, and mainly live on cladocerans and copepodids of crustaceans, other insect larvae and small-size fishes. They are found in the Jinsha River section in the Shigu of Yunnan Province. The perch barbel is evaluated as the (VU) category in China Species Red List, and is an endemic species to China.

刺鮈 *Acanthogobio guentheri*

别名：金鱼

体较高而侧扁。背鳍前部隆起，腹部圆，尾柄粗短。体背灰褐色或淡黄色，有金属光泽，背部正中有一黑色条纹，体侧中轴上方有一列暗色斑点。背鳍及尾鳍灰黑色，有黑斑点，其余各鳍灰白色。为高山区温水鱼类，栖息于缓水中，以水蚯蚓、端足类和摇蚊幼虫为食。见于青海共和曲沟至甘肃兰州和四川红原的黄河干、支流水系。《中国物种红色名录》评估为易危级（VU）。中国特有种。

Spine Gudgeon, Spiny Ray-finned Carp

Its bodily form is relatively high and laterally flat. The fore part of its back fin is swelling. Its abdomen is round. Its caudal peduncle is thick and short. Its back fin and tail fin are greyish black and have black spots. The other fins are greyish white.

Spine gudgeons are warm-water fish in alpine areas, and dwell in slow-flowing water, feeding on aquatic earthworms, amphipods and midge larvae. They are found in the Gonghequ Ditch of Qinghai Province and in mainstreams and tributaries of the Yellow River in Lanzhou of Gansu Province and in Hongyuan County of Sichuan Province. The spine gudgeon is evaluated as the (VU) category in China Species Red List and is an endemic species to China.

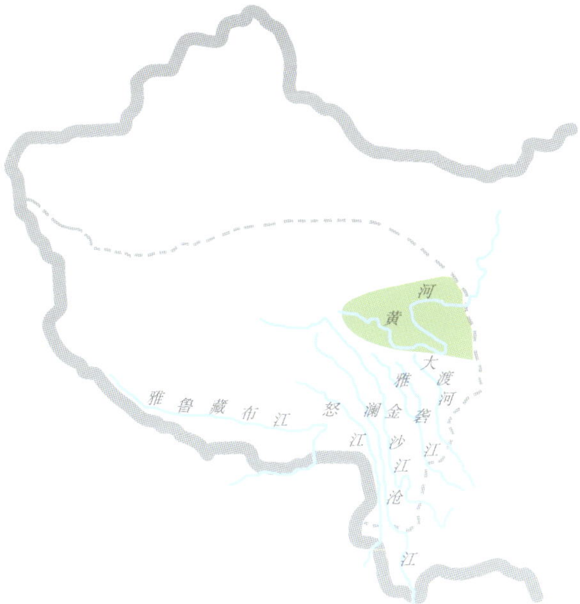

黄河鮈 *Gobio huanghensis*

别名：钉鮈、船丁鱼

体延长，背部稍隆起。体较宽，前半部略呈圆筒形。尾柄稍侧扁，腹部较平。体背灰褐色或淡黄色，腹部淡白色，体侧无明显斑点。吻部两侧从眼上前缘至口角处有一黑色暗带。背鳍和尾鳍上有零星黑点，其余各鳍灰白色。生活于河湾浅水地带，以底栖动物、摇蚊幼虫为主食，兼食钩虫、虾和底栖藻类。见于青海省至甘肃兰州和四川红原的黄河干、支流水系。《中国物种红色名录》评估为易危级（VU）。中国特有种。

Chuanchi Gudgeon, Huanghe Ray-finned Carp

Its body form is elongate. Its back is a little swelling. Its body is comparatively wide, whose fore half part looks like a cylinder. Its caudal peduncle is a little laterally flat and its abdomen is rather level. Its back fin and tail fin have some scattered black points and the other fins are greyish white. Chuanchi gudegons dwell in shallow water regions of river bends, and mainly live on benthic animals and midge larvae, and also feed on hookworms, shrimps and benthic algae. They are found in mainstreams and tributaries of the Yellow River from Qinghai Province to Lanzhou of Gansu Province and Hongyuan County of Sichuan Province. The Chuanchi gudegon is evaluated as the (VU) category in China Species Red List and is an endemic species to China.

鳅科

多为小型鱼类。体延长，侧扁或近似圆筒形。头小，前端稍尖。体裸露无鳞或被细鳞。胸鳍和腹鳍不向左右平展，尾鳍深分叉。全球已知110余种，分布在青藏高原的主要是条鳅亚科和花鳅亚科两类约36种，本书介绍16种。

Cobitidae

Most of the Cobitidae family are small-size fishes. Their body is elongate, laterally flat or cylindrical. There are more than 110 species known in the world. In the Qinghai-Tibet Plateau are mainly distributed about 36 fish species of Nemacheilinae and Cobitinae.16 species are depicted in this album.

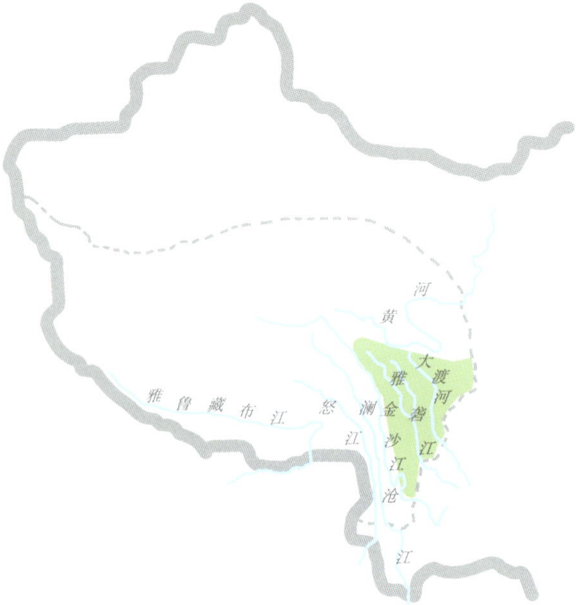

戴氏山鳅 *Oreias dabryi*

体长150mm左右。体长形，前段呈圆筒状，后段稍侧扁。腹部圆，尾柄侧扁，无皮质棱。口下位，呈横裂状。上颌光滑，中央有一齿形突起，下颌弧形，具3对须。背鳍短小，外缘凸出呈弧形，胸鳍短，腹鳍小，臀鳍较小而凸，尾鳍发达，中央呈凹形，上下叶末端钝。体裸露无鳞。头背部通常为浅棕色。腹部浅棕黄色，头、体侧和背部密布不规则黑褐色云斑。栖息于底质为沙、石的大江、小河岸边浅水处，以落入水中的昆虫或底栖无脊椎动物为食。见于青藏高原海拔2500m以下的四川巴塘、滇西北丽江、宁蒗等地金沙江和雅砻江水系。

Dabry's Mountain Loach

Its body length is 150 mm or so. It has a long bodily form. The fore part of its body assumes the shape of a cylinder and the hind part is a little laterally flat. Its abdominal part is round. And its caudal peduncle is laterally flat and has no cortical ridge. Dabry's mountain loaches dwell in shallow water areas with the bottom of sand and stones at the banks of large rivers and brooks, and feed on insects falling into water or benthic invertebrates. In the Qinghai-Tibet Plateau, they are found in mainstreams and tributaries with an elevation of under 2500 merres in the Jinsha River and the Yalong River systems in Batang of Sichuan and in Lijiang and Ninglang of northwestern Yunnan.

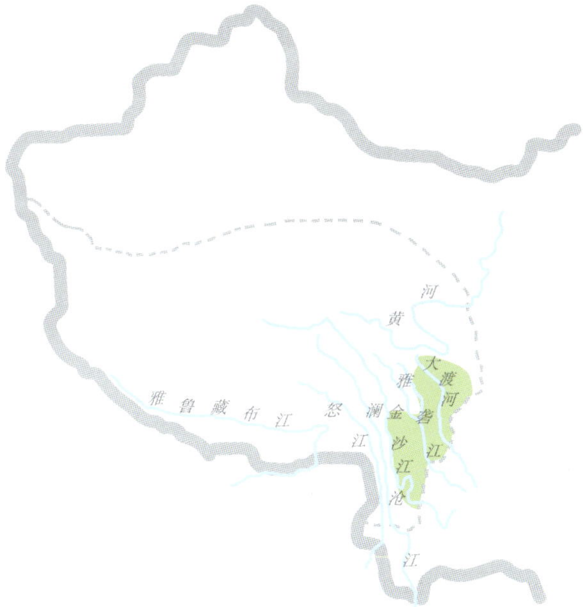

红尾副鳅 *Paracobitis variegatus*

别名：红尾子、红尾杆鳅

体长55～170mm。背鳍前缘和外缘有鲜红色镶边。尾柄上的皮质棱边缘和尾鳍均呈鲜红色。常栖息于缓流浅水卵石缝隙或植物丛间，以底栖水生无脊椎动物为食，兼食小鱼。分布于海拔2000m以下的金沙江、雅砻江和大渡河水系。

Redtail Loach

It is called "Lengniagarima" in Tibetan.

It has a body length of 55 to 170 mm. The anterior edge and out edge of its back fin are bright red. The cortical ridge edge of its caudal peduncle is also bright red. And its tail fin is scarlet. Redtail loaches often dwell in pebble crevices in slow flowing and shallow water or among thickets of plants, and feed on benthic aquatic invertebrates and small fishes. They are found in the Jinsha River, the Yalong River and Dadu River systems below 2000 metres above sea level.

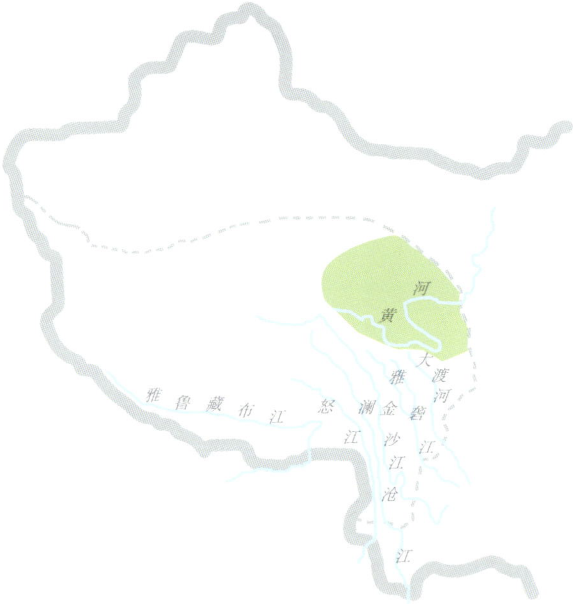

黄河高原鳅 *Triplophysa pappenheimi*

体长200mm左右。体长形，呈圆筒状。前段粗壮，尾柄细。头较长且扁。体裸露无鳞，背部和侧部有少数短条形皮质棱。体上部灰黄色或灰棕色，腹部浅黄色。体背有深褐色大斑纹，背部有4~7个褐色鞍形大斑。栖息于高原河流或外泄湖泊的岸边石隙间，以端足类钩虫和虾为主要食物，其次为水生昆虫，兼食小鱼。见于黄河上游干、支流及附属湖泊中。

Huanghe River Loach

Its body length is 200 mm or so. Its body has a long cylinder-like shape. The fore part of its body is thick and strong and its caudal peduncle is slender. Its head is comparatively long and flat. The upper part of its body is greyish yellow or greyish brown, and its abdominal part is pale yellow. Huanghe River loaches dwell in stone crevices at the banks of the highland rivers or outflowing lakes, and chiefly live on hookworms and shrimps of amphipods, and also eat aquatic insects and small fishes. They are found in mainstreams and tributaries or subsidiary lakes in the upper reaches of the Yellow River.

斯氏高原鳅 *Triplophysa stoliczkae*

体长41～110mm。栖息于急流河段的石砾缝隙中，以藻类和底栖动物为食。每年5月～7月产卵。分布于我国青海、四川西部、西藏等地以及国外的哈萨克斯坦、吉尔吉斯斯坦、乌兹别克、印度、巴基斯坦和阿富汗。

Stoliczk's Loach

It is called "Lengniapoga" in Tibetan.

Its body length is from 41 mm to 110 mm. Stoliczk's loaches live in gravel crevices in a river section with a rapid current, feeding on algae and benthic animals. They lay eggs from May to July every year. Stoliczk's loaches are dispersed in Qinghai, western Sichuan and Tibet in China, and in Kazakhstan, Kirghizstan, Uzbekistan, India, Pakistan and Afghanistan.

贝氏高原鳅 *Triplophysa bleekeri*

体长120mm左右。体延长，前段近圆筒形，后段稍侧扁。尾柄侧扁，短且较高。头稍短，腹面平坦。吻端钝，其长与眼后头长相当。口下位，口裂呈弧形。上颌平滑，下颌向前突出，边缘呈匙形。唇厚，其上多乳突，唇后沟不连续。具3对须，吻须2对，口角须1对。背鳍无硬刺，外缘平截，其长短于头长。胸鳍短钝，腹鳍、臀鳍均短小。尾鳍大，后缘微凹，上下叶末端圆。体裸露无鳞，雄鱼眼下方有一月牙形刺突区，体上部浅黄色，腹部棕黄色，头背灰黑色，体背有6~7个黑色大横斑。常见于湍急的江河岸边，以摇蚊幼虫、毛翅目幼虫和硅藻为主要食物。见于金沙江中上游干、支流及其沟渠。

Bleeker's Loach

Its body length is 120 mm or so. Its body is elongate. The fore section of its body looks like a cylinder, and the hind section of its body is a little laterally flat. Its caudal peduncle is laterally flat, and short and comparatively high. Its head is slightly short and its abdominal region is level. Its rostral side is blunt, whose length is equal to its head length after its eyes. Bleeker's loaches are often seen at the banks of torrential rivers, and feed on midge larvae, *Plicipenna* larvae and diotams. They are found in mainstreams, tributaries and other gullies in the upper reaches of the Jinsha River.

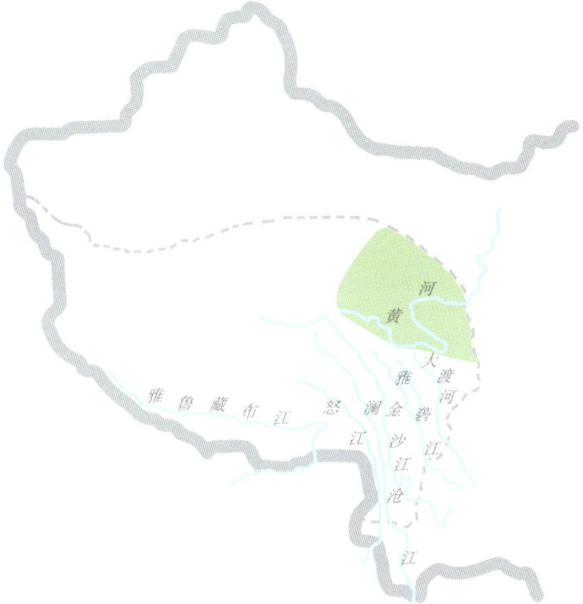

拟鲇高原鳅 *Triplophysa siluroides*

别名：似鲶高原鳅、大舌板

体长700mm以上。体长形，前段较粗且较宽，后段较圆，腹部平坦。头长且宽，上下扁平。吻长，末端钝。口下位，宽大，呈弧形。上颌平滑，下颌匙形。唇厚，肉质状，唇后沟中断，下唇中央分离。具3对须，较发达。体裸露无鳞，背部和侧部有许多条短条形皮质棱。体上部黄褐色或青灰色，腹部浅黄色，体背密布深褐色不规则斑纹。栖息于河汉或湖泊入口缓流处，常潜伏于底层，以小型无脊椎动物或鱼类为主要食物，兼食植物碎屑。见于黄河上游干、支流及附属湖泊中。《中国物种红色名录》评估为易危级（VU）。中国特有种。

Catfish-like Loach, Leopard Dapple Loach

Its boby length is over 700 mm. It has a long bodily form. The fore part of its body is comparatively thick and wide, and the hind part is relatively round. Its abdominal part is level. Its head is long and wide. Its snout is long and its rostral side is blunt. The upper part of its body is yellowish brown or bluish grey, and its abdominal part is yellowish. The back of its body is densely covered with irregular brown stripes. Catfish-like loaches dwell in branches of rivers or entrances of lakes, often hiding at the bottom layer, and feed on small-size invertebrates, fishes and plant scraps. They are found in mainstreams and tributaries in the upper reaches of the Yellow River and subsidiary lakes. The catfish-like loach is evaluated as the (VU) category in China Species Red List and is a species peculiar to China.

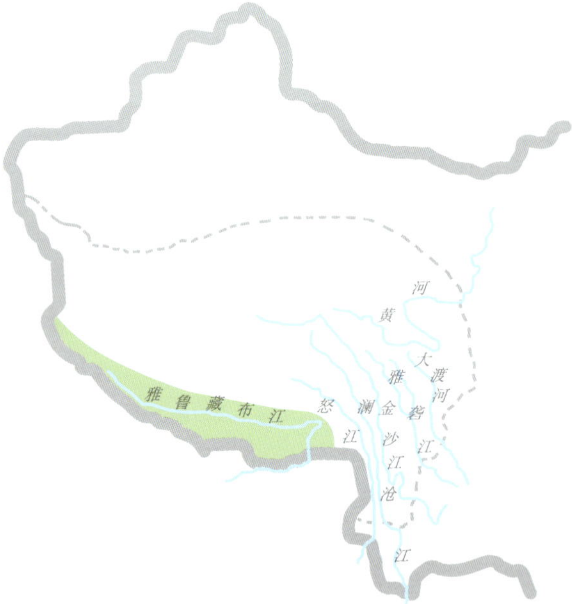

西藏高原鳅 *Triplophysa tibetana*

体长160mm左右。体延长，前躯高而扁圆，尾柄较低。头部侧扁，头宽小于头高。吻部较尖。口下位，弧形，口裂较小。唇厚，上唇缘多乳突、呈流苏状；下唇多深皱褶。下颌匙状，一般不外露。须3对，短小，活体灰绿色或橄榄色，体背多不规则扭曲的深褐色短横纹。栖息于缓流、湖泊或沼泽地多植物丛生的浅水处，以浮游动物、桡足类和蚊类幼虫为主要食物，兼食硅藻类。见于青藏高原西藏雅鲁藏布江水系和印度河上游狮泉河及恒河上游朋曲。

Tibetan Loach

Its body length is 160 mm or so. Its body is elongate. The fore part of its body is high, flat and circular. Its caudal peduncle is lower. Its head is laterally flat, and its head width is smaller than its head height. Tibetan loaches dwell in slow-flowing waters, lakes or shallow-water regions of marshlands overgrown with plants, and feed on zooplanktons, copepodids, mosquito larvae and diatoms. They are found in the Yarlung Zangbo River system in Tibet of China and in the Shiquan River in the upper reaches of the Indus River and the Pum Qu River in the upper reaches of the Ganges River of India.

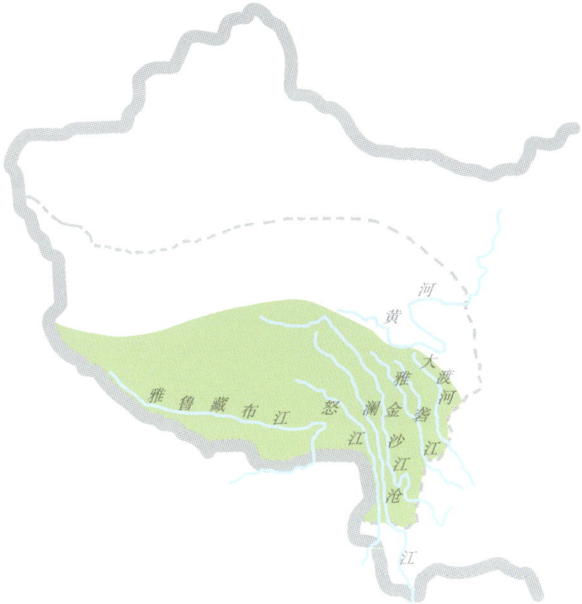

细尾高原鳅 *Triplophysa stenura*

体长78～104mm。各鳍均有黑色斑点，以背、尾鳍为最多。栖息于流水或急流河段，主要以刮食固着藻类为主，也兼食一些动物性食料。分布于青藏高原的金沙江、澜沧江、怒江、雅鲁藏布江等水系及朋曲河和苏班西里河上游、西藏境内的一些自流水体、云南石鼓河。

Plateau Loach

It is called “Lengniagacha” in Tibetan.

Plateau loach has a body length of 78 mm to 104 mm. Its fins have black spots. Plateau loaches dwell in flowing water or a river section with a swift current, chiefly feeding adnate algae, and also living on some animal forage. Plateau loaches are dispersed in the systems of the Jinsha River, the Lancang River, the Nujiang River and the Yarlung Zangbo River located on the Qinghai-Tibet Plateau, and in the upper reaches of the Pum Qu River and the Subanxili River, and in some automatically flowing waters in Tibet and the Shigu River in Yunnan.

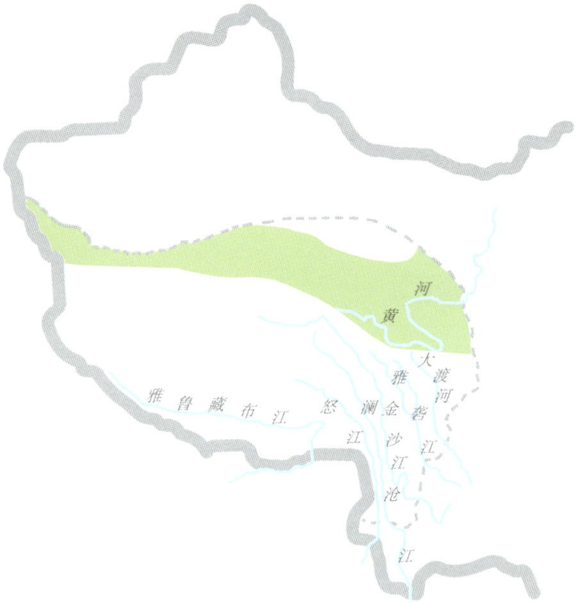

拟硬刺高原鳅 *Triplophysa pseudoscleroptera*

体长120mm左右。前躯略呈圆柱状，头稍平扁，略呈椎形。皮肤光滑，侧线完全。背部有不规则褐色横斑，头部及体侧有很多不规则的褐色扭曲条纹，沿侧线常有一列褐色块斑。背和尾鳍有大量褐色细斑点。栖息于岸边浅水处，以硅藻和沼石蛾等为食。见于金沙江上游和黄河上游水系及其邻近的湖泊、青海省境内的柴达木河段、努尔河和青海湖等地。

Pseudoscleropteralia Loach

It is called “Lengniasebo” in Tibetan.

Its body length is 120 mm or so. The fore section of its body assumes the shape of a cylinder, and its head is laterally flat. Its skin is smooth. Pseudoscleropteralia loaches live in the shallow waters at the banks of rivers, and feed on diatoms and limnephilids. They are found in the water system and neighbouring lakes in the upper reaches of the Jinsha River and the Yellow River, and the Qaidam River section, the Nuer River and the Qinghai Lake within the bounds of Qinghai Province.

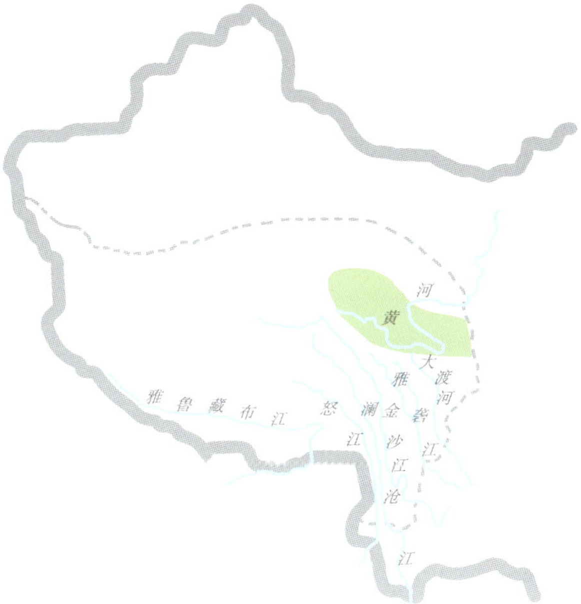

硬刺高原鳅 *Triplophysa scleroptera*

体长150mm左右。体长形，前段较粗，圆筒状，后段稍侧扁，腹部略平。尾柄粗短，侧扁。头较长，前端尖，呈方楔形。口下位，口裂深弧形。具3对须。背鳍长大，末根不分枝鳍条为光滑粗壮硬刺。体裸露无鳞，基色为黄白色，头、体侧和背部密布不规则黑斑。常见于高原缓水支流及湖泊或湿地水体，以水生昆虫、小鱼、钩虫和虾为食。见于金沙江上游和黄河上游水系及其邻近的湖泊、青海省境内的柴达木河段、努尔河、青海湖等地。

Rigidity Thorn Loach

Its body length is 150 mm or so. It has a long bodily form. The fore section of its body is relatively thick and assumes a cylinder-like shape. The hind section of its body is a little laterally flat. Its abdominal part is slightly level. Its caudal peduncle is thick and short, and laterally flat. Its head, bodily flanks and back part are densely covered with irregular black spots. Rigidity thorn loaches are often found in slow-flowing water tributaries, and lakes or waters of marshland in the highlands, and feed on aquatic insects, small fishes, hookworms and shrimps. They are seen in the water system and neighbouring lakes in the upper reaches of the Jinsha River and the Yellow River, and the Qaidam River section, the Nuer River and the Qinghai Lake within the bounds of Qinghai Province.

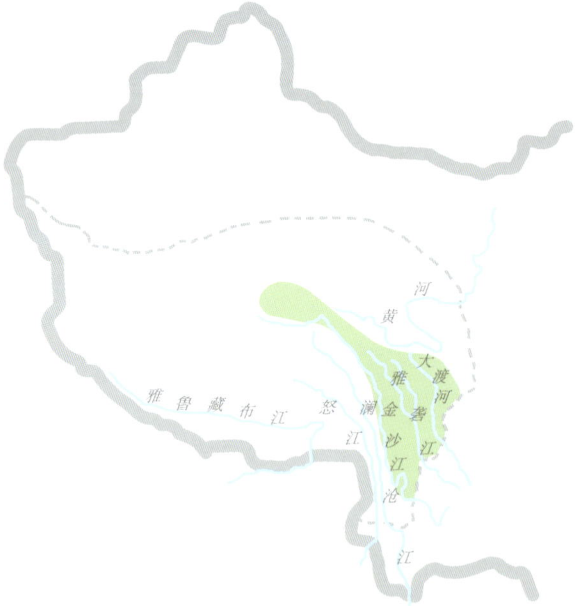

短尾高原鳅 *Triplophysa brevicauda*

体长97～143mm。栖息于流水水体，常在枯枝或碎石等隐蔽处群集。分布于金沙江、雅砻江、大渡河上游干、支流及柴达木河水系。

Short-tail Loach

It is called “Lengniagatuo” in Tibetan.

It has a body length of 97 mm to 143 mm. Short-tail loaches live in flowing waters, and often group together at concealed spots such as withered and fallen branches or broken stones. They scatter in the mainstreams and tributaries in the upper reaches of the Jinsha River, the Yalong River and the Dadu River and the Qaidam River system.

黑体高原鳅 *Triplophysa obscuro*

体长120mm左右。体延长，前躯略呈圆柱状，腹面平坦。体背灰黑色或灰褐色，背部及体侧具有扭曲的黑色短条纹。头部满布小黑斑点。背鳍及尾鳍均具黑斑，构成不规则条纹，其余各鳍灰黑色。生活于河流的支流，以昆虫幼虫、水生无脊椎动物如端足类和寡毛类等为食，也食少量植物碎屑。见于青海省的玛曲、四川和甘肃两省境内白龙江上游水系与四川省境内的黄河水系及其邻近的湖泊。

Obscure Loach

It is called “Lengnianabo” in Tibetan.

It has a body length of 120 mm or so.It has an elongate bodily form. The anterior part of its body is a little cylindrical and its abdominal part is even. Its body back is greyish black or greyish brown. Its head is grown over with small black spots. Both of its back fin and tail fin have black spots. And the other fins are greyish black. Obscure loaches dwell in tributaries of rivers, feeding on aquatic invertebrates such as amphipods and oligochaetes, and also eat a small amount of plant scraps. They are found in water systems in the upper reaches of the Bailong River in the Maqu of Qinghai Province and in the bounds of Sichuan Province and Gansu Province, and the water system and neighbouring lakes of the Yellow River in the bounds of Sichuan.

长薄鳅 *Leptobotia elongata*

别名：花鱼、花斑鳅

薄鳅类中个体最大的种，一般个体重1000～1500g，最大个体可达3000g。体长，侧扁，尾柄高而粗壮。头侧扁而尖，头长大于体高，吻圆钝而短。须3对。背鳍和臀鳍均短小，无硬刺；侧线完全。头部背面具有不规则的深褐色花纹，身体浅灰褐色或黄棕色。通常躯干布有6～7条较宽的深褐色横纹，腹部为淡黄褐色。生活于水流较急的河滩、溪涧，常集群在水底砂砾间或岩石缝隙中活动，以底层小鱼为主食。繁殖期在3月～5月，卵粘附在石上孵化。见于四川阿坝藏族羌族自治州境内的涪江上游水系。《中国物种红色名录》评估为易危级（VU）。中国特有种。

Elongate Loach

As for its individual build, it is the largest species of loaches. It generally has a body weight of 1000 to 1500 g, and its largest adult can have a body weight of 3000 g. Its bodily form is long and laterally flat. Its candal peduncle is high and sturdy. Its head is laterally flat and pointed. Its head length is larger than its body height. Its snout is blunt and short. Elongate loaches dwell in flood lands of torrential rivers and brooks, and often flock to move about among pebbles and rock crevices at the bottom of water. They mainly feed on small demersal fish. Their reproduction period is from March to May. They are found in the water system in the upper reaches of the Fujiang River in Aba Prefecture of Sichuan Province. The elongate loach is evaluated as the (VU) category in China Species Red List and is a species peculiar to China.

北方花鳅 *Cobitis granoei*

体长80mm左右。体细长而侧扁，须长而明显，无眼下刺（不外露）。体侧及头部有蠕虫状花纹或不规则斑点，背部具13~18个不规则斑块或斑纹，尾鳍基部上侧有一显著黑斑。小型底栖鱼类，生活于水质较肥的河边浅滩处，以藻类和小型水生无脊椎动物为食。见于青海省西宁市附近河流及青海湖倒淌河。

Siberian Spiny Loach

Its body length is 80 mm or so. It has a slender, long and laterally flat bodily form. Its bodily flanks and head have worm-like figures or irregular spots. Siberian spiny loaches are small-size benthic fish. They live in shallow waters by the river with fertile water quality, and feed on algae and small-size aquatic invertebrates. They are found in rivers near Xining City and the Daotang River of the Qinghai Lake in Qinghai Province.

大斑花鳅 *Cobitis macrostigma*

体长80mm左右。体侧扁，背略高，须4对，眼下刺分叉，侧线不完全。背鳍起点距吻端较距尾鳍基为近，尾柄较长，尾鳍后缘平截或稍圆。通体浅黄色，体侧沿纵轴有6～9个较大的略呈方形的斑块，尾鳍基具一黑斑。小型底栖鱼类，生活于河边浅滩处，以藻类和小型水生无脊椎动物为食。仅见于四川省平武县白龙江上游支流。

Bigger-spot Spiny Loach

Its body length is 80 mm or so. It has a laterally flat bodily form. Its back is slightly high. Its caudal peduncle is comparatively long. The posterior margin of its tail fin is like even breaks or slightly circular. Its whole body is yellowish. Bigger-spot spiny loaches are small-size benthic fish. They live in shallows by a river, and feed on algae and small-size aquatic invertebrates. In the Qinghai Tibet Plateau, they are only found in tributaries in the upper reaches of the Bailong River in Pingwu County of Sichuan Province.

中华花鳅 *Cobitis sinensis*

体长95mm左右。体长而侧扁，须4对，眼下刺分叉。侧线不完全。背鳍起点距吻端与至尾鳍基距离相等。尾柄较短，尾鳍稍圆或平截。通体浅黄色，头密布黑点，体侧沿纵轴有10～15个黑斑，背部有12个左右马鞍形黑斑，尾鳍基上侧具一黑斑。小型底栖鱼类。生活于山溪急流处，以小型水生无脊椎动物为食。仅见于四川省平武县白龙江上游支流。

Chinese Spiny Loach

Its body length is 95 mm or so. Its body is slender, long and laterally flat. Its caudal peduncle is comparatively short and its caudal fin is slightly round or like even breaks. Its whole body is yellowish. Its head is overgrown with black spots. Chinese spiny loaches are small-size benthic fish. They dwell in torrential regions of mountainous brooks, and live on small-size aquatic invertebrates. In the Qinghai-Tibet Plateau, they are only seen in tributaries in the upper reaches of the Bailong River in Pingwu County of Sichuan Province.

平鳍鳅科

多为小型鱼类。体平扁，口下位，吻扁平。腹面平坦。体裸露无鳞或被细鳞。胸鳍和腹鳍向左右平展，尾鳍略分叉。全球已知500余种，国内已知56种，本书介绍两种。

Balitoridae

Most of family Balitoridae are small-size fishes with a flat body, a flat snout and a level abdomen. There are more than 500 species known in the world, of which 56 species are known in China. 2 species are described in this album.

短身金沙鳅 *Jinshaia abbreviata*

全长170mm左右。体前部扁平，腹鳍基部之后呈圆筒形。背部隆起，腹面平坦，体高显著小于体宽。头和吻扁平，前端圆，吻皮下包形成吻褶并与上唇间形成吻沟，吻褶叶间具两对小吻须。口下位，弧形，具口角须两对，内侧一对甚细小。唇具乳突，尾鳍深分叉，尾柄圆形。体被光滑细鳞，侧线完全。活体棕灰色或橄榄色，背中轴有深色斑块。栖息于急流的石隙之间，以石上附生的藻类和植物碎屑为食，偶尔觅食小型水生蠕虫。见于岷江、涪江和大渡河水系上游部分干、支流。

Short-body Hillstream Loach

Its total length is 170 mm or so. The fore part of its body is flat. Its back part is swelling and its abdominal part is level. Its body height is obviously smaller than its body width. Its head and snout are flat. Its caudal peduncle assumes a round shape. Short-body hillstream loaches dwell in stony crevices of the rapids, and feed on epiphytic algae and plant scraps, and occasionally also on small-size aquatic worms. They are found in part of mainstreams and tributaries in the upper reaches of the Minjiang River, the Fujiang River and the Dadu River system.

侧沟爬岩鳅 *Beaufortia liui*

全长70mm左右。体前部平扁，体宽显著大于体高。头部扁平。口下位，口裂甚小，弧形。唇肉质，无乳突，具口角须一对。鳃裂很小，仅限于头背侧。背鳍起点至吻端较距尾鳍基稍近，背鳍无硬刺，外缘平截。偶鳍向左右平展，腹鳍后缘左右相连成吸盘状，末端不及肛门。尾柄短，尾柄长小于高，体被细鳞，头、胸和腹部裸露无鳞，侧线完全。活体褐色或橄榄色，背部有一列深色椭圆形大斑，各鳍均有不规则褐色斑纹。栖息于急流石隙之间，以石上附生的藻类和植物碎屑为食，偶尔觅食小型水生蠕虫。见于岷江和大渡河水系上游部分干、支流。

Butterfly Hillstream Loach

Its total length is 70 mm or so. The fore part of its body is level and flat. Its body width is obviously larger than its body height. Its head is flat and its snout assumes the shape of a flat file. Its caudal peduncle is short. The length of the caudal peduncle is smaller than the height of it. Butterfly hillstream loaches dwell in rock crevices of the rapids, and live on epiphytic algae on rocks, plant scraps and aquatic worms. They are found in part of mainstreams and tributaries in the upper reaches of the Minjiang River and the Dadu River systems.

鮡科

本科底栖性小型鱼类。腹面平坦。头宽阔，扁平。吻宽，前端圆弧形。口下位，横裂或呈弧形。多生活在多砾石的湍急河滩处，用平坦的胸、腹部附着在石头上，且多有环境相似的保护色。全球已知85种，中国已知30余种，青藏高原约21种，本书介绍12种。

Sisoridae

The members of family Sisoridae are small-size benthic fishes with a wide head and a level abdomen. They generally live in torrential and rocky sections of a river, and often cling to rocks with their abdomen. There are 85 species known in the world, and more than 30 species are known in China. Approximately 21 species are found in the Qinghai-Tibet Plateau. 12 species are described in this album.

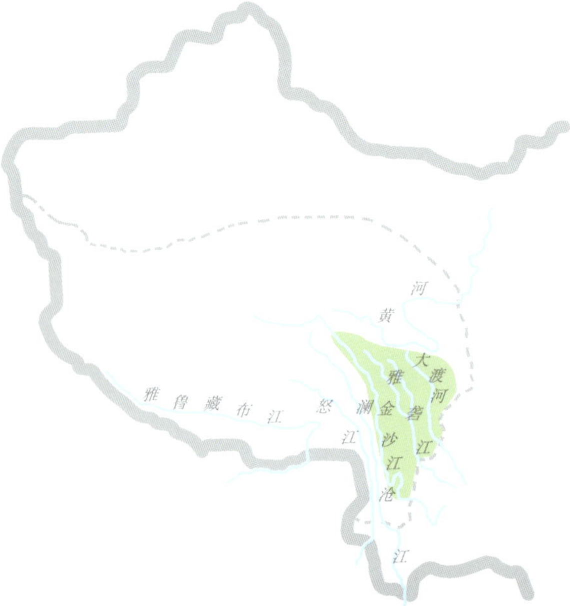

黄石爬鮡 *Euchiloglanis kishinouei*

别名：石爬子、黄石爬、石斑鮡

体长94～200mm。体呈棕黄色带浅绿色，腹部黄白色。栖息于流急多石的河段，常以腹部贴附于石上或在石缝中活动，主要以水生昆虫及其幼虫为食。分布于金沙江上游的支流和川西到青海玉树等金沙江水系。《中国物种红色名录》评估为濒危级（EN）。中国特有种。

Kishinouei Sisorid Catfish, Yellow Rock-climbing Sisoridfish

It is called “Duniamuqiang” in Tibetan.

Its body length is between 94 mm and 200 mm. Its body is pale brown and tints light green. Its abdominal part is yellowish white. Kishinouei sisorid catfish dwell in torrential and rocky sections of a river, and often cling to rocks with their abdomen or move in rock crevices, chiefly feeding on aquatic insects and their larvae. They are dispersed in tributaries in the upper reaches of the Jinsha River and in the Jinsha River system from western Sichuan to Yushu County of Qinghai Province. The Kishinouei sisorid catfish is evaluated as the (EN) category in China Species Red List, and is an endemic species to China.

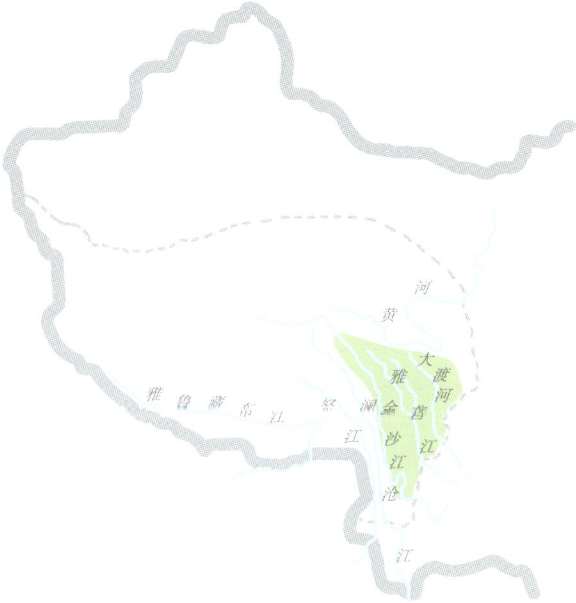

青石爬鮡 *Euchiloglanis davidi*

别名：石爬子、唇鮡、青鮡、外口鮡、青石爬子

体长93～165 mm。体呈青灰色，背部色深，腹部黄白色。栖息于山区河流中，喜多石的流水场所，常贴附于石下，以水生昆虫为食。每年6月～7月产卵。分布于金沙江、雅砻江、岷江上游、青衣江、大渡河上游。四川省重点保护鱼类。《中国物种红色名录》评估为极危级（CR）。中国特有种。

Davided Sisorid Catfish, David's Rock-climbing Sisoridfish

It is called "Duniatongerjian" in Tibetan.

It has a body length of 93 mm to 165 mm. Its body is bluish grey, the colour of its back part is deep, and its abdominal part is yellowish white. Davided sisorid catfish inhabit rivers in mountainous areas and like flowing water spots with a lot of rocks, often clinging beneath rocks and feeding on aquatic insects. They lay eggs from June to July every year. They are found in the Jinsha River, the Yalong River, the upper reaches of the Minjiang River, the Qingyi River and the upper reaches of the Dadu River. They are a fish species under provincial priority protection.The Davided sisorid catfish is evaluated as the (CR) category in China Species Red List, and is an endemic species to China.

贡山鲱 *Pareuchiloglanis gongshanensis*

体长150mm左右。背缘微隆起，腹面平直，头平扁，前端楔形。吻端圆，眼小，背位；口大，下位，横裂，前颌齿带中央有明显缺刻。背鳍外缘微凸或平截，起点距吻端等于距脂鳍起点稍后，胸鳍刚达腹鳍起点，腹鳍不达肛门，尾鳍微凹。通体深橄榄色，腹部黄白色，尾鳍黑色，中央有一黄斑。生活在多石的河道和溪流中，白天藏匿在缝隙间，夜间出游摄食，主食水生底栖动物和昆虫。见于怒江水系的西藏左贡至云南贡山县。

Gongshan Bat Catfish

Its body length is 150 mm or so. Its back margin is slightly swelling and its abdominal part is even and straight. Its head is flat and the anterior extremity of its head is cuneiform. Its rostral side is round. Its whole body is deep olive green, its abdominal part is yellowish white and its tail fin is black. Gongshan bat catfish dwell in stony river courses and streams. They hide in crevices by day and go out to look for food by night, mainly feeding on aquatic benthic animals and insects. They are found in the water system of the Nujiang River from Zogang County of Tibet to Gongshan County of Yunnan Province.

前臂鲱 *Pareuchiloglanis anteanalis*

体长88～176mm。尾鳍灰黑，中央有一黄色斑块。栖息于山区溪河，喜急流环境，以水生昆虫为主要食物，产卵期在6月～7月。分布于青衣江、大渡河、白龙江。四川省重点保护鱼类。

Anal-fronter Sisoridfish

It is called "Duniapose" in Tibetan.

It has a body length of 88 mm to 176 mm. Its caudal fin is greyish black and has a yellow spotted block at the centre. Anal-fronter sisoridfish dwell in mountainous streams and like a torrential environment, mainly feeding on aquatic insects. They lay eggs from June to July. They are found in the Qingyi River, the Dadu River and the Bailong River. The anal-fronter sisoridfish is a fish species under Sichuan provincial priority protection.

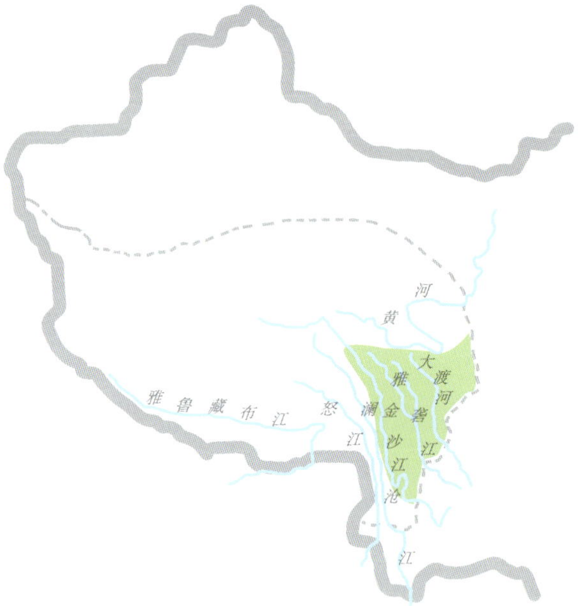

中华鮡 *Pareuchiloglanis sinensis*

别名：石爬子

体长84～140mm。体裸露无鳞。侧线完全，平直。全身灰棕色，腹部灰白色。栖息于流急多石的河流中。以𫌀翅目幼虫和摇蚊幼虫为主要食物。每年6月～7月产卵。分布于金沙江、大渡河、青衣江、白龙江。《中国物种红色名录》评估为濒危级（EN）。中国特有种。

Sinensis Sisorid Catfish, Chinese Sisoridfish

It is called "Duniakaqie" in Tibetan.

Its body length ranges from 84 mm to 140 mm. Its body is nude and has no scales. Its whole body is greyish brown and its abdominal part is greyish white. Sinensis sisorid catfish dwell in torrential and rocky rivers and chiefly feed on Plectoptera's larvae and midge larvae. They lay eggs from June to July every year. They are dispersed in the Jinsha River, the Dadu River, the Qingyi River and the Bailong River. The Sinensis sisorid catfish is evaluated as the (EN) category in China Species Red List, and is an endemic species to China.

黄斑褶鮡 *Pseudecheneis sulcatus*

体长280mm左右。背鳍起点为身体最高点，背缘呈弧形隆起。腹鳍以前的腹面平坦，腹鳍以后的身体渐侧扁，尾柄细而有力。头纵扁，前端楔形。吻端圆，眼小，背位，口较小，下位，横裂。尾鳍深分叉，体表具稀疏的粒突。活体背面棕黄色，背鳍前后、脂鳍起点下方两侧、脂鳍后、尾柄和腹鳍上均有鲜艳黄斑，腹面肉红色。生活于河流的支流或山溪，伏卧石面，不好游动，主要以摇蚊幼虫和硅藻为食。见于青藏高原的澜沧江、怒江、雅鲁藏布江等水系上游支流。

Yellow Spot Catfish

Its body length is 280 mm or so. The starting point of its back fin is the highest point of its body. Its back margin is swelling in the arc shape. Its caudal peduncle is slender and strong. The anterior extremity of its head is cuneiform and its rostral side is round. Yellow spot catfish dwell in tributaries of a river or mountainous brooks. They mostly lie prostrate on the surface of rocks and do not like to move about, mainly feeding on midge larvae and diatoms. They are found in tributaries in the upper reaches of water systems as the Lancang River, the Nujiang River and the Yarlung Zangbo River in the Qinghai-Tibet Plateau.

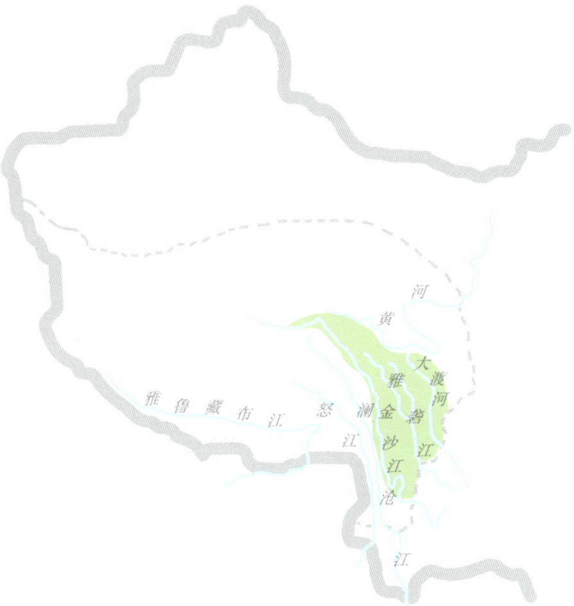

福建纹胸鮡 *Glyptothorax fukiensis*

别名：中华纹胸鮡

体长120mm左右。体粗短。背缘拱形，腹缘略圆凸。头略大，平扁。吻扁钝，眼小，背侧位，口下位，口裂小，横裂。前颌齿带小，新月形。须4对。鳍刺粗壮，脂鳍基骨明显，形状介于马鞍形与三角形之间。胸、腹鳍平展，尾鳍叉形，末端略圆。活体背面黄色或灰黄色，体侧沿背鳍、脂鳍和尾鳍各有一大黑斑带。生活于底质为砾石或沙质的流水中，以水生昆虫和底栖无脊椎动物为主食。见于青藏高原的大渡河和金沙江水系上游。

Chinese Catfish

Its body length is 120 mm or so. Its body is thick and short. Its back margin assumes an arc shape and its abdominal margin is slightly circularly protruding. Its head is a little big and evenly flat. Its snout is flat and blunt. Chinese catfish dwell in flowing waters with the bottom pebbles and sand, and mainly feed on aquatic insects and benthic invertebrates. In the Qinghai-Tibet Plateau, they are found in the upper reaches of the Dadu River and Jinsha River systems.

扎那纹胸鮡 *Glyptothorax zainaensis*

体长120mm左右。体延长。背缘拱形，腹鳍前腹腹缘近直。头小，前端楔形。吻扁钝或钝尖，眼小，背侧位，口下位，口裂小，横裂。前颌齿带新月形或两端略后弯。背鳍起点位于吻端至脂鳍起点的中点或稍后，脂鳍小，后端游离。胸、腹鳍平展，尾鳍深分叉。活体背面棕黄色或深褐色，背中线黄色，腹面淡黄，背鳍基两侧各一明亮小黄斑。生活于河流的支流或山溪，伏卧石面，不好游动，主食摇蚊幼虫和硅藻。见于西藏昌都和滇西的澜沧江和怒江水系上游。

Zhana Catfish

Its body length is 120 mm. Its has an elongate bodily form. Its back margin has the shape of an arc. Its head is small, and the anterior extremity of its head is cuneiform. Its snout is flat and blunt. The back part of its living body is pale brown or deep brown, the mid line of its back is yellow and the abdominal surface is pale yellow. Zhana catfish dwell in tributaries of rivers or in mountainous brooks. They generally lie prostrate on the surface of rocks and do not like to move about, mainly feeding on midge larvae and diatoms. They are found in Qamdo Prefecture of Tibet and in the upper reaches of the Lancang River and the Nujiang River systems.

藏鳗 *Exostoma labiatum*

体长100mm左右。体延长。头部扁平，躯体后段落侧扁。吻端圆钝，口下位，横裂。唇后沟连续，下唇外翻，平贴颏部，构成唇吸盘。眼小，位于头背部。鼻孔两对，须4对。上下颌具齿带，各为两块。背鳍起点在体前半部与胸鳍相对；胸鳍较宽圆，末端未达腹鳍；臀鳍短小，不达尾鳍基部。活体通体棕色或棕黄色，腹部色淡，浅黄色，除尾鳍外，各鳍后端或游离部色浅。生活于急流山溪中，平时匿藏于石下，刮食石面附着生物，还以底栖硅藻和摇蚊幼虫为食。见于西藏墨脱、察隅及云南贡山和缅甸北部。

Tibetan Bat Catfish

Its body length is 100 mm or so. Its body is alongate. Its head is flat. Its posterior body part is laterally flat. Its rostral side is blunt. Its body is brown or brownish yellow. Its abdominal part is pale yellow.

Tibetan bat catfish dwell in torrential currents of mountainous brooks, and generally hide under rocks. They feed on adherent living things, benthic diatoms and midge larvae. They are found in Mêdog and Zayü counties of Tibet and Gongsha County of Yunnan Province in China and in areas of northern Burma.

短体拟鰋 *Pseudexostoma brachysoma*

体长150mm左右。背缘拱形，背鳍起点处为身体最高点。躯体前段略纵扁，后段略侧扁，腹面平直。头较大，前端楔形，吻端扁而宽圆。眼小，背位。口下位，较大，横裂。活体周身青灰色或棕灰色，腹部色淡，尾柄中央有一大黑斑，偶鳍边缘灰黄。生活于急流中，平时匿藏于石缝中，刮食石面附着生物，以硅藻为主，兼食摇蚊幼虫。见于滇西怒江上游水系。

Short-stature Bat Catfish

Its body length is 150 mm or so. Its back margin looks like an arc. The starting point of its back fin is the highest point of its body. The anterior segment of its body is a little lengthwise flat and the posterior segment is slightly laterally flat. Its abdominal surface is level and straight. Its head is comparatively big. The anterior extremity of its head is cuneiform. Its rostral side is flat, wide and round. Its caudal peduncle has a large black spot at the centre. Short-stature bat catfish dwell in rapid streams and generally hide in crevices of rocks, feeding on adherent living things on the rock surface, diatoms and midge larvae. They are found in the water system in the upper reaches of the Nujiang River in western Yunnan Province.

拟鰋 *Pseudexostoma yunnanensis*

长可达170mm左右，背自吻端向后逐渐隆起，背鳍与脂鳍起点之间稍平缓，往后逐渐下弯；躯体前段略纵扁，后段略侧扁，腹面平直。头中等大，前端楔形，吻端扁而宽圆。眼小，背位。口下位，较大，横裂，闭合时前颌齿带部分显露。鼻须短，远不达眼前缘，颌须末端钝圆，后伸超过胸鳍起点，不达鳃孔下角。活体周身青褐色或灰黑色，腹部略淡，尾鳍中央有一轮廓不清的黄斑，偶鳍边缘灰黄。生活于急流中，匍匐行进，以铲型齿刮食石面附生的藻类。4月产卵，卵黄色。见于滇西大盈江水系。

Yunnan Bat Catfish

It can have a body length of 170 mm or so. The anterior segment of its body is slightly lengthwise flat and the posterior segment is slightly laterally flat. Its abdominal surface is level and straight. It has a medium-sized head and the anterior extremity of its head is cuneiform. Its rostral side is flat, wide and round. Its living body is bluish brown or greyish black. The centre of its tail fin has an unclear-outline yellow spot. And its paired fins have greyish yellow margins.

Yunnan bat catfish live in the rapids and feed on epiphytic algae on the rock. They lay yellow eggs in April. They are found in the Dayin River system in western Yunnan Province.

大鳍异齿鰋 *Oreoglanis macropterus*

体长120mm左右。体前段纵扁，后段侧扁，腹面平直。头宽，前端楔形，吻扁而宽圆，中央有一小缺刻。口小，横裂。背面棕灰色或深橄榄色，腹面肛门以前灰白，以后黄色，脂鳍起点和末端、脂鳍基中央之两侧下方及尾鳍中央各有一块轮廓不清的黄斑，侧线亮黄绿色。生活在急流多石的浅水溪流，平时藏匿于石缝间隙；主食小型而柔软的水生昆虫，如双翅目蚋的幼虫，兼食石上附生藻类。见于云南贡山怒江上游水系。

Siamese Bat Catfish

Its body length is 120 mm or so. The anterior segment of its body is lengthwise flat and the posterior segment is laterally flat. Its abdominal surface is level and straight. Its head is wide and the anterior extremity of its head is cuneiform. Its snout is flat, wide and round, and has a small incision at the centre. Siamese bat catfish dwell in shallow-water streams with rapids and a lot of rocks, and generally hide in crevices of rocks. They feed on small-size soft aquatic insects (for example, dipterous blackfly larvae) and epiphytic algae on the rock. They are seen in the water system in the upper reaches of the Nujiang River in Gongshan County of Yunnan Province.

摄影作者名录

The Name List of Photographers

（按姓氏笔画为序）

马　鸣（中国科学院新疆生态与地理研究所研究员）
p108上右

马晓峰（四川美术出版社社长）
p221下左、下右

邓正龙（风光摄影家）
p10，p13，p376

方子祥
p348

王卜平（山西三北猫科动物研究所所长）
p106上、下

邓建新（四川唐家河国家级自然保护区管理处，青川县摄影家协会主席）
p49，p51下，p98上、下，p99，p104下，p113下，p150左，p192左，p296上

龙勇诚（美国大自然保护协会昆明办事处主任）
p100，p101，p102上、下

卢　欣（武汉大学生命科学学院教授、中国鸟类学会副理事长）
p158左上、左下、右，p159

田穗兴（深圳观鸟会）
P105左

申志新（青海省渔业环境监测站）
p412

孙治宇（四川省林业科学研究院森林保护研究所副所长、副研究员）
P61下，p338

孙悦华（中国科学院动物研究所研究员）
p140左

江明亮（中国台湾观鸟协会）
p327右

李锦昌（中国香港观鸟协会）
p153左，p224左，p225右，p226上，p231右，p233，p256，p257上、下左、下右，p288上，p329

刘小庚（四川唐家河国家级自然保护区管理处）
P88

刘为强（野生动物摄影师）
p31，p35，p38，p197上左、上右、下，p201上、下

刘　庆（四川广播电视集团广告经营中心）
p157下左

刘务林（西藏自治区林业调查规划研究院研究员）
p328左上、左下

祁　云（野生动物摄影师）
p105右，p179下右

吕玲珑（风光摄影家）
p1，p2，p15，p28，p55右，p58，p65上，p75，p76，p81，p85，p94左，p116左，p122左，p173左，p177上右，p178，p179上右，p180左

吕顺清（黄山学院副院长、教授）
p333，p335，p339，p340，p357，p364，p382，p385，p391，p392

朱丽琳（西宁青藏高原野生动物救护中心高级畜牧师）
p110左

乔治・夏勒博士（George B.Schaller 国际野生生物保护学会(WCS) 科学与探险部主席）
p108下

沈　尤（成都观鸟协会会长）
p225左，p226下

吴贯夫（中国科学院成都生物研究所高级实验师）
p332

宋昭彬（四川大学生命科学学院鱼类学教授）
p419

季叶海（中国摄影家协会会员，浙江口报图片新闻部副主任）
p43

余玉群（西北濒危动物研究所研究员）
P62

张　帆（中国科学院昆明地理研究所研究员）
p30，p36，p54，p55左上、左下，p63上右，p64，p66，p67，p68，p69上、下左、下右，p114，p115上、下，p116右，p117下，p119左、右，p121上左、上右，p123，p124，p126，p127上左、下左，p129上、中、下，p130，p133，p135上、下，p142，p143上左、上右、下，p145右上、右下，p146，p147上、下左，p167右，p177上左、下，p185，p191，p192右，p207上左、上右，p217，p220，p221上，p229，p294，p328右

张词祖（上海野生动物园科学顾问、高级工程师、野生动物摄影家）
P56，p57下，p107左，p111右

张　铭（WWF成都办公室摄影师）
p110右

郑天才（四川察青松多白唇鹿国家级保护区管理处高级工程师）
p120，p186左、右，p187

郑渝池（中国科学院成都生物研究所，理学博士）
p337，p398左、右

林剑声（江西省科学院摄影师）

p218，p219下左、下中、下右

罗平钊（成都观鸟协会）

p231左

罗　勇（四川出版集团党委副书记、新华文轩连锁股份有限公司总经理、四川民族出版社社长）

p129，p131，p136上左、上右，p137上、下，p196，p207下，p373

周华明（四川贡嘎山国家级自然保护区管理局局长、野生动物摄影师）

p63上左，p86下，p117上、中，p121下右，p144上左，p154下，p160上、下，p161右上，p164左上、左下、右，p169下左、下中、下右，p170右，p171右，p172左下，p173右，p175上、下右，p180右，p183左上、左下，p184，p189右，p205左，p222，p223，p227，p228左、右，p230左，p232左、右，p240，p241左、右，p246左，p254左、右，p255右，p261，p262，p266上、下左、下右，p267，p268，p269上、下，p274左、右，p279左，p282，p283上左、上中、上右、下左、下右，p284下左、下右，p287左、右，p291左，p295左、右，p298下，p299下，p301左、右，p306左、右，p309，p310左、右，p311，p315，p316，p317左，p323，p324上左、下左、下右，p410，p420，p421

周孟棋（成都市委宣传部副部长）

p90，p92，p93

郭玉民（北京林业大学自然保护区学院副教授）

p139下，p167左，p168，p172右，p181，p189左，p194，p195左、右，p199，p200，p202，p203，p204，p206左，p208，p209，p210，p212，p213，p214，p215，p216左、右，p219上，p296下，p306下

郭　鹏（宜宾学院生命科学与食品工程系教授）

p337，p368

侯　勉（两栖爬行类动物分类专家）

p153右，p330，p334，p336，p341，p342，p343，p344，p345，p346，p349，p350，p351，p352，p353，p354，p355左、右，p358，p359，p360左、右，p361，p362，p363，p365，p366，p369，p370，p372，p379上、下左、下右，p380左、右，p381，p383，p384，p386左、右，p387，p388，p389，p390，p393左，p394，p395，p396，p397，p399，p400左、右，p402左、右，p403，p404，p405，p406，p407，p408上、下左、下右，p409左、右，p413，p414，p415上左、上右、下，p416，p417，p418，p422，p423左、右，p424，p425，p426，p427，p428，p429，p430，p431，p432，p433，p434，p435，p436，p437，p438，p439，p440，p441，p442，p443，p444，p445，p446，p447，p448，p449，p450，p451，p452，p453，p454，p455，p456，p457

高正发（四川青白江子弟校特级教师、四川大学和绵阳师范学院客座教授）

p356左、右，p367，p393右，p401

高行宜（中国科学院新疆生态与地理研究所研究员）

p111左

高建军（国家开发银行）

p157下右

唐　军（成都观鸟协会副会长）

p140右，p288下左、下右，p327左上、左下

耿　栋（西南山地野生动物摄影师）

p141，p157上，p246右，p297

奚志农（野生动物摄影师）

p39左、右，p40，p45，p46上、下左、下右，p47，p127上右、下右

章克家（野生动物摄影师）

P52，p53，p174，p179下左，p249

盛和林（华东师范大学生命科学学院教授）

p57上，p83右，p87左、中、右，p89上左、上右，p112，p118下

隆廷伦（四川省野生动物资源调查保护管理站高级工程师）

p150右

彭基泰（康巴生物多样性保护促进会会长、高级工程师）

p70，p71上、下，p72，p73上、下，p74，p79，p80，p82，P83左上、左下，p84上、下，p89下左、下右，p108上左、上中，p109上、中、下，p121下左，p144上右、中、下，p145左，p147下右，p149上左，p154上左、上右，p155上左、上右、中左、中右、下，p156，p176下

董　磊（西南山地野生动物摄影师）

P63下，p77，p78下，p127上中，p136下，p151，p170左，p172左上，p175下左，p176上，p179上左，p183右，p193，p198，p205右，p206右，p211，p224右，p230右，p234，p235，p236，p237，p238，p239，p242，p243，p244，p245，p247，p248，p250，p251，p252，p253，p258，p259，p260，p263，p264，p265，p272，p273左，p275，p276，p277，p278，p279右，p280，p281，p284上，p285，p286，p289，p290，p291右，p292，p293，p298上，p299上，p300，p302，p303，p304，p305，p307，p308，p312，p313，p314，p317右，p318，p319，p320，p321，p322，p324上右，p325，p326

韩联宪（西南林学院保护生物学学院教授）

p138，p139上，p152上、下，p161左、右下，p163上，p169上，p171左，p188，p190，p255左，p270，p271，p273右

蒲　涛（中国摄影家协会会员、野生动物摄影师）

p78上、中，p91，p94右，p96，p97上左、上右、下，p118上，p148，p149上右、下，p162

鲜方海（四川唐家河国家级自然保护区管理处副处长）

p48，p50上、下，p51上，p59上左、上右、下，p60左、右，p61上，p86上、中，p95，p103左、右，p104上左、上右，p113上左、上右，p122右，p163下左、下右，p165左、右，p166，p182

裴竟德（野生动物摄影家）

p41

中国卧龙大熊猫博物馆

P65下左、下右

北京师范大学生态研究所

p107右

后记

——关爱野生动物 共创和谐家园

策划和编辑多年的《青藏高原珍稀野生动物》画册，经过不懈努力，今天终于呈现给各位朋友，感到非常欣慰。

世界屋脊的青藏高原，山脉逶迤、江河蜿蜒，复杂的森林植被类型和星罗棋布的高原湖泊、沼泽、湿地，为种类丰富的野生动物栖息、繁衍提供了得天独厚的自然条件，成为世人瞩目的生物资源基因宝库和全球生物多样性的热点地区。然而，青藏高原特有的地理环境和气候条件为野生动物披上了神秘的面纱，使人们难觅其影。亲临其境去研究和观察野生动物，感受其魅力决不是一件容易的事，甚至可以说是一种奢望。为此，我们编辑和出版了《青藏高原珍稀野生动物》画册以飨读者。

《青藏高原珍稀野生动物》列入了国家“十一·五”重点规划图书，是集学术性、科普性与艺术欣赏性为一体、国内第一本介绍青藏高原珍稀野生动物及其分布的摄影类大型画册。全书以精美的原生态照片展现了317种分布在青藏高原有代表性的野生动物。同时，鸟类按郑光美院士2005年出版的《中国鸟类分类与分布名录》分类系统，兽类按王应祥研究员2003年出版的《中国哺乳动物种和亚种分类名录与分布大全》分类系统，其他物种按汪松和解焱等主编的《中国物种红色名录》第一卷分类系统，科学地记述了分类学野外识别特征、主要生物学和生态学习性、食性、繁殖生态栖息地环境、受威胁现状、地理分布、国际国内保护级别、濒危等级等。

《青藏高原珍稀野生动物》由长期在青藏高原和横断山脉从事保护生物学、景观生态学和野生动物保护的资深专家彭基泰高级工程师担任执行主编。我们邀请了中国科学院院士、北京师范大学教授、世界雉类协会理事长、中国鸟类学会名誉理事长郑光美先生，中国工程院院士、东北林业大学教授、INUC物种保存委员会成员、中国动物学会常务理事马建章先生，中国兽类学会副理事长、四川省动物学科学术带头人、西华师范大学教授胡锦矗先生和世界著名动物学家乔治·B·夏勒博士为科学顾问并审订本书。郑光美先生为本书作序。中国科学院院士，中国科学院成都生物研究所研究员和四川大学教授赵尔宓先牛审订爬行类。资深专家吴贯夫和高正发先生审订两栖类。四川大学鱼类学博士宋昭彬审订鱼类。成都大熊猫繁育研究基地博物馆馆长、鸟类学专家吴先智先生审阅鸟类。一并在此表示衷心感谢。

长期从事野生动物研究的众多专家、学者、专业技术骨干和著名摄影家、观鸟爱好者等提供了精美绝伦的野生动物原生态照片，其中不乏珍贵的、世界仅有的野生动物原生态照片。对此，我们深表感谢。

四川教育学院王荣生副教授和四川省林业厅钟祥清先生为本书作了英文翻译并制作了物种分布图，四川省林业科学研究院张江陵教授审订了英译文，在此一并致谢。

揭开青藏高原野生动物的神秘面纱是极其艰难而漫长的工作，我们力所能及展现的只是一斑。我们希望，读者在欣赏青藏高原野生动物风姿神采的同时，更加热爱大自然，关爱野生动物，共创和谐家园。

四川出版集团党委副书记
四川新华文轩连锁股份有限公司总经理　　罗　勇
四川民族出版社社长

2009年12月10日

Afterword

Love for Wildlife to Make a Harmonious Home for Man and Animals

We are delighted that this picture album Precious and Rare Wildlife in the Qinghai-Tibet Plateau has come out as the fruit of planning and compiling efforts for a few years.

The Qinghai-Tibet Plateau, known as "the roof of the world", is characterized by extending mountains, mighty rivers, varied types of forests and vegetation, scattered plateau lakes, marshes and wetlands. Thanks to its complex geography, the Plateau provides unique habitats for amazingly rich wildlife, commanding the world's attention as a gene storehouse of biological resources and a typical example of the earth's biological diversity. However, the peculiar landscape and climate of the Plateau combine to cast a mysterious veil on the wild animals there, rarely revealing a glimpse of their whereabouts. It would be no easy job, or merely a beautiful dream, to penetrate deeper into the Qinghai-Tibet Plateau for watching and studying animals living in the wild. Therefore, we have compiled and published this album to entertain the reader.

Precious and Rare Wildlife in the Qinghai-Tibet Plateau, listed as one of the key books during the Eleventh-Five-Year Plan, is China's first large picture album to display precious and rare animals distributed in the Qinghai-Tibet Plateau. It integrates elements of scientific study, academic interest and artistic pleasure. The fine pictures collected in the album exhibit 317 species of typical wild animals found in the Qinghai-Tibet Plateau. On the basis of A checklist on the Classification and Distribution of the Birds of the China compiled in 2005 by ZHENG Guangmei, academician of Chinese Academy of Sciences, A Complete Checklist of Mammal Species and Subspecies in China compiled in 2003 by Research Fellow WANG Yingxiang, and China Species Red List (Vol.1) compiled in 2004 by Mr. WANG Song and Prof. XIE Yan, the album provides concise information on these animals covering their physical forms, identifying marks, main biological and ecological characteristics, feeding habits, breeding ecology, living habitats, current endangered conditions, protected classes and geographical distribution.

In the course of compiling Precious and Rare Wildlife in the Qinghai-Tibet Plateau, Senior Engineer PENG Jitai, a vetaran specialist who conducted research on wildlife protection in the Qinghai-Tibet Plateau and among the Hengduan Mountains over years, served as executive editor in chief. During process we also invited Mr. ZHENG Guangmei, professor of Beijing Normal University and academician of Chinese Academy of Sciences, Mr. MA Jianzhang, professor of Northeast China Forestry University and academician of Chinese Academy of Engineering, Mr. HU Jinchu, professor of Xihua Normal University and Vice Chairman of Chinese Society of Mammals, and Dr. George B. Schaller, world-famous zoologist, Vice Chairman of Science and Expendition Department of Wildlife Conservation Society, as our scientific Consultants, who revised the album. Professor ZHENG Guangmei wrote the preface to the album. Mr. ZHAO Ermi, academician of Chinese Academy of Sciences, research fellow of Chengdu Institute of Biology of Chinese Academy of Sciences and professor of Sichuan University revised reptiles. Mr. WU Guanfu and Mr. GAO Zhenfa, two vetaran specialists, Dr. SONG Zhaobin, an ichthylogist of Sichuan University, and ornithologist WU Xianzhi, Director of the Museum of Chengdu Giant Panda Breeding and Research Base, revised the descriptions of amphibians, fishes and birds respectively. To these experts we extend our most sincere thanks.

Particular thanks are due to not a few specialists, scholars and technicians who dedicated years to studying wildlife in the Qinghai-Tibet Plateau, well-known photographers and bird watchers. They have contributed to the album a wealth of wonderful pictures of wild animals, many of which show precious and rare animals indigenous to the Qinghai-Tibet Plateau.

We also extend our thanks to WANG Rongsheng, associate professor of Sichuan College of Education and Mr. ZHONG Xiangqing from Sichuan Department of Forestry for having jointly translated this album into English, to Mr. ZHONG Xiangqing for having drawn the distribution map of species, and to Mr. ZHANG Jiangling, professor of Sichuan Academy of Forestry, for having revised the English version.

To remove the mysterious veil on the wild animals in the Qinghai-Tibet Plateau involves such a long and strenuous effort as you can hardly imagine, and so, despite our outmost effort we have presented merely a small part of the animals' evasive charm. Our effort will be best rewarded if this album can promote our readers's love of nature and care of wildlife to make a harmonious home for man and animals alike.

LUO Yong

Vice Secretary of the Communist Party Committee of China, Sichuan Publishing Group

General Manager of Sichuan XinHua WinShare Chainstore Co. Ltd.

青藏高原
珍稀野生动物

Precious and Rare Wildlife
in the Qinghai-Tibet Plateau